Was Afrika mir gab und nahm

Erlebnisse einer deutschen Frau in Südwestafrika 1902—1936

Von

Margarethe von Eckenbrecher

Verlag von E. S. Mittler & Sohn / Berlin

1940

Was Afrika mir gab und nahm

1. Auflage 1907
2. Auflage 1911
3. Auflage 1937
4. Auflage 1993
5. Auflage 1997
6. Auflage 2007
7. Auflage 2008
8. Auflage 2010
9. Auflage 2012
10. Auflage 2016

ISBN. 99916-705-13
Herausgeber: © Peter's Antiques
Postfach 920, Swakopmund, Namibia
Druck: Coastal Printers, Walvis Bay

Vorwort

Mein Afrika-Buch, das im Jahre 1907 erschien und meine Farmer-Erlebnisse in Deutsch-Südwest vom Jahre 1902 bis zum blutigen Hottentottenaufstand schilderte, durfte in mehreren Auflagen das gesteckte Ziel erreichen: ich wollte vom Leben draußen erzählen und deutschen Frauen Mut machen, stark und froh an der Seite tatenkräftiger Männer Pionierarbeit für unser Deutschtum zu leisten. Mir ist die Freude beschert worden, daß sogar noch jetzt manch tapfere Ansiedlerfrau zu mir sagt: „Ihr Buch hat mir zum Entschluß verholfen, nach hier zu kommen; ich bereue es nicht."

Wiederholt trat dann im Laufe der Jahre die Bitte an mich heran, weiter von meinem Leben während des Weltkrieges und unter der Mandatsherrschaft hier draußen zu erzählen. Jetzt endlich habe ich nachgegeben. Dem, was ich zu sagen habe, liegen 22 Jahre persönlichster Erfahrung zugrunde, genau habe ich geprüft, ob ein Irrtum eingeschlichen sei, bestimmte Kapitel habe ich mit lieben Freunden durchgesprochen und danke ihnen für die Zensur. Ich will nur die Wahrheit berichten, aber dabei niemandem zunahetreten.

Das Buch soll keine Propagandaschrift sein, die meine Volksgenossen veranlassen will, hierher zu kommen. Es soll ihnen in einfacher Weise erzählen, wie wir Deutschen „draußen" lebten — vor, während und nach dem Kriege, wie sie leiden und dulden mußten, und wie sich das Schicksal unserer Kolonie erfüllte.

Es ist auch kein großes persönliches Erleben in diesen 22 Jahren, von dem ich berichten kann. Ein kleines Einzelschicksal nur, das untergeht in dem gewaltigen Ringen unserer großen Zeit. Hinter mir liegt ein hartes Leben des Kampfes und der Arbeit, 21 Jahre langer Arbeit an unseren deutschen Kindern in Südwest. Diese Arbeit hat mir die Not und die Bitternisse meines Lebens tragen helfen, daß ich nicht zerbrochen bin an meinem Schicksal.

Um mich herum ist es einsam geworden, sehr einsam. Diese Einsamkeit jedoch schließt Zufriedenheit ein. Schwer war mein Leben von früher Jugend an, doch es war reich, denn es war mir vergönnt, 21 Jahre lang einen schweren Außenposten zu halten.

Mein geliebtes Südwest hat sich mir erschlossen in seiner ganzen Größe, Schönheit und Härte. Viel gab es mir, viel nahm es mir. Ich gehöre zu ihm, wie es zu mir gehört.

Es wird mir nicht leicht, dies Buch auf die Reise zu schicken. Grüßen soll es alle lieben alten Südwester, soll ihnen ein Erinnern bringen an die Zeit, da sie hier draußen im Sonnenland lebten und arbeiteten. Ich weiß, in manchem wird die alte Sehnsucht von neuem erwachen.

Denen, die nicht hier waren, soll es unser verlorenes Land nahebringen, so nahe, daß sie es liebgewinnen, es soll ihnen aber auch sagen, daß wir Südwester kein verlorenes Volk sind. Wir stehen treu zur alten Heimat, treu zum Reich und seinem Führer und sind stolz darauf, deutsche Pioniere zu sein.

Windhuk, Südwestafrika, Sommer 1936.

Margarethe von Eckenbrecher
geb. Hopfer.

Inhalt

Südwest wird Mandat

Das alte Südwest.

Ausreise 1902.

Es war am letzten Tage des Jahres 1902. Dichter, feuchter Nebel lag über der alten Hansastadt Hamburg ausgebreitet. Ein feiner Sprühregen rieselte unaufhörlich vom grauen Himmel. Über der Elbe braute der Nebel. Verschwommen nur erschienen die tausend Masten und Schornsteine der Segler und Dampfer.

Vor dem Amerika-Kai lag die Pinasse, die uns zum „Eduard Bohlen" bringen sollte. Einige wenige Menschen hatten sich in der Wartehalle eingefunden, um den Scheidenden Lebewohl zu sagen, für den „Eduard" selber wenig Passagiere. Neugierig schweifte mein Blick über sie hin. Etliche hatten interessante Physiognomien. Afrika, das dunkle Land, das Land der Entbehrungen und Kämpfe, hatte schon manch einem der dorthin Zurückkehrenden den Stempel aufgedrückt. Jetzt schien die Hoffnung auf Zukunft, auf eine blühende, goldene, die Gesichter zu verschönen und den bitteren Abschiedsschmerz zurückzudrängen. Wohl keiner von all den Ausreisenden ahnte, wie grausam das Geschick eingreifen würde, um alle Pläne zu zerstören. Jetzt, da ich dies schreibe und die verschiedenen Gesichter in meiner Erinnerung aufleben, schlafen weit über die Hälfte aller den ewigen Schlaf unter tropenglühender Sonne, und der Rest ist alt und müde geworden. —

Die kleine Glocke der Pinasse läutete zum Einsteigen. Ein letzter Händedruck, ein Kuß, viele Tränen, und langsam schob sich der kleine Dampfer vorwärts. Weiße Tücher flatterten, eisiger Wind, Regen, Nebel lagerte sich zwischen die Zurückbleibenden und die Scheidenden. Nach viertelstündiger Fahrt langten wir beim „Eduard" an.

Der „Eduard" gehörte zu den älteren Schiffen der Woermann-Linie. Stewardeß, Damenzimmer, Damenbad waren unbekannt. Nicht allzu luxuriös ausgestattet, etwas altmodisch und abgebraucht, ist er später vollständig umgebaut worden, vermittelte eine Zeitlang den Verkehr zwischen Swakopmund und Kapstadt und strandete bei Conception-Bay. Noch jetzt sind Teile seines Wracks sichtbar.

Der Dampfer lief als ersten Hafen Las Palmas an, die Hauptstadt der Kanarischen Inseln. Dem Neuling macht die schimmernde Stadt, überragt von der prachtvollen Kathedrale inmitten herrlich blühender Gärten, mit dem Völker- und Sprachengewirr auf den Straßen einen unauslöschlichen Eindruck.

Diese Reise war meine erste Seereise. Nicht müde wurde ich, das Meer zu betrachten. Die Maschine arbeitet und ächzt und dröhnt. Durch die gleißende Flut stampft der Koloß, zielbewußt und unbeirrt. Ringsherum ein Wogen und Schwinden, immer neu, abwechslungsreich und doch immer wieder dasselbe. So geht es tagaus, tagein. —

Fern am Horizont tauchen ab und zu die Masten eines anderen Schiffes auf. Kommt es nahe genug heran, dann senkt sich die Flagge zum Zeichen der Begrüßung. Ist es schon dunkel, so flammen bengalische Lichterchen auf, die zitternd auf der schwarzen Wasserwüste tanzen.

An Bord herrscht reges und doch eintöniges Leben. Man langweilt sich. Immerzu lesen und essen kann man nicht. Da wird zu den Karten gegriffen, der Würfel hervorgeholt, und die Gläser klingen hell aneinander. Im Übermut fliegt manch eins im hohen Bogen auf die See hinaus. Der Flirt blüht. Frische, sonnengebrannte Gesichter sind's, denen Lebensmut und Schaffensfreude aus den Augen lacht, oder auch trübe, sehnsüchtige Augen, die, müde vom Kampf des Lebens im alten Europa, nun hinausschauen nach einem Glück da drüben, an das sie selbst nicht glauben. Vorwärts geht es. Nach rückwärts schauen heißt, sich nach der Heimat sehnen, die verloren. Drum vorwärts, dem Süden zu!

Es wird glühend heiß. Alles stöhnt. Tiefblau ist der Himmel, tiefblau das Meer. In den Kabinen ist es nicht mehr zum Aushalten. In die Bullaugen sind längst die Wind- und Luftfänge geschoben, trotzdem regt sich kein Lüftchen. Wie ein einziger großer Backofen ist das ganze Schiff. Frühmorgens um 6½ Uhr schon 35 Grad Celsius.

Wir befinden uns auf der Höhe von Sierra Leone. Am Horizont, über dem Festlande, ballen sich die Wolken zusammen, schwarz und unheilvoll. Rot zucken die Blitze. Der ganze

Himmel scheint in Flammen zu stehen. Wie die Feuerkugeln in das Meer schießen! Wie die Wellen hoch aufspritzen! Wir sind so nahe dem Lande, daß wir die Umrisse der Palmen unterscheiden können. Die Sonne sinkt ins Meer heute abend, ohne daß ich von ihr Abschied nehmen kann. Wenn aber die Wolkenwand weicht, dann wird das Kreuz des Südens erstrahlen. Ich habe vom Kapitän die Erlaubnis erhalten, auf die Kommandobrücke zu gehen. Von da aus kann ich über die Masten und Taue hinwegschauen. Von den anderen ungestört, genieße ich die Nacht.

Noch immer zucken die roten Blitze. Kein Donner ertönt, kein Regen fällt. Endlich zerreißen die Wolken und der Mond wagt sich hervor. Schon macht er ein anderes Gesicht als in der Heimat. Er ist blasser und größer. Nun verziehen sich die Wolken und die Sterne blitzen auf. Erst vereinzelt, hier einer, dort einer — dann plötzlich sind es Myriaden. Sie funkeln wie Diamanten auf dunkelsamtnem Kissen.

Von Sierra Leone aus schiebt sich ein hohes Vorgebirge weit in die See: Cape Mount, die Nordgrenze von Liberia. Deutlich erkennt man die fächerartigen Wipfel der Palmen. An die Felsen schlägt die Brandung. Haushoch spritzt der Schaum. Den ganzen Tag fahren wir an der Küste entlang. Plötzlich wird das Festland schwimmend undeutlich. Qualm und Rauch lagert darüber: Savannenbrand!

Jeden Tag dasselbe Bild: Zitternde, glühend heiße Luft, in der Ferne gelber Sand, weiße Brandung, Felsen, Urwald. Eines Abends erreichten wir die Halbinsel, auf der Monrovia, Liberias Hauptstadt, liegt.

Monrovia ist für die Woermann-Linie ein äußerst wichtiger Platz. Nicht nur, daß der alte Woermann dort seine einträglichen Faktoreien hat, sondern aus Liberia stammen auch die bei schwierigen Landungsverhältnissen gänzlich unentbehrlichen Kruboys. Soviel ich weiß, sind die Kruneger die Ureinwohner Liberias, zurückgedrängt und unterjocht von den amerikanischen Negern. Da sie seit Generationen an der Küste leben, so sind sie, ich möchte fast sagen, geborene Seeleute. Ihre Kanus sollen weitaus die besten der ganzen Westküste sein, ihr Geschick beim Fischfang ist unerreicht, und einzig stehen sie da, wenn es heißt, ein Boot sicher durch die Brandung zu bringen. Mit unglaublicher Ruhe und Geschicklichkeit rudern sie auf die gewaltigen

Brecher los und passen genau den Augenblick ab, um mit ihnen zusammen, von ihnen getragen, vorwärts zu schießen. Ein ungeübter, verfehlter Ruderschlag brächte sicheres Verderben. Trifft die Riesenwelle seitlich das Boot, so kentert es mit tödlicher Sicherheit.

Da auch in Swakopmund die Landung sehr gefährlich ist, so werden von jedem Dampfer, der nach dort bestimmt, hier in Monrovia je nach Bedarf die Kruboys vom Kapitän angeworben. Ist das Löschen und Ausbooten der Ladung geschehen und fährt der Dampfer wieder zurück, so nimmt er alle von ihm angemusterten Leute an Bord und setzt sie auf der Heimreise wieder in Monrovia ab.

An Bord hat sich mit Ankunft der Leute viel verändert. Die schöne Ruhe ist dahin. Das schnattert und schreit durcheinander. Überall liegen sie herum, wo sie gerade Platz finden können. Für die Woermann-Linie haben sie entschieden große Anhänglichkeit, die sie auf die Personen des Kapitäns und der Offiziere übertragen.

Weiter pflügte sich das Schiff. Kein Windhauch kräuselt die Oberfläche der bleiern daliegenden See. Am azurblauen Himmel zeigt sich keine Wolke. Nur einige Möven umkreisen die Masten und verkünden mit ihrem mißtönigen Schrei die Nähe des Landes. Scharen kleiner fliegender Fische flüchten vor dem nahenden Schiffe. Behende streichen sie über die schweigende Wasserfläche hin.

Einige Tage darauf passierten wir den Äquator, im Seemannsdeutsch „die Linie". Unglaublicher Unsinn wurde da gemacht. Natürlich mußten die Neulinge getauft werden, und das Taufwasser dazu wurde eimerweise verabfolgt. Am 29. Mai langten wir in Mossamedes, dem Haupthafen der portugiesischen Kolonie Angola, an.

Den übernächsten Tag am frühen Morgen sahen wir einen grauen Streifen sich abheben vom blauen Meer: Port Negro. Das Wetter war umgeschlagen und der Wellengang war sehr hoch. Port Negro hat keinen Hafen, und so konnte die wenige Ladung, die der „Eduard" für Port Negro hatte, nicht gelöscht werden. Beim Näherkommen sahen wir die erbärmlichen Häuserchen liegen. Auf den größeren, wohl den Amtsgebäuden, wehte die portugiesische Flagge.

Auf dem Flaggenmast erschienen plötzlich viel bunte Fähnchen. Es ward signalisiert, daß das Landen der Brandung wegen nicht möglich sei. Um die Ladung in Empfang zu nehmen, sollte ein Leichter nach dem nächsten Hafen gesandt werden, den wir sowieso am folgenden Tage anlaufen mußten. Da dampfte der „Eduard" weiter. Die Umrisse der Küste wurden immer schwächer, die Felsen immer kleiner. Schließlich verschwand alles im bläulichen Nebeldunst. Am nächsten Tage langten wir am Grenzhafen Angolas, Port Alexander, an.

In neuerer Zeit und namentlich in englischen kolonialen Blättern liest man häufig diesen Namen. Dabei weiß vielleicht die Hälfte aller Leser nicht einmal, wo sich dies Port Alexander befindet und welche Bedeutung es möglicherweise in nächster Zukunft erhalten mag. Port Alexander ist einer der schönsten Häfen der südlichen Westküste Afrikas. Die größten Schiffe können dort vor Anker gehen, das Ausbooten bietet so gut wie keine Schwierigkeiten. Deshalb hat man daran gedacht, diesen Hafen für den Innenhandel auszunutzen. Man hört auch jetzt wieder, daß, abzweigend von der Kap-Kairo-Bahn, eine Trasse nach dort gelegt werden soll. Auf diese Weise können die Erzeugnisse des Inlandes schneller ausgeschifft werden, und umgekehrt könnte von dort aus vieles bequem ins Innere kommen.

Wunderbar blau war das Meer. Der ganz halbkreisförmige Hafen läuft zu beiden Seiten in schmale Landzungen aus, auf denen Tausende und aber Tausende rosafarbene Flamingos saßen. Zuerst waren wir uns nicht klar darüber, was wohl der endlos lange und, wie es schien, ab und zu bewegliche schwarze Streifen zu bedeuten habe. Mit dem Fernglase entdeckten wir dann diese kolossale Menge Vögel, die aussahen, als ob sie Parade abhielten, so standen sie in Reih und Glied.

Der Hafen ist einer der fischreichsten der Westküste. Schon überzeugte uns eine kräftige Brise, die von Land her wehte, von der Wahrheit dieser Worte. Am Strande wurde uns beinahe elend vom Fischgeruch. Wohin man blickte, lagen Fischskelette und Gräten, Walfischflossen und -wirbel, perlmutterartig schillernde faulige Fische und Gräten, Schuppen — große, kleine —, überall Fisch, Fisch und wieder Fisch. Die Gegend gottverlassen, trostlos, öde. Nichts, nichts, auf dem das Auge ruhen konnte, kein Baum, kein winziges Hälmchen Grünes in der endlosen Ebene. Alles blauer Himmel, trostloser Sand.

Das Leben an Bord wurde allmählig langweilig, und ein jeder sehnte sich danach, endlich wieder auf festem Boden zu sein. Aber gleich hinter Port Alexander bekamen wir wieder schlechte See. Grau in Grau lag die Welt; grau war der Himmel, grünlichgrau das Meer, dunkelgrau der schleppende Rauchschweif der Schornsteine. Die haushohen Wellen trugen weiße Schaumkronen und spritzten wütend zu den Seiten des Schiffes hinan. Oft wuschen sie über Deck und nahmen mit sich, was nicht ganz niet- und nagelfest war.

Zwar ließ der Sturm nach drei Tagen nach, dafür aber setzte Nebel ein, so dicht und undurchdringlich, daß nicht die Hand vor Augen zu sehen war. Fortwährend ertönte die Sirene und der Kapitän hatte Besorgnis, wir könnten an Swakopmund vorbeifahren. Da, auf einmal hob sich der Nebel, und im Sonnenschein lag Swakopmund vor uns, und wir an Bord waren wie von Sinnen. Man umarmte einander, tanzte, schrie und lachte. Natürlich wollten wir alle sofort an Land. Aber von Swakopmund kam das Signal, die Landung sei unmöglich, der Brandung wegen. Bis zu uns klang ihr Donnern und Tosen.

Damals geschah noch die Landung in der alten Weise mit Hilfe der Kruboys in den kleinen Brandungsbooten. Die Mole war noch nicht fertig.

Swakopmund im Sonnenschein sah freundlich und verheißungsvoll aus. Zur Bewillkommnung unseres Dampfers wehten Flaggen auf vielen Häusern. Hell hoben sie sich von den dunklen Dünen ab. Freudigen Herzens warteten wir darauf, an Land zu kommen. Wir standen an der Reling und sahen hinüber nach unserem Lande der Verheißung, und heiß wallte es in uns auf: „Dort drüben winkt dir die neue Heimat! Wirst du da glücklich sein? Was steht dir bevor?"

Der Tag verging, und die See wurde immer schlechter. Am Abend feierten wir Abschied voneinander bis tief in die Nacht hinein. Der Morgen kam, und wieder brachte er den Nebel mit. Unsere Ungeduld stieg. Da, gegen Mittag, erbarmte sich der Himmel unser. Er vertrieb den Nebel und glättete die Wogen. Heißes zitterndes Sonnenlicht lag über Swakopmund. Da begann die Landung.

Schleunig machten wir uns reisefertig. Wir zogen unsere schlechtesten Sachen an, weil wir naß werden würden durch die Spritzwellen der Brandung. Mit herzlichen Dankesworten verabschiedeten wir uns von dem Kapitän und den Offizieren und wurden auf sehr primitive Art in das tief unten auf dem Wasser schaukelnde Brandungsboot verladen. Nacheinander setzte man sich in einen Korbstuhl, der an einer Kette hing. Vermittels eines Krans wurde der Korb dann in das Boot hinabgelassen, einer der bereits anwesenden Kruboys riß einen heraus, und der Korb ward wieder in die Höhe gewunden.

Ich muß gestehen, ich habe schon angenehmere Augenblicke in meinem Dasein erlebt als den, in diesem knackenden Korbstuhl zwischen Himmel und Wasser zu schweben und schließlich mit einem Ruck in dem lebhaft auf und nieder gehenden Boote anzukommen.

Gerade als wir darin saßen, kam von der Küste das Warnungssignal, kein Boot dürfe mehr abgelassen werden. Da wurden wir wieder in die Höhe gedreht und hatten das Vergnügen, noch zwei Stunden an Bord zu warten.

Nötig war diese Vorsicht; denn mit einem Schlage kam der gefürchtete Nebel wieder, der jede Bewegung unmöglich machte. Das Boot, das vor uns landete, war mit knapper Not dem Kentern entgangen, weil in dem Nebel die Brecher nicht berechnet werden konnten. Durch die Brandung kommt überhaupt nur der ganz ungefährdet hindurch, der sie kennt. Fast jedesmal beim Landen kentern mehrere Boote, Menschenleben sind sogar zu beklagen, und viele Gepäckstücke, Ballen, Kisten, Eisenschienen gehen dabei verloren, weil sie sofort versanden.

Wir waren in großer Ungeduld fortzukommen, weil der Zollschuppen nur bis drei Uhr offen ist, wir sonst noch viel zu erledigen hatten und am nächsten Tage mit dem Personenzug landeinwärts fahren wollten. Verpaßten wir ihn, so hieß das, nach drei Tagen mit dem Güterzug fahren und doppelte Taxe bezahlen oder acht Tage auf den nächsten Personenzug warten.

Endlich erschien das Signal, das Landen könne fortgesetzt werden. Da wurden wir abermals im Korbstuhl hinuntergelassen und gelangten glücklich ins Boot mit unserem zahlreichen Gepäck. Nach längerer Fahrt auf mäßig bewegtem Wasser kamen wir den gewaltigen Brechern näher und näher.

Ich bewunderte die Geschicklichkeit der Kruboys, die mit größter Sicherheit und Kaltblütigkeit ihre Ruder in die Wellen tauchten und schnell vorwärts kamen. Als ich aber die kolossalen Brecher aus allernächster Nähe sah, die sich entweder haushoch aufzutürmen schienen oder einen tiefen Abgrund schufen, konnte ich mich einer Gänsehaut nicht erwehren. Pfeilschnell schossen wir mit den Brechern dahin, und mit gewaltigem Ruck fuhr das Vorderteil des Bootes auf den Sand, während es sich hinten in die Höhe hob. Vom Lande aus waren uns schon einige Kaffern entgegengelaufen, und ehe ich über ihre Absicht klar sein konnte, hatte mich schon einer auf den Rücken genommen und im Trabe aufs Trockene getragen.

Dort angekommen, sah ich mich nach Themis, meinem Manne, um. Er war zu groß und schwer, als daß ihn einer hätte allein tragen können. Daher balgten sich verschiedene um diese „süße Last", und da keiner dem anderen den Verdienst, der an Land klingend gezahlt wurde, gönnte und ein jeder den anderen fortzustoßen suchte, so war das Endergebnis, daß mein Mann mit einem großen Plumps in der Brandung versank. Er tauchte indes bald wieder auf, schüttelte sich und mußte allmählich in der Sonne trocknen. An Umziehen war nicht zu denken, denn wir mußten erst all unsere Sachen einer strengen Zollrevision unterziehen, die nahezu zwei Stunden dauerte.

Nach mühseligem Durchwaten von tiefem Dünensand gelangten wir an unser Hotel. Es war der „Fürst Bismarck", das damals keineswegs dem Prachtbau glich, als den es sich heute dem Auge des Fremden darbietet. Damals war es eine langgestreckte schwärzliche Holzbaracke. Über einen Hof von zweifelhafter Sauberkeit, wo verschiedene nützliche Haustiere quiekend und grunzend umherliefen, wand man sich an einer Mistgrube usw. vorbei, kroch unter Wäscheleinen voll triefender Wäsche hindurch und kam zu den Fremdenzimmern. Wenig schön, aber zweckentsprechend. In einer Baracke lagen aneinandergereiht winzige Käfterchen. Zwei Feldbettstellen, eine umgedrehte Kiste, an deren einem Ende eine abgestoßene Emailleschüssel — das Waschbecken — stand, ein Handtuch; Fußboden reiner unverfälschter Dünensand, grundlos; Bettdecken, Kiste, Schüssel, alles bedeckt mit einer dünnen Schicht Sand. Kostenpunkt für die Nacht: Zwanzig Mark.

Wir besahen uns Swakopmund. In dieser Einöde haben deutscher Fleiß und deutsche Ausdauer Unglaubliches geleistet. Windmotore sind in voller Tätigkeit, um das allerdings etwas brackig schmeckende Wasser zu pumpen. Das Wasser hat eine stark durchschlagende Wirkung. Wer etwas empfindlich ist, bekommt die „Swakopmundia". Die größeren Straßen haben mit Holz gepflasterte Fußwege und Straßenbeleuchtung. Vor vielen Häusern sind kleine Gärtchen, die, mit unendlicher Sorgfalt gepflegt, eigentlich Mühe und Wasser nicht lohnen. Wie aber könnte die deutsche Frau ohne Blumen sein! Pompös ist der Bahnhof, von dem aus das Bähnle seine Fahrt ins Innere antritt. Seit Ausbruch des Aufstandes ist Swakopmund unheimlich schnell emporgeblüht und hat sich sehr vergrößert. Dies Aufblühen ist teilweise bedingt durch die gesteigerten Bedürfnisse im Innenlande, teilweise durch die neue Bahnlinie Swakopmund — Otavi und dann durch den regen Verkehr, den der Krieg am Hafenplatze mit sich brachte. Jetzt ist es durch die Verlegung des gesamten Hafenbetriebes nach Walvis Bay stillgelegt und blüht bescheiden als Badeort auf.

Am Abend gab es Extrablätter: Der Friede zwischen Buren und Engländern ward proklamiert. Damals sympathisierten wir sehr mit dem armen unterdrückten Volk der Buren.

Die Kälte ließ uns nicht schlafen. Wie kann es hier an der Küste Afrikas so kalt sein, wird mancher fragen. Die Ursache ist der Benguelastrom, der, aus antarktischen Gewässern kommend, sich nordwärts wendet und die Südwestküste Afrikas entlangfließt.

Das Donnern und Toben der Brandung schlug an mein Ohr. Durch die Fugen des dünnen Holzwerks drang die empfindliche Kälte. Ich vermißte das schaukelnde Auf und Nieder des Schiffes, an das ich mich so sehr gewöhnt hatte, und ruhelos wälzte ich mich auf den feuchten Kissen.

Und dann wurden sie wach, die sechsbeinigen Peiniger, die Plage Swakopmunds. Blutgierig stürzten sie sich auf mich. Ihre Schar mußte Legion sein. Als ich mich am nächten Morgen bei rotflackerndem schwelendem Kerzenlicht anzog, war ich im Zweifel, ob ich nicht über Nacht die Masern bekommen hätte.

Ohne Frühstück, so früh reichte es damals kein Hotel, mit steifen Gliedern und vor Kälte klappernden Zähnen stapften wir um 5½ Uhr quersandein zum Bahnhof; dort gab es prachtvoll heißen Kaffee und Gebäck. Ganz dunkel war es noch. Der Mond schien hell, und hoch und kalt schimmerten die Sterne. Da plötzlich machte sich ein schneidender Wind auf und hüllte alles in tiefen dunklen Nebel. Das Abfahrtsignal ertönte und der Zug fuhr in den grauen Morgen hinein.

Erste Bahnfahrt in Südwest.

Wir standen auf dem Vorderperron des Wagens. Allmählich lichtete sich der Nebel, so daß man anfing, die einzelnen Gegenstände deutlicher zu unterscheiden. Was man sah, war allerdings nicht viel. Sand und Dünen und Dünen und Sand. Hin und wieder erheben sich vom Sand glattgeschliffene Felsen und einzelne, vom Sand fast verwehte Strandbüsche.

Der Zug klomm eine kleine Erhebung hinan. Zur Linken entdeckten wir grünes Buschwerk, Bäume und Sträucher, auf denen sich das Auge ausruhen konnte. Es war das Swakoprivier. In der trockenen Zeit befindet sich im Flußbett des Swakop an der Oberfläche kein Wasser, aber während der Regenzeit kommt der Swakop in so gewaltigen Mengen ab, daß er gefährlich wird. Augenblicklich war er gänzlich ausgetrocknet, aber die grünen Büsche müssen doch Grundwasser haben, das sie speist. Wenn man in ihrer Nähe sachgemäß gräbt, stößt man wohl auf Wasser. Südwestafrika ist nicht ganz so wasserarm, wie es immer geschildert wird. Freilich, an der Oberfläche des Landes ist wenig Wasser zu finden; selten tritt es zutage. Aber unterirdische Flußläufe sind in Mengen vorhanden, das Wasser muß nur erschlossen werden.

Mit der zunehmenden Helligkeit erkannten wir die Büsche und Sträucher, den Terpentinbusch, die Buschmannskerze, die für die Namib kennzeichnend sind. Den ersten Hackiesdörns wurde zugejubelt. Eigentümlich sahen kleine, goldgelbe Kürbisse aus, die sich streckenweise in großen Mengen fanden, die Tsamas, wie gelbe Kugeln, mit denen Kinder gespielt und die sie nun achtlos hierhin und dorthin geworfen haben. Ihre Ranken trocknen schnell ab und die Früchte allein bleiben liegen. Manche sind bitter, manche fast geschmacklos, ihr Saft löscht den Durst bei Menschen und Tieren.

Mühsam schnaufte das Bähnchen (es hat nur 60 cm Spurweite) vorwärts, an der großen schwarzen Klippe vorbei, die die Grenze zwischen dem deutschen Gebiet und der englischen Walvis Bay bildet. Dann plötzlich lag eine dunkle, steile Gebirgsmasse vor uns: das Hanoasgebirge. Unter vielem Gestöhn wand sich die Maschine hinauf und gerade, als wir auf der Höhe angekommen waren, stieg strahlend der Sonnenball empor. Mit einem Schlage war es hell und warm.

Um die Mittagszeit passierten wir das Khangebirge, ganz kahl, aber malerisch durch die grotesken Formen der Felsen. Hier befindet sich das Geleise im Bette des Khanrivieres. Zur Regenzeit, wenn der Fluß stark angeschwollen ist, soll es oft vorkommen, daß er ganze Strecken weit die überfluteten Schienen aufreißt und fortschwemmt und somit den Verkehr nach dem Inneren auf Tage und Wochen hemmt.

Das Reisen hatte allmählich aufgehört ein Genuß zu sein. Glühend heiß, staubig, daß die Augen brannten, durstig, ohne Erquickung erlangen zu können, die Maschine sehr geräuschvoll klappernd, und dabei hin und her gerüttelt, daß man Gefahr lief, irgend jemand anderem auf den Schoß zu fallen, so ging es stundenlang vorwärts. Die Gegend, die wir durchfuhren, erinnerte an ein Hochgebirge mit Schluchten, Felsen, Klüften, die wohl selten eines Menschen Fuß betreten hatte. Im Vorbeifahren sahen wir eine Herde Strauße, Springböcke, auf einem Felsen eine Pavianfamilie. Dann plötzlich, mit purpurnem Schimmer, senkte sich die afrikanische Nacht hernieder. Im lichten Glanze flimmerten die Sterne und schienen viel näher und größer zu sein als in der Heimat.

Kurz nach 9 Uhr hielten wir in Karibib, der Endstation unserer Reise. Zu jener Zeit herrschte nur Tagesverkehr auf der Bahn. Wir waren froh, den ermüdenden Reisetag hinter uns zu haben. Hungrig, durstig, über alle Begriffe staubig, wie gerädert, mit dröhnendem Kopfe, war ich froh, als ich in dem schmalen Bett im Hotel Kahl meine müden Glieder strecken konnte.

Karibib ist der bedeutendste Ort auf der Strecke Swakopmund — Windhuk. Auch dieser Platz ist sehr schnell entstanden. Noch im Jahre 1899 war der Grund und Boden der heutigen Stadt gänzlich Wildnis. Versteckt unter Kameldornbäumen stand nur ein einziges Farmhaus, das Eigentum des ehemaligen Missionshandwerkers Hälbich, das von dessen Sohn bewohnt wurde. Zu dieser Farm gehörte meilenweit die Umgegend von Karibib. Dies ungeheure Gebiet hatte der alte Hälbich seiner Zeit spottbillig von den Hereros gekauft. Die Leute waren ihm stark verschuldet, und statt baren Geldes bezahlte der Hererokapitän Zacharias von Otjimbingwe seine und der schwarzen Brüder Schulden mit der großen Fläche Landes.

Als feststand, daß die Bahn über Karibib gehen sollte, kauften einige spekulative Köpfe dem alten Herrn Hälbich dort Baustellen ab. Hotels, Kneipen, Kaufläden, sogar eine Weißbierbrauerei schossen wie Pilze aus dem Boden, ein Bezirksamt, Beamtenhäuser, ein Bahnhof mit elektrischem Licht, ein der Neuzeit entsprechend eingerichtetes Lazarett wurden gebaut und dort, wo sich einst die flüchtige Antilope und der Strauß tummelten, pfeift jetzt die Lokomotive, und ein reges Geschäfts- und Handwerksleben hat Platz gewonnen. Das Wild hat sich zurückgezogen in Gegenden, die noch nicht von der Kultur beleckt sind, und mit ihm die Poesie der damaligen Zeit.

Karibib hat auch sonst noch Bedeutung. Von dort aus geht eine große Verkehrsstraße (Pad) nach Norden über Omaruru nach Outjo und weiter nach den Otaviminen und Grootfontein. Dies war mit ein Grund des schnellen Aufblühens von Karibib, denn aller Handel und Frachtverkehr von und nach dem Norden der Kolonie nimmt hier seinen Ausgangspunkt.

Wenn ich hier von südwestafrikanischen Verkehrsstraßen rede, so darf man sich nicht deutsche Landstraßen vorstellen. Es handelt sich lediglich um einfache, oft nur mit großer Gefahr passierbare Pfade, die entweder das Wild, namentlich Zebras, getreten hat und die nun der menschliche Fuß benutzt, oder sie sind dadurch entstanden, daß jahrelang hindurch der Treiber des einen Ochsenwagens sich bemüht, in den Spuren zu fahren, die sein Vorgänger hinterlassen hat, optimistisch denkend: Wo der durchgekommen ist, komme ich auch durch!

In Karibib kauften wir bei Redecker, dem Wagenbauer, eine Ochsenkarre für 1100 Mark, mit allem Zubehör nebst Treckgut für 14 Ochsen. Zubehör waren die beiden Wasserfässer, die Vorkiste, Handwerkszeug, einschließlich Beil und Eimer, die Kattel, eine Art primitiver Matratze, Holzrahmen mit kreuzweis geflochtenen Ochsenriemen bespannt, auf der es sich gut ruhen ließ. Unter Treckgut versteht man die Kette, an der die Ochsen angespannt sind, die Joche, Jochscheite, Riemen und Stroppen, die man zum Anspannen braucht, nebst Peitsche, Swip genannt. Ferner erstanden wir genügend Lebensmittel für einige Monate, einige Tauschwaren für die Eingeborenen und Feld- und Küchengeräte.

Endlich konnten wir an die Abreise denken. Hochbepackt war die Karre. An Riemen hingen die Kochtöpfe mit den Dreifüßen und der Wasser- und Kaffeekessel. Hinten drauf standen die wohlgefüllten Wasserfässer. Zu beiden Seiten der Karre hingen die Wassersäcke aus wasserdichtem Segeltuch. Dicht an der Vorkiste steckte das Gewehr. In der Vorkiste gab es Emaillebecher, Schüsseln und Teller, Zinnlöffel und greuliche Stahlbestecke. Zur dicken Rolle gewickelt lagen unsere Decken obenauf.

Es war schwierig gewesen, Eingeborene zum Treiben der Karre und zum Bewachen der Ochsen und einen Bambusen für unsere persönliche Bedienung anzuwerben. Die meisten dort lebenden Kaffern gehörten als Arbeiter zur Bahn und zu der Regierung oder stehen bei den Hotels, Kaufhäusern und Handwerkern in Dienst. Schließlich gelang es meinem Manne, drei solcher Perlen leihweise von einem Bekannten zu erhalten. Nur mußte er versprechen, sie sobald als möglich wieder zurückzuschicken.

Nun gings los! Auf der Vorkiste thronten mein Mann und ich. Vorn auf dem Reissack, der auf die Deichsel gebunden war, saß der Ochsenwächter, dessen Amt es war, während des Ausspannens und in der Nacht auf die Ochsen aufzupassen. Nebenher ging Mathäus der Treiber, ein Swartboy-Hottentott. Bespannt war die Karre mit 14 Ochsen, die alle ihre Namen hatten und auch darauf hörten, wenn sie angerufen wurden.

Es ist gar nicht so einfach, einem Ochsen seinen Namen beizubringen. Noch als junges Kalb wird er an einen Baum gebunden, dann bekommt er mit der Peitsche einen Schlag, und man ruft seinen Namen. Dies wird ungefähr eine halbe Stunde lang fortgesetzt. Am nächsten Tag wiederholt man es und so geht es einige Wochen lang. Dann wird der Ochse mit den bereits eingelernten Treckochsen eingespannt und wieder schlägt man ihn, indem man ihn ruft. Allmählich lernt er auf diese Weise, daß, sobald der Ruf ertönt, der seinen Namen bedeutet, auch ein Schlag folgt. Instinktiv sucht er dem Schlage zu entgehen, indem er anzieht. Bald hat er erfaßt, daß, wenn er zieht, der Schlag nicht fällt. Bei gut eingefahrenen Ochsen hilft der alleinige Anruf. Natürlich muß aber der Treiber, der die Ochsen einfährt, Geduld haben. Vor allen Dingen dürfen sie nicht verprügelt werden, sonst werden sie abgestumpft gegen die Schläge und reagieren nicht auf die Peitsche.

Wir hatten in späterer Zeit ein ausgezeichnetes Gespann, das beim geringsten Zuruf gehorchte. Es war unser Stolz, daß die Swip kaum angewendet zu werden brauchte. Die Namen der Ochsen sind meist dem Kapholländischen entlehnt, mitunter aber tragen sie auch die Namen berühmter Männer; „Bismarck" war sehr gebräuchlich; man sehe aber darin bitte eine Ehrung, nicht etwa Spott.

Vor dem Ochsen ging Michael, der Tauleiter, der den Ochsen die Pad zeigen mußte. Haben sich die Ochsen erst aneinander gewöhnt, so halten sie den Weg inne auch ohne Führer, und nur bei ganz gefährlichen Stellen wird dann das Tau erfaßt. Unter Tau versteht man zwei Riemen, die den beiden Vorderochsen um die Hörner geschlungen sind. Sie werden zusammengeknotet und ergeben auf diese Weise eine Art Zügel. Der Tauleiter erfaßt sie und geht vor den Ochsen her, die Hände mit den Riemen auf dem Rücken.

Früher war es der Stolz der wohlhabenden Farmer und eingeborenen Kapitäne, Gespanne von ganz gleicher Farbe zu haben. Es sah wunderhübsch aus, ist aber längst abgekommen, weil sich niemand diesen Luxus mehr leisten kann. Man ist froh, wenn die Tiere leidlich im Joch miteinander gehen, nimmt aber auf einheitliche Farbe keine Rücksicht mehr.

Auf der Ochsenkarre nach Okombahe.

Unter dem Abschiedswinken der Bekannten setzte sich unser Fuhrwerk an einem Donnerstag früh in Bewegung. Wir waren froh, Karibib den Rücken kehren zu können. Trotzdem sorgten wir uns, ob wir es wohl richtig angefangen hätten, ob es so, wie wir alles unternahmen, das Praktischste, Billigste sei. Nun lag alles hinter uns. Das Geschehene war nicht ungetan zu machen, deshalb hieß es nun die Zähne zusammenbeißen und fest in die Zukunft blicken. Zwar hatten wir die Pad vor uns mit ihren Anstrengungen, den kalten Nächten und Dursttouren, doch dies waren alles nur körperliche Unannehmlichkeiten. Wir waren guten Mutes und sahen sehnsüchtig in die Ferne, aus der blau und dunstig, wie mit feinen Schleiern verhüllt, die Höhen des herrlichen Erongogebirges emporragten, an dessen Fuße wir entlang ziehen mußten.

Das Ziel unserer Reise sollte Okombahe am Omarurufluß sein, meines Mannes Lieblingsaufenthalt aus früherer Zeit, wo er auch noch ein winziges Häuschen und einigen Grundbesitz hatte. Dort beabsichtigte er, sich dauernd niederzulassen und neben Handel mit den Bergdamaras Farmerei zu treiben.

Anfangs wand sich die Pad die Ebene entlang und war ausgezeichnet. Zu Seiten des Weges standen Dornbüsche aller Art mit langen grauen, grünen und weißen Dornen. Oft mußte man sich weit zurückbiegen, um nicht daran hängenzubleiben. Blau und zitternd klar war die Luft. Wir treckten und treckten, aber das Erongo blieb uns immer gleich weit entfernt in seinem dunstigen Schimmer.

Um drei Uhr nachmittags ward zuerst ausgespannt, als wir gutes, wenngleich trockenes Gras fanden. In der Umgegend von Karibib gibt es keins, weil es sehr bald weggeweidet wird. Entweder die Tiere müssen hungern oder man muß sehr schlechtes für teures Geld kaufen. Mich berührte es ganz wunderbar, dies trockene Gras zu sehen. Unwillkürlich denkt man, wenn man soeben aus Deutschland kommt, noch an unsere saftig grünen Wiesen, und da will es einem gar nicht in den Sinn, daß es auch Gras gibt, das, dem trockensten Heu vergleichbar, in spärlichen Büscheln auf sandiger Fläche wächst, gelb und saftlos ist und dennoch die geschätzte Nahrung unserer Zugtiere drüben, seien es Ochsen oder Pferde, bildet. Denn für letztere, ich meine die einheimischen, nicht die importierten, ist die kärgliche Ration Hafer nicht zu rechnen.

Es wurde bald wieder eingespannt, denn wir wollten noch am Abend Ongoati, die nächste Wasserstelle, erreichen. Die Gegend veränderte sich wenig. Es war fast immer dasselbe reizvolle Bild, das mich jetzt nach vielen Jahren immer noch entzückt: das echt afrikanische Veld.

Wir treckten bis kurz nach Sonnenuntergang und kamen nach Ongoati. Dort wohnte ein alter Engländer in einem winzigen Steinhaus. Diese Art Häuser trifft man öfters. Die Mauern sind aus aufeinandergelegten Feldsteinen ohne jegliches Bindemittel aufgeführt. Das Dach wird meist durch Baumstämmchen und große Äste hergestellt, die durch dünne Büsche und Strauchwerk miteinander verflochten und dann mit Lehm beworfen werden. Über das hier erwähnte Haus war einfach ein altes Segeltuch von einer Wagenplane oder einem Zelt an Stelle des Daches gelegt.

Ein halbes Dutzend nackter Kinder von verschiedener Färbung balgte sich vor der Tür. Der alte Herr, ein Sonderling, schickte uns durch ein lächerlich zusammengetrocknetes Hottentottenweiblein einen Becher Ziegenmilch als Willkommensgruß, verbat sich aber unseren Besuch.

Mittlerweile war die Nacht hereingebrochen. Ein wundervoller Mond ergoß seine Strahlen über die Dawibbäume mit ihren langen, zitternden, feinen Blättern. Unter einem solchen hatten wir ausgespannt. Mein Mann tränkte mit dem Treiber die Ochsen. Der Wächter bekam seine Befehle für die Nacht und zog mit seinen Decken los. Michael, der Tauleiter, hatte einen großen Haufen dürres Holz zusammengetragen und bald ein hochaufprasselndes Feuer entzündet. Etwas Malerischeres läßt sich kaum denken. Die wunderbare Nacht mit dem flimmernden Mondschein und den Myriaden Sternen, die großen gespenstischen Bäume mit den lang herabhängenden, im Nachtwind sich hin und her wiegenden Ästen. Dann wieder die leuchtend rote Glut des Feuers und die auf und ab tanzenden Flammen. Ich war bezaubert von dem Anblick, so schön war er. Ich habe im Laufe der Jahre unzählige Abende und Nächte am Lagerfeuer verbracht, und stets übten sie auf mich denselben geheimnisvollen Reiz aus. Auch jetzt noch, wenn ich von Arbeit und Sorgen abgespannt bin, gibt es für mich keine bessere Erholung, als einige Tage und Nächte im Busch zu verbringen.

Es wurden zwei Töpfe ans Feuer gerückt. Einer für die Leute, die ihre Abendmahlzeit kochten, bestehend aus Mehlbrei mit Salz, und einer für uns, gleichfalls Mehlpapp mit etwas amerikanischem Schweineschmalz. Dazu gab es Brot und Tee aus Blechbechern, an die ich mich langsam gewöhnen mußte.

Die Nacht war bitter kalt, was ich nach der Hitze des Tages doppelt unangenehm empfand. Dann wurde das Lager für die Nacht zurechtgemacht. Auf der Seite gegen die Windrichtung wurden zwei Säcke an den Büschen befestigt, um den kalten Wind abzufangen. Ein Segeltuch schützte gegen Ameisen, Skorpione und Dornen. Darüber breiteten wir unsere zahlreichen Decken und Kissen. Wir legten uns, die Füße dem Feuer zugekehrt. Auf der anderen Seite des Feuers schliefen die beiden Eingeborenen so dicht an der Glut, daß dem einen während der Nacht die Decken ansengten.

Ich lag wach und ließ den Zauber einer afrikanischen Nacht auf mich wirken. Das Mondlicht stahl sich durch die Zweige. Das Feuer prasselte und knisterte. War es herabgebrannt, dann erhob sich eine vom Feuerschein lichtumflossene Gestalt, um es von frischem anzufachen. Tiefe Stille herrschte, und doch schien die Nacht lebendig mit ihren tausend Stimmen. Der Nachtwind rauschte so eigen in den Bäumen, die kleinen Hälmchen und Gräser ringsumher nickten und wehten. Eulen, Fledermäuse und anderes Nachtgevögel flatterte auf, und ganz aus der Ferne erklang das Bellen der Schakale. Ich konnte keinen Schlaf finden; das alles war so neu, so eigenartig. Endlich tat mir der Mond den Gefallen, herumzurücken, und da vergaß ich Afrika und alles um mich her und schlief sanft und süß bis in den Morgen hinein. Da weckte mich mein Mann. Golden flutete das Sonnenlicht über die Spitzen der Felsen, aber so kalt war es, daß er ganz blau gefroren war, und auch die Kaffern zitterten vor Kälte.

Die Karre war bis auf die Decken schon fertig gepackt, die Ochsen waren frisch getränkt, und für mich stand ein großer Becher angewärmter Ziegenmilch bereit, die das alte Weiblein wiederum gebracht.

Großartig Toilette machen gab es nicht, und fort ging's, ins Erongo hinein. Der Weg war steil und sandig. Tief mahlten die Räder in den Sand. Mit weit nach unten gebeugten Hälsen zogen die Ochsen mühsam vorwärts, immer von neuem sich wieder anstrengend durch die Zurufe des Treibers.

Bis die große Hitze kam, gingen wir zu Fuß nebenher. So in den frischen Morgen hineinzuwandern ist auch gar nicht anstrengend. Ich hatte auch bald überwunden, daß ich ungewaschen war und besah mir meine Hände nicht mehr, die in den Riefen ganz allmählich eine tiefschwärzliche Färbung angenommen hatten. Die Luft war sehr trocken, so trocken, daß uns Lippen, Gesichter und Hände aufsprangen wie zu Hause bei scharfer Luft im Winter, wenn man sich nicht gut abtrocknet.

Der Hottentott hatte Augen wie ein Luchs. Bald zeigte er uns Springbockspuren, bald die vom Steinbock und Kudu. Auf einmal, ehe ich mich's versah, hatte ich die lange Peitsche im Arm, die er mir ohne weiteres und in höchster Eile übergab, er selbst riß sein Gewehr aus der Karre, und schon setzte er in langen Sprüngen über das Veld. Gleich darauf fiel ein Schuß, und er brachte mir triumphierend zwei Perlhühner. Wir freuten uns sehr, denn nun gab es Fleisch für den Mittag.

Die Perlhühner sind so groß wie die Fasanen und haben ganz entzückend gepunktete Federn. Sie wurden an den Wagen gehängt, und weiter ging es bis zur Mittagsrast. Da zeigte sich ein

Steinbock zwischen den Klippen. Wieder war der Treiber hinter ihm her, aber das Tierchen war doch noch flinker und entkam. Nach dem Ausspannen mußte Michael, der Tauleiter, die Hühner rupfen. Das ging sehr schnell. Ihnen wurde das Fell abgezogen, im Umsehen waren sie ausgenommen und schmorten auch schon. Aber trotz langen Bratens blieben sie zäh wie Schuhleder. Es kam daher, daß sie frisch geschossen waren. Wir quälten uns mit ihnen; ein jeder behauptete, sie schmeckten vorzüglich. Schließlich lachten wir uns gegenseitig an, und im Bogen flogen die Überreste dem Treiber vor die Füße. Der hob sie grinsend auf und verzehrte sie mit Genuß. Als er nichts mehr von den Knochen bekam, schenkte er sie großmütig weiter an Michael, dem sie gleichfalls noch wundervoll zu schmecken schienen. Reis hatten wir auch dazu gekocht, ungewaschen, im unausgescheuerten, neuen eisernen Topf. Goldgelb sah er nachher aus und schmeckte nur ein bißchen nach Eisen.

Leider hatten wir vergessen, in Karibib eine Kaffeemühle zu kaufen. Zwar mahlten ihn die Leute zwischen zwei flachen Steinen, doch es hatte seine Schwierigkeiten. Deshalb gab es Tee. Der knirschte aber zwischen den Zähnen und zog Fäden, weil das Wasser stagnierte, aber er war trinkbar.

Wir reisten weiter; bald befanden wir uns mitten im Erongo. Auf den Felsen trieben die munteren Klippdachse ihr Spiel. Sie sehen ein wenig aus wie die Murmeltiere und stoßen einen eigentümlich hellen Schrei aus. In mondhellen Nächten kommen sie von ihren Felsen herunter und erklettern die Bäume, deren Rinde sie benagen. Sie werden sehr zahm in der Gefangenschaft, sind aber lästig. Sie knabbern alles an, vom Kragen, wenn sie zärtlich auf der Schulter sitzen, bis zur Gardinenschnur und der Bettdecke. Wenn sie einen stillen Wunsch hegen, erklettern sie einen hohen Gegenstand in großer Unruhe. Mein zahmer Klippdachs begab sich zu diesem Zwecke auf die Gardinenstange, später erturnte er sehr niedlich den Papierkorb in meinem Wohnzimmer. Der Winterpelz der Klippdachse gibt schöne Schlafdecken; er ist von einem hellen Braun und schimmert glänzend. Das Fleisch wird von Liebhabern gegessen, meist in Form von „Hasenpfeffer". Ich mag es nicht.

Wir passierten gerade eine wunderbar schöne Schlucht. Plötzlich standen sämtliche Ochsen still im Joch, und weder Zureden noch Peitschenhiebe vermochten sie von der Stelle zu bringen.

Dies geschah in der Nähe eines dichten Gebüsches. Auf einmal jedoch schienen sie sich zu besinnen und rannten in panikartiger Flucht davon. Nur mit Mühe gelang es mir, mich auf der Vorkiste festzuhalten. Die rasenden Ochsen schleiften das Gefährt über Felsen und Steingeröll und durch die Dornbüsche. Sekundenlang dachte ich, die Karre würde umfallen, dann überlegte ich die Aussichten des Abspringens, und dann wieder hielt ich es für vorteilhafter, so fest wie möglich sitzenzubleiben, komme, was da wolle. Aber keinen Laut gab ich von mir. Mit großer Anstrengung liefen mein Mann und der Treiber mit der Karre mit. Schließlich kamen die Tiere jedoch zum Stehen, da sich die Karre zwischen zwei Bäumen festgekeilt hatte. Meine Kleidung hatte bei der beschleunigten Fahrt durch die Büsche arg gelitten, Gesicht und Hände waren zerschunden, aber ich saß doch noch. Die Deichsel war allerdings halb gebrochen und mußte später durch Schrauben wieder in Ordnung gebracht werden. Ein Joch war zertrümmert, das Treckgut arg beschädigt. Ein Ochse hatte sich im Geschirr verfangen, und da er von den anderen Tieren mitgeschleift worden war, wäre er bei der Hetzjagd beinahe ums Leben gekommen. Das arme Tier war dermaßen erschlafft, daß es mit seinem Partner sogleich ausgespannt werden mußte. Den folgenden Tag ließen wir beide noch frei hinter der Karre herlaufen, damit sie sich erholen konnten.

Als nun alles wieder in Ordnung war, interessierte es uns, zu wissen, was wohl der Grund zu dieser plötzlichen Flucht der Ochsen gewesen sein konnte. Mein Mann und der Treiber gingen bis zu dem Busch zurück, an dem die Tiere zuerst nicht vorbeigewollt hatten. Ganz in seiner Nähe entdeckten sie plötzlich frische Leopardenfährten. Sie gingen auf ihnen entlang, und siehe da, die Spur endete in dem schon erwähnten Gebüsch. Die Dunkelheit war schnell hereingebrochen, und da sie kein Büchsenlicht mehr hatten, wollten sie umkehren. Noch als sie sich beredeten, stieß plötzlich der Hottentott einen Schrei aus, und zwischen ihnen hindurch sprang ein Leopard. Im Rachen trug er irgendein kleines Tier. Augenscheinlich war er beim Abendmahl gestört worden. Mein Mann riß zwar das Gewehr hoch, schoß, fehlte aber leider bei der Dunkelheit der Nacht. Die einzige Wirkung des Schusses war ein gewaltiges Echo in den Bergen. Dann war alles wieder still, und über der Natur lag der rätselhafte Zauber der Wildnis.

Die Nacht war kalt. Unser kärgliches Mahl bestand aus Kaffee, Brot und Käse. Wir warteten nur das Aufgehen des Mondes ab, um wieder einzuspannen, da wir noch in derselben Nacht Ameib, ein im Erongo gelegenes Hererodorf, erreichen mußten, um die durstigen Ochsen tränken zu können.

Ameib (das grüne Gesicht) lag sehr friedlich da. Ich sah zum ersten Male die Hereropontoks, sie glichen großen grauen Maulwurfshaufen. In den aus Dornbusch hergestellten Kralen stand schönes Vieh, und am Wasser waren Gärten angelegt, mit Melonen, Kürbis und Weizen bestanden. Eine zerfallene Missionsstation zeugte von der Vergänglichkeit alles Irdischen.

Die Hereros waren zum Teil noch wach, als wir ankamen. Ich wurde mit großer Neugier begrüßt, weil seit langer Zeit keine weiße Frau mehr bei ihnen eingekehrt war. Ihr Kapitän Theophilus schickte mir einen niedrigen Stuhl zum Sitzen, und seine Frau Marie brachte große Mengen gegorener Milch (Omeire) herbei. Wir erwiderten die Gaben durch Tabak und Zucker. Darauf kamen auch die anderen und brachten ihre Geschenke: Milch von Kuh, Schaf und Ziege. Wir waren natürlich so höflich, alles anzunehmen, und gaben reichlich Gegengeschenke.

Ich war sehr müde infolge des anstrengenden Tages und daher herzlich froh, als mein Mann mir ein Lager unter der Karre bereitete. Dort war es geschützter als unter einem Baum. Es herrschte empfindliche Kälte, ein dicker, feuchter Nebel lagerte auf der Erde, und ich fror sehr. Es war noch im Monat Juni, und bekanntlich bilden Juni, Juli und August hier die kälteste Jahreszeit.

Am Morgen beeilten wir uns sehr mit der Toilette, d. h. wir machten keine. Die Karre war bald wieder bepackt und wartete auf die Ochsen, die jeden Augenblick herangetrieben werden mußten. Wir hatten Eile, so früh wegzukommen, weil wir eine zweitägige Durststrecke vor uns hatten, wo es kein Wasser geben würde. Die Ochsen sollten darum nur während der kühlen Stunden trecken und des Mittags lange Rast halten. Es wurde 7, 8, 9 Uhr, kein Ochse war zu sehen. Mein Mann sucht, der Treiber sucht, die Hereros helfen. Endlich waren sie gefunden. Gegen ½11 Uhr brachte sie der Treiber an. Der Wächter hatte sich in der Nacht heimlich aus dem Staube gemacht und die Ochsen ihrem Schicksal überlassen. Nun hatten die Tiere schlechtes Gras und ungenügend gefressen. Sie hatten sich so weit weg geweidet, daß sie schon abgetrieben waren, ehe sie eingespannt wurden. Es half aber nichts, wir mußten trotzdem weiter. In der Sonnenglut war es zweifelhaft, ob wir mit den matten Tieren überhaupt Okombahe erreichen würden.

Der Weg wurde schlecht. Es ging über Klippen und Büsche, durch tiefen Sand und trockene Riviere. Einige Male war er so steil, daß die Gefahr des Umgeworfenwerdens groß war. Dann wieder krachten und knackten die Räder sehr verdächtig, aber merkwürdigerweise ging alles besser, als man zu hoffen wagte.

Den ersten Teil des Abends treckten wir im Mondschein. Es war kalt, aber wunderbar schön. Sonderbar, wie das Mondlicht alle Gegenstände vergrößert. Ich hätte darauf schwören können, ich sähe gespenstische Gestalten, die von Busch zu Busch huschten, und doch, wenn man näher kam, waren es die Büsche selber, die sich im Nachtwinde so seltsam bewegten, oder die Felsen, durch deren Schatten sich der Mondschein stahl und zitternde, bleiche Reflexe auf den Sand zeichnete. So hell war der Mond, daß mein Mann in seinem Lichte ganz plötzlich einen stark betretenen Wildpfad entdeckte, der auf die Felsmasse des Erongo zu führte. Mit dem Lande vertraut, schloß er auf das Vorhandensein von Wasser in den Felsen. Wir hielten, und er ging mit dem Treiber der Spur nach, und richtig, er hatte sich nicht getäuscht. Das Wasser lag zwar tief in den Klippen drin und mußte mühselig vierteleimerweise geschöpft werden. Aber es gab doch welches, und binnen drei Stunden waren die Ochsen getränkt.

An diesem Abend waren wir so froh über das unerwartete Wasser, daß mein Mann die Ziehharmonika, hier „Treckorgel" genannt, hervorholte. Die Musik in der stillen Nacht lockte die im Felde sich verstreut aufhaltenden Kaffern herbei, und allmählich hatte sich ein Dutzend oder mehr von ihnen am Feuer versammelt. Um sie loszuwerden, erhielten sie in die Zipfel ihrer Gewänder, meist Felle, ein Treksel (eine Handvoll) Kaffee; lautlos, wie sie gekommen, verschwanden sie wieder, verschluckt vom Dunkel. Nur Hyänen und Paviane störten uns noch in unserer Nachtruhe.

Beim Weitertrecken am Morgen beobachtete ich, daß wir auf der Pad ganz ums Erongo herumgekommen waren. Die Berge und Felder erschienen auf der anderen Seite ganz anders, viel großartiger noch. Auf halber Höhe sah ich kleine Blöcke, wie Mauern aufgesetzt auf die Felskolosse, als ob in grauer Vorzeit dort eine gewaltige Feste, von gigantischen Händen erbaut, gestanden hätte. Um das ganze Gebirge zog sich diese natürliche Mauer herum, immer in der gleichen Höhe.

Höher stieg die Sonne, und weiter ging's der neuen Heimat zu. Aus dem flachen Lande mächtig emporragend, erhob sich vor uns der Doppelkegel von Spitzkoppies, und endlich sahen wir vor uns den Okombaheberg, aber wieder so blau und dunstig, ein Zeichen, daß wir noch viele, viele Meilen von ihm entfernt waren. In der nebligen Ferne wand sich ein dunkelgrün schimmernder breiter Streifen durch die Ebene und brachte Abwechslung in das eintönige Bild: der Omarurufluß.

Wir waren alle sehr durstig von der anstrengenden Reise in all dem Staub und der Hitze, und das Wasser war so knapp, daß am Abend nicht mehr daran gedacht werden konnte, das Geschirr zu reinigen. Das Wasser wurde rationenweise an die Kaffern verteilt, und auch die beiden Wassersäcke zeigten eine bedauerliche Schlappheit. Da wir im Laufe des nächsten Tages Okombahe bestimmt zu erreichen hofften, jedoch die müden Ochsen nicht zu sehr anstrengen durften, brachen wir sehr früh auf.

Mein Mann bot mir als Erfrischung eine Tasse Tee an. Dieser war aber aus dem letzten Wasser vom Faß bereitet, das sowieso in der letzten Pfütze schleimig und dabei höchst übelriechend war. Ich versuchte tapfer zu sein und setzte das unappetitliche Gebräu an die Lippen, aber es ging nicht, auch beim besten Willen. Dreimal setzte ich den Trank an, und dreimal kam er wieder. Da gab ich es auf und mußte bis Okombahe dursten.

Der Weg spottete jeder Beschreibung. Hohe Klippen, daß der Wagen mit einem Krach hinaufsprang, um sich ächzend auf die andere Seite zu legen. Zu beiden Seiten greuliche Dornbüsche, die mir bei einer unvorhergesehenen Wendung der Ochsen das Kleid zerrissen, so wanden wir uns langsam vorwärts. Die armen Tiere waren so fußlahm, daß sie unzählige Male haltmachen mußten. In Okombahe habe ich ihnen so ungefähr als meine erste Arbeit aus Fell weich gepolsterte Schuhe gemacht, damit ihre armen Hufe gut ausheilen konnten.

Mir war das Gesicht ganz aufgesprungen; über alle Begriffe schmutzig und verwahrlost kam ich mir vor. Mein Padkleid war leider keins, sondern ein Berliner Straßenkleid, aus Seide! Das erhöhte noch den verschlampten Eindruck. Mein Mann hatte sich leider um meinen Anzug nie gekümmert. Später machte mir eine solche Fahrt nichts aus, da wußte ich Bescheid. Das Gesicht wird gut eingefettet, und dann steckt man es in die „Mehlkiste", und nach dem Bade steigt man wie ein Phönix aus der Asche! Als Padkleid sind für gutgewachsene Frauen die kurzen Hosen zu empfehlen, sonst sollen sie einen weit aufknöpfbaren Rock aus Khaki oder sonst einem diagonal gewebten Stoff tragen und ein Khakihemd mit Reißverschluß, und wenn sie wollen, einen Staubmantel. Als Kopfbedeckung sollen sie einen leichten Filz- oder Stoffhut wählen. Ältere Frauen sollten ein staubfarbenes Leinenkleid oder dergleichen tragen und einen Staubmantel. Weite Lederhandschuhe schützen die Hände gut.

Wir waren unbeschreiblich froh, als wir die hochgelegene Station und das Haus des Kapitäns Cornelius erblickten. Endlich am Ziel! Wir hielten vor der Station. Der Unteroffizier nahm uns gastlich auf und gab mir gleich einen Literbecher mit kaltem Kaffee. Nie hat mir etwas so gut getan wie das. Ich lebte danach ordentlich wieder auf. Meine Liebe zu Pad und Busch ist im gleichen Maße auf meinen Sohn Bitz übergegangen, den ich damals schon erwartete. Ich habe oft darüber nachgedacht, ob ein Kind wohl vor seiner Geburt in dieser Weise beeinflußt werden kann.

Ich blieb auf der Station, während mein Mann in den Platz hineinfuhr, um zu sehen, ob sein altes Haus noch in bewohnbarem Zustande sei. Nach einiger Zeit kam er wieder. Die Termiten hatten darin gehaust, der Regen hatte es unterwühlt, die Kaffern hatten das ihre getan, und wir machten uns schon mit dem Gedanken vertraut, auch die nächsten Wochen fernerhin unter freiem Himmel zubringen zu müssen. Da erschien ein alter Ansiedler, Herr Ertmann, und bot uns in der liebenswürdigsten Weise eins von seinen zwei Zimmern an. Er war von früher her ein Freund meines Mannes, und deshalb konnten wir seine Güte mit Freuden annehmen. Im Lauf der Jahre habe ich ihn als einen meiner treuesten, ergebensten Freunde schätzen gelernt, und es hat mich schwer getroffen, daß auch er ein Opfer des unglückseligen Krieges werden mußte. Er wurde an einer Wasserstelle tot aufgefunden, mit Kirris erschlagen von räuberischem Kafferngesindel. An seiner Leiche sah man, daß er auch noch, weil er wohl noch nicht ganz tot war, aus nächster Nähe mit seinem eigenen Gewehr in die Stirn geschossen war.

Okombahe.

Etwas über die Eingeborenen des Schutzgebiets.

Ehe ich auf unser Leben in Okombahe näher eingehe, möchte ich einen kurzen Abriß über die Eigentümlichkeiten der Völkerschaften voranstellen, mit denen wir dort in Berührung kamen. Die eingeborenen Stämme, die es im Schutzgebiet gibt, sind durch die Kriegsjahre auch weiteren Kreisen näher bekannt geworden. Was ich zu berichten imstande bin, sind lediglich unsere persönlichen Erfahrungen und die unserer nächsten Bekannten, die ich aber jetzt, nach über dreißig Jahren, etwas eingehender schildern will.

Die Verteilung der einzelnen Stämme im Schutzgebiet ist folgende: Im Norden sind die Ambos ansässig, Nordwesten und Mitte der Kolonie hatten die Hereros inne und den Süden die Hottentotten. Die Bergdamaras sind im ganzen Gebiet verteilt, ohne besonders zusammenhängende Ländereien zu besitzen. Die kleine Anzahl der Buschleute führt ein Nomadenleben im Osten und Westen der Kalahari. Die Mischrasse von Hottentotten und Buren, die Bastards, wohnt im Süden, in und um Rehoboth.

Bereits zu deutscher Zeit bekamen die einzelnen Stämme Reservate in verschiedenen Teilen des Schutzgebiets angewiesen, die von der Mandatsregierung bestätigt und teilweise noch erweitert sind. Heutzutage halten sich die Eingeborenen aber keineswegs mehr an ihre alten Stammesgebiete, man findet im ganzen Schutzgebiet Vertreter aller Stämme zerstreut lebend. Die Reservate sind einem Eingeborenenkommissar unterstellt, der sein Reich als kleiner König beherrscht. Die Mandatsregierung schiebt arbeitsscheues Gesindel, Trunkenbolde und Unruhestifter gern dorthin ab.

Die A m b o s gehören gleich den Hereros dem großen Stamm der Bantuneger an. Der meistgebrauchte Name „Ovambos" ist nicht sprachrichtig, „ova" ist nur eine Mehrzahl, „omu" die Einzahl. Die Ambos sitzen zwischen dem Kaokofeld im Westen und dem Okavango im Osten. Sie teilen sich in viele Stämme, von denen die Okuanjama und die Ondonga die bekanntesten sind.

Ihre Sprache ist ebenfalls dem Herero ähnlich; ein jeder Stamm hat aber sein eigenes Idiom. Obgleich sie im Schutzgebiet leben, fand die deutsche Regierung nicht Gelegenheit, sie sich botmäßig zu machen. Sie hatte mit den anderen Stämmen noch zu viel zu tun.

Ab und zu kamen Gesetzwidrigkeiten von seiten der Ambos vor. Die Regierung beschränkte sich aber darauf, die Weißen zu warnen, sich nicht nach Amboland zu begeben, da sie nicht aufkäme für Leben und Eigentum der Betreffenden. So haben sich nur etliche Händler nach dort gewagt. Weiße wohnen nicht in Amboland außer einigen Missionaren hauptsächlich der finnischen und katholischen Mission. Seit der Okkupation durch die Union ist von seiten der Mandatsregierung ein Resident für Amboland bestellt, der dort seinen dauernden Wohnsitz hat. Es hat sich auch eine Handelsgesellschaft dort niedergelassen. Ein Angestellter der „South-West-Company" regelt ebenfalls dort die Arbeiteranwerbung für den Minenbetrieb und besorgt auch Arbeiter für die Farmen. Viele Farmer beschäftigen Ambos, besonders beim Ackerbau. Die Anwerbegebühr ist teuer, ich glaube zwei Pfund Sterling je Kopf, dazu besteht für den Farmer die Verpflichtung, die Leute nach der Ernte alljährlich wieder zurückzuschicken.

Unsere Regierung hat keinen Feldzug gegen die Ambos unternommen. Von einem Weg nach Amboland konnte damals nicht die Rede sein. Die Gegend, die die Truppe hätte passieren müssen, ist unwirtlich, das Klima durch die vielen Sümpfe und Moräste gleich gefährlich für Menschen und Tiere. Besondere Hindernisse erwarteten die berittenen Truppen, da nichteinheimische Pferde der dort besonders heftig auftretenden Pferdesterbe nur unter besonders günstigen Bedingungen entgehen. Im Falle eines Feldzuges wären für die Truppe lediglich die sogenannten „gesalzenen" Pferde in Frage gekommen, das sind Pferde, die wohl von der gefürchteten Sterbe ergriffen worden waren, aber wieder gesund geworden sind. Derartige Pferde in größeren Mengen zu erhalten, war ausgeschlossen. Es war außerdem zweifelhaft, ob die Ambos sich den deutschen Gewehren in größerer Anzahl gestellt hätten.

Seinerzeit wurde bei Festlegung der Grenze zwischen Deutsch-Südwestafrika und Portugiesisch-Angola keine Rücksicht auf die Stämme genommen. Man bestimmte die Grenze, indem man einfach auf der Karte den Kunene- mit dem Okavangofluß durch eine gerade Linie verband. So kommt es, daß die portugiesischen Ambos sich in unser Schutzgebiet ziehen, wenn sie von den

Portugiesen zu stark bedrängt werden, und ebenfalls würden die deutschen Ambos auf portugiesisches Gebiet übergetreten sein, wenn sie den Ernst der Lage merkten. Nur ein vereintes Bekämpfen hätte vielleicht Zweck haben können. Portugal allein versuchte es 1904. Diese Expedition erlitt in der wenig ruhmvollen Schlacht bei Humbe eine gänzliche Niederlage. Eine andere Expedition war geplant, unterblieb aber.

Seitdem Südwest Mandat ist, mußten die Unionstruppen zweimal eine Strafexpedition nach Amboland unternehmen, die ihnen schließlich mit Hilfe von Autos und unter Einsetzung von Flugzeugen gelang, aber trotzdem verlustreich war.

Die Zahl der Ambos schätzt man auf etwa 140 000 bis 150 000, von denen ungefähr 60 000 in Südwestafrika, 80 000 in Angola wohnen.

Die Ambos sind von gedrungenem Körperbau und haben plumpere Gesichtszüge als die Hereros. Die Männer tragen einen handbreiten Lendenschurz aus Leder. Die Weiber tragen eine aus schmalen Riemen geflochtene Schürze und auch einen längeren Rückenschurz. Ihre Haare sind mit schmalen eingefetteten Riemen und auf Steinen rund geschliffenen Straußeneierschalen so lang durchflochten, daß dieses Gebilde ihnen bis über den Rücken herabhängt. Aus solchen Schalen besteht auch ein Korsett, aus vielen Schnüren zusammengesetzt. Je länger es ist, desto vornehmer ist seine Trägerin. Die Oberarme zieren an geschmeidigen Riemen befestigte Knöpfe aus Elfenbein in ovaler Form. An den Fußknöcheln klappern Kupferringe von etwa Daumendicke. Der Körper ist mit einer ockerfarbigen, stark fettenden und ranzig riechenden Salbe eingefettet.

Die Waffen der Ambos sind Bogen, Pfeile, Kirri und ein Messer, das in einer eigentümlichen Holzscheide steckt und ständig im Gürtel getragen wird. Die Ambos sind im Gegensatz zu den Hereros und Hottentotten ausgezeichnete Arbeiter, Gärtner, auch Handwerker. Auf ihre Art sind sie Meister der Flecht- und Schmiedekunst. Da ganz Amboland aus einer ungeheuren Fläche mit kaum merklichen Erhebungen besteht, so ist der Ackerbau das Gegebene. Viehzucht kommt erst an zweiter Stelle. Das Ambovieh zeichnet sich wohl wegen der steten Inzucht durch besondere Kleinheit aus.

Die Bearbeitung des Bodens, die lediglich durch die Hacke geschieht, ist Sache der Weiber, die überhaupt die schwersten

Arbeiten zu verrichten haben. Deshalb wird es wohl vergebene Mühe sein, daß von seiten der Mission gegen die Vielweiberei geeifert wird. Die Weiber müssen Korn und Hirse bauen, ernten, Mehl stampfen, Bier bereiten usw. Die Männer beschränken sich auf das Hüten des Viehes, Melken der Kühe, Bauen des Gehöftes.

Die Nahrung der Ambos ist viel reichhaltiger als die der anderen Eingeborenen; sie essen Hirse, Kaffernkorn, Erdnüsse, Bohnen, Kürbisse, Melonen und, wenn sie es haben, Fleisch. Feldkost ist bei ihnen reichlich zu finden. Sie trinken gegorene Milch, und Hirsebier darf in keiner Hütte fehlen. Es soll aber nicht sehr alkoholhaltig sein. Den größten Leckerbissen für sie bilden Hunde, die mit Vorliebe von weißen Händlern zu dem Zwecke dahin exportiert werden. Portugiesische Händler machen namentlich bei den Häuptlingen durch die südlichen feurigen Weine gute Geschäfte.

Die Ambos flechten wunderschöne Körbe; ganz große stellen sie auf Pfählen auf, um sie gegen Termiten zu schützen, und gebrauchen sie als Kornspeicher. In neuerer Zeit hat sich diese Kunst zu einem recht einträglichen Industriezweig entwickelt. Sie sind in den schönsten, dunkel durchflochtenen Mustern als Schalen, Untersetzer, Körbe und Körbchen in allen Größen und Formen zu kaufen. Die Ambos schnitzen auch ihnen bekannte Tiere recht naturgetreu.

Ein Ambogehöft ist ein umfangreicher Palisadenbau von vielen Hunderten von Stämmen. Im Inneren ist ein Gewirr von kleinen Gassen, ein richtiger Irrgarten, in dem sich die verschiedenen Hütten befinden. Die Hütten sind verschieden groß und tragen ein spitzes, sehr gleichmäßig geflochtenes Dach aus Gras. Dem Manne, einer jeden Frau, den erwachsenen und halberwachsenen Söhnen oder Töchtern, einem jeden ist eine besondere Hütte bestimmt. Dazu kommen die Vorratshütten und -körbe, die Biertöpfe, die Krale für das Groß- und Kleinvieh. Ein jedes Gehöft ist ein Dorf im kleinen. Für den Uneingeweihten ist es schwer, sich darin zurechtzufinden. Das Häuptlingsgehöft ist genau so gebaut, nur noch viel größer.

Je reicher ein Mann ist, je mehr Grund und Boden ihm sein Häuptling als Lehen gegeben hat, desto mehr Frauen muß er sich halten, die ihm sein Land bearbeiten können. Die sozialen Einrichtungen seines Volkes verlangen die Vielweiberei. Es ist ja ganz natürlich, daß ein Mann seine alte schwache Frau beiseiteschafft, um dafür eine gesunde, junge Arbeitskraft zu erlangen. Bezeichnend ist auch, daß sich ein junger Mann seine Zukünftige erkauft, indem er seiner Schwiegermutter vier Hacken verehrt. Sind sie angenommen, so überreicht er seiner Erwählten vier weitere Hacken als Brautgeschenk zum Zeichen, daß die Ehe geschlossen ist. Von da ab ist das Los der Frau traurig. Nur zur Zeit des Efundulafestes werden die Frauen verehrt, aber nur die unverheirateten. Das Efundulafest ist eine Art staatlich privilegierter Heiratsmarkt. Ein jedes junge Mädchen muß ihn besuchen. Dabei wählen sich die jungen Männer das für sie passende aus.

Das ganze Land ist Besitztum der Häuptlingsfamilie und wird vom Häuptling seinen Untertanen zugewiesen; er hat auch das Recht, es jederzeit zurückzunehmen. Der Häuptling ist in seiner Macht unbegrenzt, nur muß er sich dem Willen seiner Mutter unterordnen. Stirbt ein Häuptling, so sind seine Söhne nicht erbberechtigt. Sein jüngerer Bruder tritt das Erbe an; ist ein solcher nicht vorhanden, dann geht es auf den ältesten Sohn der ältesten Schwester über. Aus diesem sogenannten Mutterrecht ergibt sich der große Einfluß, den die Mutter des jeweiligen Häuptlings auf den ganzen Stamm ausübt. Aus dieser Erbschaftsfolge entstanden viele Streitigkeiten, wenn die Regierung einen ihr genehmen Häuptling statt des in den Augen des Stammes berechtigten einsetzte.

Der Oberhäuptling hat das Recht, Unterhäuptlinge nach Belieben ein- und abzusetzen, Abgaben zu fordern und ihm Mißliebige je nach seiner Laune aus dem Wege zu räumen. Ein Wink genügt, und das arme Opfer wird erdrosselt oder gespeert. Sein Leichnam darf nicht in die Erde kommen, er wird in die Wildnis geschleift, den Hyänen zum Fraß. Der Häuptling schickt auch Leute seines Stammes zur Arbeit auf Minen und Farmen aus. Sie haben die Verpflichtung, binnen einer bestimmten Zeit zurückzukehren, und müssen von ihrem Lohn den größten Teil an ihn abführen. Ich habe Ambos gekannt, die über ihre Zeit geblieben sind und sich nun nicht mehr zurücktrauten, weil sie den Zorn ihres Häuptlings fürchteten. Dabei hatten sie großes Heimweh nach ihrer Heimat.

Von einer eigentlichen Religion der Ambos kann nicht die Rede sein. Sie haben nur verworrene Begriffe von einem höheren

Wesen, das sie Kalunga nennen. Sie stellen sich diesen Gott groß und schön und biegsam wie einen Palmbaum vor; um die Hüften geschlungen hat er einen schön geflochtenen Gürtel. An jeder Seite hängt ein großer Korb. Der eine enthält das Gute, der andere das Schlechte. Hat er Wohlgefallen an den Menschen, dann streut er ihnen aus dem Korb des Guten reiche Ernten, schönes Vieh, viel Getränk, fleißige Weiber und ein glückliches Leben ohne Krankheit aus. Haben sie seinen Ärger erregt, dann sendet er aus dem Korb des Bösen Hungersnot, Mißernte, Fieber, ekle Krankheiten und Seuchen, Tod und die Geister Abgeschiedener, um die Menschen zu peinigen. Überhaupt spielen der Aberglaube, die Zauberei eine große Rolle im Leben der Ambos. Ein Zauberer, Medizinmann, Giftmischer und Regenmacher ist eine gefürchtete und verehrenswerte Persönlichkeit.

Die Hereros gehören gleichfalls dem großen Stamm der Bantus an und sind seinerzeit, von Nordosten kommend, im Schutzgebiet eingewandert. Sie sind das alte Herrenvolk; noch jetzt zeigt sich dies in Gang, Haltung und Gebärden. Sie sind ein schöner hochgewachsener Menschenschlag, schlank, mit ebenmäßigen Gesichtszügen. Ihre Hautfarbe ist ein dunkles Kaffeebraun. In Bewegungen sind sie langsam und gemessen. Das gilt besonders von den Hereroweibern, sie „gehen" nicht, wenn sie im langen Schleppkleide daherkommen, sie „schreiten".

Geistig sind sie äußerst rege und an Bildungsfähigkeit den Kaffern weit überlegen. Dies ist wohl mit ihr Verderb geworden, denn sie haben ein wenig Kultur angenommen und sind anspruchsvoll geworden in bezug auf ihre Kleidung und sonstige Bedürfnisse. Der gebildete Herero treibt Luxus mit seiner gestärkten Wäsche, seinen Bügelfalten und seinen weißen Taschentüchern, und die Hererodame verfügt oft über mehr Toiletten als die Frau des weißen Ansiedlers. Sonntags kann man hier beobachten, wie sie fein herausgeputzt im Auto zur Kirche fahren.

Leider sind die Männer dem Alkohol sehr ergeben. Montags fehlt der Herr Bambuse sehr oft, oder wenn er erscheint, umgibt ihn meist eine Wolke von Fusel. Vor ihm ist kein Alkohol sicher. Er trinkt, was ihm erreichbar ist, und, damit es nicht sofort bemerkt wird, füllt er das fehlende Quantum mit Wasser auf. Bei Gesellschaften verschwindet manche der besten Flaschen, und am nächsten Tage liegt der Herr Bambuse total betrunken daneben. Fabelhaft ist es auch, wie oft seine Großmutter stirbt, zu deren Begräbnis er unbedingt muß.

Der heidnische Feldherero ist anders. Er kleidet sich in Felle. Früher trugen seine Weiber noch die alte wunderschöne Tracht, die leider sehr selten geworden ist. Sie bestand aus einer Lederhaube mit drei Lederhörnern, aus dem Lenden- und Rückenschurz aus Fell, aus schwerem Arm- und Beinschmuck, aus von Ambos geschmiedeten Eisenperlen, die bis zu 50 Pfund wogen. Alles Hausgerät, jegliche Kleidung dieser Leute wird mit rotgefärbtem Fett bestrichen. Meist wird noch eine fein pulverisierte Baumwurzel, Bochu genannt, etwas nach Moschus riechend, der Salbe hinzugesetzt. Die rote Färbung der Salbe geschieht durch die Rinde der Gerberakazie. Das auf solche Weise präparierte Fell gewinnt namentlich durch das Alter einen ganz eigenartigen Geruch; für den Neuling ekelerregend, uns alten Afrikanern durch die lange Gewohnheit nicht unangenehm. Tatsächlich ist er aber so stark, daß man schon von weitem eine Hererowerft riechen kann. Die also eingefetteten Frauen hießen früher im Schutzgebiet „Ölsardinen".

Man schätzte die Seelenzahl der Hereros vor dem Orlog auf etwa 100 000. Ich kann nicht genau angeben, wieviel ihrer jetzt noch sind. Demnächst soll eine Zählung stattfinden.

Die Hauptcharaktereigenschaften des Hereros sind Hochmut, Grausamkeit und Faulheit. Als Angehöriger des alten Herrenvolkes sieht er herab auf alles, was nicht seines Stammes ist. Ungern nur fügte er sich dem Joch der Deutschen, denen er den Namen „Otjirumbu", das ist gelbes Ding, beilegte. Von jeher lag er mit anderen Stämmen in Feindschaft, namentlich mit den Namas. Die Bergdamaras waren ihm seinerzeit gänzlich unterworfen, man findet sie noch bis in die heutige Zeit als Diener unter den Hereros.

Nur in der Liebe zum Vieh legt der Herero seine Trägheit ab. Viehzucht ist das einzige, wofür er Interesse hat. Großviehbesitz ist sein ein und alles. Als Viehzüchter findet er so leicht nicht seinesgleichen. Deshalb nimmt ihn der Farmer gern als Viehwächter in Dienst.

Beim Herero dreht sich alles ums Vieh. Wenn bei Sonnenuntergang die Rinder zur Werft zurückkehren, werden sie mit

Gesang und Tanz empfangen, um die Milch herbeizulocken. Dieser Gesang besteht aus einem eintönigen Liede, in dem stets als Kehrreim das Wort „ozomgombe" (Rind) erklingt. Hierzu tanzen nur die Männer, die Weiber stehen im Halbkreis und klatschen in die Hände. Die schwere Kleidung hindert sie an schneller Bewegung.

Die Hauptnahrung der Hereros besteht in der Omeire, das ist gegorene Milch. Süße Milch genießen nur die Kinder und ältesten Greise. Außerdem sucht der Herero Feldkost, wilde Beeren und Wurzeln und Grassaat. Auf Jagd geht er wenig; er fängt hauptsächlich Wild in Schlingen. Gesundes Vieh schlachtet er sehr ungern; nur bei festlichen Gelegenheiten und bei nagendem Hunger. Der Mann führt ein bequemes Herrenleben. Er liegt meist vor oder in der Hütte und läßt sich von seinen Weibern bedienen. Seine Arbeit besteht höchstens im Schnitzen der Holzgefäße, die er für den Milchbetrieb braucht. Jetzt sind diese aber, weil es bequemer ist, durch Emaillegefäße oder durch die unvermeidlichen Benzintins, die der Autofahrer nach dem Einfüllen auf Pad fast immer wegwirft, ersetzt. Die Eisenperlen zum Schmuck der Weiberkleidung setzt er wohl zusammen, bezieht sie aber meist von den Ambos aus dem Norden der Kolonie, die in der Schmiedekunst sehr fortgeschritten sind.

Schwer hat es die Hererofrau. Sie muß den Pontok bauen, die Felle gerben, das Vieh melken, Essen suchen und bereiten. Gartenbau treibt der Herero fast gar nicht. Vereinzelt findet man in den Flußläufen hier und da einen Garten angelegt und mit Weizen, Mais, Kürbis und Melonen bepflanzt. Die großen Viehherden lassen den Herero nicht seßhaft werden, als Nomade durchstreift er das Land. Das war früher so. Jetzt sind sie verarmt. Nur kleinere Werften findet man noch zerstreut im Busch.

Der im Felde lebende Herero wohnt in einem Pontok, während die Hereros der größeren Plätze meist viereckige Häuserchen aus Lehmziegeln mit gerade geklopftem Benzintinblech als Dächer bauen. Oft findet man auch die Außenwände der Häuser mit Blech benagelt. Sie sehen sehr häßlich aus, Ergebnisse unserer Kultur. Es gibt aber viele Farmer, die darauf halten, daß ihre Eingeborenen sich die alten, dauerhaften Lehmpontoks bauen, die sich der Gegend so gut anpassen. Der Pontok hat die Form eines Kegels. Wenn es sich um den Bau eines umfangreichen

Familienpontoks handelt, so wird als Hauptstütze ein großer Pfahl von der Höhe des zukünftigen Gebäudes in die Erde gerammt. Dann werden im Kreise von ungefähr anderthalb Meter Halbmesser um ihn herum lange Äste in die Erde gesteckt, die mit ihren Enden oben an dem Pfahl durch dicken Bast oder Ochsenlederriemen festgebunden werden. Die einzelnen Äste werden miteinander durch dünne Zweige und Buschwerk fest verflochten. Nur oben an der Spitze macht man das Geflecht weniger dicht, um dem Rauch Abzug zu gewähren. Ist das Gerippe soweit fertig, dann rühren die Weiber einen dicken Brei an, bestehend aus Lehm und Ochsenmist. Mit diesem bewerfen sie mit den Händen das Laubgeflecht in- und auswendig. Ist er ziemlich angetrocknet, so schmieren sie nochmals eine dünne Schicht darüber, um alle Fugen und Risse auszufüllen.

Ein guter Pontok sieht glatt aus, wie ein riesiger graubrauner Maulwurfshaufen. Den Eingang bildet eine niedrige Öffnung, die beliebig mit Dorngesträuch, Fellen, Säcken oder auch mit einer Tür verschlossen wird. Fenster gibt es nicht. Im Inneren ist es recht gemütlich. Den Fußboden ersetzt festgetretener Lehm, der oft mit Fellen bedeckt ist. In der Mitte befindet sich die Feuerstelle. An den Wänden entlang liegen die Schlaffelle und Decken der Bewohner oder hängen die Töpfe, Geräte und Schüsseln; auf dicken, gleichmäßig hohen Feldsteinen, der Termiten wegen, stehen die Kisten mit ihren Habseligkeiten. Besonders sorgfältig werden die Milchgefäße behandelt. Sie sind entweder aus Holz geschnitzt, aus erhärtetem Fell oder aus Flaschenkürbis hergestellt. Diese letzteren, die sogenannten Kalabassen, stehen in hohen Ehren und dürfen nie gereinigt werden, weil sonst dem Glauben gemäß die Kuh die Milch versagt. Sie sind mit kleinen Fellstückchen, Krallen und Tierzähnen verziert, die meist eine Erinnerung an die Eltern oder Voreltern sind und deshalb mit Ehrfurcht behandelt werden.

Streng getrennt sind die Kalabassen des Herrn und seiner Diener, und auch der weiße Fremdling bekommt selten einen Trunk aus der Kalabasse des Herrn. Bei besonders wichtigen Beratungen läßt der Häuptling ausnahmsweise aus der großen Kalabasse schänken. In früherer Zeit war Omeire das ständige Gastgeschenk, wenn ein Weißer eine Werft passierte. Da erschien aber mit ihr der Häuptling in eigener Person und kostete vor, zum Zeichen, daß sie nicht vergiftet war.

Zum Sonnenuntergang werden alle Kalabassen ringförmig um das Feuer gestellt, und die Kalabasse, die als Behälter für die Milch einer besonders guten Kuh galt, wurde kurz vor deren Kalben in einen heiligen Baum, den Omurombonga-Baum, einen Dornbaum, gehängt.

Die Pontoks geben Schutz vor der Kälte und sind bei der großen Hitze von angenehmer Kühle. Meist sind sie sauber gehalten. Ist aber ein Pontok voll von Ungeziefer, oder war sein Bewohner von einer ansteckenden Krankheit befallen oder gar daran gestorben, so verlassen ihn die Mitbewohner und brennen ihn nieder. Es ist ja ein leichtes, wieder einen frischen aufzubauen.

Das gesamte Land war, anders als bei den Ambos, Stammeseigentum. Der Häuptling durfte davon nur mit Zustimmung aller Männer seines Stammes an weiße Ansiedler verkaufen. Zu einem solchen Verkauf mußte aber dann die deutsche Regierung auch noch ihre Zustimmung geben. Auch bei den Hereros besteht das Mutterrecht in der Erbfolge, es erbt also nicht der Sohn des Häuptlings, sondern ihm folgt der Sohn der ältesten Schwester.

Der Gottesbegriff ist unklar. Infolge ihrer Verschlossenheit gegen Fremde haben wir fast keinen Einblick in ihre religiösen Gebräuche gewinnen können. In den großen Plätzen sind jetzt fast alle Christen oder tun wenigstens so. Als Heiden verehren sie die Sonne, Ejuva, als Spenderin des Lichtes und Lebens, ohne mit dieser Verehrung einen besonderen Kult zu treiben. Dagegen treiben sie ehrfürchtigen Ahnenkult, der für mich etwas Rührendes hat. Manchmal meine ich, wir könnten von dieser Kultur der Kulturlosen lernen.

Zauberformeln, Besprechungen, Zauberstöckchen — die Ahnenstäbe —, Amulette, Gespenster und Geister Abgeschiedener spielen eine große Rolle. Bei ihnen besteht der Glaube an einen Wurm, der im Rückgrat des Menschen sitzt. Er ist unsterblich und kriecht aus dem Grabe heraus, um als Gespenst allerlei Unfug zu treiben. Um den Wurm doch zu töten, wird dem Toten das Rückgrat zerschlagen und er selbst fest eingeschnürt in einer Rindshaut beerdigt. Auch das Opfer eines schwarzen Schafes soll imstande sein, das Gespenst zu bannen. Die Geister der Toten halten sich in der Nähe ihrer Gräber auf. Darum werden die Toten weit draußen begraben. Es ist nicht ratsam, in ihre Nähe zu gehen.

Anders ist es mit dem Grabe des Ahnen. Dorthin geht allein der Familienvorstand, um sich mit dem Ahnen zu bereden, dort betet er auch bei bevorstehendem oder kommendem Unglück. Von den Ahnen ist auch das heilige Feuer überkommen, dessen Verlöschen Verderben bedeutet. Es ist Aufgabe der Hauptfrau oder deren ältester Tochter, das Feuer zu hüten. Am heiligen Feuer fanden die Beratungen statt. Hier bekam (nach Dr. Vedder) das neugeborene Kind seinen Namen, hier wurde der Tote niedergelegt, ehe er begraben wurde. Um das heilige Feuer wurden die ehrwürdigen Ahnenstöcke gesteckt, damit die Ahnen, die sie verkörpern sollen, die Beratungen mit anhören sollten. Nach der Beratung wurden sie, zu einem Bündel zusammengebunden, der Hauptfrau zur Bewahrung übergeben. Besondere Ehrung genoß der Stab, mit dem der Ahne seinerzeit das heilige Feuer entzündet hatte.

Wenn die Sippe aus Mangel an Weide und Wasser trecken mußte, trug die Hauptfrau das heilige Feuer voran. Wenn es zu verlöschen drohte, wurde so lange Rast gemacht, bis es wieder angefacht war.

Starb ein Häuptling, so wurden ihm seine Lieblingsochsen nachgeschickt, d. h. sie wurden geschlachtet. Ihr Fleisch durfte nur von den Männern genossen werden. Die Hörner wurden dem Toten zu Ehren an einem Baum bei seinem Grabe aufgehängt. Noch jetzt findet man im einsamen Busch derartig mit Ochsenhörnern behängte Bäume, obwohl vom Grabe nichts mehr zu sehen ist.

Der Dienst am Feuer vererbt sich zugleich mit der Häuptlingswürde.

Die Hereros sind vereinigt zu bestimmten religiösen und auch wieder zu wirtschaftlichen Erbverbänden. Ihre Gesetze kenne ich nicht.

Die Feldhereros haben ihre eigenen Doktoren, die Gifte und Salben mischen. Ein weitverbreitetes Mittel zum Zuheilen von Wunden ist frischer Kuhmist. Man kann sich, auch ohne sie mit leiblichen Augen gesehen zu haben, solch eine höchst übelriechende Wunde, von Maden kribbelnd, vorstellen. Der Herero schätzt sein Leben nicht hoch ein, das hat er mit vielen Negerstämmen gemein. Selbstmorde sind häufig. Gifte, namentlich die der Euphorbien, wurden viel angewandt. Es gibt auch giftige, sehr wirksame Beeren, deren Gift meistens im Körper nicht

Friedhof der deutschen Gefallenen am Waterberg

nachweisbar ist. Man macht sich auch nicht allzu große Mühe. Besonders beliebt war die Anwendung von diesen Giften bei alten, gebrechlichen Leuten, deren Transport beim Nomadenleben schwierig war. Diese waren auch meist ganz zufrieden, auf diese etwas gewalttätige Weise zu ihren Vätern versammelt zu werden.

Zu welchem der großen afrikanischen Stämme die Hottentotten (Namas) gerechnet werden können, ist immer noch eine Streitfrage der Gelehrten. Viele behaupten sogar, sie seien mongolischen Ursprungs, ihrer gelblichen Haut, ihres zierlichen Körperbaus und ihrer vorstehenden Backenknochen wegen. Hingegen fehlt ihnen aber das Hauptmal der Mongolen, das geschlitzte Auge. Ihre Sprache ist grundverschieden von der der benachbarten Bantustämme; kennzeichnend in ihr sind die vier Schnalzlaute. Oft kommt es vor, daß gleichgeschriebene Worte durch anders ausgesprochene Schnalzlaute eine vollkommen andere Bedeutung erhalten.

Ursprünglich wohnten die Hottentotten in der heutigen Kapkolonie, wurden jedoch von dort im 17. Jahrhundert durch die einwandernden Buren verdrängt und zogen sich nordwärts zurück. Hierbei hatten sie viele Kämpfe auszufechten mit den von Zentralafrika nach Süden vorrückenden Bantustämmen. Den dauernden Kämpfen zwischen den Hereros und den Namas setzte die deutsche Regierung durch ihr Vorgehen gegen Hendrik Witboi im Jahre 1894 ein Ziel.

Die Hauptstämme der südwestafrikanischen Namas wurden in dem Namaland und der Kalahari seßhaft. Am weitesten nordwärts siedelten sich die Topnaer- und Swartboi-Hottentotten an; sie bewohnten das Kaokofeld und die Gegend von Franzfontein.

Die Hottentotten sind im allgemeinen klein, hager und frühzeitig runzlig. Ihre Haare sind sehr verfilzt und stehen in dichten kleinen Knoten, was ihnen bei den Buren den Namen „Peperkopp" eingebracht hat. Eigentümlich ist bei den Weibern die oft sehr stark ausgebildete Hinterseite, ein natürlicher, aus Fettpolstern bestehender „cul de Paris".

Die Hottentotten sind lässig in der Arbeit, schlapp und faul; jede Tätigkeit, die mit körperlicher Anstrengung verbunden ist, ist ihnen verhaßt. Ackerbau treiben sie daher nur in ganz geringem Maße; an Handwerken ziehen sie die vor, die sie im

Sitzen erledigen können, z. B. Pfeifen schnitzen, Felle gerben, Feldschuhe machen, Horn- und Holzarbeiten, Perlstickereien usw.

Ihre sonstige Trägheit legen die Hottentotten jedoch sofort ab, wenn es sich um Jagd oder gar Krieg handelt. Sie sind infolgedessen ausgezeichnete Jäger, Schützen, Pfadfinder und Spurenleser.

Ihre Hauptnahrung besteht naturgemäß aus dem Fleisch der erlegten Tiere; sie rauchen mit Vorliebe Dacha, eine Hanfart, die stark betäubend wirkt, und sind leidenschaftliche Alkoholiker. Da das Rauchen von Dacha ähnlich zerstörend auf das Nervensystem wirkt wie das Opiumrauchen, ist das Anbauen von Dacha von der Mandatsregierung bei hoher Strafe verboten. Trotzdem wird er gehandelt und sehr teuer bezahlt.

Viehzucht treiben die Hottentotten wohl auch, in der Regel ziehen sie aber das Kleinvieh, Schafe und Ziegen, dem Großvieh vor.

Früher waren Männer wie Weiber in gegerbte Felle gekleidet. Aus den Fellen wilder Tiere trugen die Männer mit Vorliebe selbstgefertigte Mützen, die ihnen ein wildes Aussehen verliehen. Durch das Einfetten ihres Körpers mit einer rötlich gefärbten, mit allerlei Kräutern vermischten Salbe verbreiten sie einen unangenehmen Geruch, der auch ihren Felldecken und Gebrauchsgegenständen anhaftet. Die Hottentottenschönen tragen kleine Schildkrötenschalen mit einem Fellstückchen als Puderdose und -quaste bei sich, ihre Schminkbüchsen sind kleine Stückchen von Hörnern, oben und unten mit Lederkapseln verschlossen. Männer wie Weiber rauchen stark. Sehr oft sah ich kleine Stücke von Röhrenknochen als Pfeifen.

Die Hottentottenpontoks sind ebenfalls Rundhütten, die aber im Gegensatz zu den Hereropontoks auseinandernehmbar sind. Über das Gerüst der Pontoks werden aus Binsen geflochtene Matten gespannt, die sich beim Weiterziehen leicht zusammenrollen lassen.

Durch ihre vielen Kämpfe mit den Hereros, bei denen sie dank ihrer großen Geschicklichkeit im Orlog viel Beute machten, waren sie in der Lage, sich manche Annehmlichkeit leisten zu können. Größtenteils trugen sie europäische Kleidung und lebten gut, solange sie noch ein Stück Beutevieh ihr eigen nannten.

Nachdem die deutsche Regierung den andauernden Kämpfen ein Ende gemacht hatte und somit der Hilfsquell der Hottentotten, auf leichte Weise zu neuem Wohlstand zu gelangen, versiegt war, verarmten sie bald mehr und mehr. Durch ihr bisheriges Leben verwöhnt, konnten sie sich bei ihrer Trägheit nicht mehr aufraffen und sanken immer tiefer. Erbkrankheiten spielten auch dabei eine große Rolle. Ich habe den Eindruck gewonnen, daß es ein Stamm ist, der im Aussterben begriffen ist.

An der Spitze des Stammes steht ebenfalls ein Häuptling. Diese Würde vererbt sich aber vom Vater auf den Sohn. Stammesgebiet und Herden sind Gemeingut.

Ihre Religion bestand im Ahnenkult und Verehren des Mondes. Die Erinnerung daran ist ihnen aber fast gänzlich verlorengegangen. Sie sprechen wohl aber noch öfters von einem Halbgott Heiseb, der sehr oft stirbt, aber immer wieder auferstehen kann. Sogenannte Heisebgräber gibt es bei ihnen genau so viele wie bei den Bergdamaras. Im übrigen sind Busch und Steppe von überwiegend bösen Geistern bevölkert. Auch der Schatten eines Menschen oder Gegenstandes ist furchteinflößend.

Die Hottentotten haben unserer Regierung schon in früherer Zeit viel zu schaffen gemacht. Schlecht lohnten sie Mühe und Vertrauen. Der Stamm der Swartbois wurde nach dem Aufstand 1895 nach Windhuk gebracht, um unter Aufsicht der Regierung in Gefangenschaft zu leben. Dort ist er fast ganz zugrunde gegangen. Nur ein kleiner Teil des Stammes, der nicht am Orlog teilgenommen hatte, durfte auf Franzfontein verbleiben unter der Häuptlingsschaft des Gauners Lazarus Swartboi. Dieser verstand es meisterhaft, sich das Vertrauen der Regierung zu erschmeicheln, trotz aller Warnungen der dort lebenden weißen Ansiedler. Im Hereroaufstand machte auch er sich des Hochverrats und der Anstiftung zur Ermordung Weißer schuldig. Gefangengenommen, entzog er sich der Strafe durch Gift, das ihm Stammesgenossen heimlich zusteckten.

Der größte aller Hottentotten, Hendrik Witboi, der „treue Freund" des Gouverneurs Leutwein, ist noch in unser aller Erinnerung. Sein Sohn, Samuel Isaak, hat klug und weise gehandelt, indem er die Waffen streckte. Er tat es auf den Rat seines todwunden Vaters: „Geh zu den weißen Männern und sprich: Ich komme von Hendrik Witboi, der nicht mehr ist. Er schickt euch Botschaft. Meine Kinder sollen Ruhe haben." Und Samuel Isaak ging.

Die Bergkaffern oder Bergdamaras leben als ein zusammenhängender Stamm an den Ufern des Omaruru, dank der Fürsorge unserer Regierung unbehelligt von den Hereros, deren Sklaven sie früher zum Teil waren.

Der Bergdamara ist der arbeitsamste und zäheste Kaffer unserer Kolonie, d. h. wenn er unter Aufsicht steht. Infolgedessen fühlte sich die Kolonialregierung veranlaßt, durch einen Vertrag mit dem verstorbenen Häuptling Manasse von Omaruru das den Hereros gehörige Okombahe zu erwerben und als Reservat für die Bergdamaras einzurichten.

Sie sind meist von dunkelkaffeebrauner Farbe, breitnasig, dicklippig, mit langen Armen und affenähnlichen Bewegungen. Ihre eigene Sprache ist ihnen im Laufe der Zeit verlorengegangen, dafür haben sie vollständig die Namaquasprache angenommen.

Die im Reservat lebenden Leute sind gesünder als die sogenannten Klippkaffern, die sich im Felde umhertreiben, und deren einzige Nahrung aus Grassaat, Wurzeln und Unkies, einer Zwiebelart, besteht, die ihre Weiber mühsam graben müssen.

Die Klippkaffern kleiden sich in Felle. Die vornehmeren von den Bergdamaras kleiden sich europäisch.

Die Bergdamaras wohnen wie die Hereros in Pontoks. Die Vornehmen unter ihnen bauen sich meist aus zwei Kammern bestehende Häuserchen. Der Kapitän (Häuptling) Cornelius besitzt deren zwei, ein altes baufälliges, in dem seine Frau und Mutter wohnen, und ein schönes luftiges, in dem er allein haust. Er hatte ein richtiges eisernes Feldbett mit schönen Decken, einen Waschtisch, d. h. eine in die Höhe gestellte Bierkiste, und einen wackeligen Korbstuhl. In seinem Wohnzimmer gab es eine Chaiselongue, in einer Ecke eine Art Schränkchen und einen rohgezimmerten Tisch mit Decke.

In allzu glücklicher Ehe schien er nicht zu leben. Seine Frau durfte das obere Haus nicht betreten. Dessen Instandhalten und Reinemachen besorgten abwechselnd die jungen Mädchen des Dorfes, die er je nach Wunsch und Laune dazu kommandierte.

Josua, der Unterkapitän, hatte ebenfalls ein solches Häuschen, darin die schwarze Lydia waltete und Mann, Kinder und Kindeskinder mit gleich strengem Zepter regierte.

Auch unter den Bergdamaras herrscht großer Kastengeist. Sie wetteifern untereinander, wer wohl der vornehmste ist, wessen Familie am ältesten, wer, auch das gehört mit zu Stand und Rang, Hereroblut in seinen Adern hat. Je vornehmer sie sind, desto weniger tun sie, desto mehr Diener müssen sie sich halten. Es ist verpönt, irgendein Handwerk zu treiben. Ja nicht flechten, schnitzen oder dergleichen. Ackerkultur, Viehzucht müssen sein, um vor Hunger zu schützen. Ist aber der Acker bestellt, das Vieh gut behütet, dann liegen sie den Rest des Tages faul vor dem Pontok, rauchen selbstgebauten Tabak und trinken Zuckerbier.

Das Zucker- oder Honigbiertrinken ist der Ruin der Leute gewesen. Es wird bereitet aus einer Art Most, dessen Bestandteile Geheimnis sind. Jedenfalls gehören grüne Erbsen und Hühnerdung dazu. Der in warmem Wasser aufgelöste Zucker oder Honig wird daraufgegossen und gelangt binnen zwölf Stunden zur Gärung. Das Getränk sieht wie trübes Wasser aus, schmeckt wie süßes verdorbenes Weißbier und wirkt berauschend. In vergangener Zeit, da noch keine Handelsleute bei den Bergdamaras einkehrten, mußten sie den Honig zur Bereitung des Bieres mühsam suchen. Seit sie aber zum Preise von 40 Pfennig für das Pfund den Zucker kaufen können, haben sie es bequemer. Manch einer hat ganze Herden verschleudert oder seine letzte Ziege eingehandelt, um dem Genuß des Zuckerbieres frönen zu können. Männer wie Weiber sind ihm gleich ergeben.

Ich erzähle, wohl bemerkt, aus meiner ersten Zeit, aus den Jahren 1902, 1903 und 1904.

Die Bewohner Okombahes, etwa 800 Köpfe, treiben Viehzucht und an den Ufern des Omaruru auch Gartenwirtschaft. Wenn sich im Juli nach der großen Regenzeit das Hauptwasser des Flusses verlaufen hat, legen sie auch im Bett des Flusses Felder an. Sie bauen hauptsächlich Mais, Weizen, Kürbisse und Melonen. Steht das Getreide in den Halmen, dann bietet das Flußbett einen reizenden Anblick. Soweit man blicken kann, wogt das frische Grün. Die Grenzen der Felder, die den einzelnen gehören, sind jedesmal durch Dorngebüsch abgesteckt. Auch die Rivierufer sind so eingezäunt, um zu verhindern, daß das Vieh hineingerät und sich dort gütlich tut. Große Schädlinge der Felder und Gärten sind die Springhasen, weil sie die Halme an der Wurzel abnagen, außerdem aber auch durch die Gänge, die sie graben, vielen Schaden anrichten. Es werden Fallen gestellt, um sie zu fangen. Auch durch größeren Lärm sucht man sie zu verjagen. Sie kommen des Nachts; die Leute wechseln sich ab, jede Nacht hat eine andere Werft die Wache.

Die Wachthabenden schlagen stundenlang in ganz kurzen Pausen mit Steinen und Stöcken auf einen alten Topf, ein Zementfaß oder dergleichen. Dieser wahre Höllenlärm verscheucht dann die Tiere. Bis ich mich daran gewöhnte, hat er auch mir manche Nacht den Schlaf geraubt.

Je näher die Zeit der Ernte heranrückt, desto lustiger wird die Stimmung der Bergdamaras. Die meisten der Leute verstehen mit den geernteten Vorräten natürlich nicht hauszuhalten. Sie schwelgen und futtern, bis sie nicht mehr können, tauschen das Getreide bei den Weißen ein gegen Zucker, um Zuckerbier zu brauen, gegen Anzüge und Stoffe für die Weiber und leben herrlich und in Freuden. Wenn dann die Vorräte, die oft ganz beträchtlich waren, aufgezehrt sind, fängt die Hungerei und Bettelei an. Die Vernünftigeren suchen sich Arbeit bei den Weißen und den Militärstationen, die anderen suchen Grassaat und Unkies, betteln, schmarotzern und stehlen. Viele, namentlich die Alten und Schwachen, gehen während dieser Zeit ein. Kurz vor der Ernte bricht fast immer eine richtige Hungersnot aus. So war es auch während unserer Anwesenheit auf dem Platze.

Die Regierung schickte Mehl und Reis, auf der Mission gab es umschichtig einen Mittag Essen für die Männer, einen für die Weiber, Greise und Kinder. Ich selbst habe eimerweise in meinem größten Kessel im Hofe das Mehl zu Brei verrühren lassen, aber was half es, die Not wurde zwar in geringem Maße gelindert, doch im nächsten Jahre war es dieselbe Geschichte. In der Hungerszeit lagen die Leute haufenweise umher und quälten, sie wollten nur für das Essen arbeiten, und wenn die Erntezeit war, blieben sie weg. Kein noch so klingender Verdienst konnte sie locken. „Was willst du nur, ich brauche nicht zu arbeiten; my pens is full (mein Leib ist voll). Fühle nur. Ja, wenn ich wieder bagna (großen) Hunger habe, dann komme ich wieder." Der Begriff von Pflicht fehlte ihnen ganz. So kam es, daß die Erntezeit für uns Weiße sehr unangenehm war. Die eigenen Leute liefen einfach weg: „Ich arbeite nicht, ich habe keine Lust, auf der Werft meiner Mama ist viele Kost."

Nun kommt die Ernte. Jede größere Werft besitzt ihre eigene Tenne; das ist ein kreisrunder, mit Lehm beschmierter und festgetrampelter Platz, der nach dem Rande zu durch Back- oder Feldsteine ein wenig erhöht ist. Das Getreide (die meisten sind so erpicht darauf, daß sie es nicht einmal ganz reif werden lassen) wird dort in einzelnen Garben, die Ähren nach der Mitte des Kreises zu, hingelegt. Dann versammeln sich die Mädchen und jungen Frauen der Werft mit ihren Freundinnen und tanzen im Kreise auf den Ähren so lange herum, bis der ganze Vorrat ausgedroschen ist.

Dicht bei dieser Tenne brennt ein Feuer, an dem ein Kaffer in einer Pfanne Korn röstet. Ein anderer zerstampft es im Mörser, einem ausgehöhlten Baumstamme, in kleine Stücke, die mit frischer Milch und Zucker gekocht werden, und ein dritter macht Kaffee im schier unerschöpflichen Kessel. Wem nach einem kühlenden Getränk gelüstet, der holt sich Omeire (gegorene Milch) aus der Kalabasse oder Zuckerbier vom Herrn der Werft.

Läßt der Eifer der Trampelnden nach, so kommt meist der Schulmeister, als der musikalisch begabteste Mann des Platzes, und spielt auf der Treckorgel (Handharmonika), oder die Mädchen begleiten ihren Tanz mit eigenartig wehmütigem, eintönigem Gesange. Um die Tenne herum sitzen die Burschen rauchend und trinkend. Scherzworte fliegen hin und her. Oft geschieht es, daß einer im Übermut mit in den Kreis der Tanzenden springt, dann belohnt ihn entzücktes Gekreisch, und um so lustiger geht es zu.

Dies dauert bis zum Abend. Wenn dann der Vollmond über dem Okombaheberg aufsteigt, wenn das Vieh besorgt ist und die Lämmer gut verwahrt sind, dann erwacht der Platz zu neuem Leben. Wieder machen die Becher mit Zuckerbier die Runde und ein wilder fanatischer Tanz beginnt, wie ihn nur die schwarze Rasse zu tanzen vermag. Dann lösen sich einzelne Pärchen und die Anabäume des Riviers rauschen ihr altes Lied über ihnen.

Die Tänze der Bergdamaras sind keine Nationaltänze mehr. Diese sind wohl auch mit der eigenen Sprache verlorengegangen, als sie noch Knechte und Sklaven der Hottentotten und Hereros wurden. Sie haben fast alle ihre Tänze den Hottentotten entlehnt. Meist stellen sie sich in Kreisform im Gänsemarsch auf, und unter Händeklatschen der Männer und Weiber und taktmäßigem Gesang und Gestampf drehen sie sich erst langsam, dann schneller und schließlich so rasend, daß oft einige in Ohnmacht fallen.

Sehr beliebt ist der „Hahnentanz". Das Mädchen tanzt vor dem Burschen her mit eng an die Brust gedrückten Armen, in ihren Bewegungen und ihrem Gehabe ganz ein geängstigtes Huhn ausdrückend. Der Bursche ahmt in Gang, Gebärden und Tonfall einen Hahn nach. Dieser Tanz artet stets zur wüsten Raserei aus und endet in den tollsten Ausschweifungen.

Aus diesem Grunde haben die Missionare den Christen unter den Eingeborenen das Tanzen verboten. Dadurch ist auf Okombahe das Tanzen ziemlich abgekommen. Wenn aber der Vollmond gar zu verlockend scheint, wenn die Kornernte reichlich und prächtig war, wenn die Feuer vor den Pontoks hoch aufflammen und das Zuckerbier die Sinne benebelt, dann sind Missionare, Gesetz und Christentum vergessen und es wird getanzt bis zum frühen Morgen.

Ein nationales Musikinstrument habe ich bei den Bergdamaras nicht bemerkt. Manchmal zupften sie auf den Saiten eines Jagdbogens. Selten gebrauchen die Bergdamaras die Riedpfeifen, wie sie die Hottentotten haben. Eine jede dieser höchst einfachen Pfeifen hat zwei bis drei Töne, manche tiefer, manche wieder höher. Wenn sie von etwa zehn Männern geblasen werden, so klingt das so schrill und laut, daß es weit hinaus in die Kalahari schallt, und dabei unendlich melancholisch und klagend.

Besondere Gesetze haben die Bergdamaras nicht. Wohnen sie in größeren Trupps beieinander, dann wählen sie einen Häuptling. Der Häuptling des gesamten Stammes ist von der Regierung eingesetzt und bezieht von ihr eine kleine Jahresrente.

Auch ihr Gottesbegriff ist dunkel, unklar. Sie verehren den Halbgott Heiseb, einen guten Gott, der sie einst von einem Ungeheuer erlöst haben soll. In ganz Südwest gibt es die Heisebgräber. Das sind aufgetürmte Steinhaufen, unter denen der Gott einstmals begraben lag, aber immer wieder auferstanden ist. Jeder vorbeigehende Bergdamara hat die Pflicht, dieses Grab zu grüßen, indem er einen neuen Stein, oder in dessen Ermangelung einen Lappen oder ein Stück Fell daraufwirft. Dies ist zugleich eine Art Opfer. Unterläßt er es, dann verzichtet er auf den Schutz der Gottheit. Böse Geister und Krankheit gewinnen Macht über ihn, und die Amulette aus wilden Hundsoder Leopardenzähnen können ihn auch nicht mehr schützen.

Aus Gründen des Aberglaubens beißt die heidnische Mutter dem neugeborenen Kinde das erste Glied des kleinen Fingers der rechten Hand ab. Bei den Damaras gibt es viele Fabeln und Märchen, namentlich aus dem Tierreich.

In neuerer Zeit ist es gelungen, Näheres über die Gottesvorstellung der Bergdamaras zu erfahren, weil im Otavihochland noch Bergdamarasippen aufgefunden wurden, die noch ihrer alten Überlieferung getreu waren*).

Die Buschmänner sind zweifelsohne die seltsamsten und interessantesten unserer Eingeborenen. Viele behaupten, dies Volk sei einstmals die Urbevölkerung Südwestafrikas gewesen. Andere wieder sind über ihre Herkunft gänzlich im Zweifel. In Aussehen und Hautfarbe sind sie den Hottentotten ähnlich, sie sind aber meist von kleinerem Wuchs.

Der Europäer bekommt sie im Felde selten zu sehen. Sie sind sehr scheu und mißtrauisch. Das kommt wohl daher, weil sie von allen anderen Eingeborenenstämmen verachtet und verhaßt sind, ja sogar verfolgt werden. Sie sind natürlich selber daran schuld. Deshalb haben sie sich in die wildesten und unwirtlichsten Gegenden zurückgezogen, die wohl nie der Fuß eines anderen Farbigen betritt, und fristen dort ein kümmerliches Dasein. Sie sind am Oranje, in der Namib, in den Gobabis-, Outjo- und Grootfonteinbezirken und in der Kalahari zu finden.

Ihre Kleidung ist denkbar einfach. Ein Gürtel um die Lenden hält einen Lederstreifen, der von vorn nach rückwärts zwischen den Beinen durchgezogen wird.

Pontoks kennen sie nicht. Ihre Behausung besteht aus in die Erde gesteckten Büschen, die einen notdürftigen Windschutz bilden. Sie passen sich so sehr der Umgebung an, daß man sie schlecht erkennen kann. Eine Buschmannsniederlassung besteht aus einer nur geringen Anzahl von solchen Buschhütten. Ich habe einst solche einmal im Sandfeld und in der Etoschapfanne angetroffen.

Vieh besitzen sie selten oder nie. Sie suchen es sich aber durch Gewalttaten und Räubereien zu verschaffen. Farmer, die an den Grenzdistrikten wohnen, haben dauernd Ärger und Ver-

*) Hierüber berichtet Dr. Vedder in seinem Buche: Das alte Südwest (Martin Warneck Berlin).

luste durch sie. Sie sind sehr gefürchtet und eigentlich mit jedermann verfeindet, sogar mit den eigenen Stammesgenossen.

Die Weiber der Buschmänner ziehen des Morgens vor Sonnenaufgang ins Feld mit kleinen harten Kürbisschalen als Wassergefäße. Dann saugen sie in einem Grashalm die Tauperlen auf, die auf Gräsern und Büschen liegen und sammeln sie in ihren Schalen als Trinkwasser für den Tag. Dies geht unglaublich schnell und im Umsehen ist ein Gefäß gefüllt. An Nahrung wird Feldkost in Form von Beeren, wilden Kürbissen, Grassaat usw. gesammelt, deren Geschmack durch Hinzufügung von Eidechsen, Mäusen, Fröschen, Raupen, Schlangen und Vogeleiern erhöht wird.

Die Arbeit der Männer ist die Jagd. Sie benutzen dazu selbstgefertigte Bogen, Pfeile, einen Assegai und Kirri (Knopfstock), graben Fallgruben und legen Schlingen. Ihre Pfeile sind sehr gefährlich, denn sie sind meist vergiftet. Dies Gift gewinnen sie durch kleine schwärzliche Käferlarven, die sie vorsichtig mit Hilfe eines gespaltenen Stöckchens einsammeln und in einem erhitzten Stück Baumrinde zum Schwitzen bringen und außerdem noch mit Pflanzengift vermischen. In die dickklebrige Masse wird die dünne Pfeilspitze getaucht, die, abnehmbar, aus Knochen angefertigt ist. Damit sie sich selber nicht verletzen, benutzen sie den Pfeilschaft als Futteral. Alle Pfeile tragen sie in einem Lederköcher auf dem Rücken.

Erspäht der Buschmann ein Stück Wild, dann beschleicht er es langsam und im Kriechen; oft tarnt er sich auch durch Überziehen eines Straußenbalges. Wenn er möglichst nahe herangekommen ist, sendet er den todbringenden Pfeil. Das getroffene Tier läuft oft noch lange Strecken weit fort mit dem Pfeil im Körper. Das Gift wirkt; die verwundete Stelle schwillt an, nur langsam kann es sich noch bewegen und legt sich nieder. Im Wundbett wird es steif. Der Buschmann folgt der Spur ohne Eile, er weiß, es ist ihm sicher. Er holt es ein, tötet und zerlegt es. Die Stelle des Fleisches, die bereits vom Gifte durchdrungen ist, schneidet er sorgsam heraus und wirft das Stück weg.

Vor einigen Jahren geschahen große Viehräubereien durch Buschmänner im Osten von Gobabis. Der dortige „Magistrat" ward mit einem Polizeiaufgebot zu ihrer Bestrafung ausgeschickt. Aus dem Hinterhalt traf ihn ein vergifteter Pfeil. Hilfe gab es nicht dagegen. Unter unsagbaren Qualen starb er nach drei Tagen.

Weil die Buschmänner nur in kleinen Gemeinschaften leben, haben sie auch keine Häuptlinge mehr. Sie unterstehen dem Familienoberhaupt, der das heilige Feuer bewahrt und dem sie die Jagdbeute und die gesammelte Feldkost zur Verteilung abliefern.

Ihre Sprache ist keiner anderen vergleichbar. Das zischt und lispelt und schnalzt. Sie läßt sich nicht beschreiben.

Wie die anderen Eingeborenen glauben sie, daß sich in Berg und Tal, Wasserstelle und Busch ruhelos böse Geister umhertreiben. Es gibt aber ein Mittel, um sich gegen sie zu schützen, das ist ein Buschmannrevolver, den man sich vom Zauberer eintauschen kann. Ich habe einen solchen in meiner Sammlung. Der Bogen ist aus Horn geschnitzt und genau 14 cm lang. Zu ihm gehören etwa 30 9 cm lange Hornpfeile, die in Hülsen aus starken Grashalmen stecken. Der dazugehörige Köcher ist 13 cm lang, aus dünnem Wildleder mit Sehnen genäht und am oberen Ende mit kleinen Perlen verziert, die aus Straußeneierschalen geschliffen sind.

Glaubt sich ein Buschmann von bösen Geistern umgeben, dann schießt er diese kleinen Pfeile nach allen Seiten hin ab und verjagt sie dadurch. Auch wenn er einen Feind hat, schickt er mit einem Fluch einen solchen Pfeil in der Richtung, in der er den Feind vermutet. Der Feind wird elend dahinsiechen. Die Kinderzahl unter den Buschmännern ist gering. Dies ist bedingt durch die harte, unverdauliche Nahrung, die sie zu sich nehmen müssen. Die Frau eines Buschmanns darf daher erst dann ein zweites Kind zur Welt bringen, wenn das erste so weit gediehen ist, daß es die grobe Nahrung genießen kann. Gebiert sie vorher ein Kind, wird das Neugeborene lebendig begraben, weil sie für zwei Kinder keine Nahrung hat.

Es ist etwas Eigenes um die Buschmänner. Ist man in der endlosen Einsamkeit der Steppe auf Jagd und glaubt sich ganz allein, dann taucht plötzlich hier und da ein Kopf auf. Stunden- und tagelang sind sie einem vielleicht schon gefolgt; wie aus dem Boden gewachsen stehen sie plötzlich vor dem Jäger. Sowie der Schuß gefallen ist, huschen sie von allen Seiten herbei, weiden das verendete Wild aus und schleppen es nach dem Lager. Erst aber müssen sie sich durch lange und sorgfältige Beobachtung überzeugt haben, daß man keinerlei feindliche Absicht gegen sie hegt. Als Geschenke schätzen sie Tabak und Salz sehr, während sie sich aus Zucker nicht viel machen. Mit Vorliebe rauchen sie den betäubenden Dacha (Hanf). Von den Buschmännern wird auch erzählt, daß sie die Stellen kennen, wo die Diamanten liegen. Es ist mir bekannt, daß um eine Streichholzschachtel voll Dacha Diamanten in beträchtlicher Anzahl bei ihnen eingetauscht worden sind.

Eigenartig sind auch ihre Tänze. Als mein Mann auf den einsamen Grenzstationen Otjituo und Okatjeru saß, kam er in engere Beziehung zu den dortigen Buschmännern. Oft sah er ihren Tänzen zu bei Neumond um hochaufprasselnde, gewaltige Feuer. Dann schmückten sie sich mit den Gehörnen des Steinbocks oder banden sich den großen krummen Schnabel des Pfeffervogels vor die Stirn. Und wie die Teufel, die einen satanischen Höllentanz aufführten, so sprangen und hüpften die wunderlichen Kerle in ihren grotesken Bewegungen ums Feuer.

Zauberer und Medizinmänner spielen auch bei ihnen eine große Rolle.

Unter den Buschmännern gibt es auch noch Menschenfresser. Anfang Februar 1920 fand in Windhuk eine Gerichtsverhandlung statt, in der Buschmänner angeklagt waren, zwei Ambos überfallen, getötet und verspeist zu haben. Sie waren von einer Polizeipatrouille am Rande der Kalahari beim Mahl überrascht, gejagt und ergriffen worden. Die Verhandlung an sich war sehr feierlich. Der Oberrichter trug die Allongeperücke, Tala' und roten Schlips. Der High Sheriff, Captain B., war im Frack. Es wurde gerichtet nach dem römisch-holländischen Recht, ohne Unterschied der Rasse und Farbe. Auf der Anklagebank saßen die Buschmänner im Lendenschurz, denen von der Krone ein Verteidiger beigegeben war. Die Verständigung mußte durch einen farbigen Dolmetscher erfolgen. Auf dem Tische vor dem Richter lagen unter anderem ein geschmorter Amboschädel, gekochte Menschenknochen und andere wenig appetitliche Dinge. Die Buschleute wurden zum Tode durch den Strang verurteilt, was sie höchst gleichgültig hinnahmen.

Dem Volke der Buschleute werden die eigenartigen Gravierungen und Zeichnungen zugeschrieben, die unter dem Namen Buschmannzeichnungen in der ganzen Welt bekannt sind. Merkwürdigerweise finden sie sich nicht nur bei uns in Südwest, sondern in Rhodesien, Südafrika, Nordafrika, ja sogar ähnliche in Südspanien. Ich komme an anderer Stelle auf sie zurück.

Zwei Zimmer und ein Dach.

Auf Okombahe bezogen wir das uns liebenswürdig zur Verfügung gestellte Zimmer und richteten uns ein so gut es ging.

Noch an demselben Abend strömten die Eingeborenen des Platzes herbei, um uns zu begrüßen. Manch einer von ihnen meinte zu meinem Mann: „Mr. E., daß du wiederkommen würdest, haben wir uns gedacht; du hast dich hier in Damaraland zu gut eingelebt, als daß du dich im Wasserlande Deutschland auf die Dauer wohl fühlen konntest. Aber daß du eine weiße Frau mitbringen würdest, hätte keiner von uns geglaubt."

Zur Feier des Tages ließ mein Mann Reis, Kaffee und Zucker unter die Leute verteilen, und noch bis in die tiefe Nacht hinein tanzten und sangen die Kaffern von Okombahe.

Am nächsten Tage bekamen wir Besuch vom Missionar mit seiner jungen Frau, der uns einlud, sein Fremdenzimmer so lange zu benutzen, bis wir es uns etwas gemütlicher machen könnten. Wir nahmen seine Güte dankend an und blieben etwa zwölf Tage dort wohnen. In der Zwischenzeit hatten wir das alte Häuschen meines Mannes wieder einigermaßen bewohnbar gemacht. Es wurde vom alten Ertmann bezogen, und wir übernahmen dafür dessen etwas größeres Haus, auch aus zwei Räumen bestehend.

In den größeren Raum schafften wir alle Kisten, den Proviant, die Ochsengeschirre und sonstigen Hausrat. Den anderen Raum richteten wir uns als Wohn- und Schlafzimmer ein.

Mein Mann zimmerte aus einigen Planken einen Tisch. In einer Ecke errichtete er gleichfalls aus Planken und Ästen ein Lager für mich. Die Matratze wurde ersetzt durch einen Sack mit trockenem Savannengras. Nachdem das Ganze mit einer Decke belegt war, sah es recht pompös aus. Er selber schlief im Freien vor der Hütte, wenn es die Witterung gestattete. Stühle wurden vorläufig durch Kisten ersetzt. An den Wänden hingen unsere Gewehre, der Patronengurt und sonstige Waffen, auch Antilopengehörne verschiedenster Art. Tiefer unten an den Wänden wurden rohgezimmerte Regale angebracht, auf denen Satten mit Milch, Brot und sonstige Küchenvorräte standen. Sie waren zu meinem Kummer aber oft sehr vollgestaubt. Der Boden war mit Springbock- und Schaffelldecken belegt.

Trotz der einfachen Ausstattung hatte der Raum etwas Gemütliches. Manche Nacht saßen wir an dem krummen Tische, bei der flackernden Beleuchtung einer Kerze, und lauschten bei einer Tasse Tee den fesselnden Geschichten des alten Ertmann, dessen Lieblingsgewohnheit es war, weitab von den Stätten der Menschen einsam als Jäger in der Wildnis zu leben. Dieser Hang zur Einsamkeit ist ja dann auch später sein Schicksal geworden. Wenn draußen in den alten Bäumen des Galeriewaldes der Nachtwind rüttelt und vom nahen Gebirge her das Geheul der Hyänen und Schakale schallt, dann merkt man erst, wie schön es ist, ein Heim zu haben. Unter diesen Verhältnissen erst sieht man, wie wenig der Mensch braucht, um glücklich zu sein.

Ich hatte es nicht leicht, mich einzugewöhnen, und in meiner Eigenschaft als neugebackene Hausfrau namentlich wurde mir viel zugemutet. Ich mußte mich mit den Bambusen herumärgern, die mich nicht verstanden und die ich nicht verstand. Mein Mann dachte, es mir leichter zu machen, wenn ich zu meiner persönlichen Bedienung ein Mädchen hätte, und so engagierte er Pauline, die Tochter des Großmanns Paul Goseb. Sie wollte mir gleich von Anfang an Eindruck machen. Ihr Vater half ihr dabei und prägte mir deshalb wiederholt ein: „Weißt du, gnädige Frau, wir sind aus guter Familie, wir sind königlich und genau so fein wie euer deutscher Kaiser und der alte Navilion (Napoleon)."

Paulinens Manierlosigkeit entsetzte mich, obgleich sie königlicher Abstammung war. Ohne weiteres kam sie in das Zimmer mit soundso vielen Schwestern und Freundinnen, hockte sich nach Kaffernart an die Wand und schnatterte los. Ganz ungeniert wurde gepriemt, aus kurzen Pfeifen geraucht und noch ungenierter ausgespuckt. Als ich es zu verbieten wagte, erhob sich eine Stimme des Entsetzens, und die Sache blieb beim alten.

Ebenfalls herrschte große Empörung, als ich den bescheidenen Wunsch aussprach, doch auch am Sonntag das Zimmerchen nur so einigermaßen rein zu machen. Da kam ich schlecht an. Der Missionar hätte gesagt, Sonntag sei Ruhetag, da dürfe man keine Arbeit anrühren, müsse sich schönmachen und in die Kirche gehen.

Das Schönmachen bestand bei den jungen Mädchen des Ortes im Anlegen einer weißen Leinenbinde um die Stirn. Diese Binde

Alter Treck

Tränke

Das war unser Haus in Okombahe

So sieht es heute aus

stellte das Symbol der Keuschheit dar, es war von einem Missionar eingeführt. Ließ sich eine Jungfrau etwas zuschulden kommen, was öffentliches Ärgernis erregte, dann trat der Rat der Ouderlinge (Kirchenältesten) unter Vorsitz des Missionars zusammen. Den folgenden Sonntag wurde dann dem Mädchen vor den Augen der andächtigen, sittlich entrüsteten Gemeinde die weiße Binde von der Stirn genommen. Sie mußte Schule und Kirche fernbleiben, bis sie bereute, dazu hatte sie sechs Wochen Zeit. Die weiße Binde durfte sie niemals wieder tragen.

Mit meiner Pauline hielt ich es nicht lange aus. Es war sehr teuer, bei den täglichen Mahlzeiten ihre sämtlichen nahen und fernen Anverwandten mit durchfüttern zu müssen. Ihre Arbeitsleistung war gleich Null, und die königliche Mutter störte mich oft schon am frühen Morgen, um ein Trekselki (Handvoll) Kaffee zu erbetteln. Kurz entschlossen trennte ich mich von ihr und behalf mich von nun ab mit Bambusen. Von der Zeit an rührt wohl meine Antipathie gegen weibliches schwarzes Dienstpersonal. Bis auf den heutigen Tag vertrage ich keine Kaffernweiber im Haushalt, sondern beschäftige nur Jungen. Diese Abneigung teile ich mit vielen weißen Frauen. Nur bei der Wäsche sind sie unentbehrlich; ich habe aber dafür gesorgt, daß Wasch- und Plättküche im Nebengebäude liegen.

Die Kocherei im Freien am offenen Feuer war keine Kleinigkeit. Das ständige Bücken und lange Stehen in der Sonnenglut waren recht unangenehm. Damit die Sache wenigstens im Schatten vor sich ging, baute mir der alte Ertmann aus Binsen und Ried vor unserem Hause eine Art Sonnendach.

Vom Zubereiten der Speisen hatte ich sehr wenig Ahnung. Die Davidis mit ihrem „Man nehme" konnte mir wenig nützen, denn es gab meist nicht das empfohlene „Man nehme". Da half mir in rührendster Weise der alte Ertmann. Ich bemühte mich, ihm eine gelehrige Schülerin zu sein. Unter seiner Leitung lernte ich Brot und Zwieback backen, afrikanische Fleischspeisen der verschiedensten Art zubereiten und sogar Puddings machen.

Brotbacken ist gar nicht leicht. Da es keine Hefe gibt, muß Sauerteig zum Treiben angewandt werden. Sauerteig machten wir, indem wir Mehl mit ein wenig Zucker in lauem Wasser anrührten und in die Sonne stellten. Sowie die Gärung eintrat, war er fertig zum Gebrauch. Ich schüttete ihn in das zum Brotteig bestimmte Mehl, tat die nötige Menge Wasser hinein, knetete es gut durch und ließ es in Formen, die aus alten Zementfässern zurechtgeklopft waren, aufgehen. Auf der Erde ward ein großes Holzfeuer angemacht, mit trockenem Kuhmist vermischt, weil dieser gleichmäßiger hitzt. Dann kratzten die Bambusen unter dem Feuer eine Vertiefung, groß genug, daß eine Form darin stehen konnte. Auf den Boden der Vertiefung kam glimmende Asche, dahinein die Form, die einen Blechdeckel hatte, und auf diesen der Rest der heißen Asche. So blieb die Form unberührt stehen während zweier Stunden. Dann war das Brot gar. Manchmal aber auch nicht, weil die Asche nicht heiß genug war; dann wieder war es kohlschwarz gebrannt. In dieser Beziehung habe ich manches Lehrgeld zahlen müssen und hatte doch so guten Willen. Später war ich sehr geübt und habe oft auf Reisen des Nachts am Lagerfeuer das leckerste Brot gebacken. War keine Form zur Hand, dann wurde der Teig einfach in die Asche gelegt, diese dann abgeklopft, so gut es ging, und der Rest einfach mitgegessen.

Wir sahen uns meist auf Ziegen- oder Hammelfleisch angewiesen, das uns auf die Dauer sehr über ward. Um wohltuende Abwechslung in die Fleischkost zu bringen, gingen wir viel auf Jagd. Wir setzten uns frühmorgens an den Fluß auf Anstand und warteten, bis die Wachteln (Patreisen) zum Wasser kamen, um zu trinken. Da Patronen sehr teuer waren, sparten wir damit. Um nun trotzdem mit einem Schuß möglichst viele Vögel zu bekommen, legten wir Dorngebüsch auf das fließende Wasser, so daß die Vögel, die in großen Scharen herbeiflogen, sich nur auf einer sehr kleinen Fläche niederlassen konnten, um zu trinken. In weiter Ferne schon erkannte man sie am Fluge. Beim Näherkommen vernahm man deutlich ihr Gezwitscher hoch oben in den Lüften. Der Hauptschar voran flogen einzelne Tiere; diese waren offenbar die Kundschafter. Sie flogen hin und her, um Ausschau zu halten. Machte man eine unvorsichtige Bewegung, dann ließen sie sofort einen eigenartigen Warnungsruf ertönen, und fort war die ganze Schar. Wir lernten bald ihre Gewohnheiten kennen. Unter guter Deckung rührten wir uns nicht und ließen die Tierchen ruhig trinken. Sobald sie aber im dichten Haufen am Wasser saßen, ward ein Schrotschuß abgegeben. Die Tiere, die weidwund waren, wurden im Umsehen von unseren Bambusen gefangen und getötet. Die ganze Beute kam in einen eigens dazu mitgebrachten Sack. Mitunter hatten wir bis vierzig

Wachteln und darüber, oft natürlich aber auch weniger. Das Rupfen machte keine Schwierigkeit. Die Bambusen häuteten sie einfach und nahmen sie aus, aber nur auf meinen ganz besonderen Wunsch. Wir hängten sie dann an einem langen Bindfaden auf, um sie am nächsten Tag zu kochen. Merkwürdigerweise waren die Tagwachteln zäher als die Nachtpatreisen. Manchmal wurden die Brüstchen ausgelöst und gebraten. Das war wirklich eine Delikatesse; der Rest wurde zu einer kräftigen Suppe verkocht. Sie erhielt einen Zusatz von getrocknetem Kohl oder sonstigem Gemüse, und statt Kartoffeln gab es kleine geschnittene Würfel vom Kürbis.

Des Abends gingen wir auf Perlhühner, oder wir zogen auf einige Tage in die Wildnis hinaus, wo wir entweder in den Bergen auf Kudus und Gemsböcke pirschten, oder wir schossen auf der Savanne Springböcke. Gewöhnlich kamen wir mit einer Menge Wildfleisch nach Hause. Wir mußten, um größeres Wild zu erlegen, weit in das Buschfeld hinaus. In der Umgegend von Okombahe war es verschwunden, verscheucht durch die Kaffern, von denen ein jeder monatlich fünf Patronen bekam. Mit diesen wurde sehr haushälterisch umgegangen. Eine Patrone wurde halbiert, um eine zweite daraus zu machen. Streichhölzchen dienten als Zünder. Da die Kaffern nur aus nächster Nähe schossen, so genügten diese Patronen, die allerdings nur geringe Tragweite hatten, vollständig.

In frischem Zustande brieten wir das Fleisch oft auf dem Rost. Leider hielt es sich nicht lange. In der heißen Zeit war es oft schon nach sechs bis acht Stunden schlecht. Da zogen wir aus Sparsamkeitsrücksichten das Fleckfleisch, Buelltong, vor. In meiner Eigenschaft als afrikanische Hausfrau habe ich manches zubereitet: Fleischklunkern aus Zebrafleisch, in Zebrafett gebraten, Klippdachs, Warane, Schildkröten, Kudu-, Springbock-, Deukerbraten, Straußeneier, Perlhühner, Paus (eine Großtrappenart) u. a. m.

Gemüse hatten wir im ersten Jahre nicht, außer den aus Deutschland eingeführten gepreßten Gemüsetabletten oder dem, was wir ab und zu geschenkt bekamen. Wir haben da einen Fehler gemacht. Ehe wir an den Hausbau gingen, hätten wir für den Anbau von Gemüse sorgen müssen. Als Beikost zum Fleisch gab es Wasserreis in Ermangelung von Kartoffeln, oder Kürbis, in Salzwasser abgekocht. Aus Kürbis bereitete ich auch sehr gutes „Apfelmus". Der zerkoc! ' - Kürbis wurde durch ein Sieb gerührt, mit Zucker versetzt und mit Essig gesäuert. Aus Kürbis kann man die herrlichsten Dinge bereiten.

Mit Fett oder Butter sah es schlimm aus. Mein Mann hatte schon in Karibib große Dosen amerikanisches Schweinefett erstanden. Es war aber ranzig und eigentlich ungenießbar. Es war eine schlimme Sache, ehe ich mich daran gewöhnen konnte. Die Kaffern machten eine Art Butter durch Schütteln der Dickmilch in der Kalabasse. Sie schmeckte aber stets nach Kalabasse, säuerlich, und hatte einen sonderbaren Beigeschmack. So blieb mir nichts übrig, als selbst zu buttern. Ich tat Sahne in ein Mixpickleglas und schüttelte sie geduldig so lange, bis es eben Butter gab. Später hatte ich es mit der Hünersdorfschen Buttermaschine und dem Butterfaß bequemer. Das Unangenehmste bei der Sache war, daß ich diese Art Arbeiten niemals meinen Bambusen überlassen konnte. Sie leckten und naschten so lange daran herum, bis alles leer war. Außerdem ekelte ich mich.

In dieser Butterkalamität lernte ich gar bald das Hammelschwanzfett schätzen. Unsere Hammel haben hier prachtvoll fette Schwänze. Sofort nach dem Schlachten ward mir der Schwanz gebracht. Dieser wurde abgezogen, zerhackt und geschmort. Das abgeschöpfte Fett war sehr ergiebig und schmeckte gut als Brotaufstrich. Ich lernte, es zum raffinierten Kuchen- und Tortenbacken zu benutzen. Ich habe stets unendlich bedauert, daß ein Hammel immer nur einen Schwanz hatte.

Wie viel leichter haben es jetzt die neu ins Land kommenden jungen Frauen. Wenn sie anfangen zu jammern, kann ich mich eines leisen Lächelns nicht erwehren.

Nun die Getränke. Das Wasser auf Okombahe war das Grundwasser des Omarururiviers. Es wurde entweder in Eimern auf dem Kopfe herbeigetragen oder geschöpft und in das Wasserfaß, Feiki genannt, geschüttet. War das Fäßchen voll, so wurde das Spundloch mit Gras oder einem Läppchen verschlossen und vermittels Ochsenriemen, die an den beiden Böden des Fasses festgenagelt waren, nach Hause gerollt. Unsere Hauptgetränke bildeten dünner Tee, Kaffee und Milch. Letztere genoß ich meist in Form von Omeire, in der Kalabasse gegorener Milch. Omeire ist das Nationalgetränk der Hereros, fehlt aber auch niemals auf der Tafel der alteingesessenen Ansiedler. Zuerst hatte ich einen gewissen Widerwillen dagegen zu überwinden. Sie wirkt ein wenig berauschend und verursacht zuerst ein gewisses Vollgefühl. Hat man sich daran gewöhnt, entbehrt man sie ungern. Sie ist so sättigend, daß eine Mahlzeit gut ausfallen kann, wenn man davon getrunken hat. Nur muß man sich hüten, sie vor dem Reiten oder während desselben zu trinken. Dann liegt sie einem wie Blei im Magen. Bier oder Wein leisteten wir uns nie, legten aber Wert auf einen guten Hennessy.

Schon gleich zu Anfang unseres Aufenthaltes kaufte mein Mann eine Herde Ziegen und Kühe und verschaffte sich andauernd Vieh, um sobald als möglich einen guten Grundstock für die zukünftige Farm zu bekommen. Das Kleinvieh, Ziegen und Schafe, tauschte er meist von den Bergdamaras ein, während er das Großvieh von den Hereros bekam. Zu diesem Zweck hielt er sich oft sehr lange bei den Hereros auf.

In seiner Abwesenheit war ich anfangs in großer Not mit der Dienerschaft, da ich weder die Hottentotten- noch die Hererosprache so schnell ohne jegliche Hilfsmittel erlernen konnte. So kam es oft zu großen Mißverständnissen, die zu Unbotmäßigkeiten von seiten der Leute führen mußten. Wenn mir die Geduld riß, mußte meine Reitgerte vermitteln; das war aber selten.

Karl, der Oberkoch, hatte sich einen Nagel als Sporn in den Schuh geschlagen. Wenn er in dem Vorratsraum an den Zuckersäcken vorbeiging, schlug er unversehens mit dem Fuß dagegen und ritzte sie auf. Durch „unbeabsichtigtes" Stoßen und Puffen preßte er sie dermaßen, daß der Zucker in großer Menge daraus hervorrieselte. Dann bückte er sich, tat, als hätte er etwas verloren, kratzte ihn zusammen und füllte sich die Taschen.

Kombani, der Ambogärtner, stahl sich des Nachts in den Kral und trank die Ziegen aus. Ich wunderte mich und sorgte mich ab, weshalb wohl binnen weniger Tage an die zwanzig und mehr kleine Lämmer eingingen. Dies tat er mir zum Dank, daß ich ihn während einer bösen Lungenentzündung Tag und Nacht gepflegt hatte.

Isaak häutete mit unendlichem Fleiß die Vögel und rupfte die Hasen. Er war äußerst sparsam veranlagt. Um beim Servieren das saubere Küchentuch zu schonen, das er zum Nachwischen der Teller gebrauchen sollte, holte er sein Hemd aus der Hose und bearbeitete damit sämtliche sauberen Teller, ehe er sie uns hinsetzte während einer größeren Gesellschaft, die wir gaben. Auf mein entsetztes: „Isaak, was tust du?" antwortete er seelenvergnügt: „Laß nur, gnä Frau, das Hemd ist nicht mehr ganz rein, es macht nichts."

Ruben, der Leibbambuse meines Mannes, rauchte seine Festzigarren und trank mir eine wohlverwahrte Flasche Kapwein aus, die ich für ganz besondere Veranlassung aufgehoben hatte. Theodor, der Hirte, schlachtete die besten Stücke aus der Herde und schwor Stein und Bein, sie verloren zu haben.

Am besten kam ich noch mit Kasupi, einem Ambo, aus, der zu jeder Arbeit verwendbar war. Er mochte wohl dreißig Jahre oder älter sein, war aber noch niemals bekleidet gewesen. Ich schenkte ihm einen blauen Leinenanzug, und vertrauensvoll kam er zu mir und ließ sich belehren, wie man Hosen anzieht, die Träger befestigt usw. Stets ging er auf Freiersfüßen, und um sich noch unwiderstehlicher zu machen, band er sich mit Vorliebe ein dickes Küchentuch als Schlips um den Hals.

Ungeziefer hatten sie alle. Mit der Reinlichkeit war es bei allen nicht weit her. Meine europäischen Begriffe davon fingen an, sich zu verwirren. Ich gab ihnen Waschbecken und Seife. Die verschenkten sie. Ich gab Handtücher. Die wurden als Lenden- und Halsschmuck verbraucht. Die Schlafdecken waren binnen kurzer Zeit durchlöchert und verbrannt. Nur der gemeinsame große Stahlkamm erfreute sich allgemeiner Beliebtheit. Des Sonntags früh vor der Kirche entbrannte stets ein heftiger Kampf um ihn, und er machte die Runde bei sämtlichen Dandies und Schönen des Platzes, die sich zu dem Zwecke bei uns auf dem Hofe versammelt hatten. Mit Argusaugen aber wachten meine Bambusen, daß ihn nicht etwa jemand „aus Versehen" mitnahm. Derartige Typen sind heutzutage ausgestorben.

Auf Okombahe gefiel es uns ganz gut, mein Mann wollte gern dort bleiben. So dachten wir nun daran, bald mit dem Bau eines größeren bequemen Hauses anzufangen. So ganz sagte uns unsere Villa nicht zu. Die Fenster, die sowieso winzig klein waren, wurden in Ermangelung von Scheiben mit Kistendeckeln zugenagelt, so daß die Wohnung bei geschlossener Tür im Halbdunkel lag. Der Fußboden wurde allwöchentlich zur besseren Haltbarkeit mit afrikanischem Fußbodenlack, verdünntem Kuhmist, überstrichen. An und für sich hatte ich nichts dagegen, nur wenn er naß war, dann war er mir aus allen möglichen Gründen höchst fatal. Die Decke bestand aus Balken, zwischen denen das Wellblech schimmerte. Die Wellblechplatten waren schon längst nicht mehr intakt, ungehindert drangen die Sonnenstrahlen hindurch, oder der milde Vollmond blinzelte hinein. Auch der Regen goß seine Ströme auf mich und mein Bett, und es war nicht schön, daß ich oft mitsamt meinem Bette umherziehen und unter einem europäischen Sonnenschirm schlafen mußte.

Um Lüftung zu schaffen, waren ringsherum in den Wänden unter dem Dach große Löcher gelassen, durch die der Wind pfiff und dicke gelbe Staubwolken hineintrug. Zeitweise, tags und nachts, war alles in Gefahr, davonzufliegen, das Dach auch. Um uns wenigstens davor zu schützen, legten wir schwere Steine aufs Dach. Durch die Luken kamen ungehindert Vögel und greuliche dickbäuchige Eidechsen, die Gekkos. In den Ecken saß oft eine ganze Anzahl dieser Tiere, „zu scheußlichen Klumpen geballt". Ich mußte noch froh sein, daß sie da waren, denn sie sind sehr nützlich, weil sie die unzähligen Moskitos und Fliegen wegfangen. Nachts flatterten uns Eulen und Fledermäuse um die Köpfe.

Das Wellblech knackte und machte einen Heidenlärm, sobald ein winziger Vogel darauf herumlief. Oft schreckte ich des Nachts auf und dachte wunder, was oben los sei. Auf der Erde raschelten die Ratten und Mäuse und bauten die Termiten. Um uns gegen sie zu schützen, stand alles, was wir hatten, auf Steinen. Daß es dadurch fester stand, ließ sich nicht behaupten. Es gehörte zu meiner täglichen Pflicht, nachzusehen, ob sie nicht trotzdem durch einen Röhrchenbau versucht hatten, während der Nacht an eine Kiste heranzukommen.

Wir bauen uns ein Haus.

Daß sich unter diesen Verhältnissen der Wunsch in uns regte, bald ein anderes Haus zu besitzen, läßt sich denken.

Den Platz hierzu hatten wir uns schon längst ausgesucht. Auf einem felsigen Gelände, vor meines Mannes altem Hause, mit der Front nach dem bewaldeten Flußufer zu gelegen, sollte der Bau errichtet werden.

Gemeinschaftlich arbeiteten wir einen Plan aus und steckten nach diesem mit Hilfe einiger Kaffern das Fundament ab. Nachdem wir uns so über die Größe des Grundstückes klargeworden, das wir zu erwerben gedachten, schickten wir den Plan auf das

Bezirksamt in Omaruru und baten um Genehmigung des Kaufvertrages. Diese ließ nicht lange auf sich warten, und bald waren wir afrikanische Grundbesitzer.

Nun galt es zuerst, sich die nötigen Leute zu sichern, die mit Hand anlegen konnten. Bald fanden wir sie. Die eine Gruppe mußte Ziegelsteine streichen. Die Formen dazu machte uns der Unteroffizier Scholz, ein gelernter Tischler. Lehmhaltigen Boden gab es überall. Mein Mann zeigte den Leuten, wie die Arbeit zu machen sei. Einer von ihnen mußte die lehmige Erde aushacken, der andere Wasser holen. Der dritte vermischte Lehm und Wasser und knetete beides mit den Füßen gut durch. Wieder einer füllte die Masse in die Formen, und die übrigen trugen die vollen Formen weiter weg, um sie vorsichtig eine hinter der anderen aufzubauen. Sehr sorgfältig ward das die Form stützende Brett weggezogen, und die Steine lagen paarweise in Reih und Glied an der Erde. Sonne und Luft mußten sie trocknen. Dann wurden sie umgedreht und, wenn sie auf der Rückseite trocken waren, hochgestellt. Gebrannt wurden sie nicht. Für tausend Steine bekamen die Leute zwölf Mark.

Jeden Sonnabend hatte ich die Aufgabe, die in der Woche gestrichenen Ziegelsteine zu zählen und danach abzulohnen. Ich mußte sehr aufpassen, um nicht die Steine von der vorhergehenden Woche nochmals mitzuzählen, die sie mir gar zu gern mit dazwischenmogeln wollten. Jedes abgezählte Tausend ward zu einem Haufen aufgeschichtet und mit Wellblech zugedeckt, um es gegen das Naßregnen zu schützen.

Die andere Gruppe der Leute unter dem Kommando von Unterkapitän Josua schaffte passende Felsblöcke herbei für das Fundament. Sie wurden von weit her aus dem Gebirge mit der Karre herbeigeschafft. Ungefähr zwanzig Fuhren brauchten wir. Es war ganz unglaublich schwer, das Fundament kunstgerecht aufzuführen. Die Leute hatten keine Vorstellung von einer geraden Linie, da sie doch nur die kreisrunde ihrer Pontoks kennen, und ich mußte mehrere Wochen lang mit Wasserwaage und Winkelmaß dabeistehen, bis wir gerade Linien heraushatten. An einer Ecke des Fundaments mauerten wir nach altem Brauch eine versiegelte Flasche mit der Hausurkunde ein.

Als das Fundament vollendet war, wurde das Ganze noch mit einer starken Zementschicht bestrichen, um auf diese Weise das künftige Wohnhaus vor den lästigen Termiten zu bewahren.

Die Termiten gehören nicht zu den Ameisen, wie irrtümlich oft angenommen wird; sie sind eine Schabenart, die sich besonders häufig im tropischen Amerika und Afrika befindet. Sie leben gesellig in großen Kolonien. Die „Soldaten" besorgen die Verteidigung, die „Arbeiter" den Bau des gemeinschaftlichen Netzes und die Pflege der Brut. Die Königin zeichnet sich durch ganz außerordentlich entwickelten Umfang ihres Hinterleibes aus. Sie sieht weißlichgelb aus und ist fast daumenlang. Sie kann sich auch nicht selbständig fortbewegen. Sie hat ihre Wärter und Wärterinnen, von denen sie saubergehalten und gefüttert wird. Im Falle von Gefahr kriechen sie unter ihre Königin, verhäkeln sich mit Fühlern und Beinen und schleppen sie gemeinsam auf ihren Rücken fort.

Termiten finden sich glücklicherweise nicht überall, sie können aber mit Holz verschleppt werden. Unsere modernen Häuser sind termitensicher. Durch Zementfundamente nagen sie nicht. Es wird auch jetzt eine bestimmte Art von eigens präparierter Pappe oder Zinkblech mit ins Fundament eingebaut, wodurch sie ferngehalten werden. Sie bevorzugen roten Lehmboden. Dort sieht man in Mengen die Spitzkegel ihrer Bauten. Sie sind aus Sand und Lehm mit Speichel untermischt, oft vier bis fünf Meter hoch aufgeführt. Sie sind so hart, daß sie dem stärksten tropischen Regen widerstehen und können nur mit Hacken und Brecheisen zerstört werden. Meist ist ein Baum von ihnen umbaut worden, der daraufhin einging. Ich habe mir sagen lassen, daß sich die Termiten hauptsächlich bereits kranke Bäume ausersehen. Der Lehm, mit dem sie bauen, ist mit Ameisensäure durchsetzt. Dies wissen die Eingeborenen zu schätzen. Bei Rheumatismus, Hexenschuß, Nierenschmerzen graben sie aus dem Bau den tief in der Erde liegenden Lehm heraus mit den Termiten und ihren Larven, feuchten ihn an und erhitzen ihn. Damit machen sie höchst wirksame Umschläge.

Sind Termiten in einem Garten, dann muß er aufgegeben werden, denn sie nagen die Wurzeln der Pflanzen durch; hier kommt kein Baum hoch.

In Häusern, die aus ungebranntem Lehm erbaut sind, richten sie großen Schaden an. Da muß mit Petroleum und Gift gespritzt werden; es ist möglich, daß sie sich verziehen. Am sichersten ist es, nachzugraben und ihren Gängen in der Erde nachzugehen, bis man auf die Königin trifft. Hat man dies Glück und kann sie vernichten, dann geht der Termitenstock ein.

Man wird sie sehr schwer los, wenn sie einmal in einem Hause sind. Dabei sind sie sehr lästig und schädlich. Sie arbeiten des Nachts. In den Häusern zerstören sie namentlich alle Holzteile, Balken, Kisten, Möbel, Gerätschaften. Dabei höhlen sie nur das Innere aus und schonen die Oberfläche, so daß schließlich anscheinend unversehrte Gegenstände bei leichter Erschütterung zusammenstürzen. Sie fressen auch gern an der Wand hängende Kleidungsstücke, Handtücher, Gardinen an. Nimmt man diese am Morgen von der Wand, so zerfallen sie in einzelne Stücke. Ich habe es erlebt, daß ein ganzes Regal mitsamt den Büchern ausgehöhlt war. Die Bücher standen schön ordentlich aufgereiht. Da stieß zufällig jemand an eins von ihnen, und sämtliche Bücher fielen in sich zusammen.

Wie oft kam es vor, daß wir eine schwere Kiste heben wollten; das ging auf einmal so leicht. Wir hoben die Kiste, der Boden gab nach und war mitsamt dem Inhalt aufgefressen. Hinter Bilder nagelt man gewöhnlich Blech, um sie zu schützen. Viel nützt es auch nicht. Sie bauen Röhrchen drum herum und marschieren in ihnen entlang, bis sie zu der von ihnen ausersehenen Stelle kommen. Auf diese Weise erreichen sie auch von der Wand entfernt stehende Gegenstände. Es hilft kein Klagen, alle in der Nähe einer Wand stehenden Gegenstände müssen täglich untersucht werden.

Während des Fundamentbaus war mein Mann noch einmal mit zwei Wagen in Karibib gewesen, um einzukaufen, was alles noch für den Hausbau gebraucht wurde: viele Fässer Zement, Balken und Wellblech für das Dach, verschiedene Farben, Terpentin, Öl, Nägel, Fensterrahmen, Fenster, Glas, Türen und Schlösser. Teilweise hatten wir die Sachen aus Deutschland kommen lassen, teilweise waren sie in Swakopmund und Karibib bestellt.

Als alles beieinander war, wurden die Mauern aufgeführt. Zwanzig bis dreißig Weiber jeden Alters trugen die Backsteine nach dem Neubau. Jeden Morgen vor Beginn der Arbeit versammelten sie sich vor unserer Tür. Eine jede bekam ihren Arbeitsnachweis, das „Ticket", ein Pappkärtchen mit Siegel. Am Abend mußten sie es wieder abgeben, und nur die wurden abgelohnt, die im Besitz eines solchen Kärtchens waren. Es war nämlich vorgekommen, daß sich etliche einfach des Abends zum

Ablohnen einstellten, ohne den Tag gearbeitet zu haben. Beim Wiederanfang der Arbeit nach der Mittagspause wurden die Weiber abermals gezählt, ob sich auch keine gedrückt hätte. Jede trug fünf Backsteine auf dem Kopfe, und im Gänsemarsch bewegte sich der Zug nach dem neuen Hause und wieder zurück an die Stelle, wo die aufgeschichteten Steine lagen. An der Spitze marschierte die Oberaufseherin, Ou-Lenas (die alte Lene), nur mit einem Sack bekleidet, in den oben für die Halsöffnung ein Loch geschnitten war. Die anderen sahen ähnlich aus. Sie bewegten sich alle im Takt und sangen stundenlang dasselbe eintönige Lied in der Namasprache: „Eh, wir tragen Steine für Mr. E., eh, Steine tragen ist schwer, eh, wir haben aber nun genug zu essen", und dann ging es wieder von vorn an.

Der Unterkapitän Josua und sein Schwiegersohn Manuel Timbo führten die Mauern auf, und die Ecken mauerte mein Mann. Als Bindemittel diente verdünnter Lehm, den einige Weiber in Eimern herbeischleppen mußten. Ich ging ab und zu mit Wasserwaage und Lotblei, reichte mit Steine an und beaufsichtigte den ganzen Betrieb. Beim Mauern der Fenster stießen wir auf unerwartete Schwierigkeiten. Die Wand, die darüber war, konnten wir der Termiten wegen nicht durch Balken stützen und mußten deshalb Bogen mauern. Was haben wir uns da geplagt! Ich zeichnete einen Halbkreis auf zusammengenagelte Kistendeckel, der dann ausgesägt wurde. Darauf legten wir die Backsteine, die wir mit Stemmeisen und Meißel behauten, bis sie die Form hatten, um einen Halbkreis bilden zu können. Nachdem wir alles an der Erde hübsch probiert hatten, versuchten wir es am Hause, und es gelang vortrefflich. Nach und nach bekamen wir richtig Übung in der Sache. Erst mauerten wir alle Fensterbögen, und dann gingen wir an die schwierigeren Türwölbungen. Sie glückten über Erwarten gut und sahen beinahe symmetrisch und schmuck aus.

Das Haus bestand aus vier großen Zimmern, der Küche, Speisekammer und dem geräumigen Vorratsraum. Um es recht kühl zu haben, bauten wir die Mauern sehr hoch. Dann legten wir dünne Querbalken als Decke und auf diese in einigen Zimmern Ried. Diese Rieddecke hat sich aber nicht bewährt, wie mir bei meinem Besuch in Okombahe von den jetzigen Besitzern gesagt wurde. Es hatten sich im Laufe der Zeit zu viel Mäuse und anderes Getier dort heimisch gemacht, so daß sie herausgerissen werden mußte. In anderen Zimmern nagelten wir starken Kattun von Balken zu Balken und bekamen dadurch eine nett aussehende Zimmerdecke. Darüber wurden die Mauern noch einen Meter höher aufgeführt. Dann erst legten wir die dicken Balken, die das Wellblech tragen sollten. Auf diese Weise erhielten wir zwischen dem Wellblech und der Zimmerdecke eine Isolierschicht von Luft, die wesentlich dazu beitrug, das Wohnen angenehm und kühl zu machen. Hat man die Wellblechplatten direkt über dem Kopf, so strömen sie sehr starke Hitze aus.

Wir hatten Wellblechplatten verschiedener Größen, die wir auf das Dach legten. Untereinander und auf die Balken wurden sie festgeschraubt. Unter jeder Schraube sitzt ein Zinkblechplättchen, das verhindern soll, daß Feuchtigkeit in die Schraubenwindung dringt und Rost verursacht.

Inwendig im Hause waren bald die Fenster und Türen eingesetzt, die Wände verputzt und gestrichen. Nun kam der Fußboden an die Reihe. In einigen Zimmer entschlossen wir uns der Billigkeit wegen zu dem damals im Lande allgemein üblichen Lehmboden. In Eimern wurde von Weibern der Lehmbrei hereingetragen. Er mußte vierzehn Tage lang, unbetreten und unberührt, trocknen. Dann wurde er festgestampft bzw. festgetrampelt. Wieder mußten die Weiber heran. Mein Mann setzte sich in die Mitte des Zimmers und spielte ihnen auf der Treckorgel einen flotten Tanz. Sofort fingen sie an, in ihren rhythmischen Bewegungen im Kreise herum auf und ab zu trampeln, und je wilder die Musik war, desto wilder wurde auch das Getrampel. An zwei Vormittagen wurden diese Übungen fortgesetzt, und dann hatten wir einen tadellos festen Fußboden. Nachdem der Lehm ganz trocken war, wurde tüchtig ungebleichtes Leinöl darüber gegossen, das sich einsog und trocknete. Dann war der Fußboden fertig.

In anderen Zimmern mischten wir einen Teil Zement mit vier Teilen Sand und strichen ihn ungefähr 10 cm dick auf die Erde. Auch diese Art war ganz gut geraten. Sie hatte den Vorteil, daß man den Fußboden tüchtig naß sprengen konnte, um die Zimmer kühl zu halten. Aber der Zement war sehr hart. Er griff die Schuhsohlen an und machte mich pflastermüde.

Auf die Veranda verwendeten wir besondere Sorgfalt, denn sie sollte doch unser Hauptaufenthaltsraum werden. Sie ward sehr geräumig und hoch erbaut und erhielt einen aus Felssteinen gepflasterten Fußboden. Inwendig malte sie mein Mann leider hellblau und verzierte sie mit allerlei Blumenornamenten im Stile der damaligen Zeit.

Wir verbrachten in ihr den größten Teil des Tages, dort nahmen wir alle Mahlzeiten ein und saßen oft beim Lampenschein bis in die späte Nacht. Um das Haus äußerlich ein wenig ansehnlich zu gestalten, bauten wir das Verandadach in Giebelform, und mein Mann bemalte ihn. Auf die eine Ecke der Längsseite kam ein Pegasus, die geistige Kraft, auf die andere ein Zentaur, die physische Stärke. Zwischen beiden Figuren stand mein Lieblingsvers aus dem Horaz: Caelum non animum mutant qui trans mare currunt (Die über das Meer fahren, ändern wohl den Himmel über sich, aber nicht das Herz). So ausgerüstet, gedachten wir den Kampf mit dem unwirtlichen Lande aufzunehmen.

Das alte Junggesellenheim meines Mannes lag hinter dem neuen Wohnhause. Eine Kammer wurde Hühnerstall, die andere diente als Geräteschuppen. Daran bauten wir den Holzstall und das Lämmerhock an, ein winziges Käfterchen, in das die kleinen Lämmer allabendlich gebracht wurden, um sie vor Kälte, Regen und Raubtieren zu schützen und auch, um zu verhindern, daß sie während der Nacht die ganze Milch austranken.

Hinter diesen Gebäuden befanden sich die Pontoks für die Dienerschaft. Es ist undenkbar, die Eingeborenen nachts im Hause zu behalten. Außer dem ihnen eigenen Rassengeruch würden viele auch Ungeziefer mit einschleppen.

In unserem Hause war es sehr gemütlich. Es war wohl auch mit das erhebende Gefühl, daß alles, alles mit eigenen Händen und viel Mühe und Fleiß selbst geschaffen war. Unser Eßzimmer war unser besonderer Stolz. In der einen Ecke hatte mein Mann einen Kamin gebaut, der keineswegs rauchte, sondern richtig zog. An kalten Abenden saßen wir in bequemen Stühlen davor und sahen in die knisternde Glut. Der Teekessel summte; Ertmann, unser ständiger Gast und treuer Helfer, erzählte in seiner melancholischen Weise die Enttäuschungen und Erlebnisse seines langen Lebens, bis derselbe Schluß kam: „Und ich hasse die Menschen. Ich liebe die Wildnis in ihrem Schweigen und in ihrer Größe, die Ruhe gibt und das Leid vergessen macht. Wenn ich einst nicht mehr bin, dann wünsche ich mir nur das eine: ich will nicht auf einem Platz begraben sein, und kein

Missionar soll meine guten und schlechten Taten dem neugierigen Volke preisen. Allein will ich sterben, und mein Leib soll aufgehen in der Wildnis." So ist es auch gekommen. Die Wildnis, seine große Freundin, nahm ihn auf und gibt ihn nicht wieder. Er hätte mein Vater sein können; er war ein Phantast und ein Schwärmer. Ich hatte ihn lieb, und es ist mir ein beruhigender Gedanke, daß das Schicksal ihm diesen Wunsch erfüllte.

Wir waren drei Tage im neuen Hause, da wurde unser erster Sohn geboren. Ich hatte keinerlei Hilfe, war allein auf die Erfahrung und Hilfe der Eingeborenen angewiesen, die auf ihre, uns Europäern nicht gerade angenehme Weise ihr möglichstes taten. Es war Leichtsinn, der aus unserer Unerfahrenheit entsprang. Wie schön ist es, daß von der gütigen Herzogin Elisabeth zu Mecklenburg das Elisabethhaus geschaffen wurde, und daß die zweite Herzogin Elisabeth zu Mecklenburg dieses Erbteil in gleich großzügiger Art weitergeführt hat. Wenn ich jetzt öfters ins „Storchennest" hinaufgehe, um einer jungen Mutter Glück zu ihrem neugeborenen Afrikaner zu wünschen, dann kommt mir stets der Gedanke: Ihr wißt ja gar nicht, wie gut ihr es habt.

Die Geburt unseres Kindes war das Ereignis des Platzes. Eine halbe Stunde danach mußte ich die Glückwunschbesuche des Kapitäns, Unterkapitäns und von ungefähr zwanzig bis dreißig schwarzen Damen ertragen, die sich auch die nächsten Tage wiederholten. Ich nahm ein altes halbweißes Mädchen als Kinderfrau an, und, abgesehen von ihrer stark ausgeprägten Liebe zum Alkohol, kann ich mich über sie nicht beklagen. Sie hat mir mit Rat und Tat in meiner Unerfahrenheit zur Seite gestanden, und nicht zum geringsten Teile habe ich es ihr zu verdanken, daß der Kleine so prächtig gedieh. Wenn er zurechtgemacht und gebadet wurde, fanden sich stets zahlreiche Zuschauer ein. Namentlich das Baden erschreckte sie sehr: „Gnä Frau, laß stehen das Wasser; das Kind geht sicher tot, wenn du es ins Wasser tust. Mit Fett mußt du es abreiben." Als es dem Baby gar wohl gefiel im Wasser, war des Staunens und Verwunderns kein Ende.

In den ersten Wochen seines Lebens bekam das Kind haufenweise Geschenke, so viele, wie wohl nie mehr in seinem ganzen Leben: ein Kalb vom Kapitän, Ziegen, Lämmer, ein Huhn, Fleisch, Eier, Tabak, Holzlöffel, Kürbis, Dickmilch. Es ging schier ins Unendliche, was wir an Gegengeschenken verabreichen mußten.

Sechs Wochen danach tauften wir es und feierten zugleich die Einweihung unseres Hauses. War das ein Fest! Der ganze Platz feierte mit. In- und auswendig hatte man das Haus mit Palmenzweigen geschmückt, einen Altar hergerichtet, und die Jugend des Platzes war ausgegangen, um wilde Blumen zu suchen. Für die Veranda hatten wir selber Lampions in buntem Papier geklebt, und alles war so feierlich wie möglich. Der Missionar taufte das Kind, seine Frau und ein Reiter der Schutztruppe walteten als stellvertretende Paten.

Zukunftspläne.

Dieser Kleinkram auf Okombahe sollte nur den Anfang unserer Pionierarbeit bilden; sozusagen zum Eingewöhnen. Wir wollten weiter kommen. Wir hatten vor, uns nach einer passenden, unseren Mitteln entsprechenden Farm umzusehen und taten es auch. Hier das Richtige zu treffen, war sehr schwer. Farmen gab es ja genug, aber gerade die herauszufinden, die einem in jeder Beziehung zusagte, das war das Kunststück.

Es kam zunächst das Land in Frage, das Eigentum der Regierung ist. Will man davon erwerben, so ist das ziemlich umständlich. Man schickt eine Bewerbung ein mit Kapitalnachweis, Angaben, zu welchem Zweck man die Farm haben will, usw. Nun stellt die Regierung eine Reihe von Bedingungen: Wohnhaus, Brunnen, Wege, Garten, Einzäunung müssen sein, eine bestimmte Kopfzahl an Vieh muß gehalten werden, Bäume dürfen nicht ohne Erlaubnis gekappt werden; zum Schürfen ist besondere Erlaubnis einzuholen; wer mit Land spekuliert, wird enteignet.

Im Durchschnitt sollte der Hektar 50 Pfennig kosten.

Das beste Land war zur damaligen Zeit in den Händen der großen Gesellschaften, der South-West-Africa-Company, der Kaoko-Kand- und Minen-Gesellschaft, der Siedlungsgesellschaft für Deutsch-Südwestafrika, der Schäferei-Gesellschaft, der Deutschen Kolonial-Gesellschaft (einer Handelsgesellschaft, nicht zu verwechseln mit der heutigen Kolonial-Gesellschaft, die ihre Aufgabe in der Förderung des kolonialen Gedankens sieht). Diesen Gesellschaften gehörten unglaublich große Gebiete, die sie hauptsächlich zu Schürfzwecken angekauft hatten. Besondere Arbeiten wurden aber auf diesen unermeßlichen Ländereien nicht geleistet. Gelegentlich verkauften sie einige Farmen, verlangten aber drei bis vier Mark für den Hektar. Der fruchtbarste und beste Teil des Schutzgebietes, der Nordbezirk, befand sich zum allergrößten Teil in ihren Händen. Deutsche waren dort kaum ansässig, einzelne Buren saßen dort, die bereits ihr Land vor diesen Gesellschaften erworben hatten. Dem einzelnen Farmer drohten dicke Paragraphen, vor allem wurde ihm ständig eingehämmert, er dürfe ja nicht damit spekulieren. Und die großen Gesellschaften? Ich kann mir nicht denken, daß all diese brachliegenden Farmen, die im Besitz dieser Gesellschaften waren, zum wirtschaftlichen Aufschwung des Landes beigetragen haben. Worin bestand der Nutzen dieser Gesellschaften? Das war eine Frage, die sich jeder alte Ansiedler vorlegte. Wenn Siedler gewünscht wurden, weshalb mußte der einzelne dann, statt von der Regierung den Hektar für 50 Pfennig von den großen Gesellschaften den Hektar für drei bis vier Mark kaufen? Diese Art Siedlungspolitik war nicht einleuchtend.

Wir fragten der Reihe nach bei den verschiedenen Gesellschaften an, ob sie uns eine Farm abgeben könnten. Wir erhielten abschlägigen Bescheid. Nun schrieben wie an die Regierung. Mein Mann hatte von seiner Zeit, die er drüben abgedient hatte, noch Anspruch auf eine Farm, wie sie allen Angehörigen der Schutztruppe, die 1898 den Feldzug gegen die vereinigten Topnaer-Hottentotten und Nordwest-Hereros mitgemacht hatten, versprochen war. Wir baten um eine an der Grenze des Kaokofeldes gelegene, im Besitz der Regierung befindliche Farm. Leider erhielten wir bald darauf vom Gouverneur den Bescheid, daß die Farm kurz zuvor in die Hände eines anderen übergegangen sei.

Also nicht. Wir überwanden diese Enttäuschung und baten nun um eine Farm zwischen Okombahe und Omaruru, an den Ufern des Riviers gelegen. Sie war ganz in der Nähe und konnte sogar vom Platz Okombahe aus gut bewirtschaftet werden, zumal es sich vorläufig lediglich um Viehzucht auf ihr handelte. In Okombahe sollten Gartenanlagen in größerem Stile gemacht werden. Hauptsächlich wollten wir uns auf Obst- und Weinbau verlegen. Ich verstehe noch heute nicht, warum mein Mann nicht gleich so schlau war, allerdings hatte er bereits einen Käufer für unser Haus. Mir schienen dies aber große Umwege zu sein.

Wir standen mit deutschen Firmen wegen Lieferung eines Windmotors, verschiedener Pumpen und Wasserleitungsröhren usw. bereits in Verbindung. In liebenswürdigster Weise kam uns der damalige Bezirkschef von Omaruru entgegen und befürwortete für uns die Sache. Die Verhandlungen zogen sich nach afrikanischer Manier unendlich hin, sie waren noch zu keinem endgültigen Abschluß gekommen, als der Hererokrieg ausbrach.

Viehzucht.

Während des Hausbaues hatten wir uns wohl viel mit unserem Vieh abgegeben, doch wurde das Interesse daran noch viel größer, seit wir mehr Zeit hatten, uns eingehender darum zu kümmern.

In der Behandlung des Viehes richteten wir uns ganz nach den Gebräuchen des Landes.

Hinter dem Hühnerstall, der Fliegen wegen etwas vom Wohnhaus entfernt, aber doch so, daß man sie vom Schlafzimmerfenster aus überblicken konnte, lagen die Krale, in denen das Vieh zur Nacht Unterkunft fand. Mein Mann ging mit mehreren Eingeborenen tagelang in die Wildnis, wo sie Dorngebüsch von $1^1/_2$ bis 2 Meter Höhe kappten. Diese abgehauenen Sträucher, Tackies genannt, wurden zu Haufen gepackt und dann mit Hilfe der Ochsen herangeschleift. Ein großer Kreis wurde abgesteckt und an seine Peripherie das Dorngebüsch gelegt, immer ein Busch auf den anderen. Zwei Pfähle wurden in geringer Entfernung voneinander eingerammt, so daß man die dadurch entstandene Öffnung bequem mit einem festen Busch, den man dazwischensteckte, verschließen konnte. Das war die Tür.

Selten kommt es vor, daß ein Leopard oder eine Hyäne einen guten hohen Dornkral überspringt. Das Vieh ist darin gut aufgehoben. Der sich im Kral ansammelnde Mist wird jedes Jahr zur Zeit der Aussaat als Dünger verwendet.

Diese Art Krale finden wir bei den Eingeborenen und auch bei vielen Ansiedlern bis auf den heutigen Tag. Andere ziehen solche aus Backsteinen gemauert, aus Eisenbahnschwellen, aus Draht und Pfählen hergestellte vor, die natürlich haltbarer, aber viel teurer sind. Bricht eine Seuche unter dem Vieh aus, läßt sich ein Backsteinkral schlecht desinfizieren, während ein Dornkral einfach angezündet und an anderer Stelle ein neuer aufgebaut wird.

Die Ochsen und Kühe stehen in dem einen Kral, in dem anderen Schafe und Ziegen durcheinander. Die Hirten schlafen in Pontoks dicht am Kral, um zur Stelle zu sein, falls das Vieh durch irgendein Raubtier beunruhigt wird. Auch die Hirtenhunde werden entweder in der Nähe angekettet oder laufen frei im Gehöft umher. Die im Lande heimischen Hunde haben sich so stark mit den aus Europa eingeführten vermischt, daß man höchst selten noch einen rassereinen Kaffernhund sieht. Sie sind mittelgroß, wolfsähnlich, haben ungewöhnlich stark entwickelten Geruchssinn und sind sehr tapfer, auch im Angreifen größerer Raubtiere. Unser Freund J. auf Franzfontein hatte sich eine Meute herangezüchtet, die im Schutzgebiet so leicht nicht ihresgleichen fand. Seine Hunde stellten jeden Leoparden und hielten ihn an den Ohren so fest, daß eine Teschingkugel oder die Saufeder genügten, um ihn zu erlegen.

Die Schakale sind possierliche, aber ungeheuer dreiste Tiere. Sie dringen durch kleine Lücken im Kral, graben sich unter der Schwelle im Hühnerstalle durch, fallen am hellen Tage das Vieh, besonders die Lämmer, an und fressen, können sie sie erlangen, Ochsenriemen, Felle, alles, was es gibt. Nichts ist vor ihnen sicher. In kalten Nächten kommen sie oft in großen Rudeln auf den Platz und lassen ihr unverschämtes Gebell ertönen. Lärmen verscheucht sie und die Hunde setzen hinter ihnen her. Fähen tun sie aber nichts, im Gegenteil gibt es Fälle, wo sich Hunde mit Schakalfähen gepaart haben.

Mit dem Vieh selbst hat man wenig zu tun. Des Morgens vor Sonnenaufgang wird es im Kral lebendig. Da rufen die Ziegen und Schafe nach den Lämmern, die Kühe nach den Kälbern. Meist wird der Ochsenkral zuerst aufgemacht. Gravitätisch wiegend schreiten die Ochsen heraus, zum Wasser. Dann werden sie sich selbst überlassen. Sie sind aneinander gewöhnt, kennen den Kral sehr bald, in dem sie beheimatet sind, und können in der Wildnis den Kampf mit den Raubtieren ganz gut aufnehmen. Selten verirren sie sich. Ist das Futter nicht allzu weit entfernt, so kehren sie jeden Abend von selbst zum Wasser und dann in den Kral zurück. Müssen sie weiter weg ihre Nahrung suchen, dann bleiben sie über Nacht im Felde und kommen heim, wenn sie Durst haben. Braucht man die Ochsen, so läßt man sie im Felde von einem Hirten suchen und hereintreiben. Das dauert oft sehr lange, denn manchmal liegt Herr „Schwarz" vergnügt unter einem Baume und schläft sich gründlich aus.

Die Kühe bleiben so lange im Kral, bis ihnen die Kälber zugeführt werden. Dann erst werden sie gemolken. Das Melken ist nicht ganz einfach, es muß gelernt sein. Der Hirt schlingt einen Riemen um die Hinterbeine der Kuh, so daß sie stehen bleiben muß. Dann läßt er das Kalb einige Züge trinken, jagt es mit einem Stecken fort und melkt. Sowie die Kuh merkt, daß das Kalb nicht trinkt, wird sie unruhig oder zieht die Milch zurück. Wieder muß das Kalb ansaugen, wird weggejagt, und wieder wird gemolken. Das ist eine langwierige Sache. Viel Milch nimmt man nie von einer Kuh, damit das Kalb genug bekommt, weil es nur vereinzelt vorkommt, daß die Kälber mit künstlicher Nahrung großgezogen werden. Es gibt viele Kühe, die so wild sind, daß man sie überhaupt nicht melken kann. Man behält sie lediglich zu Zuchtzwecken. Sind die Kälber klein, so stellt man einen besonderen Hirten an, der sie in der Nähe hütet; sind sie größer und verzichtet man auf Milch, dann begleiten sie die Kühe ins Feld. Die Kühe gehen auch allein, kommen aber allabendlich mit großer Pünktlichkeit zu den Kälbern zurück. Mitunter kommt es vor, daß eine Kuh im Felde kalbt. Dann bleibt sie mit dem Kälbchen so lange draußen, bis es kräftig genug ist, nach zwei bis drei Tagen neben ihr her zum heimatlichen Kral zu laufen. Im Durchschnitt geben die Kühe drei bis vier Liter Milch am Tage.

Im Schaf- und Ziegenstall geht es lebhafter zu. Da herrscht ein ohrenbetäubender Lärm, und gar zu reizend sieht es aus, wenn die kleinen Lämmer mit possierlichen Sprüngen eilig dahergerannt kommen, um ihre Mutter zu suchen. Mitunter irren sie sich. Das nimmt aber die falsche Frau Mutter sehr übel und stößt ihr unrechtes Kind unerbittlich von sich. Schafe sind geduldiger. Unter den Ziegen gibt es viele Rabenmütter, die man an den Hörnern festhalten muß, damit die Lämmer trinken können. Dies zu beobachten, ist natürlich Sache des Besitzers.

Sehr oft kommt es vor, daß alte, ausgewachsene Tiere die Untugend haben, die Milch auszusaufen. Dann verhungern die Lämmer, weil sie nicht genug bekommen. Es ist schwer, dies den Tieren abzugewöhnen. Die Eingeborenen stecken ihnen deshalb einen Stock durch die Nase, der spitz und womöglich noch mit Dornen versehen ist. Kommt nun das Schaf oder die Ziege einem anderen Tier zu nahe, um zu trinken, dann wird dies von dem Stock gestochen und läßt es nicht an sich heran. Die Hirten kümmern sich nicht viel darum, ihnen kommt es nicht darauf an, ein Tierchen verhungern zu lassen. Eine Extrabelohnung am Ende des Monats, wenn nichts weggekommen oder eingegangen ist, hilft aber sehr. Wir waren jeden Morgen und jeden Abend im Kral, und ehe die Tiere zur Weide getrieben wurden, untersuchte ich jedes Lamm, ob es auch genug getrunken hatte. Dies war nur bei einer kleineren Herde möglich; wenn man an die tausend Lämmer hat, geht es natürlich nicht.

Die Lämmer bleiben am Hause und laufen frei umher oder, wenn es ihrer zu viele sind, werden sie besonders, meist von einem größeren Kaffernkinde, gehütet. Kurz vor Sonnenuntergang werden sie unruhig, blöken, meckern, jagen plötzlich nach irgendeiner Richtung davon und kommen enttäuscht wieder. Sowie aber in der Ferne eine Staubwolke sichtbar wird, stürmt die ganze kleine Gesellschaft der ankommenden Herde entgegen, nicht achtend aller Hindernisse. Dann sieht man schon, wie sich die Herde in Trab setzt und wie die betreffenden Schafe und Ziegen sich eilen, um zu ihren Lämmern zu gelangen. Nachdem die Muttertiere am Wasser genügend getränkt wurden, laufen sie im Gänsemarsch zum Kral. Ich stellte mich an die Öffnung des Krals, so daß nur ein Tier zur Zeit hindurch konnte, und zählte sie allabendlich. Dann ließ ich mir von den Hirten berichten und untersuchte die kranken Tiere selber. Hier war ein Tier in die Dornen getreten, dem wurde der Huf nachgesehen, ausgewaschen und desinfiziert, ein anderes hatte sich geritzt, wurde verbunden, das dritte hatte sich den Fuß vertreten, wurde massiert und mit Wagenschmiere eingerieben, das vierte, fünfte hatte Kolik, bekam eßlöffelweise Kognak, in schlimmeren Fällen warme Umschläge, und das sechste mußte, weil es von einer Schlange gebissen war, mit Vitriol behandelt werden. Ich hatte oft länger als zwei Stunden zu tun, und manchmal mußten noch beim Schein einer Laterne oder in der Küche die letzten Patienten behandelt werden. Es hat mir viele Freude gemacht, und wie befriedigt war ich, wenn ich einen „schweren Fall" durchbekommen hatte.

Das Kleinvieh kann man nicht brennen wie das Großvieh. Entweder man kerbt ihm ein bestimmtes Zeichen in die Hörner, man schlitzt ein Ohr, schneidet wohl auch einen winzigen Ohrzipfel ab oder, und das taten auch wir, man knipst ihm stark vernickelte Patenthosenknöpfe in das linke Ohr. Sie bewährten

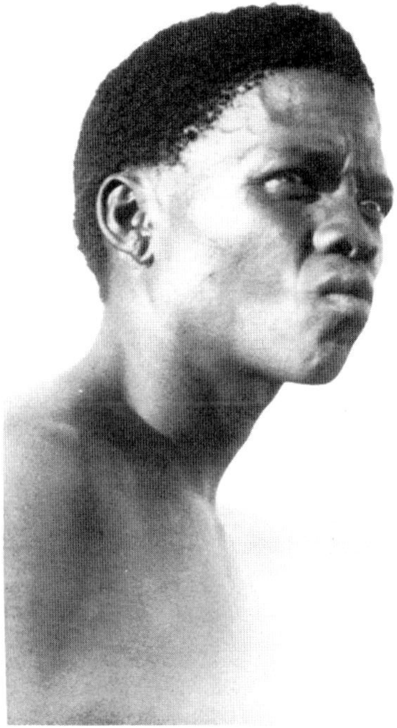

Junger Hottentott

Hirte mit Karakul-Lamm

Owambo-Schönheiten

An Heuschrecken „satt“ gegessen!

sich nicht besonders, weil die Tiere sie oft herausschüttelten. Jetzt gibt es bestimmte „Merkzangen".

Was nun die Rassen anbetrifft, so hatten wir die kurzen, gedrungenen Damararinder mit den großen Hörnern sämtlich von den Hereros erworben. Heutzutage haben sich die Verhältnisse vollständig geändert. Rassevieh der verschiedensten Arten ist des Farmers großer Stolz. Alle möglichen Arten von Zufutter werden angepflanzt, die Milch- und dadurch Butter- und Käseproduktion ist gesteigert. Schlachtvieh wird nach der Union exportiert, es gab eine Zeitlang Abkommen mit Italien, wohin südwestafrikanisches Gefrierfleisch geliefert wurde.

Das in Südafrika heimische Schaf, das Fettschwanzschaf, hatten auch wir. Es ist ausgezeichnet als Fleischschaf, aber die Wolle taugt nichts. Wenngleich die ersten Versuche mit Wollschafzucht im Süden nicht besonders geglückt waren, so brauchte man deshalb nicht entmutigt zu sein. Auch zu derartigen Versuchen fehlte uns das nötige Kapital. Aus ebendemselben Grunde hielten wir uns auch nur die gewöhnlichen Damaraziegen und hatten erst für später vor, Zuchtversuche mit Angoraziegen zu machen. Und jetzt? Den deutschen Züchtern ist die Einführung und erfolgreiche Zucht des Karakulschafes zu verdanken. Die Fellchen, unsere „schwarzen Diamanten", haben sich den Weltmarkt erobert. Nichts kann die Mandatsregierung diesem Erfolge an die Seite stellen. Deutsche sind es, die dazu beitragen, die Depression unseres Landes zu überwinden, die durch diese Zucht dem Lande Reichtum gegeben haben.

Als Abnehmerin für unser Vieh kam die Regierung in Betracht, bei der wir uns gleich nach unserer Ankunft um Viehlieferung bewarben, und im ersten Jahre auch noch die Damaraland-Guano-Gesellschaft in Cape Cross. Das Jahr darauf ging Cape Cross ein, weil der Guano abgebaut war. Da blieb nur noch die Lieferung an die Truppe. Ab und zu nahm auch mein Mann Vieh mit nach Karibib, da er mit verschiedenen Stores in Geschäftsverbindung stand, um es zu verkaufen. Meistens tauschte er es gegen Waren verschiedenster Art ein. So versuchten wir, unser Vieh möglichst günstig zu verkaufen. Wir hatten ja auch nicht so viel, um es, wie verschiedene Farmer und Händler, herdenweise nach der Kapkolonie auszuführen.

Ich selber betrieb noch Geflügelzucht und hatte alle möglichen Pläne, an deren Durchführung mich leider der Krieg hinderte.

Ich fing an mit vier Tauben, die ich zu einer Mark das Stück in Spitskoppies kaufte, und erstand sechs Hühner von einem Soldaten der Schutztruppe. Anfangs hatte ich keine Ahnung vom Alter der Hühner, ihrer rationellen Pflege und dergleichen. Aber allmählich lernt man und zumal in Afrika.

Meine geduldigen Bemühungen waren auch von Erfolg gekrönt. Ich war glücklich, als die ersten Küken piepten, und konnte mich nicht satt an ihnen sehen. Kurz vor Ausbruch des Hererokrieges hatte ich über 80 Hühner, 105 Küken und unzählige Tauben. Durch die Küken hatte ich neue Last. Sowie sie frei im Hofe umherliefen, sammelten sich in der Luft die Raubvögel. Oft mußte ich drei, vier der Tierchen an einem Tage einbüßen. Auch die Kaffernhunde holten sie mir weg. Da war ich genötigt, einen kleinen Hütejungen anzustellen. Oft war auch der machtlos gegen die Räuber. Nun ließen wir Drahtgaze kommen, und mein Mann machte mir eine luftige kleine Voliere. Aber die Maschen des Geflechts waren zu groß. Die größeren Tiere hingen sich darin auf, und die kleineren schlüpften einfach hindurch. Da war oft große Not. Ich war um so stolzer, noch 105 Tiere bei all den Schwierigkeiten großgezogen zu haben. Eier gab es so viele, daß ich verschwenderisch davon gebrauchen und noch verkaufen konnte.

Mit der Zeit vermehrten sich auch die Tauben stark und wurden recht lästig. Ich mag Tauben nicht gern; ich finde, sie sind gar nicht so sanft, sondern sehr zänkisch und unsauber. Dazu kam, daß sich ihnen eine hier heimische Vogelart anschloß, die Namatauben. Es sind kleine, blaugrau gefärbte Tiere mit gabelförmigem Schwanze. Sie flogen in die Gärten, pickten die frische Saat heraus und rupften die Keime ab. Ihr Fleisch gab aber eine angenehme Abwechslung bei der Eintönigkeit der Mahlzeiten.

Alles Getier, das um uns herum lebte, war unglaublich zahm. Die Hühner liefen, sowie sie mich erblickten, mir schon von weitem entgegen. Die Tauben kamen auf den Verandatisch, selbst wenn wir beim Essen saßen. Die Lämmer voltigierten dutzendweise in größter Gemütsruhe durch die offenen Fenster und tanzten auf den Betten. Ein kleiner, mir von Ertmann geschenkter Hund wurde von einer Ziege gesäugt und saß jaulend vor Hunger im Kral, wenn das Vieh mal zu lange ausblieb. Die Hirtenhunde beim Vieh, Jagdhund und Dogge, parierten aufs Wort. Vor dem Hause turnte ein kleiner Pavian, der geschworene Feind aller Kaffern, denen er die tollsten Streiche spielte, und der größte Freund allen Getiers, einschließlich der beiden kleinen Schakale, die wir mit der Flasche aufzogen. Als letztere aber größer wurden, entwickelte sich ihre Raubtiernatur, sie stahlen und mordeten Hühner und Lämmer, bissen, wer ihnen zu nahe kam, und verschwanden eines Tages im Busch.

Treck nach Gui-Gams.

Im ersten Jahre standen wir mit der Damara-Guano-Gesellschaft in Cape Cross in geschäftlichen Beziehungen. Viele Farmer bemühten sich, ihr überflüssiges Vieh nach dorthin zu verkaufen, weil der Manager Mr. Elers im Rufe stand, die besten Preise zu bezahlen. Von den meisten Händlern und Großhändlern konnte man das nicht behaupten. Während die Händler zwischen 25 bis 35 Pfennig für das Lebendgewicht gaben, bekamen wir bei Elers 40 Pfennig, und das war nicht zu unterschätzen. Aus dem Grunde waren wir sehr froh, daß er uns unser Schlachtvieh abnehmen wollte. Wir verabredeten brieflich, daß wir das Vieh zwei Drittel des Weges von Cape Cross bis nach seinem Viehposten Gui-Gams bringen wollten, wo er die Absicht hatte, uns zu treffen. Die Gegend war mir als besonders schön gerühmt. Außerdem lag mir daran, das Omarururivier, an dessen Ufern entlang fast ständig der Weg führte, kennenzulernen. Deshalb begleitete ich meinen Mann auf der beschwerlichen Reise, drei Monate vor der Geburt meines Kindes. Wäre er allein gewesen, so hätte er sie zu Pferd gemacht. Meinetwegen entschloß er sich zur Ochsenkarre, die zwar langsamer, aber gemütlicher ist.

Da ich nicht viel Zeit hatte, wurden die Vorbereitungen zur Reise in größter Eile betrieben. Mein Mann ließ die Karre schmieren, das Treckgut nachsehen, für die Peitsche neuen Vorschlag aus Kudufell schneiden usw. Ich maß Mehl, Reis, Salz, Kaffee, Tee ab, backte Brot, richtete mir in Dosen und Büchschen eine kleine Speisekammer ein und packte die Vorkiste mit den nötigen Eß- und Küchengeschirren. Gemeinsam putzten wir die Gewehre, sahen die Kugelpatronen nach und fertigten Schrotpatronen. Unsere Reisekleider waren sehr einfach und zweckentsprechend. In den Seitentaschen im Innern der Karre steckten unsere Toilettesachen, meine Uhr, Schreibzeug, Goethes „Faust".

Themis' Malkasten und Skizzenbuch, das auf keiner Reise fehlen durfte. Reichlich Decken, Felle, Bettzeug und Kissen wurden auch mitgenommen sowie Reparaturwerkzeug, Wagenschmiere und dergleichen.

Unser Haus hatten wir verriegelt, verschlossen und vernagelt. An ein unsicheres Fenster, daß sich nicht gut schließen ließ, stellten wir ein altes zerbrochenes Gewehr, das nach einem Selbstschuß aussah, selbstverständlich ungeladen. Es hatte ja nur den Zweck, die Eingeborenen einzuschüchtern, trug uns aber eine Strafpredigt vom Missionar ein ob unseres Mißtrauens gegen die lieben Leutchen von Okombahe.

Als Treiber waltete Manuel Timbo, ein Kapboy, vorzüglich im Umgang mit den Tieren, aber sonst ein wenig anrüchig. Er stand schon einmal unter der Anklage der Leichenberaubung, weil man ihm den Mord nicht direkt nachweisen konnte. Mein Mann schätzte ihn seiner Umsicht wegen, mir war er stets unsympathisch.

Ferner nahmen wir zwei Bambusen mit und einen größeren Jungen zum Antreiben des Viehes. Karl, der Viehhirte, war schon einen Tag vor uns mit dem Vieh fort, um auf Dawitsaub, dem ersten Halteplatz, längere Rast zu machen.

Endlich waren die Vorbereitungen beendet. Ich kletterte auf die Karre und ließ mir unsere beiden Hunde, „Khaki" und „Schmolli", reichen, die uns begleiten sollten. Aber den jungen Tieren war das Reisen ungewohnt. Mit vieler Mühe mußte ich sie festhalten, und dabei schrien und jaulten sie so jammervoll, daß aus allen Pontoks die Leute stürzten, um zu sehen, was los sei.

Der Weg, den wir nahmen, war äußerst schwierig. Er ging steil bergauf und bergab, über mächtige Klippen, zwischen Dorngesträuch und Anabäumen hindurch. Mehrmals durchzogen wir das Omarururivier. Tief, tief sanken die Räder in den Sand. Mit den Ochsen hatten wir zuerst auch Schwierigkeiten. Sie hatten längere Zeit nicht getreckt und zerrten hin und her in den Jochen, um den weichen Weg zu vermeiden.

Dicht an der Pad lagen mehrere Steinhaufen, ziemlich regelmäßig aufgeschichtet, Gräber heidnischer Damaras. Sie geben bis auf diesen Tag Kunde von den grausamen, hinterlistigen Kriegen, die die Hereros mit den Namas führten, um Land und Vieh einander abzunehmen. Dann kamen wir an eine sonderbar gleichmäßige, wellenförmige Fläche. Es war der Begräbnisplatz der an der Rinderpest eingegangenen Ochsen, die zu Hunderten und aber Hunderten verscharrt lagen. Weiter wand sich der Weg zwischen Kameldornbäumen entlang, auf denen in dicken Büscheln eine rotblühende Mistelart wucherte. Wir pflückten einige Zweige und bekränzten damit unsere Schutzheilige, ein altes, verblichenes Madonnenbild, das Themis, mein Mann, auf allen seinen afrikanischen Reisen und Fährnissen im Wagen und Sattel begleitet hatte. Der Kameldorn blühte in gelben Köpfchen, weithin duftend wie ein deutsches Lupinenfeld.

Gegen vier Uhr nachmittags erreichten wir bei ziemlicher Hitze Dawitsaub, eine Wasserstelle, am Rivier gelegen, mit schönen Weideplätzen für Kleinvieh. Außerdem stehen in dieser Gegend das ganze Rivier entlang prachtvoll hohe Anabäume, deren Schoten, Anapillen genannt, vom Vieh gern gefressen werden. In trockenen Jahren, wo es wenig Gras gibt, sind sie eine große Hilfe, und mit Vorliebe sucht man das Vieh dorthin zu treiben, wo sich Anapillen befinden. In großen Massen liegen sie am Boden und, wenn nicht, dann werden sie von den Hirten herabgeschüttelt. In der höchsten Not, wenn das Vieh zu verhungert und schwach ist, um weiter zu laufen, werden allerdings unerlaubterweise ganze Anabäume abgehauen, über deren Früchte es sich dann herstürzt, und durch die es sich meist soweit erholt, daß man einige langsame, kurze Trecks wagen kann.

Die Tränkstelle auf Dawitsaub war nur klein. Jedem Ochsen mußte mühselig geschöpft werden. Der Boden war übersät mit Stechgras, das sich wie Kletten überall hinklebte. Mit vieler Mühe fegten die Bambusen mit Büschen einen freien Fleck, wo das Fell zum Lagern ausgebreitet werden konnte. Wir gingen noch ein wenig in der Umgegend spazieren und standen plötzlich vor einem alten Hartebeesthaus. Mit seinem eingestürzten Dach, den gähnenden Fensterhöhlen und dem bröckelnden Mauerwerk machte es einen trostlosen Eindruck.

Der Name Hartebeesthaus stammt aus der alten Jagterzeit. Warum es gerade nach der Hartebeestantilope benannt ist, weiß ich nicht.

Ganz Südwest hat etwas Starres, Trotziges. Es ist, als ob die Natur selber sich auflehne gegen die Kultur, die wir Weißen gewaltsam dahin bringen wollen. Und haben Menschenhände schier Unmögliches geleistet, dann genügen ein, zwei Jahre der

Ruhe, und ihre Spuren sind vertilgt, oder das, was noch vorhanden, redet die traurige Sprache der Vergänglichkeit alles Irdischen.

Der Abend war ungemütlich. Es war kalt und windig. Weitab hatte sich der Treiber ein Feuer gemacht, um höchstwahrscheinlich gestohlenes Fleisch ungeniert verspeisen zu können. Themis saß am Feuer und starrte in die Glut. Ich besah mir den tiefblauen Nachthimmel mit den funkelnden großen Sternen. Ein jeder hatte seine Gedanken, und diesmal wollten sie sich nicht treffen.

Früh am nächsten Morgen wurde die Weiterfahrt angetreten. Wir verließen das Rivier und wanden uns mühsam auf schlechtem, steinigem Weg zwischen Felstälern und Klippen hindurch. Steif und häßlich standen die Aloes und Kandelaberkakteen, deren Saft tödlich wirkendes Gift enthält. So starr und trotzig, wie sie aussahen, paßten sie doch eigenartig reiz- und stimmungsvoll in die wilde Landschaft.

Die Gegend war höchst einsam. Keinem Menschen begegneten wir. Kein Tier ließ sich blicken. Ab und zu mußten wir halten, um den Weg zu suchen. Oft war er nur daran zu erkennen, daß die Grasbüschel fahler und kleiner waren als sonst auf der Savanne. Das einzige, was daran erinnerte, daß hier einmal Menschen gewesen waren, war eine verlassene Feuerstelle unter einem großen Kameldornbaum. In einem Kreise lagen ungefähr sieben bis zehn Aschenhaufen. Ovambos hatten dort ihr nächtliches Lager aufgeschlagen gehabt. Auf diese Art während der Nacht Wärme zu suchen, ist das Charakteristische dieses Stammes. Die Feuer sind nur klein; ein jeder macht sich sein eigenes Feuer und benutzt im Rücken das seines Gefährten. Der beste Platz in der Mitte, wo er die Hitze aller Feuer empfängt, gebührt dem Vornehmsten. Hereros und Hottentotten begnügen sich mit einem gemeinsamen großen Feuer. Trifft man auf der Reise solche Feuerstellen an, so kann man genau erkennen, wer an ihnen geruht hat. Ist der Aschenhaufen besonders groß und liegen noch unverbrauchte dicke Äste in der Nähe, dann war es das Feuer eines Weißen.

Allmählich, je näher wir dem Rivier kamen, nahm die Schroffheit der Gegend ab, und der Weg führte durch mit Buschwald bestandene Grasebenen nach dem Flußbett. Unter einem uralten überhängenden Omborombongabaum wurde ausgespannt und Mittagsrast gehalten. Die Omborombongabäume haben so hartes Holz, daß es sich nicht verarbeiten läßt. Kaum ist es möglich, auch mit einer guten Axt einen solchen Baum zu fällen. Sie sollen auch älter werden als alle anderen Bäume und Pflanzen. Den Hereros ist der Omborombongabaum heilig. Sie leiten ihren Ursprung von ihm ab; kleine Splitter tun sie in die Kalabas, damit den Kühen die Milch nicht ausgeht, bei Krankheiten und Seuchen räuchern sie damit und tragen auch Amulette davon, die gegen Tod, Liebeskummer und Gott weiß was noch schützen sollen.

Spät am Nachmittag ging die Reise weiter, ständig unter den schattigen Bäumen des Riviers entlang, bis wir am Abend Aubinhonis erreichten. Das Jahr vorher hatten dort mehrere Hererowerften gestanden, dann hatten Bergdamaras dort gewohnt, und aus dem Grunde war das dürre Holz in der Nähe der Wasserstelle gänzlich aufgebraucht. Im Dunkeln ließ sich schlecht solches finden. Da wurde aus trockenem Kuhmist ein Lagerfeuer gemacht, an dem wir auch unsere frugale Abendmahlzeit bereiteten: Mehlpapp mit Wasser und Ziegenmilch.

Kurz vor Sonnenuntergang hatten wir uns für eine kleine Zeit von der Karre entfernt, um einige photographische Aufnahmen zu machen. Unsere Abwesenheit hatte der Treiber, „Freund Manuel", natürlich benutzt, um Mehl und Reis zu entwenden und dafür bei den Kaffern ein Lamm eingetauscht! Spät in der Nacht, als er denken mußte, daß wir fest schliefen, schlich er sich vom Feuer in der Nähe der Karre und machte weiter ab ein zweites an, um ungestört und in aller Heimlichkeit das Lamm zu braten und zu verzehren. Wir hatten es natürlich gemerkt, hüteten uns aber, auch nur ein Wort zu sagen. Auf dem schlechten Wege, den wir noch zu überwinden hatten, waren wir vollständig vom Treiber abhängig, und sich mit ihm überwerfen, hieß soviel, wie etliche Ochsen zu verlieren.

In grauer Frühe ging die Reise am nächsten Morgen wieder weiter. Wir froren sehr. Kalt und feucht stieg der Nebel aus dem Rivier. Die Landschaft nahm mehr und mehr den Charakter der Namib an. Im sandigen Wege lagen massenhaft die gelben bitteren Melonen. Fleisch hatten wir nicht, aber desto größeren Hunger. Nach allen Seiten hin schauten wir aus, ob nicht irgendein Stück Wild zu erblicken wäre, ganz gleich welches. Wir waren ja im Besitze eines Jagdscheines. Diesen mußte man sich alljährlich für dreißig Mark neu ausstellen lassen und durfte dann an Wild schießen, was man zur täglichen Nahrung brauchte. Ausgenommen davon waren weibliche Straußen, Quaggas*), weibliche Tiere der Kudus und Gemsbockantilopen. Die Regierung verkaufte noch einen anderen Jagdschein für vierhundert Mark. Seinem Inhaber war es nur verboten, auf Flußpferde und Elefanten Jagd zu machen. Besitzer eines Jagdscheins für tausend Mark durften alles schießen, was überhaupt jagdbar war. Springböcke waren für vogelfrei erklärt, weil sie oft in so großen Massen auftreten, daß sie eine wahre Landplage bilden.

Die Jagdscheine bedeuteten natürlich eine angenehme Einnahme für die Regierung, zumal die Jagdgesetze Weißen gegenüber streng gehandhabt und Vergehungen disziplinarisch bestraft wurden. Ob sie aber den afrikanischen Wildbeständen so sehr nutzten, bleibt dahingestellt. Die Eingeborenen brauchten nämlich diese Art Steuer nicht zu entrichten und konnten an Wild schießen, was ihnen in ihrem Territorium, das meist keine fest bestimmten Grenzen hatte, vors Gewehr kam. Daß sie dabei die Daten der Wildschonzeit im Kopfe hatten, sie, die kaum die Wochentage benannten, möchte ich auch bezweifeln. Mehrmals habe ich ihnen aber die Federn weiblicher Straußen und Kudufelle abgekauft. Fragte ich, wo sie die Sachen her hätten, da es doch verboten sei, dergleichen Wild zu schießen, so erhielt ich ständig die Antwort: „Hu kan doch die gnä Frau so absonderlicke Dinge frag, ons hat die Gut huka gehat", oder „die wilde Hunde hat die Kudu gebeit". (Wie kann doch nur die gnädige Frau so sonderbare Fragen stellen? Wir besaßen die Sachen schon lange; oder: Die wilden Hunde haben das Kudu gebissen.)

Bald sahen wir eine ganze Herde Springböcke, von denen ein weibliches Tier erlegt wurde. Wilder Jagdeifer hatte meinen Mann wie auch den Treiber ergriffen. Schnell lagen sie im Anschlag hinter einer Klippe. Der Bock blieb so lange liegen. Obgleich die Stelle sich ziemlich weitab von der Pad befand, konnten wir doch erraten, wo sie sein mußte. In der Luft schwirrte und krächzte es von Raubvögeln und Krähen, die plötzlich da waren und schon voller Gier auf die willkommene Beute lauerten.

Nachdem noch ein zweites Tier zur Strecke gebracht, bogen wir aus der Pad und spannten in brennender Mittagsglut aus.

*) Eine Zebraart.

Die beiden Springböcke wurden sogleich ausgeweidet und zerlegt. Ich kann nicht sagen, wer gieriger dabei war, die Kaffern oder die Hunde. Viel Fleisch wurde verschwendet, dicke Blutlachen tränkten den Boden und lockten unzählige Fliegen herbei. Das Ganze war widerlich. Für uns ward eine Leber gebraten, aber ich war nicht imstande, etwas zu genießen. Die Zubereitung war zu unappetitlich.

Das gesamte Fleisch kam in Säcke. Die blutigen Felle wurden zusammengewickelt und in die Karre verladen. Eilig ging es weiter. Die Kerls hatten sich so voll gegessen, daß sie kaum zur Arbeit zu bewegen waren. Stöhnend, rekelnd verrichteten sie diese. Die beiden Hunde lagen regungslos mit schiefen Bäuchen, zum Platzen voll.

Wir hatten bei der kleinen Jagd viel Zeit verloren. Gar zu gern wollten wir noch Achas, im Rivier, erreichen. Eine Nacht auf der Namib hat nichts Verlockendes. Holz gibt es nicht; man friert und hungert. Und Mondschein war auch nicht. Gegen 6 Uhr brach schon die Nacht herein. Empfindlich kalt wehte der Wind. Tiefe Dunkelheit herrschte. Ein Bambuse mußte das Tau nehmen, um die Ochsen zu führen. Langsam suchend, damit wir nicht vom Wege abkamen, ging es vorwärts. Weil es tagsüber so heiß gewesen, waren die Tiere sehr durstig, und auch das Kleinvieh machte einen abgetriebenen Eindruck.

Von der Namib abbiegend, führte der Weg wieder über die Klippen. Es mochte so gegen 10 Uhr abends sein, als plötzlich eine meterhohe Felsplatte, an der einen Seite des Weges unheimlich hoch, sich vorschob. An der anderen lagen spitze, glatte Klippen aufgetürmt. Durch diesen Hohlweg mußten wir hindurch. Wir unterhielten uns, wie gefährlich dieser Weg schon bei Tage sein müsse, und daß es eigentlich sträflich leichtsinnig wäre, ihn bei Nacht zu fahren, wie leicht so eine zweirädrige Karre umfallen könne, was wohl zuerst zerbrechen würde, wie teuer ein neues Rad sei usw. usw. Da bemerkten wir, wie die dunkle Gestalt des Bambusen vorn beim Tau einen Sprung machte. Er hatte wohl geträumt und war anscheinend auf die Felsplatte geraten. Nun bemühte er sich, wieder auf den rechten Weg zu kommen, ohne daß wir etwas davon merken sollten, aber die Ochsen waren ihm schon nachgefolgt. Zwar witterten die dicht vor der Karre ziehenden Achterochsen*) die Gefahr und

*) Hinterochsen.

bogen ab, aber die Stelle war abschüssig und die Karre kam bedenklich ins Schwanken. Wir überlegten, ob es nicht vielleicht besser sei, noch schnell abzuspringen. Doch das ging nicht der spitzen Klippen und des Dunkels wegen. Da, mit einem Male gab es einen Krach und die Karre stürzte. Ich fiel zuerst, auf mich die Vorkiste mit Inhalt, die Matratzen, mein Mann und die Gewehre. Nur undeutlich hörte ich Wettern und Fluchen. Der Treiber schimpfte. Mein Mann schlug auf den Bambusen, der zeterte um Erbarmen. Allmählich schälte ich mich aus den mich beschwerenden Gegenständen. Das Vieh blökte und drängte zum dichten Knäuel zusammen, bereit, jeden Augenblick in wilder Flucht ins Dunkel der Nacht zu stürzen. Die Kerle standen ratlos. Ich gab ihnen sofort Befehl, die Karre ganz auszuladen, damit wir sie besser aufrichten und den Schaden besehen konnten. Ich fürchtete sehr für das eine Rad. Die Hunde, die im Innern der Karre schliefen, rührten sich nicht. Wir dachten, sie seien wohl längst zwischen den Säcken und Decken erstickt. Schließlich fanden wir sie, fest schlafend und wütend knurrend, als sie gestört wurden. Auf den Felsen lagen in buntem Durcheinander unsere Habseligkeiten.

Zum Glück standen einige Terpentinbüsche, so genannt ihres durchdringenden terpentinartigen Geruches wegen, in der Nähe. Die rissen wir aus und machten ein Feuer an, das mit grüner, knisternder Flamme brannte. Nun wurden Riemen an das in der Luft stehende Rad gebunden, alle Leute griffen mit zu, und die Karre ward aufgerichtet. Mit einem Feuerbrand beleuchteten wir die kritische Seite. Gottlob war alles heil, nicht einmal die Farbe abgestoßen. Dann prüften wir das Zeltdach, die Stäbe; alles in Ordnung. Nur ganz vorn war ein Stückchen Schutzholz abgeplatzt. Das beruhigte uns wesentlich. Wir entschlossen uns, an Ort und Stelle zu übernachten. Das Vieh mußte zwar bis zum Morgen ohne Wasser bleiben, doch es half nichts. Müde und abgespannt saßen wir am winzigen Feuer und kamen erst wieder in Stimmung, nachdem uns Bambuse Willi schönen, heißen Tee servierte. Ich raffte mich zuerst auf, brachte die Karre in Ordnung und besorgte das Abendessen.

Diese Nacht konnten wir nicht an der Erde liegen, weil es kein Feuer gab und die Nacht auf der Namib zu greulich kalt war. Bald schliefen wir den tiefen, traumlosen Schlaf todmüder Menschen. Hell stand die Sonne am Himmel, ehe wir uns ermuntern konnten. In den Gliedern lag es wie Blei. Meine linke Hand war verstaucht und ganz geschwollen, die rechte erglänzte in Regenbogenfarben, und überall tat es weh. Die Ochsen waren, vom Durst getrieben, ausgerissen, um zum Wasser zu kommen. Die Leute hatten nicht aufgepaßt. Lange dauerte es, bis wir eingespannt hatten. Mit großer Vorsicht ging es weiter, denn der Weg zeigte noch mehrere solcher gefährlichen Stellen.

Die Namib bot einen großartigen Anblick, ganz in blauen Dunst gehüllt, über dem rosig im Glanz der Sonne die gewaltige Masse der Brandberge lagerte. Es ist mit das Schönste, was ich je in meinem Leben erblickt habe, so großartig erhaben und doch so trostlos und einsam. Gegenüber dieser Erhabenheit der Natur, wo bleibt da der Mensch mit all seinem Kämpfen und Ringen, seinen Wichtigtuereien und Nichtigkeiten. Wenn man mir sagen würde, ich solle diese Schönheit beschreiben, ich könnte es nicht. Ich weiß nicht, was so schön war, die endlos gelbe Wüste mit den langen Wellen von Sand, der blaue Dunst, die zackigen Klippen — ich empfand es mit all meinen Sinnen; es war der Eindruck des Ganzen, der packte, wie selten etwas. Mir liefen die dicken Tränen über das Gesicht. Ich hätte die Hände falten und sagen mögen: „Lieber Gott, ich danke dir, daß du mir gewährtest, deine Schönheit zu schauen in der Einsamkeit. Gern ertrag ich Hunger und Durst und Strapazen, aber laß mich die Wunder deiner Schöpferkraft genießen, fernab vom Hasten und Treiben der Menschen. Laß mich groß und gut werden, daß ich ihrer würdig sei!"

Wieder bogen wir ins Rivier ein. Klein-Achas hatte kein Wasser mehr. Da treckten wir weiter, nach Groß-Achas. Themis war dort von früher her sehr gut bekannt und hatte seinen Viehposten einmal dort gehabt. Voller Freude kamen uns die Kaffern entgegen, denn an den Ufern des Riviers war es längst bekannt, daß mein Mann von Deutschland zurück und nun mit der weißen Frau und der Karre unterwegs sei nach Cape Cross. Wie ein Wesen aus einer anderen Welt betrachteten sie mich von allen Seiten.

Auf Achas rasteten wir einen Tag lang und benutzten die Zeit, um das Wildfleisch zu „flecken". Mit schmutzigen, ungewaschenen Fingern schnitten die Kerle mit ihren zweifelhaften Taschenmessern das Fleisch in schmale Streifen. Sie wurden gesalzen und zum Austrocknen in einen dichten Baum gehängt.

Endlose Fliegenschwärme plagten uns, und der Geruch des Wildfleisches gehörte auch nicht zu den Annehmlichkeiten. Mein Widerwillen gegen alles Fleisch war so stark, daß ich mir nur die Markknochen am Feuer rösten ließ.

Von Groß-Achas aus fuhren wir noch eine Weile im Rivier. Samuel mußte abwechselnd mit Karl das Kleinvieh treiben. Diese Arbeit war hier gerade etwas schwierig. Das Rivier ist mit vielem kleinen Buschwerk bestanden, so daß man die Fläche nicht überblicken kann. Daher kommt es leicht vor, daß eins der Tiere stehenbleibt, ohne daß es der Hirte bemerkt. Doppelte Vorsicht und Aufmerksamkeit war daher den Bambusen eingeschärft worden. Plötzlich sahen wir die Schlachtochsen ganz gemächlich allein daherziehen, hier eine Ziege, dort ein Schaf. Von Samuel keine Spur. Schließlich entdeckten wir ihn, wie er, unter einem Baume liegend, ein Extraschläfchen abhielt. Mein Mann ging auf ihn zu, legte ihn anders herum, und „laut ertönt sein Wehgeschrei, denn er war nicht schuldenfrei!" Themis ließ den Tiefgekränkten zurück und begab sich zur Karre. Trotzend schlängelte sich Samuel in angemessener Entfernung dahinter her, fand sich aber bei der Mittagsrast völlig harmlos wieder ein und tat, als ob nichts vorgefallen wäre.

Wir eilten uns sehr, um noch vor Anbruch der Dunkelheit Leewater, die nächste Wasserstelle, zu erreichen. Der Weg dorthin spottete jeglicher Beschreibung. Er führt am Saume der Namib entlang, durch Täler und Schluchten. Dabei ist er so schlecht und klippig, daß vor ihm stets gewarnt wird. Im Lande erzählt man sich wahre Schauergeschichten von gebrochenen Achsen, Rädern und schlappen Ochsen. Nicht allzu freudig sahen wir den kommenden Dingen entgegen. Bald fing auch die Karre mächtig zu schwanken an. Ab und zu setzte unter greulichem Gekreisch ein Rad aus und schleifte die Felsen entlang, oder es stand kreiselnd in der Luft, und die Karre mußte auf dem anderen balancieren. Die Sache sah höchst fatal aus, und da wir keine Lust verspürten, uns noch einmal braun und blau zu fallen, gingen wir zu Fuß hinterher. Selbst das wurde uns sauer, denn die Steine waren spitz und stachen durch die Sohlen. Aber schön waren sie doch, weiß, rosa, dunkelrot leuchtend in herrlichen Kristallen: eine riesige Fläche voller Rosenquarz. Wir trugen auch einige der schönsten zu einem kleinen Haufen zusammen, um sie bei der Heimfahrt mitzunehmen.

Endlich tauchten inmitten der Einöde schöne grüne Bäume auf: Leewater! Früh am Nachmittag spannten wir aus und wollten so recht in Muße einige photographische Aufnahmen machen, da meldete sich der Treiber Manuel krank. Er hatte sich am Springbockfleisch überfüttert und fürchterliches Magendrücken. Er stöhnte entsetzlich, rollte sich wie ein Igel im Sande zusammen und vermeinte, sein letztes Stündlein sei gekommen. Ich gab ihm eine tüchtige Dosis Kalomel, ließ ihn starken Tee trinken, sich in Decken wickeln und schwitzen. Außerdem spendierte ich noch zwei gehäufte Eßlöffel voll Schweinefett, mit dem der Bambuse Willi ihm den Magen massieren mußte. Bald war er wieder munter.

Von Leewater aus erreichten wir die eigentliche Wüste. Nichts, nichts sah man als gelben Sand und blauen Himmel. Man fühlte den grellen Sonnenschein und die vor Hitze zitternde Luft. Einen ganzen Tag lang treckten wir so immer durch die Wüste hindurch. Kein Baum, kein Strauch, kein Grashalm, nur die gelben, trostlosen Sandwellen. Die Karre ging schwer; tief schnitten die Räder durch den Sand, kreischend und quietschend. Mühsam wanden sich die Ochsen vorwärts, die gewaltigen Köpfe tief gebeugt unter das hölzerne Joch. Weit aus dem Halse hing ihnen die Zunge, zitternd flogen die Flanken auf und nieder; die Augen schienen aus dem Kopfe zu quellen. Immer und immer wieder erklang das aufmunternde „treck — treck — wop — wop" des Treibers. Die lange Peitsche zeichnete dicke Striemen auf das staubige Fell. Wir selber lagen ziemlich teilnahmslos in der Karre. Je weniger man sich bewegte, desto weniger empfand man auch die Hitze.

Ganz fern am Horizont stieg Spitzkoppies auf. Endlich, endlich bog der Weg ab. Als wir auf der Höhe einer großen Sandwelle waren, sahen wir in der Ferne einen schwarzen Kegel und grünlich schimmernde Flächen: Gui-Gams. Noch zwei Stunden dauerte es, dann waren wir angelangt. Wir wollten nur dicht am Wasser Mittagsrast halten, um den sehr angestrengten Tieren etwas Erholung zu gönnen, denn es sollte sofort weitergetreckt werden, noch drei Stunden lang, bis nach Groß-Gui-Gams.

Es sollte so schön dort sein, hatte man erzählt. Zwischen hohen Bergen gelegen eine große Fläche mit rauschendem Ried! Ich freute mich sehr darauf, es zu sehen. Wir wollten dort photographieren, malen, skizzieren, um nur ja die ganze Schönheit in Bild und Farbe festhalten zu können. Aber als wir näher kamen, schüttelte Themis melancholisch den Kopf und meinte: „Dies ist nimmermehr das Gui-Gams meiner Erinnerung.“ Auch Manuel sprang von der Karre ab und suchte nach einem anderen Wege, weil er fürchtete, wir hätten am Ende die richtige Pad verloren und kämen nun ganz wo anders hin. Auf der Höhe standen zwar noch im Halbkreis etliche Kaffernpontoks, aber unbewohnt, verlassen, die meisten zerfallen. Wir stiegen ab, um das schöne Ried zu suchen, dessen Halme so märchenhaft rauschen sollen, die die Sagen und Geschichten Damaralands erzählen, als noch die herrischen Hereros als Gebieter und Besitzer des Landes die armen Xoudaman (Dreckkaffern) knechteten, als sie kämpften gegen die tückischen Hottentotten, und wie sich alle schließlich der Herrschaft der verhaßten Weißen unterwerfen mußten.

Wir standen und sahen. Da lag wohl ein weites Tal vor uns, aber nicht bestanden mit grünem, melancholischem Ried, sondern ein scheußlich modriger Sumpf mit schwarzen, verkohlten Stümpfen, zwischen denen hindurch ein Pavian eiligst das Weite suchte. Es war alles von den Kaffern abgebrannt worden, einer sagenhaften, großen Schlange wegen, die dort hausen sollte.

Umsonst suchten wir auch das schöne, klare Wasser. Zwei stinkige, greuliche Pfützen fanden wir, so tief, daß ein Baumstamm hinabgelassen war, an dem zwei Kerle hinunterklettern mußten, um Wasser zu schöpfen. Der unterste reichte es dem über ihm stehenden und dieser dem am Rande des Schachtes knienden dritten.

Wir standen noch da und besahen die Verwüstung, die törichte Menschenhand in Dummheit und Aberglauben angerichtet, als einer der Bambusen atemlos auf uns zulief, um zu melden, daß ein Weißer mit drei Pferden uns entgegengeritten käme.

Es war uns gar nicht recht, daß Mr. Elers schon jetzt kam, denn wir sahen toll aus und hätten uns gern erst ein bißchen zurechtgemacht. Aber es half nichts. Schon erschien Mr. Elers, der einfach sprachlos vor Erstaunen war, daß eine weiße Frau sich in diese Gegenden verirrte. In seiner Verwunderung fiel er natürlich ins Englische, seine Muttersprache, weil er wußte, daß mein Mann sie verstand. Als ich ihm nun aber auch tadellos auf Englisch antworten konnte und ihm erzählte, daß ich sogar in Old-England gewesen war, da war die Freundschaft für alle

Zeiten besiegelt. Wir beschlossen, den Abend gemeinsam zu verbringen und ich richtete mit Manuels Hilfe ein sehr nettes Abendbrot her. Wir deckten auf Fellen an der Erde, wie immer, und machten es so gemütlich wie nur möglich. Trotz des Windes waren wir unter dem schönen, alten Baum sehr geschützt.

Bald sank die Sonne, und schnell brach die afrikanische Nacht herein. Elers und mein Mann hatten den geschäftlichen Teil bald erledigt, und lange bis nach Mitternacht lagen wir am Feuer und unterhielten uns aufs angeregteste.

Die Nacht verging ruhig. Das Vieh blieb bei der Karre, und das Silberhorn des Mondes blickte friedlich auf uns herab.

Nach gemeinsamem Frühstück trennten wir uns. Elers mußte leider zurück, und wir wollten auf der Fläche zwischen Achas und Leewater noch einige Tage verbleiben um zu jagen, denn dort hatten wir massenhaft Wildspuren entdeckt.

Weil es ein so herrlicher kühler Morgen war, gingen wir zu Fuß. Wir besichtigten auf der Höhe von Gui-Gams die zerfallenen Pontoks und suchten auf Bitten von Samuel mit ihm das Grab seines hier vor zwei Jahren verstorbenen Vaters. Erst fanden wir es nicht. Schließlich führte uns der Bengel strahlend an ein Loch, wohl einen halben Meter tief, in dem einige Fellfetzen lagen. Das war das Grab. Von der Leiche selber und den Fellumhüllungen keine Spur. Die Hyänen hatten die Leiche herausgegraben und schaurige Mahlzeit gehalten. Unwillkürlich malten wir uns in Gedanken die greuliche Tatsache aus, und wie Ameisen kroch es mir über den Rücken. Nach Sitte der heidnischen Eingeborenen eng in Felle eingewickelt und genäht, liegt der Tote im tiefen Sande begraben. Plötzlich entsteht über ihm ein Geräusch. Lauter und lauter wird es, und leichter wird das Gewicht des Sandes auf dem Körper. Und der Nachtwind, der über die Wüste streicht, heult und pfeift. Und dünner und dünner wird die Schicht des Sandes, bis der grünliche Mond hindurchschimmert. Das Geräusch verwandelt sich in Scharren und Kratzen, und mit gierigen, blutunterlaufenen Augen starren die Bestien auf den Leichnam. Sie zerren hier und reißen da. Sie reißen ihn aus der sandigen Ruhstatt, um ihn im Hui über die Wüste zu schleifen. Die eine Bestie versucht, ihn anzufressen, eine andere folgt ihrem Beispiel; die dritte, vierte wird neidisch. Schließlich zanken sie sich, um den besten Bissen zu bekommen, und mit gierigen Zähnen wird der Leichnam in

Stücke zerrissen. Hierhin und dorthin verstreuen sie seine Gebeine, und wenn man über die Savanne reitet, grinst einen der bleiche Schädel an, und das offene Grab gähnt und erzählt die schaurige Geschichte.

Wenn wir Weißen einen Toten zu begraben haben, sehen wir uns vor. Wir schaufeln das Grab viel tiefer, beschweren es mit Steinen und überdecken mit dichtem Dorngestrüpp den Hügel in weiterem Umkreise. Der stille Schläfer da unten soll bewahrt bleiben vor den greulichen Bestien. Ich war froh, als wir die Gegend hinter uns hatten. Samuel war es ganz gleichgültig, was mit dem Vater geschehen war.

Der Weg durch die Wüste wurde uns entsetzlich lang. Die Hitze löste uns beinahe auf, und der gelbe Sand blendete so sehr, daß die Augen tränten. Auf Leewater blieben wir nicht wieder zur Nacht, sondern treckten auf inständiges Bitten von Manuel und den Bambusen weiter und spannten am Rande der Namib aus. Nach der Hitze des Tages froren wir zu sehr, um gut schlafen zu können. Eisig und feucht, in langen Schwaden stieg der Nebel aus dem Rivier. Unsere Decken waren ganz naß. Wir waren sehr froh, als wir schon vor Tau und Tage aufbrechen konnten. Wir sammelten den Rosenquarz, was Manuel zu der Frage veranlaßte: „Was will die gnä Frau mit den Klippers? Man kann sie doch nicht essen, und Gold ist auch nicht darin!"

Eilig treckten wir an Achas vorbei und schliefen die Nacht auf der Wüste. Nicht einmal so viel Holz fanden wir, daß wir uns ein bescheidenes Feuerchen fürs Abendessen oder den Tee machen konnten. Am Morgen trafen wir eine große Springbockherde, ließen sie aber unbehelligt und auch die Quaggas. Es zog uns heimwärts. Mein Mann gab einen Schrotschuß auf ein Trappenpärchen ab und traf eins der Tiere am Flügel. Mit Freudengeheul ergriffen es die Bambusen, und ehe ich mir klar wurde, was sie eigentlich wollten, hatten sie es unter das Rad gehalten und ihm den Kopf abfahren lassen.

Spät am Nachmittag sahen wir eine Herde Strauße wie Soldaten im Paradeschritt hintereinander aufmarschieren. Sie waren aber zu weit entfernt, als daß wir sie hätten schießen können. Außerdem stand der Wind ungünstig. Es gab auf der Fläche keine Deckung, so daß es unmöglich war, sich heranzupirschen. Wir erblickten auch sonst noch viel Wild. Aber der Widerwille gegen Fleisch war noch größer als die Jagdpassion. Ohne einen

Schuß abgegeben zu haben, kamen wir nach Aubinhonis. Früh ging es weiter. Auf Dawitsaub tränkten wir nur die Ochsen und erreichten nach zwölftägiger Abwesenheit wohlbehalten Okombahe. Wir trafen alles in Ordnung an und machten uns nun daran, unseren Garten anzulegen, weil es Mitte September und für die Aussaat hohe Zeit war.

Gartenbau.

Im ersten Jahre beschränkten wir uns nur auf das im Rivier gelegene Stück Gartenland, das uns der Häuptling Cornelius zugewiesen hatte. Mein Mann pflügte das Land erst um, dann arbeiteten 15 Weiber drei Tage lang, um das Unkraut, das Queckgras, und die wilden Baumwollsträucher herauszujäten. Nun wurde das Feld mit Ochsen- und Ziegenmist gedüngt und wieder umgepflügt.

Nachdem der Boden auf diese Weise gut vorbereitet war, legten wir die Beete an. In die eine Ecke des Gartens kamen die Saatbeete für Salat, Kohl, Tomaten und Eierfrucht. In der Nähe dieser Beete wurde ein Wasserloch gegraben. Ein anderes befand sich in der Mitte des Gartens, um das herum die Beete für Melonen, Kürbisse und Gurken lagen. Die dritte „Pütz" lag am anderen Ende des Gartens und speiste Bohnen, Erbsen, Radieschen, Kohlrüben, Küchenkräuter und die bereits aus den Saatbeeten versetzten Pflanzen.

Die Beete wurden tief angelegt mit hohen Rändern, damit sich die Feuchtigkeit besser darin halten kann. Das Gießen allein wäre sehr beschwerlich gewesen. Deshalb wurden Rieselgräben gezogen, die in Verbindung mit den Beeten standen. Je nach Bedarf konnten wir das Wasser in dieselben leiten.

Mit Kartoffeln machten wir auch Versuche, behäufelten eine Reihe gar nicht, die zweite wenig und die dritte stark. Die nicht behäufelten ergaben die meisten Knollen. Mais und Weizen bauten wir nicht, weil wir sie billig von den Eingeborenen eintauschen konnten.

Mit dem Garten hatten wir viele Arbeit. Wir mußten ständig darin mitarbeiten, weil sonst die Pflanzen nicht genügend begossen wurden, hatten dafür aber auch die Freude, schönes Gemüse auf unserem Tisch zu sehen.

Das Gemüse, das wir nicht verbrauchten, trocknete ich, kurz entschlossen, an der Luft, indem ich es in Streifen schnitt. Ich hütete es aber vor der grellen Sonne, damit es nicht die Farbe verlöre. Wenn es ganz trocken war, packte ich es in dünne Leinensäcke und hängte es an der Decke meiner Speisekammer auf. Wir hatten in der kalten Zeit so viel übrig, daß wir auch noch den anderen Weißen abgeben konnten. Von der Zeit an brauchten wir auch auf Reisen nicht mehr so einförmig zu leben, und die teuren Konserven blieben uns erspart.

In wahren Unmengen wucherten Kürbisse, Melonen und Gurken. Okombahe ist bekannt dafür, und wir, die wir besonders gute Saat bekommen hatten, konnten uns vor dem Überflusse gar nicht retten. Körbeweise gaben wir an unsere Leute weg, fütterten die Hühner damit, und die Hunde fraßen heimlich die schönsten Netz- und Wassermelonen, ohne daß wir sie straften.

Ich versuchte einzumachen, hatte aber so wenig Gefäße, daß es sich kaum lohnte. In einer großen Tonkruke legte ich etwa 80 Salzgurken ein. Als ich sie nach 14 Tagen nachsehen wollte, waren sie bereits alle von meinem Mann und dem alten Ertmann verzehrt. Salzgurken in Afrika waren etwas so Neues und Schönes, daß die beiden gar nicht erwarten konnten, bis sie ganz durchsalzen waren.

Wir hatten große Pläne, denn das Uferland des Omaruru, das sogenannte Schwemmland, gilt für besonders fruchtbar. Der Garten des Ansiedlers Merker bewies es. Auch auf Omaruru gab es schöne Gärten, die allerdings viel älter waren als die in Okombahe. Besonders erwähnenswert sind die Stationsgärten und der des Missionars Dannert. Dort gab es bereits Dattelpalmen, Feigen und Weinstöcke, deren Trauben eine ziemlich harte Schale hatten, sich aber durch große Süßigkeit auszeichneten.

Unsere wenigen Versuche mit Palmen, Feigen und Wein verdienen kaum der Erwähnung. Ich glaube aber bestimmt, daß sich die Omaruruer Gegend für Weinbau in größerem Stile sehr gut eignen wird.

Nicht zu unterschätzen ist der Tabaksbau für die Kolonie, zumal ihm auch die Eingeborenen viel Interesse und Verständnis entgegenbringen. Mit unendlicher Sorgfalt legen sie im Schatten eines großen Baumes das Saatbeet an, das sie niemals zu gießen vergessen und auch gut mit Dorngebüsch belegen, um es vor den intensiven Strahlen der Sonne und dem Zertretenwerden zu schützen. Sind die Pflänzchen etwa 10 cm hoch, werden sie ausgepflanzt. Mit großer Liebe baut der Kaffer ein kleines Schutzdach, einem Miniaturpontok aus Reisig nicht unähnlich, darüber. Auch werden sie nicht berieselt, sondern jedes Pflänzchen, das in einer tellerartigen Vertiefung steht, wird einzeln begossen. Je nachdem sich die Pflanze kräftigt, wird das Reisig um sie herum entfernt, und schließlich steht sie frei da. Mit Hilfe von vielem Wasser und der Hitze der subtropischen Sonne entwickelt sie sich binnen vier Monaten, und die Ernte wird begonnen. Die Blätter werden in großen Haufen in Fellen zusammengepreßt und zur Fermentation gebracht. Das fertige Kraut kommt als Rollentabak in den Handel.

Den besten Tabak der Kolonie produzieren die Buren in der Grootfonteiner Gegend. Von dort nahm mein Mann auf seiner ersten Heimreise im Jahre 1900 Tabaksproben mit und ließ sie von Sachverständigen in Berlin untersuchen. Das Urteil lautete dahin, daß das Aroma des Tabaks ausgezeichnet sei, nur wäre er zu stark, wohl infolge von falscher Düngung. Bei sachgemäßer Behandlung würde aber der Tabak in Südwest wohl an Güte dem mexikanischen nicht nachstehen.

Themis ließ sich auch in Berlin das Zigarrendrehen zeigen und beglückte an unserem Verlobungstage seinen Vater mit einer schwärzlich aussehenden Kolonialimporte. Sofort wurde sie auch mit gebührendem Kolonialenthusiasmus und vielem Mut in Brand gesteckt; aber sie reichten nur bis zur Hälfte der Zigarre aus.

Man darf niemals vergessen, daß in Südwest der Gartenbau immer erst an zweiter Stelle steht. Die Hauptsache bleibt die Viehzucht. Das bedingen die meilenweiten Grasflächen unseres Landes, die wegen Wassermangel zur Anlegung von Feldern und Gärten höchst beschwerlich wären und außerdem zuviel Kapitalien verlangen.

Wir leisteten uns noch den Luxus, dicht vor dem Hause einen Blumengarten anzulegen. Da das Haus auf steinigem Boden erbaut war, mußte er erst zur Aufnahme des Humus zum Teil mit Dynamit ausgesprengt werden. Unsere Arbeit fand reichen Lohn. Schon nach kurzer Zeit blühten Sonnenblumen, Reseden, Petunien und Portulak, und an dem Hause rankte sich ein in Südwest sehr beliebtes Schlinggewächs, Kapscher Efeu, empor, dessen weißliche Blütentrauben einen heliotropartigen Geruch verbreiteten.

Vom Felde hatten wir mit der Karre eine hochstämmige Aloe geholt. Eukalyptus, Agaven, Oleanderbüsche, Kakteen und wilder Tabak wurden gepflanzt. Die Blüten des letzteren Busches sehen denen des echten Tabaks ähnlich, deshalb hat fälschlicherweise diese Pflanze den Namen erhalten. Sie wächst sehr schnell und erreicht eine beträchtliche Höhe.

Unser zierliches Häuschen mit den blühenden Büschen und Blumen, den Blumenkästen in den Nischen der Veranda machte einen selten heimischen Eindruck der Bequemlichkeit und des Behagens, und ich überraschte einstmals einen lange im Lande lebenden Weißen, der, in der Verandatür stehend, ganz gerührt war und mit feuchten Augen und, wie er offen gestand, Neid im Herzen diesen traulichen Winkel inmitten der Einsamkeit und Wildnis betrachtete.

Von den Freuden und Sorgen eines Alltags.

Wir fühlten uns glücklich auf Okombahe, wenngleich wir mit großen pekuniären Schwierigkeiten zu kämpfen hatten. Unser Leben bestand in schwerer, körperlicher Arbeit, eintönig und doch so abwechslungsreich.

Frühmorgens um 5 Uhr ward aufgestanden. Während mein Mann in den Kral ging und das Vieh aufscheuchte, das Melken beaufsichtigte, die Arbeiter für den Garten anstellte, fütterte ich die Hühner und Tauben, denen sich Kibitze und Namatauben beigesellten, auch eine Finkenart, die namentlich im Korn viel Schaden anrichtet. Dann wurde das Kind in die Morgensonne gestellt, und ich bekümmerte mich um das Frühstück. Leider konnte ich es nicht den Bambusen überlassen, da es mir nicht gelang, ihnen das Stehlen abzugewöhnen. Sie nahmen vom Kaffee, rissen sich Stücke Brot ab, verschlangen zwischen Tür und Angel große Stücken Fleisch und plantschten Wasser in die Milch.

Es war reizend auf der Veranda so am taufrischen, frühen Morgen. Heller Sonnenschein lachte, die Blumen und Kräuter, von der Nachtkühle erfrischt, dufteten und blühten, und die Insekten summten und schwirrten um sie herum. Jenseits des Riviers lag noch der Nebel über den Bergen. Vom Rivier klang das Arbeiten der Kaffern und deren eintöniger Gesang. Von allen Werften zogen die Viehherden zur Weide, vom munteren Zuruf der Hirten begleitet.

Doch lange konnte man sich diesen Betrachtungen nicht hingeben. Ich hatte im Hause mit dem Kinde zu tun. Themis mußte in den Garten, wo seine Aufsicht und Mithilfe dringend nötig waren.

Schrecklich war mir das Kochen in der Hitze. In der Küche am dunstigen Herde war es kaum zum Aushalten. Ich mußte aber dabei sein, weil uns sonst alles halb gar gestohlen worden wäre. Selten bekam ich den Übeltäter heraus. Ich versuchte alles Mögliche, verweigerte das Essen, Kaffee und Zucker, nichts half. Mit der harmlosesten Miene logen sie sich heraus. Ich mußte entweder meine Reitpeitsche gebrauchen oder beim Herde bleiben.

Um die Mittagszeit war längere Pause. Der ganze Platz schien wie ausgestorben. Überall vor den Pontoks oder darin schliefen die Leute. Es wäre ein Ding der Unmöglichkeit gewesen, sie jetzt zur Arbeit zu zwingen. Wir blieben meist auf der schattigen, kühlen Veranda. Themis rauchte oder schlief, ich lag im Schaukelstuhl und holte mir hin und wieder ein Buch aus unserer reichhaltigen Bibliothek. Aber das Studieren ging so recht nicht. Das Kochbuch und die Geflügelzucht waren zu langweilig, Kant und Schopenhauer zu schwer, und Nietzsche schafft Stimmungen und Launen. Da hielt ich mich an die Klassiker und nahm manchmal sogar leichte Lektüre zur Hand, hauptsächlich englische und französische Romane.

An Stoff zum Lesen fehlte es uns nie, der Postbote, der alle 14 Tage zwischen Omaruru und Okombahe verkehrte, brachte reichlich mit. Auch Zeitungen und Zeitschriften bekamen wir in Unmengen gesandt.

Wenn es gar zu heiß war oder ich mich zu arg mit der Kocherei und Backerei hatte quälen müssen, dann war ich zu müde zum Lesen und genoß aus Herzenslust die Mittagsruhe. Die Luft zitterte vor Hitze, und ich wußte, jetzt hast du Zeit und brauchst dich nicht zu rühren, alles war so still und feierlich um mich her. Schläfrig und wie betäubt von der Sonnenglut standen die Sonnenblumen. Aus den unzähligen Felsritzen des Gartens krochen die Eidechsen, braune, graue, grüne, schillernde, farbige. Ich kannte sie alle genau und wußte, unter welchem Steine sie wohnten. Wie behende sie Fliegen und Käfer fingen! Wie sie über den Kies liefen und zwischen den Blättern umherhuschten!

Im Mauerwerk der Veranda wohnten die Hauseidechsen, dickköpfig, plattbäuchig. Ganze Romane erlebten wir mit ihnen. Ab und zu, wenn die Jagd die Wände entlang gar zu schnell ging, fiel eine herab. Dann ergriff ich sie, wir legten sie auf den Rücken und hypnotisierten sie durch Streichen. Manchmal lagen so ein Dutzend und mehr. Komisch war ihr Erwachen anzusehen, wie sie sich reckten, die Augen verdrehten, allmählich zum Bewußtsein kamen und mit Windeseile die Wände hinaufliefen. Oben angekommen, begannen sie ihr Erzählen, das wie Spatzengezwitscher klang.

So reizend unser Blumengarten war, so hatten wir trotzdem viele Feldsteine und poröses Geröll in ihm belassen, um die Feuchtigkeit besser zu halten. Aber gerade durch die Feuchtigkeit ward mancherlei Getier dorthin gezogen, und oft war ich in großer Furcht vor Schlangen. Namentlich in der Regenzeit gibt es sehr viele im Schutzgebiet. Da sind die giftige Mamba, die Hornviper, die Puffotter, die Spuckschlange und die afrikanische Riesenschlange.

Auf Okombahe war die Mamba besonders heimisch, und oft kam es vor, daß sie sich in den Pontoks der Eingeborenen fand. In manche beschauliche Mittagspause hinein scholl das schrille: „Auba haa!" = „Die Schlange ist da!" Auch ich lebte in beständiger Angst. Viele Nächte hindurch suchte ich die Zimmer ab, wenn ich glaubte, es irgendwo rascheln zu hören, durchwühlte des Kindes Bettchen und leuchtete in die Ecken. Einstmals wäre ich doch beinahe einer solchen Mamba zum Opfer gefallen. Ich stand am Küchentisch, um das Abendbrot zu bereiten. Da rief plötzlich einer der Bambusen: „Gnä' Frau, steh' ganz still und rühre dich nicht!" Und mit dem Feuerhaken holte er aus und versetzte mir einen Schlag ans Schienbein, daß ich in die Höhe fuhr vor Schmerz. Triumphierend hielt er mir eine getötete Mamba vors Gesicht, die sich dicht vor mir unter dem Tisch aufgerichtet hatte. Die leiseste Bewegung meinerseits genügte, und sie hätte mich gebissen.

Gegen 3 Uhr ging die Arbeit wieder an. Ich sorgte für den 3 o'clock tea, zu dem wir meist Besuch hatten. Der Missionar erschien, der Farmer Merker, und auch die auf Okombahe stationierten Soldaten kamen. In Südwest, wie wohl in jedem neuen Lande, spielt überhaupt die Gastfreundschaft eine große Rolle. Alles, was weiß ist, ganz gleich, welcher Gesellschaftsklasse angehörig, wird aufgenommen und bewirtet. Anders ist es natürlich auf den großen Plätzen, wie Windhuk, Swakopmund, Okahandja usw., wo arger Kastengeist herrscht. Wir hatten verhältnismäßig viel Verkehr mit den Ansiedlern der umliegenden Farmen und den Offizieren auf Omaruru. Es gereichte mir stets zur großen Freude, alles so nett und gemütlich wie möglich zurechtzumachen; meistens waren es die einsamen Junggesellen, die sich in der bequemen Häuslichkeit besonders wohl fühlten.

Logierbesuch bekommen, ist keine Kleinigkeit. Das Zurechtmachen des Logierzimmers, das Essen und Trinken für die Gäste ist das wenigste. Aber der Gast bringt seine Diener, seinen Wagen, seine Pferde oder Ochsen und Hunde mit. Da muß für die Leute mitgesorgt werden. Man muß sie unterbringen, auf den Wagen aufpassen, damit die Eingeborenen nichts stehlen. Für die Pferde muß man Gras besorgen, den Ochsen einen Extrakral machen usw.

Trotzdem empfing ich lieber Besuche, als daß ich auf Reisen ging. Es war so beschwerlich mit einem kleinen Kinde bei Wassermangel und den Nächten draußen in der Kälte. Wenn es aber trotzdem sein mußte, dann wurde eine Kuh nebenher getrieben, um dem Kleinen die Milch zu liefern. Manche Nacht hat er am Lagerfeuer geschlafen und war kaum ein paar Monate alt. Seine Augen waren voll Aschenstaub, das Näschen blaurot gefroren und die Glieder steif. Aber geschadet hat es ihm nichts, wenngleich es mit der Reinlichkeit nicht immer genau genommen werden konnte.

Die Eingeborenen kamen auch meist des Nachmittags, wenn sie irgendein Anliegen hatten. Kapitän Cornelius, der Ewigdurstige, erschien oft. Es waren interessante Gespräche, die wir mit dem sonderbaren Alten hatten. Er haßte die Weißen genau so, wie die anderen Eingeborenen es tun, machte auch nie ein Hehl daraus, sondern sagte: „Unsere Zeit ist vorbei. Der Weiße hat jetzt die Macht in Damaraland. Ich folge ihm als sein Diener, denn er bringt Gewinn. Er hat die Zukunft in seiner Hand, und wir müssen ihm gehorchen, wollen wir weiter kommen. Aber ich liebe ihn nicht!"

Nachmittags hauptsächlich kamen auch die Eingeborenen, um Vieh gegen verschiedene Tauschartikel, Mehl, Reis, Zucker, Kaffee, Kleiderzeug, Schuhe, einzuhandeln. Zur Erhöhung der Feierlichkeit wurde ein Tolker (Dolmetscher) mitgebracht. Der Begriff von Zahlen war vielen vollkommen unverständlich. Da wurden Steinchen und Kaffeebohnen zu Hilfe genommen. Mein Mann legte eine Handvoll vor den Betreffenden hin, und dieser nahm so viele davon fort, wie er meinte, daß das Tier, welches er verkaufen wollte, in Mark Wert habe. Waren sie handelseinig, dann schob der Verkäufer des Viehes von dem kleinen Häufchen soviel Steine oder Bohnen zu meinem Mann hin, wie der Betrag war, für den er dies oder jenes haben wollte. Beabsichtigte er, nur für 50 Pfennig zu kaufen, dann halbierte er die Kaffeebohne oder legte den Stein auf die Handfläche und zog eine Linie mit dem Finger darüber. Hatte mein Mann das Häufchen Bohnen vor sich liegen, dann war der Kauf fertig, und er mußte ein Geschenk, meist Tabak oder Streichhölzer, dazutun. Daß dergleichen Tauschereien sehr umständlich sind, ist klar, und sie sind um so schwieriger, je höher die Summe für das einzuhandelnde Tier ist. Mit barem Gelde bezahlte man in Südwest fast nie, auch die eigenen Leute, die Hirten und Boten, wurden auf die oben beschriebene Weise abgelohnt. Ein Bote gehörte fast auf jeder Farm mit zum Hauspersonal. Er mußte Patronen holen vom Bezirksamt und Nachrichten und Briefe den benachbarten Farmern übermitteln. Stets bekam er den Proviant für die Reisetage mit und den Brief nach Art der indianischen Waldläufer in einen eingekerbten Stock gesteckt, mit Bindfaden oder Bast umbunden. Er trug ihn dann auf dem ganzen Wege oft tagelang in der Hand und war sicherer, als wenn man ihm erlaubt hätte, ihn in die Tasche zu stecken, vorausgesetzt, daß er ein Bekleidungsstück mit einer Tasche anhatte.

Auch für mich blieb des Nachmittags wenig Ruhe. Ich beteiligte mich an den Gartenarbeiten, hatte fürs Kind zu sorgen, mußte nähen und flicken. Besonders unangenehm war mir die große Wäsche, die sowieso unter normalen Verhältnissen für jede deutsche Hausfrau nicht gerade zu den Feiertagsbeschäftigungen gehört. Meine beiden Waschfrauen hockten an der Erde vor dem Waschfaß und wuschen, die Stummelpfeife im Munde, mit wenig Wasser, aber desto mehr Gemütlichkeit. Wenn ich nicht fortwährend dabeistand, dann legten sie Hände voll kleiner Steinchen auf die Wäsche und rieben sie darauf herum. Natürlich wurde sie dadurch nicht besser. An Klammern und Leine konnten sie sich durchaus nicht gewöhnen. Wozu gab es denn in nächster Nähe die schönen Dornbüsche, auf die man bloß das Zeug zu werfen brauchte, dann hielt es! Das Abnehmen war freilich schwierig, die Dornen hatten sich festgehakt. Endweder man brauchte endlose Zeit und Geduld oder jeder Dorn riß ein kleines Loch. Vom Legen der Wäsche hatten sie keine Ahnung. Gerollt wurde vermittels einer großen, mit Wasser gefüllten Flasche. Stärken und plätten mußte ich selber. Die Bolzen wurden im Herde beim Holzfeuer nicht heiß genug. Da mußte im Hofe ein Plättfeuer aus trockenem Kuhmist gemacht werden. In der Küche war es schrecklich heiß und dunstig, und draußen wehte der Wind die Wäsche sofort trocken, und dicke Schichten Sand lagerten im Umsehen darauf.

Die eine der beiden Waschfrauen, Emma, die Hottentottin, war mir besonders ergeben. Meinen kleinen Sohn liebte sie sehr und sang ihm stets selbst gedichtete Wiegenlieder. Ihr Hauptlied, auf das sie sehr stolz war, lautete auf Deutsch ungefähr wie folgt: „Du weißes Kind, von weißen Eltern geboren, bist nun ein Buschmann in Damaraland. Einsam bist du, denn deine Heimat ist ein fremdes Land, deine Familie*) ist weit weg, und deine Großeltern sehnen sich nach dir. Aber eines Tages wirst du zu ihnen gehen, und die Freude wird groß sein. Und dann bist du nicht mehr einsam, du weißes Kind. Darum sei still und weine nicht." —

Wenn ich dachte, ich könnte einmal ausruhen, dann ward ich gerufen, um Krankenbesuche zu machen. Ich ging niemals freiwillig oder bot mich an, sondern ließ die Leute kommen und mich holen.

Unsere Apotheke war klein, aber der alte Ertmann stellte mir in seiner Güte die seinige zur Verfügung, und auf diese Weise wurde ich zum berühmten Doktor in der Umgegend. Mit den unglaublichsten Krankheiten und Anliegen kamen sie zu mir. Meine Hauptmittel bestanden in Chinin, Kalomel und Opium, damit kann man schon ganz nette Kuren machen. Wenn es innere Krankheiten zu heilen gab, da konnte ich mitunter helfen, die meisten waren verhungert, dann bekamen sie eine Zeitlang

*) Verwandtschaft

Essen, oder sie hatten Fieber, dies kann jeder Weiße drüben mit Erfolg bekämpfen. Entsetzlich waren nur die äußeren Verwundungen, wenn ich schneiden, auswaschen, antiseptisch behandeln und verbinden sollte. Am unangenehmsten waren mir die Leute mit Eiterbeulen oder die, die sich auf ihre Wunde, um sie luftdicht abzuschließen, das Universalmittel, Kuhmist, geschmiert hatten. Unzählige Fliegen und Maden saßen darauf, und oft bedurfte es großer Energie, da eigenhändig zuzufassen.

Drei Frauen half ich in ihrer schwersten Stunde und faßte mit Freuden zu, wo es not tat. Ich habe viel gesehen von Elend und Jammer der Menschheit im kleinen Kreise und viel gelernt an Überwindung, aber leicht wurde es mir nicht. Manchmal hatte ich eine Absage auf der Zunge und schämte mich nachher meiner Selbstsucht.

Auch die Hereros kamen von weit her, um bei mir Hilfe zu suchen. Sonntags nach der Kirche hatte ich eine unfreiwillige Sprechstunde für Leidende. Daß ich auch bei anderem Kummer, Liebespein, Enttäuschungen, krankem Vieh helfen und nebenbei soundso oft Pate stehen mußte, versteht sich von selbst. Auch Briefe wollten sie von mir übersetzt, gelesen und gar geschrieben haben.

Tief bekümmerten mich oft dabei der schreckliche Aberglaube und die Dummheit der Leute. Da kam z. B. eines Tages der Unterkapitän Josua und bat um Hilfe für sein fünfjähriges Enkelkind, das ins Feuer gefallen und arg verbrannt sei. Ich ging sofort mit und traf das arme Wurm in grauenerregendem Zustande, die Wunden zogen sich weit über die Hälfte des Körpers hin. Ich tat mein Bestes und fand an dem uns sehr befreundeten Hauptmann Franke, der zufällig bei uns zu Besuch war, eine energische Hilfe. Er versprach mir auch, sich in Omaruru beim Stabsarzt zu verwenden. Ich solle das Kind dorthin bringen lassen. Nach vielem Hin und Her ward unsere Karre fertiggemacht, das Kind sollte darin in der Schwebe liegen, und wir wollten auch einige unserer Treckochsen mitleihen. Außerdem bat mich Josua, dem Stabsarzt aufs eingehendste den ganzen Befund brieflich zu schildern. Alles war so weit, da weigerte sich plötzlich die Mutter, sie wollte nicht mit und wollte sich auch nicht von ihrem Kinde trennen. Da fuhr Josua allein mit meinem Brief, um neues Verbandzeug und schriftlichen Rat zu holen.

Dem Kinde ging es allmählich besser. Sonderbarerweise schlossen sich die Wunden, und ich hoffte, der Vernunft zum Trotz, es durchzubringen. Jeden Morgen war es mein erstes, es aufzusuchen.

Als ich kurz nach Josuas Abfahrt wieder hinkam, fand ich den Pontok zu meiner Verwunderung verschlossen. Ich klopfte. Drinnen stöhnte das kleine Geschöpf, aber niemand zeigte sich, um zu öffnen. Am Mittag dieselbe Sache. Am Nachmittage begegnete mir Josuas Frau und sagte: „Du brauchst nicht mehr zu kommen. Du weißt doch, daß die Mutter des Kindes Heidin ist. Sie fürchtet sich vor deiner Zauberei und daß du dem Kinde schaden könntest. Du sollst wegbleiben." Ich blieb weg. In der Nacht des darauffolgenden Tages weckt mich plötzlich dieselbe Frau und bittet schluchzend: „Komm gleich mit, oder das Kind stirbt!" Anfangs wollte ich nicht und sagte ihr: „Wenn ich nun käme und das Kind dennoch stürbe, dann würden sie alle sagen, ich sei schuld daran." Sie bat und zeterte so lange, bis ich mich erweichen ließ. Die Tür des Pontoks war zu. Ich bückte mich und trat ein. In der Mitte war ein Feuer, aber ein beißender, schwelender Rauch erfüllte den Pontok, daß ich vor Tränen erst nicht sehen konnte. Sechs bis sieben Weiber hockten herum. Dicht am Feuer lag das kleine Wesen, dem ich sofort ansah, daß es die Nacht nicht überleben würde. Ich sorgte zuerst durch Offenhalten der Tür für Abzug des Rauches. Da sprang ein uraltes, ganz nacktes, scheußliches Weib auf mich zu, reckte die lederartigen Hände gegen mich und kreischte mir Verwünschungen entgegen. Hals, Brust, Arme, Beine, Hüften waren mit sonderbaren Amuletten bedeckt. Ich sagte ihr, sie möge jetzt ruhig sein und mir nachher draußen sagen, was sie wolle. Lydia, Josuas Weib, stand händeringend vor mir: „Ach, du lieber Gott, gnä' Frau, sieh dich vor. Du beleidigst unsere größte Zauberin, die weise Frau, die von weither kam, gegen eine Kuh das Kind zu heilen. — „Und konnte sie es?" — „Nein, sie sagt, eine andere Macht arbeite ihr entgegen, deshalb müsse das Kind sterben. Die andere Macht ist deine Kunst." — „So will ich wieder gehen." — „Nein, deine Kunst ist größer als die ihre, du mußt helfen." — „Ich kann nicht mehr. Ehe der Mond über dem Rivier an der Huk*) steht, wird das Kind tot sein." — „Versuch zu helfen, komm und sieh das Kind." — „Dann müßt ihr

*) (Holländisch) Ecke.

tun, was ich will und die Alte hinauswerfen." — „Sie wird uns fluchen." — „Laßt sie, ich werde ihr morgen früh Kaffee und Zucker schenken, dann wird sie euch segnen." Dann taten sie's. Die Alte reichte mir grinsend ihre schmutzige Hand mit den klirrenden Amuletten und ging.

Mein erstes war, nach dem Feuer zu sehen. Das Rauchen und Schwelen war künstlich herbeigeführt. Kreuzweis aufgeschichtet lagen die Zauberhölzchen, Kräuter und Baumrinde qualmten dazwischen. Ich ließ das mitgebrachte Licht anstecken und besah das Kind. Sie hatten es von dem von mir mit vieler Mühe bereiteten leinenen Lager gezerrt. Es lag auf der blanken Erde auf Zauberhölzchen und Kräutern. Der kunstvolle Verband aus Gaze war ab. Dafür war es mit ranziger Butter, Kuhmist und einer gestoßenen Wurzelart eingeschmiert. Um den Hals hing ein Amulett und in die Löckchen der Stirn waren Grashalme geflochten. Da war nichts mehr zu tun. „Habt ihr dem Kind zu essen gegeben?" — „Ja." — „Das Essen, das ich schickte?" — „Nein, das hat die Zauberin selber gegessen." — „Was gabt ihr dem Kinde?" — „Einen Maiskolben und in der Asche gebratenes Ziegenfleisch." — „Hat es gegessen?" — „Es wollte nicht und rief nach dir. Wir zwangen es, bis es einschlief (ohnmächtig wurde)." — „Lydia, faß an, daß das Kind auf sein Lager zurückkommt." Sie entschuldigte sich: „Gnä' Frau, sie hörten nicht auf mich, muß das Kind sterben?" — „Ja, heute Nacht." — „Versuch es doch und wasch ihm die Zaubersalbe ab." Aber das kleine Geschöpf wimmerte in schwachen Lauten, wozu sollte ich es noch quälen. Ich tat, was in meinen Kräften war, um ihm das Sterben zu erleichtern, und ehe der Mond unterging, war es tot.

Jetzt war nicht etwa meine Arbeit erledigt, nein. Ich hatte mich um das Kind bemüht in seiner Krankheit, nun mußte ich auch für einen Sarg sorgen. Gewöhnlich werden die Leichen in Felle eingenäht und dann beerdigt, aber auf Okombahe wäre dies eine Schande. „Wir sind doch Christen. Wir müssen wie Christen in einem Sarg beerdigt werden." Aber der Mangel an Brettern war groß. Wieder kamen sie zu mir. „Gib uns einen Kasten zum Sarg. Gib uns Leinen für die Tücher." Und ich gab.

Erbärmlich schrill wie das Armesünderglöckchen erklang die Kirchenglocke, und das kleine Wesen ward der Erde übergeben. Nun stellte sich das Trauergeleite bei mir ein: „Gnä' Frau, du

„Felsenfamilie“ auf dem Waterberg

Geparden

hast das Kind gepflegt, du hast Sarg und Leinen gegeben, jetzt gib uns Kaffee und Zucker für den Leichenschmaus." Daß mir bei dergleichen Dingen öfter die Geduld riß, läßt sich denken.

Am Spätnachmittag, ehe das Vieh kam, gingen wir viel auf Hühnerjagd. Eine Zeitlang suchten wir auch nach wildem Honig. Wir dachten, welchen gefunden zu haben, und mit Dynamit, Steinbohrer und vielem anderen Werkzeug machte sich der alte Ertmann an die Arbeit, den Felsen, in dem die Bienen saßen, zu sprengen. Nach unsäglicher Mühe gelang es ihm. Ehe er jedoch wirklich zum Bau der Bienen kam, erschien ein baumlanger Herero und machte uns den Honig streitig. Er hätte das Honigloch vor uns entdeckt gehabt, folglich gehöre es ihm. Er wolle den Honig haben, oder wir sollten ihm denselben abkaufen. Das fiel uns nicht ein. Der Wald ist frei für alle. Wir weigerten uns und ließen uns in der Arbeit nicht stören. Der letzte Sprengschuß ward gelegt. Der Herero hörte nicht auf unsere dringende Warnung, fortzugehen und blieb trotzig da. Da, mit mächtigem Gepolter sausten ihm Steine und Feldgeröll um den Kopf. Er entfloh eiligst, ohne Schaden genommen zu haben. Als wir wieder hinzukamen, flogen wohl viele Bienen verängstigt umher, die Waben waren in Menge vorhanden, aber alt und leer. All die schwere Arbeit einer ganzen Woche umsonst. —

Wie wir an Freud und Leid des Platzes teilnahmen, so feierten auch die Leute des Platzes mit uns paar Weißen. Sobald sie in Erfahrung gebracht hatten, daß irgendein Besuch, ein Fest in Aussicht war, dann boten sie hilfsbereit ihre Dienste an.

Es war kurz vor meinem Geburtstag im September. Wir zählten unsere Kasse nach, und da stellte sich ein ganz beträchtlicher Gewinn heraus. Nun wurde beratschlagt, was wir mit dem Überschuß anfangen sollten. Schließlich einigten wir uns auf einen Korb Sekt und genossen schon die Vorfreuden. Aber es war, wie gesagt, September, die Zeit der größten Dürre. Die Vleys und Pützen waren gänzlich ausgetrocknet. Das Grundwasser lag so tief, daß bis fünf Mann übereinander zum Schöpfen gebraucht werden mußten. Das Vieh fand kaum zu fressen im Felde. Wer es sich leisten konnte, ließ es weiter weg in frischere Gegenden trecken. Täglich fielen mehrere Stück in jeder Herde. Die im Spätsommer geborenen Lämmer gingen fast alle ein. Die Kühe, unendlich mager, gaben nur spärlich Milch für die Kälber. Wir selber hatten schon längst keine Butter mehr gesehen.

Unter den Leuten des Platzes herrschte der Mangel in empfindlichster Weise. Viele der alten Leute starben. Ich besuchte etliche der heidnischen Pontoks jenseits des Riviers. Dort lagen die Leute auf ihren armseligen Fellen, zu Skeletten abgemagert, zu schwach, um sich aufzurichten. Etliche versuchten, sich zu erheben. Kraftlos fielen sie zurück, und ohne jeglichen Halt schien der Kopf auf die andere Seite zu sinken. Ich erinnere mich, einmal einen uralten Hund gesehen zu haben, der vor Entkräftung nicht mehr stehen konnte. Genau so waren die Leute! Die, die noch konnten, schleppten sich vor unsere Häuser. Sie hockten und lagen am Viehkral, im Hof, in der Küche. Den Hunden wurden die Knochen abgejagt. Kleine Kinder, die kaum laufen konnten, stahlen die Hühner und Lämmer unter meinen Augen fort.

Und da sollten wir Sekt trinken? Uns verging die Stimmung. Mein Mann ließ dem Kapitän mitteilen: Morgen mittag soll sich, wer Lust hat, auf Mr. Eckenbrechers Werft einfinden. Es wird zu essen bekommen, wer immer kommen mag.

Schon mit Sonnenaufgang stellten sie sich ein. Das Herz tat uns weh beim Anblick all der hungernden, elenden, siechen Gestalten. Mit der Peitsche mußte Friedrich, der Treiber, die beiden gewaltigen Waschkessel verteidigen, in denen der süße Mehlbrei verlockend brodelte. Ich teilte selber aus. Erst die Kinder, dann die Alten, die Weiber und zuletzt die Männer.

Von da ab halfen wir den Leuten, soviel in unseren Mitteln stand. Viel machte es nicht aus, es war wie ein Tropfen auf den heißen Stein. Im Missionshause ward viel getan, und Hauptmann Franke in Omaruru verschaffte uns auf unser vereintes Bitten eine größere Summe als Unterstützung von der Regierung, die dem Missionar zur Verteilung zugewiesen wurde.

Kurz vor Weihnachten verlor der Gutsbesitzer Merker sein ältestes Kind, ein allerliebstes Mädchen von vier Jahren. Das Kind war lange krank. Man schickte zum Arzt, der nach fünf Tagen frühestens eintreffen konnte. Der war aber nicht da, und statt seiner schickte Hauptmann Franke einen Lazarettgehilfen. In der Zwischenzeit sollte ein anderer Arzt aus Karibib gerufen werden.

Diese Zeit des Wartens, des Hoffens und Verzagens ist schrecklich. Man wollte so gern helfen, aber aller gute Wille nutzte nichts. Das kleine Ding wurde kränker und kränker und starb, ehe ein Arzt zur Stelle war. Da kamen die Vorwürfe: „Hättest du doch früher geschickt, hättest du dies und jenes anderes gemacht, das Kind wäre vielleicht am Leben geblieben." Die arme Mutter war gänzlich geknickt. Ich sehe sie noch vor mir, ein überwachtes, verhärmtes Gesicht. Mit zitternden Fingern schnitt sie dem toten Töchterchen ein Löckchen ab. Immer und immer wieder streichelte sie das blasse Köpfchen.

Die Trennung in Südwest von einem geliebten Toten ist grausamer als in der Heimat. Während die Leiche noch einige Tage über der Erde stehen kann, gewöhnt man sich an den Gedanken, du mußt nun bald das Letzte von dem hergeben, den du über alles geliebt. Aber hier muß man sich des heißen Klimas wegen eilen mit der Beerdigung. Um die Mittagszeit starb das Kind, um 5 Uhr nachmittags war es bereits die höchste Zeit, es in den Sarg zu legen. Den folgenden Morgen um 7 Uhr ward es in unser aller Beisein der Erde übergeben. Ich hatte, so gut es ging, im Verein mit der Frau des Missionars eine Girlande und mehrere Kränze für den schmucklosen Sarg gewunden. Wir kamen zum Kirchhof. Es liegt an der Gegend, daß er so schmucklos ist. Blanker Sand. Die Hügel beschwert mit großen Steinen; alles überdeckt mit Dorngesträuch. Nirgends Zeichen liebender Fürsorge, treuen Gedenkens. Es läßt sich nichts pflanzen und säen in dieser Einöde.

Unter dem Eindruck der Trauer litt das Weihnachtsfest. Auf unseren Spaziergängen in der Gegend hatten wir oft nach einem passenden Baum gesucht, den man als Weihnachtsbaum hätte verwenden können. Aber es fand sich nichts. Da ließen wir einen künstlichen, zusammenklappbaren, giftgrünen Tannenbaum aus Karibib kommen. Er war sehr bescheiden im Vergleich zu den schönen Bäumen, die wir im elterlichen Hause gewohnt waren. Aber wir schmückten ihn mit vieler Liebe. Der 24. Dezember war wohl der heißeste Tag des Jahres. Als wir am Abend die Lichter ansteckten, bogen sie sich und brannten nach unten. Das bißchen Konfekt tröpfelte langsam und stetig auf den Fußboden.

Es war aber doch recht feierlich. Das erste Bäumchen im eigenen Heim, das süße Kind, das den Lichtern zujauchzte, die strahlenden, befriedigten Gesichter der Leute. Wir selber gesund, im Vollbesitz unserer Kraft, im Bewußtsein des Weiterkommens.

Als Gast hatten wir den Feldwebel Müller bei uns, dem wir auch Zigaretten, Zigarren und andere Kleinigkeiten aufgebaut hatten. Auf dem Platze war viel Leben. In der Kirche stand auch ein künstlicher Baum, mit vielen Lichtern und Engelsköpfen, Weihnachtslieder erklangen, Geschenke wurden verteilt. Dazu war das Korn reif, und Wassermelonen wurden in Mengen geerntet.

Vergessen waren die schweren Zeiten der Krankheit und Hungersnot. Weithin erschallte der Gesang: „Das Christfest ist schön. Es ist das Fest der Weißen, darum müssen sie uns beschenken. Wir arbeiten nicht. Wir essen süßes Brot. Wir feiern und tanzen. Es ist schön, daß so viel Weiße auf dem Platze sind, da bekommen wir mehr Geschenke!"

In den hellen Mondscheinnächten erklang die Ziehharmonika. Ihre Musik mischte sich mit dem gleichmäßigen Stampfen des Tanzschrittes und der eintönigen Melodie des Gesanges.

Wir Weißen waren glücklich und zufrieden. Freilich, das Hohelied der Dankbarkeit war den Kaffern fremd. Aber man gibt ja nicht, um Dankbarkeit zu ernten. Man gibt, weil Geben ein Genuß, eine Freude ist. Ein wenig Bitterkeit mischt sich oft hinein: „Der Weiße ist dumm. Er hat keinen Grund, uns zu beschenken. Wir geben ihm nichts dafür, daß er sich ausnutzen läßt. Aber kommt, wir wollen ihn tüchtig anbetteln. Hauptsache ist, daß er gibt!"

Spitzkoppies.

Wenn man sich, von Okombahe ausgehend, in südwestlicher Richtung wendet, so erreicht man in sechs Reitstunden Spitzkoppies. Es ist eine gigantische Gebirgsmasse aus roten Granitfelsen. Die spitzen Kegel haben ihr den Namen Spitzkoppies gegeben. Ihre Formation erinnert lebhaft an die Dolomiten. Die höchste Erhebung ist bei klarem Wetter von der See aus sichtbar und auch auf den Seekarten verzeichnet.

Spitzkoppies ist das letzte größere Gebirge, dessen Ausläufer sich bis in die Namib erstrecken. Auf der weiten, endlosen Fläche diese riesige Bergkette, im grellen Sonnenschein rötlich beleuchtet — ihre Füße in blauen, märchenhaften Dunst gehüllt —, so steht sie da, ein gewaltiger Wächter der stillen Wüste.

Viele hat sie bezaubert mit ihren geheimnisvollen Reizen. Die Sehnsucht erwachte: ich will, ich muß dahin! Siehe, wie es lockt und winkt! Es ist sicher nicht so weit!

Und die Ärmsten, sie ließen sich betören. Sie gingen und gingen, stets vor sich das rote leuchtende Gestein. In der Begeisterung merkten sie nicht, daß es gleich fern blieb in der sonnenklaren Luft. Die Nacht kam, und der Morgen, der golden über den spitzen Kegeln aufging, verführte sie, daß sie weitergingen. Wieder wechselten Tag und Nacht. Nur mühsam schleppten sie sich fort. Wund waren die Füße, weh die Glieder. Lechzend vor Durst langten sie an.

Sie irrten umher. Überall die blendende Sonne, die starren Felsen in der trotzigen Einsamkeit. Sie erkannten ihre Schönheit, aber sie waren zu müde, als daß sie sich satt daran schauen konnten. Die Strafe, sich unbefugt hierher, ins Herz der Wildnis, gewagt zu haben, ereilte sie.

Immer schmerzender wurde der Durst, immer schwerer die zu Tode ermatteten Glieder, immer heftiger das Verlangen nach Wasser. Aber keinen Tropfen gab es, der sie erquicken konnte. So suchten und irrten sie umher, bis der erlösende Tod den Qualen ein Halt gebot und ihnen das Ausruhen für ewig gab. Von des Weges und Wassers Kundigen wurden ihre Leichen und Gebeine gefunden.

Auch wir waren in Spitzkoppies. Wir sahen die Kette der dem eigentlichen Gebirgsmassiv sich vorlagernden kleinen Hügel, darin viele namenlos ausruhen von der Umarmung der grausamen Sphinx, wir fanden Skelette derer, die noch keine Ruhestatt, von Menschenhänden bereitet, erhalten hatten. Wir waren geblendet und entzückt von der Wildheit der Felsen, darin der Leopard und die Wildkatze hausen, aber eines Schauers konnten wir uns nicht erwehren.

Mein Mann machte in dem Gewirr der Felsblöcke und Steine einen vorzüglichen Führer. Er war mit einem Bekannten, Herrn Merker, bereits im Jahre 1895 dagewesen und hatte die Berge und Täler durchstreift.

Eines Tages kamen sie nach stundenlangem Klettern an ein zwischen den Felsen gelegenes Tal, das so wunderbar schön war, daß sie vor Entzücken wie gebannt stehen und staunen mußten. Sie gaben ihm den Namen Paradies, den es bis auf diesen Tag noch behalten hat.

Wir suchten es auf. Unendlich mühsam war der Aufstieg, und fast noch schwieriger war es, hinabzukommen. Kletternd und rutschend gelangten wir auf den terrassenförmigen Abstufungen dorthin. Da standen gewaltige Kandelaberkakteen, Aloes, uralte, wilde Feigenbäume und andere mit weißleuchtendem Stamm, die ich zuvor noch nicht gesehen und deren Namen mir unbekannt. Dazwischen blühten Blumen aller Art, hauptsächlich Lilien, in satten, leuchtenden Farben. Wir gingen im Paradies umher. Vor uns sprang ein Leopard auf und suchte fauchend das Weite. Behende turnten einige Deuker und Klippböcke über das glatte Gestein. Argwöhnisch beobachteten uns die Klippdächse von ihren Höhlen und Schlupfwinkeln aus. Unzählige Vögel, namentlich eine kleine, grüne Papageienart, sangen und jubilierten, und über dem allen lag die heiße afrikanische Sonne.

Wir stiegen in die Schluchten und Grotten hinab, die das überhängende Gestein bildet. Und die Phantasie, die ewig rege, wurde wach. Sie schienen früher einmal bewohnt gewesen zu sein. Wir fanden Topf- und Gefäßscherben, allerdings in Formen, die uns nicht bekannt. Das Material, woraus sie gefertigt, schien eine Art gebrannter Ton zu sein.

In mehreren der Höhen entdeckten wir die durch ganz Afrika bekannten Buschmannzeichnungen. Es gelang uns auch, eine Aufnahme davon zu machen.

Die Buschmannzeichnungen haben einen eigenen Reiz. Sie sind entschieden Überbleibsel eines Volkes, das war und nicht mehr ist. Es sind menschliche Figuren dargestellt, die fast immer in diagonalen Reihen aufmarschieren. Entweder tragen sie ein Musikinstrument, das jetzt gänzlich unbekannt bei den Stämmen in Südwest ist, oder Pfeil und Bogen. Die Bogenschützen haben einen sonderbaren Kopfputz, so wie sich auch die ältesten Eingeborenen nicht erinnern können, ihn jemals gesehen oder davon gehört zu haben. Ferner ist mit Vorliebe eine Gazellenart gezeichnet, einzelne Tiere oder in Rudeln. Auch andere Tiere, Leoparden, Löwen und Hyänen, finden sich da. Alle Zeichnungen sind mit roter Farbe, wahrscheinlich Mennige, auf die Felsen gemalt. Die Farbe sitzt so tief, daß sie sich nicht abkratzen läßt. Es ist, als ob sie eingeätzt wäre.

Warum diese Zeichnungen gerade Buschmannzeichnungen heißen, weiß ich nicht. Ich weiß auch nicht, ob sie mit den

Buschleuten etwas zu tun haben. Denn diese stehen heute auf so niedriger Stufe, daß sie keine noch so einfache Figur zeichnen können. Mein Mann ließ seinerzeit von Buschleuten der Kalahari Zeichnungen machen. Die Kerle lachten ihn aus, Farbe und dergleichen hatten sie nie gesehen und stellten sich über alle Begriffe dumm an im Gebrauch eines Pinsels oder eines als Pinsel gebrauchten Haarbüschels. Das, was sie zustande brachten, war gänzlich charakter- und talentlos. Es machte einen kindischen Eindruck und ließ sich in keiner Weise mit dem Aufgefundenen vergleichen. Auch seine vielfachen Fragen und Forschungen hatten bei den Buschleuten stets ein negatives Ergebnis.

Sonderbar ist es, daß sich diese Zeichnungen in ganz Afrika, bis zum Sambesi hin, finden. Peters erwähnt sie auch in seinem Werke: Ophir, das Goldland des Altertums. Er bringt auch Abbildungen davon, die den unseren zum Verwechseln gleichen. In besonderen Mengen sollen sie sich in Rhodesia finden. Wir sahen solche bei Ameib, wo leider von unbefugter Hand aus Albernheit dazwischengemalt ist. In Spitzkoppies gibt's viele und noch mehr am Brandberg. Dort finden sich auch, neben diesen Zeichnungen in eine flache Felsplatte eingehauen, die Spuren von fast sämtlichem Wild, das es in Südafrika gibt: Elefantenfüße, Giraffen, Nashörner, Strauße, Löwen, Leoparden, alle Antilopenarten, Hyänen, Schakale usw. Aber nur die Fußabdrücke. Sie sind so naturgetreu nachgebildet, daß sie künstlerischen Wert haben.

Die am Brandberg lebenden Bergdamaras bezeichnen auch diese Steinarbeiten als das Werk der Buschleute, die vor vielen, vielen Jahren dort gehaust hätten. Andere wieder sagen, Elob, der gute Gott, hätte sie in den Stein gehauen, um zu sehen, ob die Wesen, die er im Begriff war zu schaffen, eine gute Form haben würden.

Es lohnt sich wohl zu erforschen, in welchem Zusammenhange alle diese Zeichnungen stehen. Ob vielleicht in grauer Vorzeit ein Volk über ganz Afrika geherrscht, das sich dies Denkmal setzte, woher es kam und wo es blieb. Man möchte fast darauf schließen, daß es einstmals in Südwest eine gewisse Kultur gab, die aber wieder verlorengegangen ist. Sonderbar genug sind auch die Erzählungen der Buschleute, daß es weit, unendlich weit in der Kalahari Ruinen und Tempel gäbe, erbaut von einem Volk, das längst von der Erde verschwunden sei. Ihnen, den Buschleuten, sei die Aufgabe geworden, das große Geheimnis vor den Augen der weißen Eindringlinge zu hüten. Es hätten schon mehrere Europäer verlangt, dorthin geführt zu werden. Aber den Weg zeigen, hieße eines schrecklichen Todes sterben und in die Gewalt der bösen Geister kommen. Diejenigen, die allein auszogen, die geheimnisvollen Tempel zu suchen, seien nimmer wiedergekehrt. Sie beschreiben auch diese Tempel. Groß, leuchtend und weiß und so prächtig, daß man den Verstand darüber verlöre.

Wieweit die Sache auf Wahrheit beruht, weiß ich natürlich nicht. Ob die ganze sagenhafte mündliche Überlieferung vielleicht die Ruinen in Matabele-Land meint?

Die imposante Schönheit von Spitzkoppies verleitete seinerzeit die Kolonial-Gesellschaft für Südwestafrika, dort eine Musterfarm anzulegen. Mit unglaublichen Unkosten wurde gebaut. Man zementierte ein Staubecken aus, das sich aber gar bald als unzulänglich erwies. Etwa fünf Brunnen wurden gebohrt. Aber auch die waren untauglich. Schon längst vor Ausbruch des Krieges lagen die teuren Eisenteile rostend umher.

Der Glanz von Spitzkoppies dauerte nicht lange.

Das Vieh entwickelte sich nicht besonders, aus Mangel an Nahrung. Die Niederschlagsmenge auf Spitzkoppies war von jeher keine große und verringerte sich im Laufe der Jahre. Das Gras war trocken, verkümmert und wurde bald abgeweidet. Das Vieh mußte schließlich stundenweit laufen, um Nahrung zu finden. Als auch da nichts mehr zu finden war, wurden die Herden so schwach, daß sie auf Wagen verladen und ans Omarururivier geschafft werden mußten. Haufenweise gingen die Tiere ein. Lämmer gab es so gut wie gar nicht. Daher ließ sich auch nicht feststellen, ob die Angorazucht irgendwelche Erfolge zu verzeichnen hatte. Gartenbau konnte der schwierigen Wasserverhältnisse wegen nicht getrieben werden.

Die Farm Spitzkoppies unterhielt außerdem einen Store, in dem die Kaffern von Okombahe gern kauften, besonders so lange, als die Kolonial-Gesellschaft die Lizenz für Branntweinausschank hatte. Damals wurden gute Geschäfte gemacht, die aber nachher mehr und mehr zurückgingen.

Als wir im Jahre 1903 dort waren, machte die ganze Musterfarm einen ziemlich verwahrlosten Eindruck. Im Kriege 1904 wurde sie zerstört, der Inspektor ermordet und das noch vorhandene Vieh weggetrieben.

Der Aufstand 1904—1905.

Wetterleuchten.

Dem friedlichen Weihnachtsfeste folgte ein stilles Neujahr. Heiß und schwül waren die Tage, dumpf und unerquicklich die Nächte. Über dem Okombaheberg*), der dem Platz den Namen gegeben, ballten sich schwarze Wolkenwände zusammen. Finster und drohend schienen sie schwer auf den öden Koloß herabzuhängen, jeden Augenblick bereit, ein böses Wetter zu senden. Gelbe Blitze schossen raketengleich am Horizont. Es war schier unerträglich.

Die Schwüle der Natur schien sich den Gemütern mitzuteilen. Man hatte ein unbehagliches Gefühl. Etwas war anders, aber was es war, das konnte man nicht ergründen.

Die Hereros, die eine halbe Stunde von Okombahe entfernt, in Kawab, wohnten, waren sehr geschäftig. Ihre Großleute kamen oft nach Okombahe, um in den verschiedenen Stores Einkäufe zu machen. Mehr als sonst. Wunderte man sich darüber, so hieß es: „Wir fürchten, schlechtes Gras auf Kawab zu bekommen. Wir wollen frühzeitig mit dem Vieh trecken, deshalb bereiten wir alles vor."

Uns besuchten sie des öfteren. Wir hatten stets auf freundschaftlichem Fuße mit ihnen gestanden und wunderten uns, als sie sich eines Tages sehr interessiert bei meinem Manne erkundigten, wann ich nach Deutschland zurückginge. Themis war sehr erstaunt und meinte, ich dächte gar nicht daran. Da sprach der Großmannssohn Justus Hongera: „Mr. v. E., ich sage dir, es wird gut sein, wenn deine Frau fortgeht. Sie muß bald gehen und lange bleiben." — „Aber wie kommt ihr nur darauf?" — „Ich sage dir, es ist gut, wenn sie geht. Afrika paßt nicht für sie. Es ist ein Land für Männer, die den Krieg lieben. Rauh und wild müssen sie sein. Du kannst bleiben. Für dich ist das Gewehr und der Sattel. Aber, wenn du deine Frau lieb hast, dann schick sie fort!" Themis hörte verwundert diese Rede und wußte nicht recht, was er daraus machen sollte.

Bei anderer Gelegenheit, als wir mit dem Unterkapitän Josua eine Reise, die wir zu unternehmen gedachten, besprachen, sagte er: „Ich fühle, du kommst nicht weit. Bleib hier." — „Wie

*) Okombahe heißt auf Herero soviel als: „Da, wo die Giraffe", weil der Berg, an dessen Fuß Okombahe liegt, die Form einer liegenden Giraffe hat.

kommst du darauf?" — „Ihr Weißen müßt nicht denken, daß ihr sicher seid hier im Lande der Schwarzen. Ich habe dort oben in den Wolken gelesen: Gott der Herr wird einen furchtbaren Krieg schicken, der das Land verheert und die Weißen tötet." Wir hielten die Worte für Großtuerei und albernes Geschwätz.

Stutzig machte mich ein Lied meiner poetisch veranlagten Waschfrau Emma: „Ihr armen Weißen. Ihr kommt ja doch um in diesem Lande. Du kleines Kind kannst nichts dafür, daß du hier geboren bist. Aber auch du mußt sterben. Ich weine und mein Sohn weint, aber es hilft uns nicht." — „Emma, was singst du denn da?" — „Ach nichts, gnä' Frau, ich singe, was mir meine dummen Gedanken sagen. Du mußt nicht hinhören."

Ein andermal: „Gnä' Frau, schläfst du gut?" — „Ja, danke, sehr gut." -- „Das jammert mich." — „Wieso?" — „Es wäre besser, du schliefest nicht gut. Leg' dir Steinchen zwischen die Rippen. Du mußt nicht fest schlafen."

Samuel, Emmas Sohn, der uns vor Monaten nach Gui-Gams begleitet hatte, kam eines Tages in die Veranda und stierte mich an. „Was siehst du an mir?" — „O Mrs., ich sehe mir die an, die der Tod zeichnet." Ich wurde aufmerksam und besprach die Sache mit Ertmann und meinem Mann, die sich für eine große Reise vorbereiteten. „Wollt ihr nicht lieber hierbleiben?" — „Bewahre, nein!" — „Die Sachen klingen aber wie versteckte Warnungen. Ich kann sie nicht deuten." — „Unsinn, der Aufstand mit den Bondelzwarts ist den Leuten in die Glieder gefahren. Sobald die ersten Nachrichten da sind, wird Ruhe sein. Die Bande ist feige."

Dem Aufstand im Süden sahen wir mit Muße zu. Man war es gewohnt, daß öfters Kleinigkeiten vorkamen. Selbst wenn die Sache ernsterer Natur war, was kümmerte es uns im Hereroland. Die Bondelzwarts, einen Hottentottenstamm, waren den Hereros verfeindet, der Ort der Unruhen war weit weg, der Gouverneur würde die Sache mit bekannter Milde schon beilegen. Doch man irrte sich. Der Kapitän Christians ließ sich nicht beschwichtigen. Den Friedensrum und Tabak wollte er nicht. Truppen wurden nötig. Als auch der nördlichere Distrikt Omaruru vom Militär entblößt wurde, als der teils gefürchtete, teils beliebte Hauptmann Franke auch nach dem Süden zog, da machten die alten, erfahrenen Afrikaner ein ernstes Gesicht.

Es kam uns allen zum Bewußtsein, daß im Jahr vorher auf verschiedenen großen Hererowerften nach Waffen und Munition gesucht worden war und daß die Bemühungen Erfolg hatten. Die Hereros, stets gewalttätig und herrisch, waren noch hochmütiger geworden. Einzelne benahmen sich unbotmäßig gegen uns Weiße. Auf ihren Werften, sonst freudig begrüßt, wurde man mit eisiger Kälte empfangen. Die Möglichkeit eines Aufstandes wurde erwogen. Jetzt, wo wenig Militär im Norden war, schien der geeignete Zeitpunkt. Wenn die Hereros überhaupt an Auflehnung dachten, so mußte es bald sein. Man riet hin und her.

Die Regierung empfing auch Warnungen. Aber auch sie stand den Dingen sehr optimistisch gegenüber. Es war noch ein Glück, daß, als der Aufstand der Bondelzwarts ausbrach, die für den Rücktransport nach der Heimat bestimmten Truppen noch nicht eingeschifft waren.

Auf Omaruru waren vier Mann zurückgeblieben. Das erschien denn doch etwas wenig. Darum wurde bei der alten Reserve angefragt, ob sich der eine oder der andere freiwillig melden wollte, um als Verstärkung der wenigen Mann zu dienen. Verschiedene Ansiedler, Händler und Kaufleute, die gerade wenig zu tun hatten, meldeten sich. Alt und grau waren sie geworden im Kampf mit Sonne und Wind. Schwere Arbeit hatten sie getan. Jetzt rief das Vaterland. Da konnte das bißchen eigener Kram zurückstehen.

Die Distrikte Karibib und Omaruru waren zu einem verschmolzen worden. Der Oberleutnant d. L. Kuhn hatte sie beide zu verwalten. Auf der Station Omaruru war nach dem Auszug des Hauptmanns Franke naturgemäß wenig Dienst gewesen. Die Pferde waren bei der Feld-Kompanie oder standen auf dem Sterbeplatz Soris-Soris. Jetzt nach Eintreten der alten Reserve begann ein reger, straffer Betrieb des Dienstes, der ihr anfänglich nicht leicht wurde.

Anfang Januar fuhr mein Mann mit Ertmann zusammen über Spitzkoppies nach Swakopmund, um frische Vorräte für uns einzukaufen. Die alten waren fast gänzlich aufgebraucht. Ich ließ ihn ganz ruhig ziehen. Was kommen soll, kommt, und gegen sein Schicksal kann man nicht.

Er war einen halben Tag weg, da erschien vor unserem Hause ein berittener Bote aus Omaruru, schweißtriefend. Er hatte den Gestellungsbefehl zu überbringen. Die ganze Reserve wurde eingezogen. Themis erhielt die Ordre, sich sofort auf der Militärstation zu Okombahe einzufinden und sie bis auf weiteres nicht zu verlassen. Der Reiter, der völlig erschöpft war, erzählte mir im größten Vertrauen, daß man anfinge, Befürchtungen wegen der Hereros zu hegen. Die Kapitäne der verschiedenen Plätze und viele waffenfähige Männer seien verschwunden. Man munkelte von großen Versammlungen, geheimnisvollen Botschaften und regem Verkehr der Plätze untereinander.

Mir blieb nichts weiter übrig, als meinen Mann zurückrufen zu lassen. Mein zuverlässigster Bote erreichte ihn, und am Abend des zweiten Tages kam Themis zurück. Er hatte gerade noch so viel Zeit, um im Schlafzimmer ein Fenster zu verbarrikadieren und einige Möbel umzustellen, damit man mich wenigstens nicht vom Fenster aus im Schlaf erschießen konnte. Er mußte Tag und Nacht auf der Station bleiben, um diese gegebenenfalls verteidigen zu können.

Ich selber aber blieb meinem Schicksal überlassen, mutterseelenallein mit meinem kleinen Kinde im Hause zurück.

Diesen Befehl empfand ich auf das härteste. Wir Ansiedlerfrauen, gleichviel welcher Gesellschaftsklasse angehörend, haben in Friedenszeiten das Los unserer Männer geteilt. Wir haben mit ihnen gedarbt, gehungert, gedurstet. Wir haben, wie sie, unsere ganze Kraft in den Dienst der Kolonie gestellt. Unsere Kinder sind unter den schwierigsten Verhältnissen zur Welt gekommen. Wir haben in der Kolonie mehr zu ertragen gehabt, als es in Deutschland denkbar wäre — und nun in der Zeit der Gefahr wurde mir mein Mann genommen. —

Zehn Tage und zehn Nächte lang blieb ich allein mit weiter niemand als meinem neunjährigen Bambusen Isaak, den ich in der Küche einquartierte, damit mir wenigstens das Kind einmal abgenommen werden konnte.

Tagsüber mußte ich alle Arbeiten, auch die meines Mannes, verrichten. In den Nächten blieb ich mir selber überlassen. Mehrmals schlugen meine Hunde wütend an. Ich stand auf in der Meinung, eine Hyäne oder irgendein anderes Raubtier beunruhige das Vieh. Da ich nichts bemerkte, ging ich zurück. Am nächsten Morgen zeigte mir Isaak frische Fußspuren im Sande, ums Haus herum und im Garten. Ob Kaffern oder Hereros, man hatte versucht, zu stehlen. Die Lämmer kamen mir abhanden, ein Kalb verschwand auf unerklärliche Weise. Ich war machtlos. Und zwanzig Minuten entfernt war mein Mann und konnte mir nicht helfen.

Es sollte noch schlimmer kommen. Am 13. Januar mittags erschienen zwei mir gut bekannte Hereros mit ihren Dienern. Sie wollten mir ein Schaf verkaufen. Es fiel mir auf, daß die Leute, sechs an der Zahl, bewaffnet waren. Zwei trugen Gewehre, die Diener Kirris*). In Friedenszeiten kommt es wohl auch vor, daß man Besuch von bewaffneten Leuten erhält. Doch dann stellen sie zum Zeichen ihrer friedlichen Absichten die Waffe außen an das Haus. Diesmal jedoch behielten sie sie in der Hand.

Ich hatte keine Lust, das Schaf zu kaufen. Bargeld war nicht im Hause und passende Tauschartikel waren längst ausgegeben. Sie baten um zwei Hemden. Damit ich die Kerle los wurde, sagte ich es zu. Da ich gänzlich ahnungslos war, hatte ich gar kein Arg, daß sie mir ins Haus folgten. Wir waren bald handelseinig und unterhielten uns, wie stets, nach Abschluß auch des kleinsten Geschäftes. Das Gespräch drehte sich um den bevorstehenden Aufstand.

Geert Afrika, der älteste der Hereros, fragt mich: „Hältst du es für richtig, daß die Hereros den Krieg mit den Weißen anfangen wollen?" Ich antwortete wahrheitsgemäß, meiner Ansicht nach sei es ein äußerst törichtes Beginnen, denn der weiße Mann würde unter allen Umständen siegen. „Und was denkst du, was geschieht?" — „Seid ihr so unklug und fangt an, dann wird viel Blut fließen, ihr werdet Land und Vieh verlieren, und euer Leben wird in der Hand des weißen Mannes sein!" Da meinte ein anderer: „O, sorge dich nicht. Wir sind die Diener des weißen Mannes. Der Löwe, der schläft, merkt nicht, wenn ihm Gefahr kommt."

Darauf grinsten sie alle, und auf ein schnell hingeworfenes Wort des Geert Afrika vertraten je zwei der Leute die beiden Türen, um ganz unauffällig den Ausgang zu versperren. Mit einem Male ward ich mir der Gefahr und des Ernstes meiner Lage bewußt.

Geert Afrika trat auf mich zu und schrie mir lachend ins Gesicht: „Jetzt kommt erst das richtige Gespräch über den

*) Keulenstöcke.

Krieg, das sollst du sehen!" Mir klopfte das Herz sehr. Ich zwang mich zur Ruhe. Hilfe gab's keine, wenn ich mir nicht half. Ich nahm mich zusammen: „Du kommst, mit mir Handel zu machen, und weißt nicht, wie du der weißen Frau begegnest? Platz, du Lump!" Hart an ihm vorbei ging ich zur Tür. Da hatte ich Widerstand erwartet. Die beiden Kerle waren aber so überrascht, daß sie zur Seite traten, ohne auf den ihnen zugedachten Puff zu warten. Im Nu flog die Tür nach außen auf — ich war draußen.

Da war ich sicher. Dort konnten sie mir nichts tun, denn der Platz war dicht belebt mit Bergdamaras. Sie hätten auch drinnen nicht gewagt, zu schießen. Aber ein Schlag mit dem Kirri ist lautlos. Auf den war ich gefaßt.

Ich blieb vor dem Store stehen. Gerhard kam grinsend heraus. Er zog den Schlapphut: „Diesmal war die gnä' Frau klug. Sie war klüger als wir. Das macht nichts. Die Zeit ist nah, daß sie noch von mir hören wird!" Sprach's und verschwand mitsamt seinen Kumpanen.

Mein kleiner Bambuse Isaak, der das Kind in Verwahrung hatte, kam eiligst gelaufen und berichtete: „Ich weiß gar nicht, was die Hereros wollten. Sie kamen auf mich und das Kind zu und fragten mich, ob es ein Junge oder ein Mädchen sei. Als ich es ihnen sagte, gingen sie fort und riefen mir lachend zu: ‚Bleib nur hier, wir kommen nachher wieder'!"

Bei diesem Bericht des Jungen war ich tief erschüttert. Mein Kind hatten sie also auch umbringen wollen. Nie in meinem Leben fühlte ich mich so grenzenlos verlassen wie in diesem Augenblick. Und doch mußte ich froh sein, daß ich zur Zeit, als die Hereros kamen, allein war. Wäre mein Mann dagewesen, so hätten sie ihn sicher erbarmungslos im Hause erschlagen. Vor mir hatten sie wohl noch ein wenig Scheu und besannen sich, ihr Vorhaben auszuführen. Vielleicht auch mochte ihnen die Erinnerung kommen an all die Mahlzeiten, die gerade die beiden von mir empfangen, an die vielen Male, da sie ihr Korn auf meiner Mühle mahlen durften, an die Sonntage, da sie soundso oft Rat und Medizin bei mir geholt hatten.

Mir war ganz elend, aber um des Kindes willen nahm ich mich zusammen. Die Verantwortung, sein Leben zu schützen, lag ja einzig und allein in meiner Hand.

Der Sturm bricht los!

Am 14. Januar früh kam eine Eilpatrouille von zwei Reitern. Sie hatten Befehl, die Pferde zu holen, die auf dem Pferdeposten Soris-Soris standen. Soris-Soris ist einer der wenigen Plätze, an denen die gefürchtete Pferdesterbe nicht auftritt. Aus diesem Grunde wurden die Pferde der 2. Feld-Kompanie, Outjo, und die der 4., Omaruru, dort während der Regenzeit unter dem Schutz eines Unteroffiziers und mehrerer Kaffern gelassen. Die Patrouille überbrachte zugleich die Ordre, daß sich die Besatzung unserer Militärstation Okombahe, bestehend aus allen aktiven und den zur Reserve eingezogenen Mannschaften, in Omaruru einzustellen habe. Sie sollten sämtlich den äußerst wichtigen Pferdetransport begleiten. Fürwahr keine Kleinigkeit! Durch diesen Befehl wurde der wichtige Platz Okombahe gänzlich von Truppen entblößt und sozusagen den Aufständischen preisgegeben; denn der kranke Soldat, der mit gebrochener Hand allein auf der Station zu Okombahe zurückblieb, wäre wohl nicht imstande gewesen, die Station gegen einen Angriff der Hereros wirksam zu verteidigen. — Über die Absichten der Bergdamaras konnte man sich auch noch nicht klar werden.

Die beiden Reiter erzählten bereits von Massenansammlungen der Hereros, namentlich bei Okahandja und am Waterberg, von Viehdiebstählen, brennenden Farmen und Grausamkeiten gegen die weißen Ansiedler. Der Ernst der Lage ward uns klar. Da mein Mann doch mehr Sachen brauchte, als er auf dem Sattel bei sich führen konnte, so schickte ich unseren erfahrenen Diener Gottfried, der mit meinem Mann auf der Station war, nach Omaruru voraus und hoffte, daß es seiner Geriebenheit gelingen würde, die Sachen glücklich dorthin zu bringen.

Am 15. Januar gegen 4 Uhr früh brach die ganze Patrouille auf. In der Nacht war meine Waschfrau Emma bei mir gewesen. Unter Tränen bat sie mich, meinen ganzen Einfluß dahin zu verwenden, daß die Patrouille nicht abritte. Ich konnte natürlich nicht gegen den Befehl von Omaruru handeln, war aber darauf gefaßt, daß die Reiter nun und nimmer ihren Bestimmungsort erreichen würden. Meine Warnungen wurden als überängstlich verlacht. Kaum, daß ich sie dazu bewegen konnte, die Revolver schußbereit zu haben. Später stellte sich heraus, daß es ein großes Glück war, daß durch die von mir mitgegebenen Eßwaren die Leute ihre Mahlzeit nicht abzukochen brauchten. So machten sie nur kurze Mittagsrast, verloren keine Zeit und entkamen den Hereros, die ihnen nacheilten, um die Pferde zu rauben. Ich ging nach Abritt der Patrouille auf die Station und fragte an, ob es nicht geraten sei, die Ansiedler in der Umgegend, die doch sicher in Unkenntnis der Sachlage wären, zu warnen. Meine Bitten waren vergebens, der Soldat berief sich darauf, noch keine Instruktion von Omaruru erhalten zu haben. Ohne diese sei er nicht ermächtigt, auch nur das geringste zu tun. Ich wurde ungeduldig.

Jetzt mußte ich auf eigene Faust handeln. Zum Glück erlangte ich nach vielem Hin und Her wenigstens die Erlaubnis, von den auf der Station lagernden Patronen, die Eigentum der Ansiedler waren, für jeden je 50 Stück nehmen zu dürfen. Auf eigenes Risiko fügte ich den englischen Patronen noch 20 unserer eigenen, Modell 71, hinzu, damit wenigstens zwei Gewehre auf der betreffenden Farm zur Verteidigung dienen konnten. Die Patronen, 120 Stück im ganzen, für die beiden Ansiedler, die zusammen auf Ais wohnten, packte ich fein säuberlich in einen kleinen Milcheimer. Obenauf tat ich Tomaten und Mohrrüben. Der Bote, ein Hirte von uns, hatte von dem wichtigen Inhalt keine Ahnung. Ich begründete die Schwere des Gefäßes damit, daß das Gemüse, um frisch zu bleiben, in feuchtem Sand läge. Zur Vorsicht gab ich ihm zwei Briefe mit. Einen harmlosen, der oben auf dem Deckel des Eimers festgebunden war, und den wichtigen auf dem Boden des Gefäßes. Mit dem Versprechen hoher Belohnung, käme das Gemüse tadellos frisch dort an, entließ ich ihn. Zu meiner Freude setzte er sich sofort in gelinden Trab.

Ich hatte das Glück, das Richtige getan zu haben. Die beiden Ansiedler, M. Bowe und Mr. Crighton, hatten so gut wie gar keine Munition mehr. Sie saßen abgeschnitten von jedem Verkehr und hatten nicht die geringste Gelegenheit, auf andere Weise irgendwelche zu erlangen. Sofort nach Empfang meines Briefes trieben sie ihr Vieh zusammen und wandten sich mit den ganzen Herden Okombahe zu. Auf diese Weise entgingen sie den Hereros, die, nur einige Stunden später, von Vogelkranz kommend, die Farm „besuchten". Dicht vor Okombahe wurde ihnen aber durch einen Bastard die Nachricht, daß die Okombaher Kaffern den Weißen durchaus nicht freundschaftlich gesinnt seien, und daß von ihnen mindestens ebensoviel Gefahr drohe wie von den Hereros. Da wandten sie sich in Eilmärschen der Namib zu und brachten das Vieh am Brandberg in einige Sicherheit. Tagelang war ihnen eine Horde Hereros auf den Fersen, die aber schließlich die Verfolgung aufgab.

Lange Zeit danach erst hörte ich, daß die beiden Herren unter großen Schwierigkeiten die Küste erreicht hätten und in Sicherheit seien. Den paar Patronen verdanken sie ihr Leben. Ohne sie hätten sie sich weder verteidigen, noch auf der langen Flucht Wild erlegen können, das ihnen zur Nahrung dienen mußte.

Mein ehemaliger Diener Samuel übernahm es, einen Weißen aufzusuchen, der im Felde lebte mitten unter den Hereros. Dieser ließ sich aber nicht warnen und mußte seinen Leichtsinn mit dem Tode büßen.

Am Mittag desselben Tages kam ein Feldherero zu mir mit der Botschaft, Daniel Kariko, der Häuptling von Kawab, ließe mir sagen, ich brauche mich um meinen Mann nicht zu sorgen, denn ich hätte keinen mehr. Er sei tot und läge bei Okarundu hinter den Klippen. Mit ihm gefallen seien sämtliche Mann der Patrouille, alle Pferde seien Beute der Hereros. Daniel Kariko sei mit Gerhard Afrika und 200 bewaffneten Leuten auf dem Wege zu mir, um mein Haus niederzubrennen. Mir würde nichts geschehen, denn er würde mich mitnehmen. Die Sache schien mir nicht recht glaublich. Kurz danach kamen atemlos mehrere Klippkaffern und berichteten, bei Okarundu hätten sie heftiges Schießen gehört. Auch der eingeborene Postbote, der alle 14 Tage zwischen Omaruru und Okombahe verkehrte, brachte dieselbe Nachricht. Sogar der Missionar erschien und erzählte mir von den Schreckensszenen.

Gegen 6 Uhr kam mein Diener Gottfried zurück, atemlos, aschfarbig. Seine Kleider waren zerfetzt. Er berichtete mir, daß er bis hinter Okarundu gekommen. Dort seien ihm Scharen bewaffneter Hereros begegnet, die ihm die Sachen meines Mannes abgenommen hätten. Hocherfreut über die köstliche Beute hätten sie gleich alles unter sich verteilt und das, was sie nicht brauchen konnten, vernichtet. Er selber sei durchsucht worden. Die bei ihm vorgefundenen Briefe hätten sie zerrissen, ihn selber laufen lassen. Meinem Mann ließen sie sagen, Mr. Eckenbrecher hätte sehr schöne Sachen; den Rest würden sie am nächsten Tage aus seinem Hause holen. Gottfrieds Begleiter, einem eingeborenen Polizisten, rissen sie die rote Schärpe, das Zeichen seiner Würde, ab. Eine Reithose meines Mannes, noch aus England stammend, sein ganzer Stolz, schenkten sie großmütig Gottfried mit den Worten: „Da hast du etwas für deine Mühe."

Gottfried begab sich eilig auf den Rückweg und traf auf die von Okombahe kommende Patrouille. Er erzählte meinem Manne die Begebenheiten, die zu größter Vorsicht mahnten. Dieser schickte mir einen Zettel mit, auf dem er mich bat, mich in acht zu nehmen. Er hatte gut reden mit dem Inachtnehmen, allein und mit dem elf Monate alten Kinde. Bei wem Schutz suchen, wo es keinen gab?

Wenigstens hatte ich die Gewißheit, daß er nicht bei Okarundu gefallen war. Meine innigsten Wünsche, er möge glücklich nach Omaruru gelangen, begleiteten ihn.

Aber was sollte aus mir werden? Nun, da das längst erwartete Schreckliche wirklich eintraf, bemühte ich mich, klar zu denken und zu überlegen. Ich hatte keine Zeit, um Angst oder Furcht zu haben. Nur jetzt keine Voreiligkeit, die nachher bereut werden müßte! Tausenderlei Pläne entwarf ich. Ebenso schnell ließ ich sie wieder fallen. Ich selbst hätte mich ja nötigenfalls verstecken und allmählich die 70 km bis Omaruru durchschlagen können. Ich war ausdauernd und zäh. Aber das kleine Kind, dem konnte ich doch nichts zumuten. Daher gab ich den Gedanken an Flucht auf. In einem alten zerfallenen Kalkofen versteckte ich mir Lebensmittel, abgekochtes Wasser, durch nasse Tücher frisch erhaltene Milch und Decken. Den Revolver schnallte ich um. Gottlob, daß ich schießen konnte! Dies blitzende kleine Ding, merkwürdig, wie ruhig es mich machte! Ich war gesonnen, mein Leben und das meines kleinen Sohnes so teuer wie möglich zu verkaufen. Kaltblütig hätte ich erst mein Kind und dann mich erschossen, ehe ich in die Hände dieser Scheusale gefallen wäre.

Ich ging schließlich zum Missionar, um ihn um Aufnahme für die Nacht zu bitten. Eine Missionsstation ist doch gewissermaßen neutrales Gebiet. Es lag mir nicht daran, in meinem Hause von den Feinden überrascht zu werden. Die Aufnahme ward mir gewährt. Dorthin schaffte ich vor allen Dingen etwas Kinderzeug, Silber, Decken, Wäsche und die wichtigsten Papiere. Auf alles vorbereitet, zog ich einen fußfreien Rock und feste

Stiefel an, um schlimmstenfalls mit dem Kinde besser fliehen zu können. Im Hause verschüttete ich alles Petroleum, damit die Kerle nichts zum Anstecken hatten. Äxte und Beile nahm ich mit, das Zerstören sollte ihnen so sauer wie möglich gemacht werden.

Wir schickten zu der Frau des Gutsbesitzers Merker, die jenseits des Omarururiviers wohnte. Ihr Mann befand sich weiter weg auf seiner Farm, ahnungslos und ungewarnt. Mehrere Boten wurden ausgeschickt, ihm Nachricht zu bringen, kehrten aber unverrichteter Dinge wieder zurück. Ich bot Frau Merker an, mit mir in demselben Zimmer beim Missionar zu wohnen. Milch für ihre Kinder hatte ich genug. Sie kam in größter Eile und mußte mit dem 14 Tage alten Kinde auf dem Arm den stark angeschwollenen Omarurufluß durchwaten.

Ich ging nun nochmals zu dem Soldaten auf der Station. Er nahm die Sache sehr leicht. Ich traf ihn kosend in dem Pontok der Bastardwerft. Ich fragte ihn, wie er sich denn zu verhalten gedächte. Das wußte er nicht. Patronen hatte er im ganzen 70, nur zu seinem 88er Gewehr passend. Die Station war im Umbau begriffen. Es fehlten auf zwei Seiten die hohen Hofmauern. Vom Wachtturm war die Mauer nach der Seite hin abgerissen, von wo aus aller Wahrscheinlichkeit nach ein Angriff stattfinden würde. Es ward mir klar, der Soldat und ich konnten den Platz nicht verteidigen. Ich schlug vor, den Kapitän Cornelius holen zu lassen, damit wir Gewißheit darüber erhielten, ob und in welchem Maße ihm wenigstens zu trauen sei. Er erschien. Der Missionar dolmetschte, damit es kein Mißverständnis gab. Wir stellten ihm folgende Fragen: „Bist du gesonnen, zu den Weißen zu halten?" — „Ja, ich will versuchen, sie zu schützen." — „Denkst du daran, mit den Hereros gemeinsame Sache zu machen?" — „Nein." — „Welche Gründe halten dich auf Seite der Deutschen?" — „Ich und meine Kaffern, wir erinnern uns der Sklavendienste, die wir bei den Hereros verrichten mußten. Gingen wir jetzt mit ihnen, so würden wir wieder ihre Diener und dürften ihnen höchstens das Gewehr, den Kirri und Wassersack ins Gefecht nachtragen. Belohnungen bekommen wir nicht." — „Denkst du denn, daß die Deutschen dich für deine Treue belohnen werden?" — „Ich weiß es nicht, aber sie sind die Herren und werden uns strafen, fallen wir ab." — „Denken alle so wie du?" — „Das weiß ich nicht." — „Hast du zuverlässige

Leute?" — „Ich kann einigen trauen." — „Willst du die Leute aussenden, daß sie Patrouillen gehen die Nacht über?" — „Ich habe nicht genug Gewehre und Munition." Da wurde angeordnet, daß alle Männer des Platzes, die im Besitz von Waffen waren, sich vor der Kirche versammeln sollten.

Ich schickte nach der Station und ließ die vier Gewehre meines Mannes, die er dort vorsichtshalber deponiert hatte, und seine sämtlichen Patronen, im ganzen 120 Stück, holen. Aus dem Hause holte ich Pulver, Blei und Zündhütchen, damit noch einige Kugelpatronen hergestellt werden könnten. Die Gewehre verteilte ich an Leute, von denen wir annahmen, daß sie besonders treu sein würden. Die Patronen wurden so verteilt, daß ein jeder 5, der Kapitän 10 erhielt. Der Name eines jeden, der sie bekam, wurde aufgeschrieben. Nun gingen sie die verschiedenen Runden mit der Weisung, zu melden, sobald sie das geringste Verdächtige bemerkten. Bei Sonnenaufgang sollten sie sich alle wieder vor der Kirche einfinden und die Patronen vorzeigen. So sollte es jeden Abend und jeden Morgen geschehen, damit man sie kontrollieren konnte.

Nun war getan, was die Vernunft uns eingab und was in unseren Kräften stand. Jetzt kam der unangenehmere Teil, das Stillesitzen und Abwarten.

Schon längst war die Dunkelheit hereingebrochen. Ich brachte mein Söhnchen zum Schlafen, im innersten Herzen zweifelnd, ob ihm noch ein Erwachen beschieden sei. Dann ging ich noch einmal nach unserem Hause, ich wollte Abschied nehmen. Wir hatten es ja mit größter Mühe selbst gebaut. Alle Sachen, die mir so lieb waren, die an die ferne, deutsche Heimat erinnerten, wollte ich gern noch einmal sehen.

Ich ging ins Schlafzimmer und durchsuchte die Apotheke. Vielleicht fand sich da irgendein schnell wirkendes Gift, das ich brauchen mußte, im Falle der Revolver versagte. Ich fand nichts außer einer Röhre mit Sublimatpillen. Da tat ich, was weder schön noch christlich ist, was ich vor mir selber nicht entschuldigen kann und doch nicht bereue: Ich holte aus der fast leeren Speisekammer die letzte Flasche Kognak, öffnete sie und löste darin mehrere Pillen Sublimat auf. So präpariert stellte ich sie auf das Buffet. Drei Bleistiftkreuze bezeichneten sie den Weißen als Gift, den Hereros sollten sie ein Willkommenstrunk sein. Mochten sie nur kommen!

Ich schloß die Tür hinter mir ab, besuchte den Hühnerstall und das ruhende Vieh im Dornenkral, das ich seinem Schicksal überlassen mußte. Einen letzten Strauß pflückte ich mir aus unserem, ach, mit solcher Liebe gepflegten Garten und schritt weiter ins Dunkle hinaus. Mild war die afrikanische Nacht. Über dem Okombaheberg erglänzte matt des Mondes Silberhorn. Was barg der nächste Tag für uns?

Die Nacht brachte viel Unruhe. Es kamen Briefe vom Kapitän Daniel Kariko aus Kawab an Cornelius, der sie zum Zeichen seiner Treue an uns weitergab. Der erste war des Inhalts, daß im Hereroland der Orlog ausgebrochen sei. Dann kam die Anfrage: „Was gedenkt ihr Bergkaffern zu tun?" Im zweiten forderte er Cornelius auf, mit ihm zu gehen und uns Weiße alle umzubringen. Im dritten endlich schrieb er, er läge mit 200 Mann in den Klippen vor Okombahe. Wenn sich die Klippkaffern nicht auf seine Seite stellten, dann sähe er sie ebenfalls als seine Feinde an. Er würde am nächsten Morgen kommen, nicht bloß um die Häuser der Weißen zu plündern und niederzubrennen, sondern auch um den Kaffern ihr Hab und Gut zu nehmen und ihr Vieh wegzutreiben.

Cornelius' Antwort war sehr diplomatisch gehalten: Er hätte nach seinen Großleuten geschickt, die weiter weg im Felde wohnten, mit denen müsse er erst beraten. Im übrigen möge Daniel ruhig zum Angriff schreiten, falls er nicht vorzöge zu warten. Er und seine Leute wären bereit. Schließlich kam noch ein Brief, in dem Cornelius aufgefordert wurde, mit seinen Großleuten nach Kawab zur Beratung zu kommen. Hierauf erwiderte er: Der Weg von Okombahe nach Kawab sei genau so weit wie der von Kawab nach Okombahe, die Hereros möchten doch zu ihm kommen.

In derselben Nacht kamen allerdings einige Hereros, die aber nur auf gütlichem Wege durch große Versprechungen vom Kapitän die Erlaubnis zu erlangen strebten, unser Haus zu verwüsten und unser Vieh wegzutreiben. Cornelius verweigerte es ihnen energisch. Feige, wie sie waren, zogen sie ab und schoben ihren Plan auf bis auf einen der nächsten Tage.

Im Missionshause dauerte die Unruhe die ganze Nacht hindurch. Boten kamen, Kaffern gingen aus und ein, und man erfuhr so mancherlei Aufregendes.

Auch die sagenhafte Geschichte mit der Schießerei in Okarundu wurde aufgeklärt: Ein Kaffer erzählte mir darüber, er hätte am Morgen des 15. Januar in Kawab zu tun gehabt. Als er nach dort gekommen sei, habe er den Platz in großer Aufregung gefunden. Eine große Versammlung wäre dort gewesen. Die alten Leute, darunter der gegenwärtige Kapitän Johannes und ein anderer, sehr einflußreicher Mann, der alte Martin, hätten sich bemüht, die jungen Leute zurückzuhalten. Diese, unter Führung von Gerhard Afrika, dem ehemaligen Kapitän Daniel Kariko und seinem Sohn, dem Evangelisten und Schulmeister Samuel Kariko, hätten beabsichtigt, die zu erwartende Patrouille mit den Truppenpferden anzugreifen. Die Jugend hätte es durchaus gewollt, um sich der Pferde zu bemächtigen. Schließlich hätte der alte Johannes eingewilligt und gesagt: „Macht es wenigstens schlau. Laßt den ersten Transport unbehelligt durch, denn das ist die kleinere Menge der Stuten und Fohlen. Zeigt euch den Reitern nicht, schleicht euch durch bis Okarundu. Dort lauert dem nachfolgenden größeren Transport auf. Es wird natürlich zur Schießerei kommen. Dann denken die Leute, die es in Omaruru später erfahren werden, es seien die Hereros von Okarundu gewesen, und uns Kawabern passiert nichts."

Frohlockend zog die Jugend aus. Als die Patrouille im gestreckten Galopp durch Kawab kam, war alles still. Kawab schien im tiefsten Schlafe zu liegen. In Okarundu sah sie wohl einige bewaffnete Leute, doch taten die ihr nichts.

Mittlerweile warteten die tatendurstigen Jünglinge Kawabs in den Gebüschen und Klippen von Okarundu vergebens auf den nachfolgenden großen zweiten Schub. Als er durchaus nicht kommen wollte, wurden sie ungeduldig und gingen ihm entgegen.

In Kawab mußte Johannes dann zugeben, er hätte sich getäuscht, es wären dies alle Pferde gewesen. Nun glaubten sie ihm aber nicht und machten sich auf den Weg nach Okombahe, um dort sofort die Militärstation zu überfallen und die Pferde, die ihrer Meinung nach dort sein mußten, zu nehmen.

Unterwegs jedoch kamen ihnen Kaffern entgegen, welche die Aussagen des alten Johannes bestätigten. Da drehten sie um. Hätten sie sich anders entschlossen und hätten Okombahe gestürmt, wir alle wären wohl verloren gewesen. So hing mehrmals unser Leben an einem schwachen Faden.

Die Hereros teilten sich in zwei Haufen. Der eine, berittene, folgte der Spur der Patrouille und hätte sie sicher eingeholt, wenn sie lange Mittagsrast gehalten hätten, was dank meiner zahlreichen Brötchen und mit Tee gefüllten Feldflaschen nicht nötig war. Der andere Haufe stürzte sich mit Wutgeheul auf den Weg, der zur Farm des Gutsbesitzers Merker führte: „Nun gut, sind uns die Truppenpferde entgangen, dann holen wir wenigstens die von Mr. Merker. Dort gibt es noch andere Beute!"

Ich habe viel darüber nachgedacht, was wohl den alten Johannes veranlaßt haben könnte, die Reiter zu schützen. Im Laufe der nächsten Zeit entpuppte er sich als größter Gauner, dem jedes Mittel recht war, um die Weißen niederzumachen. Er wie seine vertrauten Leute wußten ganz genau, daß dem ersten Schub Pferde kein zweiter folgen würde. Seinen Leuten wäre doch ein wesentlicher Vorteil erwachsen, wären sie beritten gewesen.

Die Hereros, die in Okarundu wohnten, hatten auch die Absicht gehabt, die Reiter niederzuschießen und die Pferde zu nehmen. Sie erklärten aber nachher, die Patrouille sei gar zu schnell geritten, so daß ihnen zum Handeln keine Zeit verblieben wäre. Sie hätten sich nur begnügt, hinter ihr herzuschießen und sie in Frieden abziehen zu lassen.

Immer wieder fiel mir die Unentschlossenheit der Hereros zu Anfang des Aufstandes auf. Ich bin auch der Überzeugung, daß viele von ihnen den Krieg nicht gewollt haben, sich aber den Freiheits- und Herrschergelüsten ihrer Kapitäne haben fügen müssen.

Noch ein Wort über den vorher erwähnten Samuel Kariko. Er war ein Sohn des alten Kapitäns Daniel, der seinerzeit von der Regierung der Kapitänschaft enthoben wurde, weil ihm Waffen- und Munitionsschwindeleien nachgewiesen wurden. Auch war er verdächtig, aufrührerische Reden gehalten und das Volk vor Jahren schon zur Empörung gereizt zu haben. Seitdem war er aus deutschem Gebiet verbannt und lebte in Walvis Bay. Seit ein paar Monaten war die Zeit der Strafverbannung abgelaufen; er erhielt die Erlaubnis, wieder nach Hereroland zurückzukehren. Sofort benutzte er die Zeit und den großen Einfluß, den er auf die Leute ausübte, um ihre letzten Bedenken zu zerstreuen und sie den Aufständischen unter dem Kapitän Michael von Omaruru zuzuführen.

Samuel Kariko tat stets besonders vornehm. Einstmals besuchte er mich, in weißem Anzug, mit gestärkter Wäsche, gelben Reiterstiefeln, Uhr, Taschentuch und Stock. Die Hacken klappte er militärisch zusammen und reichte mir mit eckigem Arm die Hand: „Gestattest du, gnä' Frau, daß ich mich setze?" — „Setz dich." — Dann meinte er gnädig: „Dir gebe ich gern die Hand, denn dir merkt man es an, daß du auch aus vornehmer Familie bist. Den anderen Weißen die Hand zu geben, weißt du, daran liegt mir nichts." Nun kam irgendeine Bitte. Er sprach gut Deutsch und Holländisch, verständlich Englisch und Namaqua. In der Schrift beherrschte er das Herero und Holländische vollständig, und auch Deutsch schrieb er mäßig gut.

Die christliche Gemeinde von Kawab war ihm unterstellt. Er predigte dort, hielt Andachten ab und lehrte die Kinder. Geige und Harmonium konnte er auch spielen. Samuel stand unter der Kontrolle des Okombaher Missionars, der in Kawab die wichtigen Amtshandlungen, Trauung, Taufe, Konfirmation und Begräbnis, zu vollziehen hatte. Der Missionar schwor auf Samuel als einen seiner wahrhaft frommen und ergebensten Diener.

In der Woche, die dem Aufstand vorausging, war Samuel mehrmals bei ihm gewesen, hatte sich christlich mit ihm unterhalten und ihn inständig gebeten, doch schnell, sobald als irgendmöglich, nach Kawab zu kommen, um dort zu konfirmieren und ihnen allen das heilige Abendmahl zu reichen. Die Gemeinde hätte inniges Verlangen nach dem Tisch des Herrn.

Der Missionar war anfänglich verhindert, versprach aber, bald dem Wunsche der Leute nachzukommen. Sie ließen ihm keine Ruhe. Tagtäglich kamen Boten, die immer dieselbe Bitte vorbrachten. Da des Missionars Ochsen fußlahm waren, ließ er dies als Grund des Verzögerns angeben. Sofort kam die Antwort, die Leute seien erbötig, ihm Ochsen zu schicken, die er vor seinen Wagen spannen könne. Danach kam das Rivier ab und konnte nicht zu Wagen passiert werden. Da kamen wieder Boten, dann möchte er doch ohne Frau und Kind kommen. Sie würden ihm Reitochsen und Begleitung senden. Der Missionar war sehr erfreut über den Glaubenseifer dieser frommen Leute. Er sprach mir des öfteren davon, daß es doch Unrecht von uns sei, sie als heuchlerisch zu verdammen.

Da, mit einem Male, mit dem 15. Januar, änderten sich die Dinge. Wir standen vor einem Rätsel. Was hatten die Hereros wohl mit dieser wiederholten und äußerst dringenden Einladung bezweckt? Der Missionar glaubte immer noch an ihre Harmlosigkeit, darauf fußend, daß Samuel unter ihnen sei. Der würde sie ganz gewiß anhalten, das Rechte zu tun, vom Bösen abzulassen und zu den Weißen zu halten. Deshalb hätte er ihn auch gebeten, gerade jetzt unter seinen Stammesgenossen zu sein. Ich glaube eher, daß sie ihn gern bei sich gehabt hätten, um den Weg zu ihrem scheußlichen Tun ganz frei zu haben. Vielleicht beabsichtigten sie auch, dadurch auf Cornelius einen Druck auszuüben, daß sie drohten, den Missionar zu ermorden, stelle sich Okombahe nicht auf Seite der Hereros. Vielleicht auch hofften sie, das Gewissen des Cornelius leichter zu beruhigen, wenn er den Missionar in Sicherheit wußte. Mit uns anderen hätten sie leichtes Spiel gehabt. Ich glaube nicht, daß sich ein Kaffer gefunden hätte, uns zu verteidigen. Sie hätten sich ferngehalten, die Ahnungslosen gespielt und waren gewiß, von der schönen Beute, nachdem die Hereros abgezogen waren, doch noch genug zu bekommen.

Der Missionar war ziemlich sprachlos bei dieser meiner Gedankenentwicklung. Ganz entgeistert murmelte er: „Aber Samuel ist doch da!" — „Samuel ist ein Gauner wie sie alle, und vielleicht der allerschlimmste!" — „Nein, so kann man sich nicht täuschen." — „Errare humanum est, Herr Missionar."

Nachher kam es heraus. Samuel war schon lange bei dem Oberkapitän Michael von Omaruru Geheimschreiber gewesen. Er kannte den ganzen Aufstandsplan genau. Er war in der Nacht zum 16. Januar bei Cornelius gewesen, um Erlaubnis zur Plünderung unseres Hauses zu bekommen. Er stahl das Vieh auf Merkers Farm. Er und sein Vater Daniel vollzogen kaltblütig einen der scheußlichsten Morde an dem Ansiedler Johr, einem ehemaligen Degenfähnrich.

Johr war ein Sonderling. Er lebte ganz als Eingeborener unter den Hereros und beherrschte ihre bilder- und klangreiche Sprache in seltener Vollkommenheit. Im Rate der Hereros durfte er mitsitzen und hatte eine Stimme bei all ihren Verhandlungen. Nach Hererositte war er auch mit einem Hereromädchen verheiratet. Den Weißen war er durch sein eigenartiges Leben ferngerückt und fremd geworden. Ich erkannte trotz alledem den guten Fond in ihm und wollte ihm gern helfen, wieder emporzukommen und die Achtung der Weißen von neuem zu erwerben. Es mißglückte mir.

Auch er wurde zur Reserve eingezogen, erschien aber nicht. Wir warnten ihn. Ganz besonders eindringlich schrieb ihm sein väterlicher Freund, der alte Ertmann. Da ließ er antworten, er fühle sich ganz als Herero, wenngleich seine Haut weiß sei. Er fürchte nichts und gedenke, bei den Hereros zu bleiben.

Das Nichtbeachten unserer Warnung wurde ihm zum Verderben. Eine Bastardfrau, Elly Bam, die mit auf dem Platz lebte, wo er sich aufhielt, erzählte, daß die Hereros plötzlich Versammlungen abhielten, ohne ihn aufzufordern. Als er sich hierüber verwunderte, bedeuteten sie ihm, sie verhandelten Fragen der eigenen Rasse, die er nicht verstände. Von da an fiel ihm auf, daß, wo er ging und stand, er von bewaffneten Hereros beobachtet wurde. Eines Nachts ward er geweckt. Man rief ihn zur Verhandlung, erklärte ihm, daß der Krieg ausgebrochen sei und fragte, was er zu tun gedenke. Seine Antwort soll gelautet haben: „Ich bin einer der eurigen und bleibe bei euch, was auch komen mag." Darauf sei er entlassen worden. Nun hätte er wohl an Flucht gedacht, doch nicht fortkommen können.

Bei Tagesanbruch seien Daniel und Samuel Kariko auf ihn zugegangen und hätten ihm gesagt: „Wir denken daran, daß doch eines Tages die Zeit kommen wird, daß du dich erinnerst, ein Weißer zu sein. Unsere Sache ist ein Kampf der Rasse gegen die Rasse. Kein Mensch kann gegen sein Blut. Du weißt viel und könntest uns verraten. Das darf nicht sein." Und dabei wären sie auf ihn losgestürzt, hätten ihn geknebelt, gebunden und in der gemeinsten, scheußlichsten Weise mißhandelt. Nachdem sie ihn liegengelassen, sei er bemüht gewesen, sich aufzurichten, aus unzähligen Wunden blutend. Beide Augen hatten ihm die Hunde ausgestochen.

Da trat Justus Hongera hinzu, Johrs Freund. Empört schlug er mit dem Schambock, der Nilpferdpeitsche, nach den Scheusalen. „Was ihr da tatet, war schlecht und fluchwürdig. Geht fort, sonst vergesse ich, daß ihr meines Stammes seid. Und wenn er unser Feind war, weil seine Haut weiß ist, ich hätte nichts dagegen gehabt, wenn ihr ihn getötet hättet. Auch den Feind quält man nicht!" Sprach es, legte an, und ein wohlgezielter Schuß endete die Qualen des Ärmsten. So büßte er die Sünde wider Blut und Volk.

Bei dieser entsetzlichen Kunde konnte ich nicht unterlassen, den Missionar zu fragen: „Glauben Sie nun noch an Samuel und an sein Christentum? Wird er die Gemeinde zum Guten beeinflussen?" Da meinte er mit allerdings gefährlicher Logik: „Und wenn Samuel die Seinen nicht vom Kriege abhält, so kann er es eben nicht, weil er ein guter Patriot ist."

Ich schwieg, aber vor meine Gedanken trat mir der Spruch von der Obrigkeit aus dem Römerbrief.

Die Mitternacht kam schnell unter all diesen Erlebnissen. Überhaupt, wie schnell die Zeit vergeht, wenn man abgeschlossen hat mit dem Leben. Wie die Stunden flogen. Mitunter rührten sich die drei Kinder in dem kleinen Zimmer. Frau Merker lag schluchzend und betend auf der harten Matratze. Ich bat sie, sich doch um des Kindes willen, das sie stillte, zur Ruhe zu zwingen. Dann ward es wieder still im Zimmer. Es kam kein Schlaf in unsere Augen. Man hat so viel zu denken in der Nacht, die vielleicht die letzte ist. Wir sorgten uns beide so sehr um unsere Männer, deren Schicksal uns unbekannt. Waren sie tot? Lebten sie noch? Wo? Wie? Lagen sie verwundet irgendwo im Busch?

Um Tod und Leben.

Um Mitternacht setzte ein schwerer Regen ein. Wie eine gewaltige schwarze Masse lag das Firmament. Dann plötzlich regnete es, erst die Tropfen hart aufschlagend und dröhnend auf dem Wellblech des Daches, dann strömend, unaufhaltsam fallend, als wollte es nie ein Ende nehmen. Und von den Felsen rieselte es. Es vereinte sich zu kleinen Rinnsalen und bohrte sich im Sande weiter und wuchs an zu kleinen Strömen.

Von den Seitenrivieren ergoß es sich in den Omaruru, endlos, mit gewaltigen Mengen. Dort schwoll das Wasser an zu mächtigen Wellen und brauste weiter, weiter, in erhabener Melodie, flußabwärts, dem Meere zu.

Mit sich riß es, was zwischen seinen Ufern haltlos war, Baumstämme, Sträucher, Vieh, Menschen.

Und mit den eklen, gelben Wasserwogen um die Wette, um noch die Furt zu erreichen, ritt auf Leben und Tod, auf abgehetzten, müden Pferden ein winziges Häuflein Menschen, fünf an der Zahl, um noch zur Zeit zu kommen, uns Hilfe zu bringen in unserer Bedrängnis.

Es waren mein Mann, der brave dicke Sergeant Josefowsky und noch drei andere Reiter, die das Unmögliche möglich gemacht hatten und nach Erledigung des Pferdetransportes nun von Omaruru zu uns zurückkehrten, ermattet zum Umsinken, aber wohlversorgt mit Patronen. —

Auf dem Hinritt nach Omaruru hatten sie sich sehr beeilt, um noch vor Anbruch der Dunkelheit diesen Platz zu erreichen. Sie trafen, wie schon berichtet, auf unsern Diener Gottfried, der ihnen den Raub der Sachen mitteilte. Zur größten Vorsicht gemahnt, nahmen sie sich keine Zeit, auch nur fünf Minuten zu halten. In Geschwindigkeit wechselten sie die Pferde.

Auf dem Wege begegneten ihnen Scharen bewaffneter Hereros. Viele wa en ihm persönlich bekannt. Freundlichste Begrüßung erfolgte. Mit breitem Grinsen und Nicken begleiteten sie ihr: „Morrow, Mr., morrow." Die eine Hand riß den Hut vom Kopf, zum Gruß; mit der anderen wurde nach dem Hahn am Gewehr getastet.

„Morrow, morrow, ihr Mistböcke!" war die Antwort. Auch die Hand der Weißen straffte die Zügel und griff nach dem Karabiner im Schuh.

Meinem Manne riefen sie noch zu: „Freue dich, daß du weg bist, morgen stürmen wir Okombahe!"

Dicht vor Omaruru tauchten Kerle auf mit großen weißen Binden am Arm, worauf der Stempel des Bezirksamtes Omaruru gedruckt war, ein Zeichen der Neutralität. Sie bewährten sich glänzend. Als etliche Stunden später der Stabsarzt Kuhn, der Verteidiger von Omaruru, vom Wachtturm aus das Land beschaute, sah er die Schanzen der Hereros dicht besetzt mit ihren Kriegern. Weithin leuchteten die Binden der Neutralität an ihren Armen.

In Omaruru war man sehr besorgt wegen der Patrouille. Da man die drohende Haltung der Hereros bemerkte, schickte ihr der Stabsarzt neun Reiter entgegen. Dieser Vorsichtsmaßregel allein ist es wohl zu danken, daß Reiter und Pferde sämtlich gut nach Omaruru hineinkamen.

Auf dem Platze herrschte reges Leben. Viele Weiße sind dort in der Umgegend ansässig. Alle waren eifrig damit beschäftigt, einen Teil ihrer kostbarsten Habe in Sicherheit nach den beiden Stationen zu bringen.

Der Oberkapitän Michael hatte zwar noch am Vormittag den Stabsarzt besucht und war bei dessen liebenswürdiger Frau zu Gast gewesen mit dem Unterkapitän Mutate und den Großleuten. Ihrer heiligsten Treue und Ergebenheit hatten sie ihn versichert. Einer nochmaligen Aufforderung, nach der Station zu kommen, leisteten weder er noch einer seiner Leute Folge. Dies war verdächtig. Dazu kam, daß ein Engländer auf der Station erschien und aussagte, seine Hererofrau hätte ihm verraten, daß in der kommenden Nacht ein großes Blutbad angerichtet werden solle. Dem Tode entgehen sollten alle Engländer, Buren, Bastards und der Missionar Dannert.

Daraufhin ließ Dr. Kuhn die Deutschen alle in der Station Schutz suchen, während die Ausländer freiwillig in ihren Häusern verblieben. Die Stationen wurden befestigt und in der Eile gerade noch zur rechten Zeit mit Sandsäcken verbarrikadiert.

Die Hereros begriffen anfangs nicht das sonderbare Tun der Weißen. Als sie aber die Wanderung nach der Station sahen, wurde ihnen klar, daß irgend jemand den Plan verraten haben mußte. Schon den Tag darauf hielten sie sich schadlos, plünderten Häuser und Geschäfte und begannen eine regelrechte Belagerung der Station.

Sobald mein Mann die Station erreicht hatte, ging er zum Stabsarzt Dr. Kuhn, den er von früher her sehr gut kannte. Er schilderte ihm die Lage auf Okombahe und K. stellte ihm sofort frei, ob er versuchen wolle, mit noch etlichen anderen zurückzureiten.

Wohl machte Kuhn meinen Mann auf die Gefahr des Unternehmens aufmerksam, doch der ließ sich natürlich nicht davon abbringen. Dann wurde angefragt, ob sich freiwillig Reiter meldeten, ihn zu begleiten. Der Sergeant Josefowsky meldete sich sofort, unser Angestellter Komanns, der Inspektor des Herrn Merker, Sander, und noch ein früherer Bahnarbeiter namens Bruder. Für den letzteren besonders war das Unternehmen gewagt, denn er hatte noch nie auf einem Pferde gesessen und sollte nun in dunkler Nacht mehr als 70 km reiten. Für die anderen war es auch keine Kleinigkeit, denn sie hatten sämtlich den Ritt von Okombahe nach Omaruru hinter sich und waren von den Strapazen, der Aufregung und dem beschleunigten Tempo auch nicht mehr allzu frisch.

Aus dem Trupp der mitgebrachten Pferde suchten sie sich die besten aus, die in aller Eile beschlagen wurden. Sie konnten nur kurze Rast bis Einbruch der Dunkelheit halten, dann wollten sie aufbrechen.

Starke Zweifel wurden laut, ob der Weg in einer Nacht wie der kommenden, da der ganze Himmel bezogen war und starken Regen verhieß, zu machen sei. Ob es sich überhaupt lohne, den Ritt zu wagen, da wir doch aller Wahrscheinlichkeit nach längst tot seien. An derben Witzen fehlte es auch nicht. Gar bald hieß die Patrouille die Begräbniskommission, und als mein Mann, voller Unruhe fortzukommen, zur Eile antrieb, meinte einer so recht ermutigend: „Nun, beeile dich nur nicht so, zum Eingraben kommst du noch allemal zurecht!"

Alle fünf Patrouillenreiter empfingen neue Uniformen. Die Patronengürtel wurden gefüllt. Desgleichen kamen in die Packtaschen soviel Patronen, wie die Pferde zu tragen vermochten. 250 Stück je Mann. Man muß immer bedenken, die Pferde sind nur klein, und Pferde und Reiter hatten bereits große Anstrengungen hinter sich.

Endlich wurde es Nacht und fing an zu regnen. Mit dem Regen nahm die Dunkelheit zu. Sie konnten die Hand nicht sehen, welche die Zügel führte. Da schlichen sie aus der Station hinaus, die Braven, atemlos, den Blick ins Dunkle gerichtet, quer über dem Sattel den Karabiner. Auf Umwegen nahmen sie die Richtung nach Okombahe, keck über die Schanzen setzend oder sie vorsichtig umreitend.

Die Umrisse verschiedener Gestalten und glimmende Lagerfeuer sahen sie. Hererolaute schlugen an ihr Ohr. Jede Sekunde konnten sie als Feinde erkannt und angehalten werden, aber der Regen war ihr Bundesgenosse. Unbehelligt kamen sie weiter.

Den direkten Weg nach Okombahe konnten sie auch nicht innehalten. Sie mußten gewärtig sein, den Hereros zu begegnen, die längs der Pad saßen, auf Otjimpaue, Okarundu, Kawab. Ein unvorsichtiger Laut, und sie waren verraten. Selbst auf die geliebte Pfeife, die Trösterin bei allem Schwerem, mußte verzichtet werden. Ihr Glimmen oder der Geruch des Rauches hätte Argwohn erwecken können. Überall lauerte der Tod.

Durch die Büsche schlugen sie sich, sich blutig ritzend an den Dornen, sich die Kleider zerfetzend. Über schlüpfriges Gestein ging es, vorsichtig gleitend. Oft mußten sie absteigen und die Pferde am Zügel führen.

Der Regen schlug ihnen in die erregten Gesichter und wurde stärker und stärker, bis er wolkenbruchartig herabströmte. Im Herzen trugen sie die bange Ungewißheit: Kommen wir auch noch zur Zeit? Da drängte sich ihnen eine neue Sorge auf. Wenn es so fortfuhr zu regnen, dann mußte das Rivier anschwellen und abkommen. Dann war die Furt nach Okombahe unpassierbar, alle Anstrengungen und Mühe vergebens.

Die wackeren Gäule wurden angetrieben, wo nur das Gelände es erlaubte, zum rasenden Galopp, um die Furt zu erreichen. Schon hörten sie das Donnern und Brausen des herankommenden Rivieres, sie ritten im Dunkeln eine Strecke Weges mit ihm um die Wette; gerade noch rechtzeitig erreichten sie den Übergang und gelangten glücklich an das jenseitige Ufer.

Hoch aufatmend hielten sie. Da, ein winziges Fünkchen nur sahen sie, das war der Überrest eines Lagerfeuers, und eins der Pferde hätte beinahe einen schlafenden, in seine Decken gewickelten „Posten" getreten.

Wieder rafften sie sich auf und spornten sich gegenseitig an. Abwechselnd führten sie das Pferd des Nichtreiters Bruder am Zügel. Der Ärmste war beinahe wahnsinnig vor Angst und den für ihn schier unüberwindlichen Strapazen. Flehentlich bat er, man möchte ihn doch totschießen, er könne nicht weiter.

So tasteten sie sich durch Kawab. Oftmals blieben sie im Dorngebüsch stecken und mußten sich erst heraushauen. Eilig und vorsichtig ging es weiter, an dem schlafenden Kawab vorbei. Noch war es dunkle Nacht, noch troff es von allen Zweigen der Bäume, die das Ufer des Riviers bestanden, aber empfindlich kalt wurde es. Daran merkten sie, daß der Morgen nahe sei.

Endlich tauchte, nur in finsteren Umrissen, der breite Rücken des Okombaheberges auf. Nun galt es, mit größter Vorsicht, die hinter Kawab etwas nachgelassen hatte, das Ende des Rittes durchzuführen. Sobald es Tag wurde, wußten sie, würden die Hereros angreifen. Beabsichtigten sie tatsächlich den Überfall, so lagen sie in den Klippen dicht vor Okombahe. Darum wurde noch eine List gebraucht. Sie ritten paarweise nebeneinander und ließen die Pferde kurz antraben, „trippeln". Auf diese

Weise sahen die auf dem Wege zurückgelassenen Spuren aus, als stammten sie von einer Menge von Pferden her, als sei eine große Truppenmacht in Okombahe eingezogen, es zu schützen.

Die Hereros unter Daniel Kariko hatten zwischen den Klippen, durch überhängende Felsen wohlbewahrt, dem Tage entgegengeschlafen, der ihnen viel Beute aus den Häusern der Weißen und viel Vieh bringen sollte. Beim Regen hatten sie auch keine Posten ausgestellt, getreu ihrem alten Brauch: wenn es regnet, dann schläft man. Als der Tag kam, sahen sie die Spuren der Pferde, die der Regen etwas verwischt hatte. Nachdenklich beschauten sie diese und — zogen ab, weil sie sich einer solchen Truppenmacht nicht gewachsen fühlten.

Bei Tagesgrauen horchte ich hinaus in die kommende Helle und erschrak: Pferdegetrappel ertönt durch die Stille. Es kommt näher und näher; fest faßt meine Hand den Revolver, so muß es also sein! Da erkenne ich Uniformen! Es war die Hilfe! Allen voran mein Mann. Wir lagen uns in den Armen. Themis, mein alter Junge, das hast du brav gemacht! Hinter den Reitern im Osten, leuchtend, feurig, stieg der Sonnenball empor. Sonne! Siegerin! Ein neuer Tag des Lebens war uns vom Schicksal geschenkt. Nach Sonnenaufgang greift kein Herero mehr an.

Aber wie sahen die Tapferen aus! Dampfend vor Nässe, zerschunden, die Uniformen zerfetzt, über alle Begriffe müde nach dem aufreibenden langen Ritt, der über 150 km betrug.

Mein Mann war in der einen Nacht um Jahre gealtert. Er hatte ja auch das meiste zu verlieren. Nun hätten wir den Wackeren so gern Ruhe gegönnt. Aber schlafen unter diesen Umständen? Jetzt hieß es Verteidigungspläne entwerfen, danach handeln. Wer weiß, ob nicht schon am Abend oder nächsten Morgen ein Angriff der Hereros beabsichtigt war.

Auf der Feste.

Wir kamen überein, alle nach der Station überzusiedeln, uns wohl mit Wasser und Holz zu versehen und dort zu verschanzen. Um 6 Uhr spannten wir die Karre an, und die nötigsten und wertvolleren Sachen wurden nach oben gebracht.

Die Station ist ein längliches Gebäude, aus ungebrannten Backsteinen erbaut. Es bestand aus vier Zimmern. Eins mußte Büro bleiben, eins Wacht- und Schlafstube für die Mannschaften. Das dritte bezogen Frau Merker und ich mit zusammen drei

Kindern, im vierten hausten die Bastards. Ein Soldat hatte ein Bastardmädel zur Frau, und so kam es, daß ihre ganze Verwandtschaft schutz- und hilfsbedürftig mitgenommen wurde.

Die Zimmer waren klein und niedrig. Das vorhandene Fenster in einem jeden mußte bis dreiviertel Höhe zugemauert werden, weil die Station an einem Abhang lag und man von der Höhe hineinschießen konnte. Bis fast an die Decke aufgestapelt lagen unsere Sachen. Dazwischen war knapp Platz für unsere Matratzen, die Kinderbetten und den Kinderwagen.

Dicht bei der Station wurden Kral-Tackies gekappt für das Vieh. Dieses sowie der im Hof der Station befindliche Pferdekral brachten Fliegen in Unmengen mit.

Den ganzen Nachmittag bis zum Sonnenuntergang arbeiteten wir alle schweißtriefend an der Wiederaufrichtung der beiden Hofmauern. Da es keine Backsteine gab, schleppten wir Steine herbei. Ich glaube, dies ist die schwerste Arbeit, die ich je in meinem Leben verrichtet habe. Gar bald schälte sich mir die Haut von den Händen, doch es half nichts, denn die Zeit drängte. Ich hatte wenigstens das meine mit dazu beigetragen, die Station verteidigungsfähig zu machen. Über die Bastards ärgerte ich mich, sie waren viel zu vornehm zu solch gemeiner Arbeit. Statt mitzuhelfen, fragten sie ein über das andere Mal höchst verwundert: „Wie kann doch die gnä' Frau solche niedrige Arbeit tun? Laßt doch die Kaffern und die Soldaten arbeiten!" Sie bedachten aber nicht, daß letztere einen Tag und eine Nacht zu Pferde gesessen hatten. Die Arbeit ging langsam vonstatten. Es war heiß, und die Leute waren todmüde. Endlich waren die Mauern so hoch, daß sie einigen Schutz gewähren konnten.

Nun wurde noch der Wachtturm ausgebessert, der an der Ostseite des Stationsdaches aufgebaut war. Da, wo ihm die obere Mauer fehlte, stellten wir Kisten, mit Sand gefüllt, aufs Dach. Als dies nicht reichte, wurde meine Waschleine mehrmals in Abständen gespannt und mit Woilachs und Decken als Kugelfang behängt.

Wir hatten auch gleich einen Kranken. Der Reiter Bruder war von dem Ritt dermaßen angestrengt, daß er wie tot dalag und erst am Abend des zweiten Tages einigermaßen zur Besinnung kam. Ich habe ihm noch tagelang bessere Nahrung und viel Milch zukommen lassen, bis er sich wieder ganz erholt hatte.

Kurz vor Anbruch der Nacht waren wir fertig. Alle hatten wir das Bedürfnis nach Schlaf, und der war doch nicht möglich.

Am Abend sahen wir noch friedlich eine Karre von Spitzkoppier Weg daherkommen. Es war die des alten Ertmann. Er war des Todes verwundert, solch Leben auf der Station zu sehen, und hatte keine Ahnung vom Aufstand. Zu seinem Glück war er auch niemand begegnet. Sofort stellte er sich freiwillig und bildete so eine schätzenswerte Verstärkung zu den sechs Mann der Station.

Den ersten Teil der Nacht blieben wir alle zusammen im dunklen Hofe. Sehr vorsichtig wurde vermieden, in den Lichtkreis der Lampe zu kommen, deren Schein aus den geöffneten Türen drang. Von 10 Uhr ab hatten je zwei und zwei die Runde bis 4 Uhr früh, wo alle geweckt werden sollten. Ich begleitete meinen Mann auf seiner Tour um Mitternacht.

Trotz des großen Schlafbedürfnisses kam keiner zur Ruhe. Die Nervenabspannung und Übermüdung war zu groß. Über Herrn Merkers Schicksal waren wir gänzlich im ungewissen. Trotz aller ausgesandten Boten hörten wir nichts Bestimmtes. Die Berichte lauteten nur dahin übereinstimmend, daß auf Merkers Farm geschossen worden sei. Wir alle zweifelten an Merkers Wiederkommen. Der Missionar und die anderen wollten, ich sollte der Frau den Tod ihres Mannes schonend beibringen. Ich sträubte mich dagegen. Eine bewaffnete Patrouille der Kaffern ging abermals auf die Suche, um wenigstens den Leichnam zu finden; auch umsonst. Den zweiten Tag endlich erschien Herr Merker, der Totgeglaubte. Mit großer Freude wurde er empfangen. Er hatte sich gegen die Hereros gewehrt, die ihm sein Vieh wegtreiben wollten. Er gab einige Schüsse ab, ohne daß sie vom Feind erwidert worden wären. Fast all sein Vieh war ihm aber weggenommen. Von den Hereros verfolgt, ohne Patronen, mußte er sich erst verstecken, dann hatte er sich auf der eiligen Flucht die Füße durchgelaufen und konnte nur langsam vorwärts. Jetzt war er gottlob zurück.

Am nächsten Morgen gegen 4 Uhr weckte mich mein Mann. Ich hatte die letzte Stunde so fest geschlafen, daß ich mich zuerst gar nicht besinnen konnte, wo ich sei und was man von mir wolle. Nur zu bald wurde es mir klar. Ich ward mir meiner Aufgabe bewußt und ging ins Büro, um den Verbandkasten genau zu untersuchen und alles zurecht zu legen. Möglich war

Sandsturm

Tropengewitter

Verkämpfte Kudubullen

Erdmännchen

es, daß es Verwundungen gab, und da mußte ich am Platze sein. Da mir die anderen Gewehre zu schwer waren, lagen meines Mannes Jagdgewehr und Patronen für mich bereit. Im Fall einer der Verteidiger verwundet und kampfunfähig wurde, sollte ich an dessen Stelle treten. Bis es Arbeit für mich gab, hatte ich mir ausbedungen, an meines Mannes Seite zu stehen. Er und der Sergeant hatten ihre Posten oben auf dem Turm.

Am glimmenden Feuer auf dem Hofe lagen die eingeborenen Polizisten und Bambusen. Schnell waren sie munter, und ein Emaillebecher dampfenden Kaffees, zweifelhaften Geschmacks, hob die sehr gesunkenen Lebensgeister. Zum Essen konnte sich niemand entschließen.

Mittlerweile wurde es heller. Wie die Mauern selbst stand ein jeder auf seinem Posten. Da ging die Sonne auf. Alle Ferngläser wurden eifrig benutzt. Nichts Verdächtiges war zu sehen, kein Herero ließ sich blicken. Unsere Erwartung war so gespannt, daß wir nun ordentlich enttäuscht waren. Also heute nicht! Nun, dann wahrscheinlich morgen!

Während des Tages beruhigten sich die Gemüter. Ich vertraute mein Baby dem dicken Sergeanten an, der bei all seiner Ruhe, dessen bin ich sicher, doch auch in diesen Tagen manches Pfund abgenommen hatte. Er bewies sich als sehr befähigt zum Warten kleiner Kinder und tat es mit Umsicht und Liebe. Es war ein eigenartiger Anblick, der wettergebräunte, bärtige Krieger und mein kleiner blonder Bube.

Themis und ich gingen nochmals nach dem Hause und holten noch verschiedene Sachen. Wir fütterten die Hühner und Tauben, unter denen die Schakale arg gehaust hatten, weil die Nacht über die Stalltür offengeblieben war. Vom Gemüsegarten sah man nur noch etliche Kürbisranken. Der Obstgarten mit Dattelpalmen, Wein und Feigenstecklingen war überhaupt verschwunden. Alles war überschwemmt und verschlammt worden vom abkommenden Omarururivier.

Auf der Station richteten wir uns etwas besser ein. Hart war es, sich so schnell umgewöhnen zu müssen vom friedlichen Heim ins rauhe Kriegsleben.

Wenn nach einer feuchten Nacht die Gewehre rostig geworden und die Patronen im Rahmen angelaufen waren, dann saß ich da mit dem Haufen Patronen im Schoß und säuberte sie gewissenhaft, während die Leute ihre Gewehre in Ordnung brachten.

Soweit hört sich dies alles ganz friedlich an, und doch drohte der Aufstand, und rings um uns gärte es. Jeden Morgen waren wir alle auf dem Posten und auf einen Überfall vorbereitet. Mit dem Kapitän Cornelius gab es täglich Unterredungen. Massenhaft kamen Leute, die Verdächtiges bemerkt haben wollten. Wollte man all den Berichten glauben, so hätten die Hereros wochenlang sturmbereit auf Okombahe sein müssen. Ruhe gab es nicht. Cornelius verhehlte uns nicht, daß ihm tagtäglich Briefe von den gewalthabenden Hereroführern zugingen, die ihn zur Teilnahme aufforderten. Charakteristisch in ihrer lakonischen Kürze war die Botschaft des Oberanführers Samuel Maharero: „Ich kämpfe, töte." Michael von Omaruru schrieb: „Beeile dich, alles, was weiß ist, muß sterben, tu deine Aufgabe und komme dann zu uns." Mutate, der Unterhäuptling, schrieb: „Eile dich, die Zeit ist da, die schwarze und die weiße Farbe können nicht mehr zusammenleben, die schwarze muß herrschen. Erfüllst du den Befehl nicht, dann wirst du und dein Stamm untergehen mit den Weißen." Johannes von Kawab fragte wiederholt: „Bist du noch nicht fertig mit dieser Handvoll Weißer, wie lange zauderst du? Sei klug und nimm meinen Rat, arbeite mit Gift, wenn du nicht schießen willst."

Dazu kam, daß wir gänzlich von der Welt abgeschlossen waren. Ringsherum saßen die Hereros. Alle Boten, die wir zu schicken versuchten, wurden abgefangen und meist niedergemacht. Es war gänzlich unmöglich, nach Omaruru durchzukommen. Die Omaruruer selbst waren eingeschlossen und konnten nirgendhin Nachricht senden. Immer wieder versuchten wir es, auf allen Wegen, nach allen Richtungen; alles vergebens.

Von Omaruru hörten wir täglich bei der großen Stille und Trockenheit der Luft den Donner des großen Geschützes. Das trug auch nicht dazu bei, uns froher zu stimmen.

Ein Bote, der nach Swakopmund sollte, kam zurück. In Spitzkoppies hatte er gesehen, wie der Angestellte der Kolonial-Gesellschaft, Herr Loutsch, von einem Herero, der in anscheinend freundlicher Absicht zu ihm kam, durch den Mund geschossen wurde. Dicht bei unserer Station vorbei treckten die frechen Räuber mit den auf Spitzkoppies gestohlenen Sachen und dem Vieh. Wir waren zu wenig, um ihnen erfolgreich entgegentreten zu können. Außerdem konnte dies gerade der Zeitpunkt sein, wo die Station tatsächlich angegriffen wurde. Dann konnten die von draußen Zurückkehrenden nicht hinein; die Besatzung der Station wäre geschwächt gewesen, und so zersplittert hätten beide Teile leicht überwältigt werden können.

Allmählich ließ die Spannung nach, es wurde langweilig. Die stete Gefahr war man gewohnt geworden. Dies ewige Warten griff die Nerven an. Wir wünschten tatsächlich einen entscheidenden Schlag. Von der Station konnten wir uns nicht entfernen und hatten auf diese Weise keine Gelegenheit, die Kaffern zu beobachten. Dadurch, daß sie noch immer auf unserer Seite standen, waren wir allmählich sicher geworden. Mit einem Male erschien der alte Cornelius, ganz gegen seine Gewohnheit, mit vier bewaffneten Begleitern. Er sagte uns, daß wir nicht nur in den Hereros unsere Feinde zu sehen hätten, sondern erst recht in den Bergkaffern. Es wäre eine starke Strömung unter ihnen für die Hereros, gegen uns. Er bekannte frei, daß er förmlich damit bestürmt würde, doch endlich den Befehl zu unserer Ermordung zu geben. Wir müßten selber sehen, was da am besten zu tun sei. Er könne uns nicht schützen. Wüßte er doch selber nicht, wie lange er am Leben bleiben würde. Er selber hätte seiner Weißenfreundlichkeit wegen viele Feinde unter den eigenen Leuten und sei täglich und stündlich darauf gefaßt, von ihnen ermordet zu werden.

Wir wußten, daß einige der einflußreichsten Großleute mit den Hereros verwandt waren und sich als halbe Hereros rechneten. Diese hatten den Umschwung in der Stimmung der Leute hervorgebracht. Hatten die Kaffern tatsächlich diesen Plan, dann gab es für uns kein Erbarmen. Sie kannten genau die schwachen Punkte der Festung. Einem geschlossenen Angriff hätten die Mauern niemals standgehalten. Bewaffnet waren die Leute auch, von uns selbst hatten sie ja noch die Patronen bekommen. Wir überlegten, sollten wir sie plötzlich zurückfordern, sollten wir die Waffen plötzlich einziehen? Dies alles verbot die Klugheit. Sehr ernster Kriegsrat wurde gehalten; kein Ausweg fand sich. Einige Hitzköpfe schnallten sofort um und wollten die vermeintlichen Anführer dieser unserer Gegenpartei verhaften und als Geiseln in der Station behalten. Die meisten billigten den Plan, der Sergeant schwankte, ich war entschieden dagegen. Ich stellte ihnen allen vor, daß dies hieße, Öl ins Feuer schütten.

Gutwillig würden die Kerle nicht mitgehen. Entweder die Soldaten müßten unverrichteter Sache umkehren, das wäre eine Schlappe, die ihre Machtlosigkeit bewiese und deren Folgen nicht abzusehen wären, oder aber es würde gleich zur Schießerei kommen, und somit würde erst recht das gefördert, was unter allen Umständen vermieden werden sollte. Ich brauchte meine ganze Überredungskunst, um sie von vorschnellem Handeln abzuhalten. Der Sergeant und Themis stimmten mir bei, und endlich gelang es uns, auch die anderen zu überzeugen. Wir beschlossen, uns gänzlich passiv zu verhalten und die Kaffern in keiner Weise zu reizen. Außerdem sollte der Befehl erlassen werden, da keine augenblickliche Gefahr eines zu erwartenden Überfalls bestehe, daß alle Kaffern ihre Waffen zu Hause lassen, angeblich um Unglücksfälle zu verhüten. Es würde nicht gewünscht, daß die Kaffern mit Gewehren auf die Station kämen.

Die Nacht nach diesem aufregenden Tage kam mein Mann gegen Morgen zu mir ins Zelt. Ich war aus dem kleinen Zimmer ausgerückt und wohnte in einem Zelt im Kasernenhofe, weil ich es im Zimmer vor Ungeziefer nicht mehr hatte aushalten können. Ich lag wach im Feldstuhl. Wir besprachen die Lage der Dinge, die recht trostlos für uns war. Ganz richtig meinte er, daß es kein Entrinnen für uns gäbe und wohl bald unser letztes Stündlein schlagen würde. Dann fragte er mich, ob ich erlaube, daß er, wenn die Station fiele, erst das Kind und dann mich erschösse. Nur dann könne er ruhig aus dem Leben gehen, wenn er die Gewißheit habe, wir wären den Händen dieser schwarzen Teufel entrissen. Ich hatte das Gefühl, als ob mir übel würde, willigte aber sofort ein. Sachgemäß untersuchten wir den Revolver, ob er auch funktioniere. „Dann halte dich bereit, wenn's kommt, kommt's schnell."

Dies war ungefähr am 20. Januar.

Schon der nächste Tag lehrte uns, wie recht wir getan hatten, daß wir uns zum Abwarten entschlossen. Irgendein schwatzhafter Bambuse hatte spioniert und unsere Beratung gehört. Mit Windeseile verbreitete sich die Nachricht unter den Kaffern, die beiden angesehensten Großleute sollten verhaftet werden. Im Umsehen war beschlossen, daß die Verhaftung das Zeichen zum allgemeinen Sturm auf die Station werden sollte. Immer drohender wurde die Haltung der Kaffern. Sie warteten nur darauf, daß sich einer von uns blicken ließe, dann wollten sie anfangen. Aber wir hüteten uns und nahmen keine Notiz davon, sondern blieben ruhig auf der Station.

Da, wie ein Wunder, erhielten wir Hilfe. Es kamen zwei Boten ihres Wegs, um Herrn Loutsch auf Spitzkoppies Postsachen zu bringen, dessen Tod ihnen nicht bekannt war. Da sie eine Woche bereits unterwegs waren und zufällig einsame Wege genommen hatten, auf denen ihnen niemand begegnete, hatten sie von nichts eine Ahnung. Als sie Loutsch auf Spitzkoppies nicht fanden, gingen sie der frischen Wagenspur nach, in der Meinung, Loutsch sei mit seinem Wagen nach Okombahe getreckt.

Dicht vor Okombahe, als die Spur abzweigte, standen sie ratlos, wohin sie sich wenden sollten. Da begegnete ihnen ein Kaffer, der ihnen vorschlug, die Postsachen für Loutsch auf der Station abzugeben. Dies taten sie. Der Sergeant öffnete amtlich das kleine Bündel. Er nahm die Zeitungen heraus, und mit lautem Jubel lasen wir die Nachrichten von den bereits eingetroffenen und noch kommenden Verstärkungen. Im Umsehen wurde aufs Dach geklettert. Schon wehten drei schwarz-weiß-rote Flaggen, und auch unsere blaue mit den drei Rosen im weißen Felde blähte sich stolz im Winde.

Drunten im Platz sahen wir, wie sich die Kaffern zusammentaten. Als erster erschien der Missionar, dann der Kapitän, die Großleute, sämtliche Männer und zuletzt alle Weiber und Kinder. Sie sahen uns etwas besorgt an und schienen zu zweifeln, ob wir alle wohl ganz unserer Sinne mächtig seien. Da kletterte mein Mann auf eine zufällig dastehende Tonne. Mit erhobener Stimme las er die Berichte von all den Verstärkungen vor und schnurrte zu der Zahl der Regimenter, die kommen sollten, noch manche Null hinzu, um die Sache noch eindrucksvoller zu machen. Mit einem donnernden Hoch auf Seine Majestät, in das wir alle einstimmten, schloß er.

Die Kaffern sahen sich an und verschwanden allmählich. Interessant war es, die Physiognomien einzelner zu beobachten. Der Kapitän und die Großleute blieben zurück, und auch die, die im Innersten ihres Herzens so sehr gegen uns waren, heuchelten das größte Interesse und die tiefste Ergebenheit.

Der alte Ertmann wandte sich an einen der Hauptanführer und meinte ganz ruhig: „Es ist doch gut, daß ihr Klippkaffern euch ruhig verhalten und uns doch lieber nicht kaltgemacht habt, wie ihr es vorhattet. Ich sage dir, es wäre euch schlecht ergangen!" Vergebens versuchte der so Angeredete sich zu fassen — auch ein Kaffer kann blaß werden. Er stammelte ganz entsetzt: „Was weißt du denn davon?" und verabschiedete sich schleunigst. Ertmann rief ihm noch eine gesegnete Nachtruhe und den Wunsch nach, er möge von der Verstärkung träumen. Aber er hatte es so eilig, daß er wahrscheinlich nichts mehr davon hörte.

Cornelius meinte zum Sergeanten: „Fürwahr, es war hohe Zeit, daß Botschaft kam, ich stand für nichts mehr. Jetzt könnt ihr ganz ruhig sein, wenigstens vor den Kaffern."

Wir waren wie erlöst! Dieser drohenden Gefahr waren wir glücklich entgangen. Wir waren aber auch stolz, und das sind wir jetzt noch. Dank unserer Diplomatie war es uns gelungen, den Stamm der Bergkaffern der Regierung dauernd freundlich zu erhalten. Was geworden wäre, wenn auch die Bergdamaras abfielen, weiß ich nicht. Denn bis auf diesen Tag sind die treuen Bergkaffern in Diensten der Truppe als Führer, Treiber, Bambusen usw. Wenngleich kein Schuß gefallen, kein Blut geflossen ist, so ist es doch gerade der Besatzung von Okombahe zu verdanken, durch Schneid und Umsicht unserer Kolonie diesen sehr wichtigen Dienst geleistet zu haben. Am nächsten Tag schickten wir einen Boten nach Omaruru, um auch dort die wichtigen Nachrichten bekanntzumachen. Er wurde später mit durchschnittener Kehle aufgefunden.

Am 22. Januar kamen mehrere hundert Kaffern von Omaruru fliehend bei uns an. Sie erzählten, in Omaruru würde stark geschossen, viele Weiße seien tot. Einen Soldaten, der beim Ausfall aus der Feste erschossen worden sei, hätten sie buchstäblich in Stücke geschnitten. Den Ausländern geschehe nichts. Zwischen ihnen, dem Missionar und den Hereros herrsche nach wie vor freundschaftlicher Verkehr.

Sie beklagten sich, daß Michael und der Unterkapitän Mutate die Kaffern durchaus zwingen wollten, mit ihnen zu gehen. Sie aber hätten sich geweigert. Da berief sie Michael in eine große Versammlung der Hereros und eröffnete ihnen, daß sie alle auf der Stelle umgebracht werden sollten, wenn sie darauf beständen, neutral zu bleiben. Im selben Augenblick sei ein Schrapnell aus „dem großen Rohr" unter sie gefegt. In der allgemeinen Verwirrung seien sie entflohen. Da nunmehr ihres

Bleibens auf Omaruru nicht wäre, seien sie schutzsuchend hierhergekommen. Sie erwiesen sich als recht lästige Beigabe, dem Kapitän ungehorsam, und diebisch, wo immer sich nur Gelegenheit fand.

Nach wie vor wurden wir von den Hereros beunruhigt. Da die Kaffern nun auch für sich selber fürchteten, wurden eifrigst Schanzen gebaut und Patrouillen gegangen. Jeden Abend konnte man die um Okombahe herumliegenden Felsen von den Bergdamaras besetzt sehen. Wie die Paviane hockten sie da. Aber aufmerksam beobachteten sie, das muß man ihnen lassen.

Am 23. Januar, um Mitternacht, brachten sie sieben Spione an. Mit Hilfe der Riemenpeitsche unter dem Kommando des Cornelius bekam man am nächsten Morgen heraus, daß sie von den Hereros abgesandt waren, in der Nacht dicht vor der Station unser sämtliches Vieh zu stehlen. Es waren, bis auf einen, gänzlich verkommene blödsinnige Kerle. Die Hereros schlagen ja, wie bekannt sein dürfte, so lange mit dem Kirri auf ihre Diener ein, und mißhandeln sie fortgesetzt in der grausamsten Weise, bis auch der letzte Funken Verstand aus ihnen herausgeprügelt ist.

Mit dem Kapitän wurde beraten, was mit ihnen anzufangen sei. Schließlich wurden ihnen 25 Hiebe aufgezählt und sie laufen gelassen. Sehr energisch wurde ihnen aber bedeutet, es gäbe eine Kugel, ließen sie sich noch einmal sehen.

In dem siebenten Spion wurde ein ganz durchtriebener Halunke erwischt, der aus dem Gefängnis zu Omaruru entwichen war. Noch sah man die Striemen der Peitschenschläge auf dem edelsten Teile seines Körpers, da er gänzlich unbekleidet war. Er mußte wohl schon beim Transport durch die Kaffern sehr gelitten haben. Der Kräftigste schien er auch nicht. Als die Reihe an ihn kam, lag er zusammengesunken da, und Blut quoll ihm aus Mund und Nase. Er wurde natürlich nicht gezüchtigt. Wir ließen ihn vielmehr in den Schatten im Pferdekral tragen. Stumpfsinnig faßten auf den Befehl die Strafgefangenen zu. Mit dumpfem Klack — Klack schlug der Kopf des Ohnmächtigen auf die im Hofe liegenden Steine auf. Sie sahen es wohl, aber es war ihnen gleichgültig. Ich hatte Mitleid mit dem Armen und goß ihm, um ihn aus der Ohnmacht zu reißen, Wasser über den Kopf. Da er nicht zu sich kam, ging ich ins Zelt, ein wenig Kognak zu holen.

Bei meiner Rückkehr bot sich mir ein scheußlicher Anblick. Auf dem Sterbenden kniete ein Knirps, eine kleine schwarze Kanaille von höchstens fünf Jahren, und hielt ihm die Gurgel zu. Wut und Haß funkelten aus den Augen. Ich fuhr ihn an: „Wast tust du da?" — „Ich mache den Kerl tot, er ist mein Feind!" — „Scher dich weg da!" — „Eher nicht, als bis er tot ist." Erst eine schallende Ohrfeige ließ ihn meinen Befehl beachten. Wutfunkelnden Blickes ließ das kleine Scheusal mit dem Froschbauch von seinem Opfer ab.

Fünf Minuten darauf war der Gefangene tot. Nun mußten die anderen Sträflinge die Leiche vom Hofe bringen, um sie in einiger Entfernung von der Station zu begraben. In der gleichen idiotischen Weise geschah es; wieder das dumpfe Aufschlagen des Schädels.

Nach einigen Tagen kam ich zufällig in die Gegend. Ein unangenehmer, penetranter Geruch fiel mir auf. Ich ging ihm nach und kam an das Grab des Spions. Das Loch war aber nicht tief genug gemacht; es waren auch zu wenig Steinblöcke auf die zugeworfene Erde gewälzt, und der Wind hatte die Dornen weggeweht. Hyänen und Schakale hatten ihn ausgegraben und Mahlzeit gehalten.

Am 25. kam ein eingeborener Frachtfahrer, Galeb Goseb, nach Okombahe. Er begleitete einen leeren und einen halb bepackten Wagen. Er war in Swakopmund gewesen und hatte für einen Storebesitzer in Karibib Selterwasser und Bier geladen. Unterwegs hörte er vom Aufstande und traute sich nicht nach Karibib hinein. Auf Umwegen wollte er seine Heimat Okombahe erreichen. Da fiel er den Hereros in die Hände, die ihm die ganze Fracht abnahmen. Sie hielten, wie er erzählte, ein riesiges Gelage ab und zerschlugen den Rest der Getränke an den Felsen. Zuerst hatten sie ihm die Ochsen ausgespannt, ließen sie ihm aber auf seine Bitten, denn er war von Jugend auf ein Freund der Hereros gewesen. Sobald sie abgezogen waren, machte er sich mit seinen Leuten dabei und lud auf, was noch heil war. Fünfzig Kisten Bier übergab er unserer Station zur Aufbewahrung.

Monatelang schon hatten wir nicht einen Tropfen des köstlichen braunen Trankes gesehen. Wir hatten Durst darauf, aber wir durften es nicht anrühren, es war noch unverzollt. Wir behielten also unseren Durst und stapelten die vollen Kisten an der Hofmauer entlang auf. Mochten sie wenigstens im Falle eines Angriffes als Verschanzung dienen.

In der Zeit merkten wir von den Hereros weniger. Deshalb ward beschlossen, eine andere Patrouille in der Richtung auf Kawab zu reiten. Um 10 Uhr vormittags verließ sie Okombahe, damit sie mit der großen Hitze in Kawab sein konnte. Befanden sich noch Leute in Kawab, so war sicher anzunehmen, daß sie um diese Zeit im Pontok Mittagsruhe halten würden.

Vorsichtig forschend, kamen die Reiter näher. Der Platz lag totenstill in der Mittagsglut da, verlassen und öde. Die Gärten waren vertrocknet. Da steckten sie einen Pontok nach dem anderen und auch die winzigen Häuser der Großleute an. Von der Station aus sahen wir das Feuer. In schweren Schwaden lag der schwarze Rauch noch lange über den Anabäumen des Riviers. Nicht mit Ruhm bedeckt, aber rauchgeschwärzt kehrte die Patrouille heim. Sogar Beute hatten sie gemacht: 1 Gartenstuhl, 1 drehbaren Schreibtischstuhl, 1 richtig gehendes, zusammenlegbares Harmonium und dergleichen schöne Dinge mehr.

Bis zum Geburtstag des Kaisers blieben unsere Flaggen auf dem Turm. Wir feierten ihn, indem wir den Sergeanten solange bearbeiteten, bis er nachgab und eine Kiste Bier öffnete. Cornelius bekam eine halbe Flasche Rum geschenkt. Vor der Station, im Schatten einer Karre, brachte mein Mann das Hoch auf den Kaiser aus. Der dicke Sergeant war standhaft genug, nicht von dem unerlaubterweise geöffneten Bier mitzutrinken. An diesem Tage war auch das Menu reichhaltiger als sonst. Es gab Fleisch mit Mehlklößen und dann Fettkuchen, in Talg gebacken. Es war ein „Schlemmertag".

In der nächsten Zeit wurde noch eine Patrouille geritten, die sich bis Okarundu ausdehnte und dort auf frische Spuren stieß. Ein altes Weib sagte aus, daß die Gegend sehr unsicher sei und voller Spione. Die Hereros hätten nach wie vor die besten Absichten mit uns, kämen aber noch nicht zu dem geplanten Überfall, weil Omaruru noch nicht erledigt wäre.

Eine Streifpatrouille, die die ganze Nacht dauerte, verlief gänzlich erfolglos.

Am 4. Februar hörten wir den Donner der Geschütze von Omaruru mit ganz besonderer Stärke. Bis Einbruch der Dämmerung dauerte er. Mit banger Sorge lauschten wir dem Schall und zählten die Schüsse. War die Verstärkung glücklich dort angelangt, oder galt es eine verzweifelte Verteidigung gegen diese ruchlose Bande?

Daß der Kampf heftig getobt, zeigte uns der nächste Morgen. Der durch den Regen der Nacht stark angeschwollene Fluß brachte mehrere Hereroleichen von dort mit. Wir beobachteten sie. In schnell kreisender Drehung wurden sie stromabwärts getragen. Um die Mittagszeit langten furchtbar aufgeregte Kaffern an. Von weitem schon schrien sie, daß Omaruru entsetzt sei. Von Süden in Eilmärschen kommend, hatte die Kompanie Franke unter Leitung ihres genialen Führers den bedrängten Bewohnern Hilfe gebracht. Täglich 60-km-Märsche mit Troß, so waren sie von Gibeon aus zurückmarschiert: Windhuk, die Bahnlinie, Okahandja, Karibib, Omaruru — überall die gleichen Lorbeeren. Blutig genug waren sie und schwer errungen, besonders bei Omaruru. Das dort aufgeworfene Massengrab gibt Zeugnis davon. Etwas Genaues war von den Boten nicht zu erfahren. Sie wußten nur, daß Franke dort sei und die Hereros geflohen seien.

Da erbot sich mein Mann mit noch zwei anderen zum Ritt nach Omaruru, um über unsere Station Bericht zu erstatten und mündlich um Verstärkung zu bitten. Eine Stunde darauf sprengten sie von dannen.

Im Laufe des Nachmittags kam auch ein Bote zurück, den wir nach Karibib geschickt hatten. Im Rocke eingenäht, auf Zeug geschrieben, überbrachte er einen Brief des dortigen Distriktschefs, Oberleutnants Kuhn: „Mut, Aushalten! Ein Hoch den tapferen Männern und Frauen! Verstärkung kommt eventuell von Omaruru. Wenn nicht, dann bitte nochmals schicken, werde es dann von hier aus besorgen!"

Inzwischen waren die Besatzung des „Habicht" und das Seebataillon in Karibib angelangt. Wie dankbar wären wir gewesen, wenn man uns wenigstens für eine Woche ein kleines Detachement geschickt hätte. Wir hatten nach Karibib geschrieben, wie groß unsere Bedrängnis war, und hatten auch unsere Befürchtungen der Kaffern wegen ausgesprochen.

In der Nacht vom 7. bis 8. Februar kam die Patrouille zurück. Alle, die sie geritten, waren ganz erfüllt von den Heldentaten der Kompanie Franke. Durch den geradezu berühmt gewordenen Entsatz von Omaruru hat sie sich für ewige Zeiten ein Denkmal geschaffen.

Hauptmann Franke führte sie an. Er war, wie er mir kurze Zeit darauf selber erzählte, fest überzeugt, er könne die Omaruruleute ohne Blutvergießen zur Umkehr zwingen. In Friedenstagen waren sie ihm so unbedingt gehorsam gewesen, daß er auch jetzt noch an seinen Einfluß auf sie glaubte. Aus dem Grunde setzte er sich in der weißen Uniform, seinen bekannten Schimmel „Bleßbock" reitend, an die Spitze der Kolonne und glaubte bestimmt, daß, wenn sie ihn erkannten, sie entweder einen Unterhändler schicken oder ausreißen würden.

Erkannt wurde er, das zeigte ihm das wütende Feuer, das auf ihn gerichtet wurde. Ein wahrer Regen von Kugeln ergoß sich über ihn. Reiche Ernte hielt der Tod. Wie durch ein Wunder entging er den Geschossen und galoppierte zurück, um die weiße Uniform mit der khakifarbenen zu vertauschen.

Im Umsehen war er wieder am Platze und leitete das Gefecht. Unermüdlich ritt er die Schützenlinie ab und bot auch jetzt noch den Feinden unausgesetzt ein gutes Ziel, da ihn doch alle von Angesicht zu Angesicht kannten.

Ein Ausfall der Besatzungs-Kompanie unter Führung des Feldwebels Müller, der hierbei den Heldentod starb, unterstützte wirksam die Heranrückenden. Mit Kolben und Bajonett wurde gekämpft. Bis auf drei Schritt standen sich stellenweise die Gegner gegenüber. Endlich wich der Feind, nachdem er noch einmal starkes Feuer auf die Ambulanzen abgegeben hatte. Unter bestialischem Wutgeheul entflohen sie in die nahen Berge, voll abergläubischen Schreckens vor Franke, den sie für den „leibhaftigen Teufel" hielten.

In der Nacht kehrten sie zurück, um ihre vornehmen Toten zu holen. Die Feldhereros wurden unbeachtet liegengelassen.

Viele hilfreiche Hände boten sich den Verwundeten. Von den fünf Offizieren waren drei kampfunfähig. Schrecklich waren die Leiden des uns gut bekannten Leutnants v. Wöllwarth und des Oberleutnants Griesbach, denen der erstere nach einer Woche, der letztere erst nach Monaten erlag. Oberleutnant v. Nathusius hatte einen Fleischschuß in den Oberarm erhalten, der aber bald heilte.

Mit regierungsgeübten Händen ergriff Franke von neuem das Oberkommando von Omaruru, das in seiner Abwesenheit Stabsarzt Dr. Kuhn gehabt hatte. Des letzteren Schneid und Umsicht ist es zu verdanken, daß Omaruru überhaupt imstande war, sich solange zu halten. Und wenn er nicht durch den tapferen Ausfall aus der Station die Stürmenden so günstig unterstützt und dadurch die Hereros im Rücken auch noch bedrängt hätte, wer weiß, welchen Ausgang das Gefecht genommen! Franke hätte sich schließlich den Eingang zur Festung erzwungen, hätte aber viel mehr Verwundete gehabt und die Kompanie wäre der Gefahr ausgesetzt gewesen, gänzlich aufgerieben zu werden.

Die Ausländer, die sich noch auf dem Platze befanden, mußten auch nach der Station übersiedeln, ebenso der Missionar Dannert mit seiner Familie. Franke wollte an seinen Operationen auf dem Platze nicht durch unnötige Rücksichten gehindert werden. Vielleicht traute man auch diesem oder jenem der Fremden nicht ganz. Sobald er den Platz in Ruhe wußte, machte er sich daran, die noch in seinem Distrikt befindlichen unbeschützten Ansiedler aufzusuchen.

Der ehrwürdige Missionar Bernsmann von Omburo ward von ihm mitsamt seiner Tochter geholt. Der Ärmste hatte viele Enttäuschungen an seinen Hererochristen durchzumachen und konnte es nicht hindern, daß ein weißer Ansiedler, der bei ihm Zuflucht gesucht hatte, erschlagen wurde.

So sah es in Omaruru aus, als mein Mann mit noch zwei anderen am 7. Februar in Omaruru anlangte. Aufs freudigste wurden sie begrüßt. Ein jeder wunderte sich, die Okombaher zu sehen, die doch allen Meldungen zufolge längst schon für tot galten. Die Hereros hatten nämlich bald zu Anfang des Aufstandes die Nachricht vom Fall von Okombahe und von der Ermordung sämtlicher Weißer, einschließlich der Frauen und Kinder, verbreitet.

Themis berichtete auch von der Standhaftigkeit und Treue des braven Cornelius und von der feindlichen Stimmung und den Absichten des Stammes; wie wir die größte Mühe hatten, Okombahe zu halten. Hauptmann Franke beschloß sofort, die Truppenmacht und das „sprechende große Rohr" den schwankenden Bergkaffern vor Augen zu führen und mich mit dem Kinde bei der Gelegenheit sicher nach Omaruru zu bringen. Mit vieler Erwartung sahen wir der Ankunft der Truppe entgegen.

Ich hatte sehr gekämpft, was wohl das Richtigste sei, meinen Mann zu verlassen und das Kind zu pflegen, oder da zu bleiben. Ich entschloß mich zu ersterem. Mein Mann konnte ohne mich fertig werden, aber das Kind war sehr elend geworden in den Wochen auf der Station.

Das Leben im Zelt bekam ihm nicht. Sobald es regnete, spülte das Wasser den Boden des Zeltes entlang. Alle Sachen, Wäsche, Betten, waren kalt und feucht. Es fehlte an der nötigen Sauberkeit, und Nahrung war für das kleine Ding schwer zu beschaffen. Die Kühe, die den Platz bald abgeweidet hatten, gaben nur noch spärlich Milch. Ich mußte Roggenmehl und Hafergrütze mit dazunehmen, die aber auch bald aufgebraucht war. Das Kind litt ewig an Verdauungsstörungen und bekam böse Malariaanfälle dazu. Es war blaß und mager geworden, und wir sorgten uns sehr.

In diesen letzten Tagen vor meiner Abreise war ich noch beschäftigt, meinen Mann mit etwas Kleidung zu versorgen, denn er hatte alles eingebüßt. Ich hatte noch bunten Kattun, hellblau geblümt, rot gerankt, in unglaublichen Mustern und Farben. Tage und Nächte lang nähte ich ihm mit der Hand Hemden, des Nachts sogar beim trüben Schein einer kleinen Stallaterne.

Kompanie Franke.

Es war an einem Sonntagnachmittag, als jenseits des Riviers eine mächtige Staubwolke sichtbar wurde. Nach und nach konnten wir die heranrückende Truppe erkennen.

Im Nu war der Platz mobil. Die Besatzung trat an, die Kaffern stürzten mit offenen Mäulern hinzu. Die Feste schien zu beben, als die sonnengebräunten Reiter die kleine Anhöhe zur Feste hinanritten. Jetzt atmeten wir wirklich auf. Nun war alles gut.

Nachdem ich die Offiziere begrüßt, eilte ich mich, um mit Hilfe des Sergeanten ein Abendessen zu bereiten. Bald war der Tisch gedeckt, Emailleteller, rostige Messer und Gabeln, Emaillebecher, Brot, Speck, Kaffee. Wie wir auch den Proviantraum durchsuchten, es gab nichts weiter, wir hatten schon seit Tagen nur davon gelebt. Mein Mann opferte unsere letzte Flasche Hennessy, Zigaretten und seine letzten Importen. Auch eine Bierkiste wurde aufgemacht und tüchtig mit Wasser durchtränkt. Auf diese Weise wurden die in Strohhülsen verpackten Flaschen gekühlt.

Staubig und müde waren die Soldaten. Sie gingen bald zur Ruhe. Wir anderen saßen noch lange wach, war es doch mein letzter Abend auf Okombahe, wahrscheinlich für lange Zeit.

Vor der Station lag die Schutzwache. Hell schien das Lagerfeuer und beleuchtete den ganzen Vorplatz: Sättel, Kochgeschirre, Maultierkarren, Gewehrpyramide und Kanone. Dies alles bot ein lebensvoll malerisches Bild.

Am gegenüberliegenden Ufer biwakierte die Kompanie. Wie glimmende Punkte, bald verschwindend, bald größer werdend, sah man ihre Feuer durch die Bäume des Riviers im Nebel tanzen.

Vor Tagesanbruch waren wir munter. Es galt, meine Koffer für eine Europareise zu packen. Um 8 Uhr klang das Signal zum Satteln. Das Kind hatte eine sehr schlechte Nacht gehabt und lag im unruhigen Fieberschlaf. Ich konnte nicht anders, ich mußte fort, wollte ich sein Leben erhalten. Meinen Mann ließ ich im Ungewissen in Okombahe zurück. Gab es wohl für uns ein Wiedersehen? Und wenn, würde ich ihm das Kind wiederbringen können?

Für einen Augenblick schloß ich die Augen. Es war fast zu viel. Doch ich nahm mich zusammen. Nur jetzt nicht weich werden. Ich schluckte tapfer, und die Karre setzte sich unter dem Abschiedswinken der Zurückbleibenden in Bewegung.

Am jenseitigen Ufer schlossen wir uns der Truppe an. Wie rührend und aufmerksam sorgte Hauptmann Franke für mich! Sein Diener Benjamin lenkte die Maultiere und paßte dem Befehl zufolge so gut auf, daß wir unbehelligt durch die Dornen kamen, nicht im Sande steckenblieben oder umwarfen.

Die Spitze hatte gegen 50 Soldaten und Offiziere. Danach folgten die Kanone und die Munitionskarre, unsere Karre und der Rest der Soldaten, auch wieder ungefähr 50.

Heiß, staubig und schlecht war der Weg. Bei jedem Stoß wimmerte das Kind; es mußte arge Schmerzen haben.

Hinter Kawab, dessen ausgebrannte Pontoks und Häuser einen trostlosen Anblick gewährten, machten wir Halt. Franke und ich teilten redlich unsere knappen Vorräte. Als es kühler geworden war, setzte sich die Kolonne wieder in Bewegung. Nur undeutlich kamen mir die eigenartigen Schönheiten der Gegend zum Bewußtsein. Ich war todmüde und fand doch keine innere Ruhe durch die brennende Sorge um das Kind. Es verweigerte jegliche Nahrung und weinte unausgesetzt. Ich konnte ihm keine Erleichterung schaffen. Im Trabe ging es vorwärts über Stock und Stein. Oft sprang die Karre ganz hoch, dann wieder schwankte sie höchst verdächtig. Zu beiden Seiten des sogenannten

Pfades streiften uns die Dornen. Sie rissen mir Löcher ins Kleid und schrammten mir Gesicht und Hände. Ich mußte ständig darauf bedacht sein, das Kind auf meinem Schoße zu schützen.

Dazu war es glühend heiß. Der undurchdringliche Staub benahm mir den Atem, und der gelbe Sand mit den kahlen Felsen blendete so, daß die Augen tränten.

Es wurde nicht der direkte Weg nach Omaruru genommen, weil das Rivier noch nach Hereros abgesucht werden sollte.

Mit ziemlicher Stumpfheit sah ich die Sonne sinken. Da ward für die Nacht dicht am Rivier abgesattelt. Das Kind war so matt geworden, daß es die ganze Nacht vor lauter Erschöpfung fest schlief. Franke und ich saßen lange Zeit am hochauf prasselnden Lagerfeuer. Wir kannten uns schon lange und gut, und er hatte mir soviel zu erzählen von den Mühsalen und Strapazen seines Zuges. Dann wurde auch er müde. Ich saß die ganze Nacht bei dem schwer und unruhig atmenden Kinde und versuchte, die zahllosen Moskitos zu verscheuchen, die unter den Bäumen schwirrten.

Fern schrien die Schakale, die Pferde stampften; sonst herrschte große Stille. Und die Sterne leuchteten in erhabener, feierlicher Pracht. Das Kreuz des Südens sank tiefer und tiefer am Horizont. Es wurde empfindlich kalt, und feuchter Nebel lag über den Ufern des Riviers.

Noch standen etliche Sterne blaß leuchtend am Himmel, da wurde zum Aufbruch geblasen. Im Umsehen war alles bereit. Wir stürzten noch schnell einen Becher heißen Tees hinunter. Den Rest füllte ich in des Kindes Saugflasche, und schon saß ich wieder auf der Karre. Wir fuhren dem Tage entgegen. Ich hatte Kopfschmerzen, das Kind fieberte stark. Ich weiß nur noch, daß um 10 Uhr auf Otjimpaue gerastet wurde. Franke teilte seine Erbswurst mit mir, und auch das schwerkranke Kind bekam davon und dann noch dünnen schwarzen Kaffee.

Während alle im tiefen Schlafe lagen, ging ich in der Mittagshitze an den Fluß, machte mich zurecht, wusch das Kind und seine sämtliche Wäsche. Die Pferde brauchten nach dem schweren, mühevollen Wege, den sie hinter sich hatten, die Ruhe notwendig, und so wurde der Aufenthalt länger, als anfänglich beabsichtigt war, ausgedehnt. Diese Pause bleibt mir unvergeßlich. Überanstrengt und erschöpft durch die Nöte und Aufregungen kam verfrüht mein zweiter Knabe tot zur Welt, dem ich mit einem Stock und meinen Händen das kleine Grab am Rivier schaufeln mußte.

Ich war nicht mehr ganz so trostlos, als es weiterging. Das Ende unserer Reise näherte sich. Außerdem ging es dem Kinde besser, bis auf stark von Staub und Wind entzündete Augen.

Endlich erschien der Omaruruberg und bald sahen wir den Ort vor uns. Wir fuhren durch seine leere Straße, an der Kirche und dem Missionshaus vorbei und kamen über das Rivier. Da lag noch eine furchtbar aufgedunsene Hereroleiche, so aufgebläht, daß alle Knöpfe des weißen Jacketts, bis auf den obersten, abgeplatzt waren. Der Anblick war widerlich.

Von weitem schon sah man das rege Leben auf dem Hofe der Station, wo gerade das Seebataillon eingetroffen war.

Stabsarzt Dr. Kuhn und seine junge Frau nahmen sich aufs rührendste meiner an und sorgten für das Kind. Ich sollte erzählen und mußte mit einem ständigen Angstgefühl kämpfen, ich könnte vom Stuhle fallen. In dumpfen Lauten nur schlug die Unterhaltung an mein Ohr.

Jetzt hieß es ein Unterkommen für mich finden, aber wo bei der Menge Soldaten? In der Kaserne, die aus drei Häusern bestand, mußte es sein. Die Mannschaften lagen aber bereits in den Veranden und auf dem Hofe. In einem Hause wohnten zusammengepfercht die Ansiedler, während die beiden anderen für die Soldaten bestimmt waren. Der Rest der Flüchtigen hatte den Hof entlang eine Wagenburg aufgeschlagen, wo es aussah wie auf einem Jahrmarkt. Hinter den Wagen lagen die Viehkrale mit dem geretteten Vieh der Ansiedler und dem Beutevieh der Kompanie.

Es wäre mir gänzlich gleichgültig gewesen, wo ich mein müdes Haupt zur Ruhe gelegt hätte, handelte es sich nicht um das kranke Kind. Wie der Retter in der Not erschien abermals Hauptmann Franke und ließ mir ein kleines Unteroffizierzimmer einräumen. Dort hatte ich es über Erwarten gemütlich. Ein bequemes eisernes Bett stand da mit weißblau gewürfelten Bezügen, ein Waschtisch und ein allerdings durchgetretener Stuhl.

Herr Kindt, genannt der Dicke, polsterte mir seine Badewanne mit Decken aus als Kinderbett. Auch verschaffte er mir eine kleine Öllampe, Eßgeschirr und Proviant. Sogar Milch und ab und zu ein frisches Ei fürs Baby und Bedienung zauberte er herbei.

Des Kindes Ruhe in der Nacht störten die vor meiner Tür liegenden Soldaten. Deshalb mußte ich es, um es zu beruhigen, die ganze Nacht auf und ab tragen. Am Morgen hatte es 40,9 Grad Fieber. Stabsarzt Dr. Hummel konstatierte Malaria; seiner unverdrossenen Sorgfalt bei aller Arbeit im Lazarett verdanke ich, daß es dem Kleinen bald besser ging.

Im Lazarett sah ich mich, sowie es meine Zeit erlaubte, nach den Verwundeten um. Bei den vielen Verwundeten wäre eine Pflegerin wohl am Platze gewesen. Soundso viele Frauen saßen da, die keine Kinder hatten, aber keine einzige sprang hilfreich ein. Ich hätte es gern getan, schon um den überanstrengten Lazarettgehilfen abzulösen, aber das Kind bedurfte stündlicher Pflege mit all den Packungen und Abreibungen, Umschlägen, Bädern und Medizinen.

Am zweiten Tage meines Aufenthaltes besuchte ich die Gräber der Gefallenen. In dem einen lagen acht stille Schläfer, viele, die ich kannte, die den Tod für die Kolonie erlitten. Im anderen, unter einem großen Anabaum, ruhte der Leutnant v. Wöllwarth. Vergnügte zwei Tage hatten wir im Dezember mit ihm verlebt. Frisch und sonnig, das Urbild des jungen Offiziers, so steht er mir noch vor Augen. Wie lieb ihn alle gehabt hatten!

Mir war auf der Fahrt nach Omaruru ein mittelgroßer Hund von unbestimmbarer Rasse aufgefallen. Ich beobachtete, daß alle Soldaten, ohne Ausnahme, sich um ihn bemühten. War er müde und zu heiß, dann hoben sie ihn auf die Karre. Ein Soldat leerte sogar den Rest seiner Feldflasche in den Deckel des Kochgeschirrs, um den durstenden Hund zu erquicken. Das Tier interessierte mich, und ich erkundigte mich, wem es gehöre. Da sagte mir ein Soldat: „Das ist dem Leutnant v. Wöllwarth sein Hund. Wir sind es seinem toten Herrn schuldig, daß wir den Köter gut behandeln. Den hatten wir doch alle so lieb. Daß der auch gerade bleiben mußte!“ Und dabei wischte er sich die Augen.

Am Grabe traf ich einen anderen Soldaten, der mit das einfache Kreuz darauf gesteckt hatte. Er war ganz gerührt, als er meine bescheidenen Blümchen, die ich mir in der Umgegend gesucht hatte, sah. Wir kamen in ein Gespräch, und er meinte: „Aber sonderbar ist es. Um den hatten wir alle Angst. Es gibt welche, von denen man weiß und fühlt, daß sie nicht wiederkommen. Er gehörte mit dazu. Schon einmal ist er in höchster

Lebensgefahr gewesen. Es war, als wir den Swakop passierten, der reißend und angeschwollen war. Der Leutnant durchritt ihn als letzter. Plötzlich verlor das Pferd den Grund unter den Füßen und wurde durch die Wellen fortgetrieben. Zufällig drehte sich unser Hauptmann um. Ehe wir wußten, was los sei, war er ins Wasser hineingeritten, um Wöllwarth zu helfen. Er konnte ihn aber nicht ans Ufer heranziehen und mußte ihn festhalten, weil die Strömung drohte, beide mit fortzureißen. Der Gefreite Bössow hörte seinen Ruf und brachte beiden Hilfe. Fast möchte ich wünschen, der Hauptmann hätte ihn damals nicht gehalten, dann wäre er da verunglückt und hätte hier nicht so schrecklich zu leiden brauchen."

Nach dem 20. Februar kam der Befehl zum Abrücken der Truppe, die sich mit den von Deutschland eingetroffenen Verstärkungen und der von Outjo kommenden 4. Feldkompanie vereinigen sollte, um gemeinsam gegen die bei Otjihuenamaperero versammelten Hereros vorzugehen. Am späten Abend versammelten sich alle Anwesenden auf dem Kasernenhofe, um das Abendmahl zu empfangen. Zwei mächtige Scheiterhaufen erhellten mit flammendem Schein den Platz. Zwischen ihnen stand der weißgedeckte Altartisch. Hochauf loderten dic Flammen in roter Glut und beleuchteten eine Szene, die, wer sie gesehen, niemals in seinem Leben vergessen wird. Vor dem Tisch amtierten die beiden Missionare. Einer der rauhen, wettergebräunten Krieger nach dem anderen, voran die Offiziere, traten unbedeckten Hauptes heran, um den Leib des Herrn zu empfangen.

Selten reizvoll war auch das Bild, das sich mir am nächsten Morgen bot. Da standen die Kanonen aufgefahren, in langer Reihe die Gepäck-, Proviant- und Munitionskarren. Trotz allem geschäftigen Hin und Her herrschte die musterhafteste Ordnung. Die Sättel lagen reihenweise bereit, desgleichen die Packtaschen, Kochgeschirre, Feldflaschen und was sonst noch mitgenommen werden sollte. Bald, nachdem das Kommando ertönte, war alles fertig.

In Reih und Glied standen sie da, Muskeln und Nerven von Stahl, alle kupferbraun von der afrikanischen Sonne, mit mächtigen Bärten.

Ja, die Truppe war zum Fürchten. Von denen hatte jeder den Teufel im Leib. Wie viele hatten Hab und Gut verloren, nun ging es zur Rache! Ein Zug von wilder Entschlossenheit war in manchem Gesicht zu lesen. Was sie in jahrelanger, mühseliger Arbeit gewonnen, war dahin, nun kam andere Arbeit, bei der es keine Gnade und kein Erbarmen gab.

Der Missionar Bernsmann, im weißen, wallenden Bart, stand mit erhobenen Armen vor der Front und erteilte den Segen.

Der schier endlose Zug setzte sich in Bewegung. Ich ging nochmals auf den Major v. Estorff zu, dem mein Mann viel Liebes und Gutes zu danken hatte, um ihm Lebewohl zu sagen. Er bat eindringlich: „Nicht wahr, Sie versprechen mir fest, Sie kommen wieder zurück nach Südwest? Was soll denn aus Südwest werden, wenn die Frauen die Flinte ins Korn werfen? Sie dürfen die Kolonie nicht aufgeben und müssen wiederkommen. Versprechen Sie es mir!" Ich versprach es hoch und heilig und war auch fest davon überzeugt, daß ich nur kurze Zeit hier in Deutschland bleiben würde. Wir waren durch alle Freuden und Leiden zu eng mit der Kolonie verwachsen, als daß wir sie hätten aufgeben können.

Hier und da noch ein Händedruck, ein Zuruf. Manches Auge der Zurückbleibenden war naß. Ein jeder fühlte, hier gab es ein Abschiednehmen auf Leben und Tod. Ein unbestimmtes Etwas stieg vor dem inneren Auge auf: Kampfgetöse, Kanonendonner, Gewehrfeuer, zuckende Leiber, entstellte Gesichter, Blut. Wem ist es wohl beschieden, deutschen Boden wieder zu betreten? Wem winkt der Sensenmann, einzutreten in das Tor des großen Schweigens, wo alles ausgeglichen, alles versöhnt wird, wo der Haß aufhört und die Liebe herrscht? Unwillkürlich falteten sich die Hände: „Lieber Gott, mach es gnädig mit ihnen, schütze und behüte sie!"

Über das Rivier zogen sie. Dann sah man drüben die Kette der braunen Gestalten, dann eine mächtige Staubwolke. Vorbei! Ich stand noch lange da, längst noch, als nichts mehr zu sehen war. Und die Tränen liefen mir übers Gesicht, lange, lange. Ich wußte es kaum.

Omaruru war wie ausgestorben. Oberleutnant v. Nathusius bekam den Oberbefehl, da Stabsarzt Dr. Kuhn mit ausrücken mußte, und machte sich schleunigst an die Aufräumungsarbeiten.

Die ganze Gegend wurde abgesucht. Jeder Pontok und jedes Haus wurde durchstöbert. Viel geraubtes Eigentum der Weißen fand man wieder, auch die Möbel aus der Wohnung des Hauptmanns Franke, total zerschnitten, mit dem Namen des Kapitäns

Michael bemalt. Auch ein großes Bild des Deutschen Kaisers fand man. Die Unterschrift war ausgestrichen. Dafür konnte man lesen: „Michael-Omuhonga. Michael ist der Herr."

Die noch aufgefundenen Leichen wurden verbrannt. Dicht bei der Werft des Kapitäns Michael, wo der Kampf am heißesten getobt hatte, waren früher all die feindlichen Gefallenen auf einem großen Scheiterhaufen verbrannt worden. Jetzt lagen hier verkohlte, grinsende Schädel und Gebeine durcheinander.

Alle Pontoks und Häuser wurden angezündet. Wie gewaltige Fackeln schwelte mehrere Tage lang der Rauch gen Himmel, ein Warnungszeichen, daß der weiße Mann furchtbar straft, wird er beleidigt.

Im Lazarett gab es immer noch viele Arbeit. Die Wunden eiterten trotz aller Sorgfalt und heilten schlecht, weil die Geschosse angeblich vergiftet waren. Es war von jeher Gewohnheit bei den Hereros, die Kugeln vor dem Gebrauch in die eigenen Geschwüre und Eiterbeulen zu stecken, um ihre eklen Krankheiten auf den Feind zu übertragen. Ihren Zweck erreichten sie aber nicht damit, weil das Geschoß sich so sehr im Lauf erhitzt, daß die Hitze antiseptisch wirkt. Nur die Absicht ist so teuflisch. Viel schlimmer ist das pflanzliche Gift der vielen Euphorbienarten, das sie meisterhaft zu gebrauchen wissen.

Und da wurde in der Heimat viel Lärm gemacht, weil es vorgekommen sein sollte, daß der eine oder andere seine Patronen an der Spitze einkerbte, um ihnen beim Aufschlagen größere Wirkung zu verleihen!

Eines Abends, kurz nach 10 Uhr, saß ich in meinem Zimmer, als mir plötzlich ein gut bekannter mehrmaliger Peitschenknall auffiel. Es klang mir so, als handhabe Friedrich, unser alter Treiber, die Swip. Ich trat vor die Türe und erkannte richtig unsere Karre. Seelenvergnügt kam mein Mann auf mich zu. Er hatte die noch übrigen Kisten des unversteuerten Bieres auf unsere Karre geladen, um einen Grund zu haben, aus Okombahe herauszukommen und sich im Felde zu betätigen.

Unsere Karre wurde requiriert und zu Truppentransportzwecken verwandt.

Themis hatte auch nicht lange Ruhe. Er hatte sich durch Funkentelegraphie mit Major v. Estorff in Verbindung gesetzt und bekam den Auftrag, eine Munitionskarre ins Innere zu bringen, um sich dann dem Stabe Estorffs anzuschließen.

So schlug uns denn abermals die Trennungsstunde. Ich war wieder allein und sehnte mich unendlich nach Ruhe und einer Heimat. Endlich kam die ungeduldig erwartete Nachricht aus Karibib, daß die Pad Omaruru — Karibib für Wagen unter starker Bedeckung passierbar sei.

Frau Kuhn, deren Mann ebenfalls mit ins Feld mußte, wollte auch nach der Küste. Sie war so liebenswürdig, mich bis Karibib mitzunehmen.

Heimwärts.

Am 28. Februar, gegen 3 Uhr, nahmen wir Abschied von den Omaruruern und beeilten uns, in schnellen Trecks vorwärts zu kommen.

Wir benutzten den Weg, den die Kompanie Franke vor dem Entsatz der Festung genommen hatte. Er war gekennzeichnet. Wir stießen erst auf einen zerbrochenen Wagen, vor dem noch angeschirrt die Kadaver der getöteten Ochsen lagen. Dann wieder trafen wir auf tote Pferde, Beutestücke, zerschlissene Sättel und Fetzen aller Art.

Wir fuhren, ohne anzuhalten, bis 1 Uhr nachts. Die Nacht war wundervoll mild, und der afrikanische Vollmond leuchtete uns in aller seiner Pracht. Mit Wehmut gab ich mich dem Zauber der Landschaft hin. Ich war noch gar nicht aus Afrika hinaus, da hatte ich schon Heimweh und konnte nicht abwarten, wieder da zu sein. Wenn das Kind nicht gewesen wäre, ich hätte das Land nicht verlassen.

Beim Aufbrechen und Einpacken in der Nacht fiel Babys Flasche hin. Ich war in Verzweiflung. Da bot mir ein Soldat seine geleerte Rumflasche als Ersatz an. Sie hat mir bis Swakopmund gute Dienste getan.

Kurz vor Sonnenaufgang waren wir in Etiro. Dort besahen wir das Haus des ermordeten Farmers Joost. Nicht ein Gegenstand darin war heil. Frau Joost hatte auch in Omaruru Schutz suchen wollen, war von den Hereros gefangengenommen und beraubt, nachher aber beim Missionar Dannert abgegeben worden.

Frau Kuhn und ich waren steif geworden von der langen Fahrt und gingen in aller Frühe ein wenig spazieren. Um den herrlichen Sonnenaufgang zu sehen, erstiegen wir eine kleine, felsige Anhöhe. Da lagen kopfabwärts zwei tote Hereros. Zum Teil waren sie von den Schakalen angefressen worden. Bei dem einen steckte noch ein ganzes Bein im hohen Reiterstiefel. Der andere hatte ein silbernes Kettenarmband um den Arm, der bloß noch aus zwei Knochen bestand.

Unter den Strahlen der sengenden Sonne treckten wir bis 10 Uhr und wieder von 2 Uhr bis spät in den Nachmittag hinein. Da waren wir vor Karibib. In den Ort selbst konnten wir nicht, denn er war mit Stacheldraht verschanzt. Eine Militärperson öffnete uns schließlich, und wir fuhren von Hotel zu Hotel, bis wir bei Rubien Aufnahme fanden.

Das Kind bekam wieder einen heftigen Malariaanfall, und ich fühlte mich elend und hatte mir außerdem eine so schlimme Augenentzündung zugezogen, daß mir der Stabsarzt Blümchen am nächsten Morgen sofort zwei Schwestern schickte, die sich unserer annahmen. Das Kind erkrankte noch an typhösem Darmkatarrh und mußte, weil es nicht mehr einnehmen konnte, Chinininjektionen erhalten, unter deren Folgeerscheinungen es noch monatelang hinterher zu leiden hatte.

In Karibib war kein angenehmer Aufenthalt. Ein lautes Treiben herrschte auf dem Platze. Wohin man sah, Müll und Schmutzhaufen. Es wunderte mich, daß nicht damals schon der Typhus ausgebrochen war.

Die Hereros hatten sich nie bis nach Karibib gewagt. Es waren zuviel Weiße dort, da hätten sie doch nichts ausrichten können. Und die Weißen übten sich unermüdlich, um dem anstürmenden Feinde gewachsen zu sein.

Da sich im Befinden des Kindes keine Besserung zeigte, so riet mir der Stabsarzt, mich zu eilen, an die Küste zu kommen. Am 2. März wurde ein Güterzug abgelassen, der mich mitnahm. Zwar trug ich noch eine Binde über beiden Augen, doch konnte ich, wenn ich sie zurückschob, genug sehen.

In Jakalswater schlief ich in der Wohnstube der liebenswürdigen Frau Heyn. Den nächsten Morgen ging es gemächlich weiter, und in der Nacht langte ich in Swakopmund an.

Kommt man aus dem Innern, so ist es an der Küste empfindlich kalt. Es war sehr spät, und ein naßkalter Nebel hing über dem Ort. Ich wußte nicht, wo ich eine Unterkunft finden konnte. Der Bezirksamtmann von Swakopmund war mir zwar in Karibib vorgestellt worden, auch hatte ihn der Stabsarzt gebeten, sich meiner anzunehmen. Doch mußte ich selbst zusehen, wo ich blieb.

Der Bahnhof liegt ziemlich weit draußen. Ich belud mich mit meinem vor Kälte und Hunger weinenden kranken Kinde und suchte, selbst kaum fähig zum Gehen, im tiefen Dünensand, mühsam tastend, meinen Weg nach irgendeinem Hotel.

In einem Bretterverschlag des Zentralhotels war noch ein Bett zu haben. Für das Kind gab es eine Kiste, und nach langem Reiben und Beruhigen hatte ich das kleine Geschöpf so weit, daß es etwas warme kondensierte Milch nahm und dann einschlief. Der Nebel drang aber feuchtkalt durch die Fugen des Holzes. Alle Decken fühlten sich feucht an, und um die Lampe lag es wie ein Schleier.

Im Lauf des nächsten Tages kamen der Oberleutnant v. Zülow, derselbe, der in schneidigster Weise der verzagenden Besatzung von Okahandja Hilfe brachte und für seinen Mut und seine Tapferkeit die größte Anerkennung verdient, und noch viele andere Swakopmunder Herren, die sich mir zur Verfügung stellten. Ganz rührend war Dr. Zachlehner, der mir das Kind abnahm und mir für die Seereise alles erdenkliche Schöne mitgeben wollte. Auch die Wirtin, Frau Funck, war voller Aufmerksamkeit. Ich bekam Geld und Sachen angeboten, und was ich sonst nur wünschen konnte, und mußte nur immer gerührt und dankend ablehnen. Es gab ja noch andere Frauen, denen es viel, viel schlimmer ergangen war als mir.

Am 7. März schiffte ich mich auf der „Lucie Woermann" ein, begleitet von Frau Kuhn, Herrn Wecke und Dr. Zachlehner, der mir das Kind an Bord schaffen wollte. Der „Pionier" brachte uns von der Mole aus nach der weiter draußen ankernden „Lucie". Spiegelblank lag die See. Von der „Lucie" aus wurde an der Kette der Korbstuhl herabgelassen, auf dem bekannterweise die Passagiere an Bord gewunden wurden. Die Zeit verging schnell. Der Befehl an die Besucher zum Verlassen des Dampfers erscholl. Die Kapelle spielte einen Marsch und mit mächtigem Ruck wurden die Anker in die Höhe gewunden. Dumpf ertönte die Sirene, und langsam bewegte sich der Koloß.

Weiter und weiter entfernten wir uns von Swakopmund — jetzt sah man noch die Häuser — jetzt bloß die Küste mit den weißen Brechern — nun noch einen Dunststreifen — dann nichts.

Ich stand an der Reling, und das Herz war mir zum Springen schwer. Südwest, du Land unserer Ideale und Träume, wie schmählich hast du uns betrogen! Mit wieviel Liebe und Hoffnung kamen wir zu dir. Enttäuschung über Enttäuschung hast du uns gebracht. Gegeizt hast du mit deinen Gaben, das Letzte uns genommen. Mit leeren Händen und wehem Herzen verlasse ich dich. Und doch, ich habe dich lieb wie kein anderes Land. In meinem Herzen, da wacht jetzt schon die Sehnsucht. Wollte Gott, ich könnte bald deine trotzigen Felsen wiedersehen mit den tiefen, blauen Schatten, wo die Paviane wohnen und die Klippdachse. Ich möchte bald wieder dem eintönigen Gesang der Kaffern lauschen, wenn sie am Lagerfeuer sitzen, und dem Schrei des Schakals in dunkler Nacht. Ich möchte hinausschauen auf die endlos gelbe Namib, wenn die Mittagsglut darüber brütet, oder wenn der silberne Mond durch die Hackidorns scheint. Ich möchte... Ich möchte...

Die Tischglocke riß mich aus der trüben sehnsüchtigen Stimmung, und das Kind, das fest geschlafen hatte, verlangte nach mir.

Wie ein böser Traum sind mir jetzt die drei entsetzlichen Wochen an Bord. Das Kind wurde von Tag zu Tag kränker, ich war stündlich auf das Ende vorbereitet. Auch der Arzt gab mir keine Hoffnung mehr. Das kleine Wesen vegetierte nur noch und wurde durch teelöffelweis verabreichtes Eiweiß am Leben gehalten. Die Leiden des kleinen Geschöpfes mit anzusehen, war mir eine harte Prüfung, schlimmer als alles, was ich bisher durchgemacht. Der Arzt riet mir, seinen Tod in Madeira abzuwarten, damit ich wenigstens den Trost hätte, es nicht auf See begraben zu wissen. Ich war wie verzweifelt und entschloß mich allem zum Trotz, an Bord zu bleiben. So kam ich bis nach Hamburg. Meine Mutter und ich hatten ein trauriges Wiedersehen.

In Berlin stellte der Arzt überstandenen Typhus und schwere Lungenentzündung fest. Fast drei Monate lang schwankte ich zwischen der Hoffnung, das Kind durch sorgfältigste Pflege am Leben erhalten zu können, und der gänzlichen Mutlosigkeit, daß alle Mühe vergebens sei.

Von meinem Mann kamen auch schlechte Nachrichten. Er hatte sich bei Otjihaenamaparero den Typhus geholt. Die Krankheit traf ihn so schwer, daß ich auf das Ende vorbereitet wurde, nachdem er seit Wochen schon ohne Besinnung lag. Er wurde aber langsam wieder gesund und trat im August 1904 die Heimreise an. Da er durch den jahrelangen Aufenthalt in Südwest und durch die fast übermenschlichen Strapazen herzleidend geworden war, so durfte er vorläufig nicht nach Südwest zurückkehren.

Wir schlugen unser Heim in Weimar auf, wo mein Mann die Kunstschule besuchte. Er hat es so weit gebracht, dank dem Talent, das er vom Vater ererbt, jetzt Ausstellungen beschicken zu können. Mit Vorliebe malt er aus der Erinnerung afrikanische Motive. In Weimar wurde auch mein zweiter Sohn Hans-Henning geboren. Wir haben uns in Weimar nie glücklich fühlen können. Auch die Abhängigkeit von den Eltern drückte mich. Mein Mann beteiligte sich dann mit dem Erbteil, das er nach dem Tode seines Großvaters mütterlicherseits erhielt, an einem Unternehmen in Deutsch-Ostafrika, bei dem er zugleich angestellt wurde. Diese Anstellung behagte ihm nicht, er gab sie auf und kehrte zurück. Er zog sein Kapital aus dem Unternehmen, statt dessen rüstete er eine Jagdexpedition auf Großwild nach dort aus. Ich begleitete ihn dabei in den Jahren 1909/10. Ich tat es in der Hoffnung, dort drüben eine andere ihm zusagende Stellung für ihn zu finden. Die Hoffnung trog — das Geld zerrann. Meine Bitten, es in Südwest noch einmal zu versuchen, schlugen fehl. Südwest war ihm verleidet. Mich ließ die Sehnsucht nicht los. Für Südwest hatte ich gekämpft, gearbeitet und gelitten. Dorthin gehörten wir und unsere beiden Söhne. „Caelum non animum mutant qui trans mare currunt."

Das neue Südwest.

Als ich wiederkam.

Mai 1914. Zehn Jahre nach meiner Rückreise. Es war die letzte Nacht vor der Landung in Swakopmund. Gleichmäßig pflügte sich das Schiff durch die rollenden Wasser. Sein leises Schlingern und Stampfen, das unaufhörliche Klatschen der Wellen an seinen Seiten waren bereits durch die Länge der Fahrt zur Gewöhnung geworden. Oben an Deck wurde Abschied gefeiert. Da klangen Gelächter und Scherzreden, und die Pfropfen knallten. Ganz wie auf meiner ersten Ausreise. Man war vergnügt. Und wer es nicht war, tat doch so und täuschte sich und die anderen und machte mit. Hoffnungen und Pläne lebten in den Herzen aller — Spannung auf die Zukunft.

Ich war schon zu viel Wege in der Welt gegangen. Afrika war mir nicht mehr, wie vor zwölf Jahren, das Land der Verheißung; wohl freute ich mich darauf, aber es war mir eine wehmütige Freude, und schwer lastete die Sorge um die Zukunft auf mir. Einen festen Plan, wie ich mein und meiner Kinder Leben bauen wollte, hatte ich nicht.

Die letzten Jahre in Europa waren unsagbar schwer gewesen. Immer unerträglicher waren für mich die Verhältnisse in der Heimat geworden. Ich hatte nach besten Kräften gearbeitet. Ich war vier Jahre lang in Braunschweig an der Höheren Handelslehranstalt für Damen für Französisch, Englisch, Volkswirtschaft und Erdkunde angestellt, hatte die Leitung sozialer Frauenkurse, hielt Vorträge, besprach Bücher — trotzdem hockte Frau Sorge Tag und Nacht an meiner Schwelle, und ich sah keinen Ausweg, sie zu bannen. Manche Nacht lag ich schlaflos und grübelte.

Und wieder war mal solch schwere Nacht, da stand mir plötzlich ein kleines Erlebnis aus meiner ersten Afrikazeit vor der Seele. Als ob es Wirklichkeit wäre, lag vor meinen Blicken der langgestreckte Rücken des Okombaheberges im blauen Schatten. Es mußte kurz vor Sonnenuntergang sein. Ein schwefelgelber Streifen stand am westlichen Himmel. Über diesen Streifen schossen blutrote Strahlen. Ich stand und schaute und freute mich der goldenen Pracht in der Unendlichkeit. Da trat jemand hinter mich. Es war der Unterkapitän Josua, der sagte: „Gnädige Frau, was stehst du und siehst in die letzte Sonne? Du bist so kurze Zeit in Afrika, und jeden Abend sehe ich dich stehen und schauen. Ich aber sage dir, wer neu in dies Land kommt und das tut, den hält Afrika fest, daß er in diesem Lande bleiben muß. Manchmal ist es gut für ihn, manchmal ist es nicht gut. Und wenn er fortgeht, wird es ihn wieder rufen. Und er wird wieder kommen, ob er will oder nicht, du wirst sehen."

Und ich hatte in die untergehende Sonne gesehen, gleich an den ersten Tagen meiner Ankunft — nun kam der Ruf, von dem die Alten unter den Eingeborenen wußten. Ich wußte auch, ich würde ihm Folge leisten. Was konnte mich in Deutschland halten? Meine Scheidung war ausgesprochen. Ich hatte das alleinige Recht an meine beiden Söhne hinübergerettet in mein einsames Leben. Es galt, irgendwie einen neuen Anfang zu finden. Afrika hatte gerufen — ich beschloß, nach Südwest auszuwandern, dem Land meiner Sehnsucht; nicht abenteuerlustig und auf gut Glück; sorgfältige Erkundigungen zog ich ein bei alten Freunden, ob eine Übersiedlung nach dort für mich und die Kinder ratsam sei, ob es Erwerbsmöglichkeiten für mich gäbe, ob die Kinder entsprechenden Unterricht bekommen könnten, ob ich sie drüben so erziehen könnte, daß ihnen die Wege für ihre spätere Zukunft offen seien. Die Antworten lauteten günstig. Mit inniger Dankbarkeit gedenke ich ganz besonders meines Freundes Rudolf Kindt, der damals Besitzer und Chefredakteur der Zeitung „Südwest" war, und seiner Schwester, die sich mir als die treuesten und selbstlosesten Freunde in jeder Beziehung und jederzeit erwiesen. Sie waren Friesen von Geburt, und von Fräulein Kindt wurde gesagt, sie hätte das zweite Gesicht und sähe oft Dinge voraus, die später Wahrheit würden. Nun deckt beide schon seit einigen Jahren der grüne Rasen des Darmstädter Friedhofs. Sie gehörten mit zu den ersten, die von den Engländern ausgewiesen wurden. Mein täglicher Weg führt mich heute noch an dem damals von ihnen bewohnten Haus vorbei. In meinen Gedanken leben sie fort. —

So hatte ich wehen Herzens zum zweiten Male den Staub des alten Europa von den Füßen geschüttelt, hatte wieder schmerzlichen Abschied von der geliebten Heimat, dem Harzlande mit den dunklen Tannen, genommen und lag nun mit meinen beiden, damals zehn- und achtjährigen Söhnen in Begleitung meiner getreuen Anna an Bord des „General" vor Swakopmund und dem Lande neuer Hoffnung und Zukunft.

Im Morgengrauen ging ich an Deck. Nichts war zu sehen. Der Nebel hing wie ein dichter, grauer Schleier um das Schiff; unaufhörlich sangen die Sirenen, Nässe und Kälte überall. Das war Afrika.

Im Laufe des Vormittags lichtete sich der Nebel. Eine Barkasse kam längsseit, ein Schlepper tauchte auf, in einem sesselartigen Gestell wurden die Passagiere an einer Trosse, die über eine Winde lief, in einen großen Leichter heruntergelassen. Das übliche Ausbooten der Reisenden und des Gepäcks ging vor sich, und diesmal landeten wir auf viel bequemere Art an der Brücke. Die Zollabfertigung geschah schnell, und durch tiefen Sand stapften wir zum Hotel „Fürst Bismarck". Das hatte sich allerdings gewaltig verändert, und das Swakopmund, das ich wiedersah, war nicht zu vergleichen mit dem, das ich 1904 verlassen hatte.

Der Zug am nächsten Morgen brachte uns ins Innere. Die Romantik des Schmalspurbähnchens, das hielt, wenn Zugführer und Reisende hungrig waren und abkochen wollten, war verschwunden. Dafür saß man bequem auf ledergepolsterten Sitzen und blickte durch rauchgraue Scheiben, die das Blenden verhüteten, auf die schwermütige Eintönigkeit der Namib. Aber die Sonne, die liebe afrikanische Sonne war da. Endlich! Fern am Horizont tauchten in ihrem glühenden Licht die Zacken von Spitzkoppies auf, alte liebe Bekannte, mein Märchenland. Weiter ging's über Karibib nach Brakwater, der Station vor Windhuk. Dort hatten mir Kindts bei Frau v. F. auf deren Musterfarm einstweiliges Quartier besorgt, weil Windhuk im Zeichen der Ausstellung stand und jedes Hotel und Privatquartier besetzt war. Ich brachte meine Kinder in der Obhut meiner treuen Gehilfin dort unter und fuhr an einem der nächsten Tage nach Windhuk zu Kindts.

Ich kam gerade zur Ausstellung und konnte aus vollem Herzen all das Schöne und Neue und Große bewundern, das hier nach dem Aufstande geschaffen war. Aller Orten zeigte sich ein Fortschritt, ein Aufblühen; Stolz und Freude ergriffen mich. Durch deutsche Zähigkeit und Ausdauer war Südwest in den kurzen Jahren zur Musterkolonie siedlerischer Leistungen geworden. Ja, das war 1914.

Viele Bekannte aus alter Zeit traf ich. Ein jeder machte mir Mut, ich würde schon etwas finden, das mir weiter helfen würde. Ich sollte aber abwarten, ja nicht voreilig sein, ehe ich meine endgültigen Entschlüsse faßte. Viele luden die Kinder und mich voller Güte ein, damit ich in Ruhe die Verhältnisse studieren könnte. Aber das liegt mir nicht, Gastfreundschaft annehmen und nicht wissen, ob und wie man sie erwidern kann. Etwas Geld besaß ich.

Das Idyll in Klein-Windhuk.

Windhuk schien mir am geeignetsten zum Abwarten. Da ging ich auf Wohnungssuche. Groß-Windhuk mit seinen dicht beieinander liegenden Häusern und Straßen gefiel mir nicht zum Wohnen. Das war nicht Afrika. Ich wollte den Kindern Bewegungs- und Spielfreiheit im weitesten Maße geben. Daher mietete ich in Klein-Windhuk ein nettes, möbliertes Häuschen mit Garten, das einem Bezirksamtssekretär gehörte, der gerade auf Urlaub ging. Es lag am Jan-Jonker-Weg, am Fuße des Wasserberges, und bestand aus vier Zimmern und Zubehör. Wunderhübsch waren die beiden großen, grünumrankten Veranden, auf denen wir die meiste Zeit des Tages und die Abende verbrachten. Ein eigener Windmotor pumpte das Wasser ins Haus. Das große Wellblechbassin dicht an der Pad gab eine herrliche Schwimmgelegenheit für die Kinder. Mehr als einmal nahm ein durstiger Ochse im Sprung den Zaun und lag dann im Wasser. Unter Herbeiholung der Nachbarn und mit großen Mühen gelang es uns, ihn herauszuziehen. Ein Schaf oder eine Ziege fanden wiederholt ihr Ende darin. Hinter dem Hause lag ein Gemüsegarten. Auch Citrusbäume waren angepflanzt und trugen bereits Früchte. Dies Haus hatte ich für sechs Monate gemietet, und niemand ahnte, daß acht Jahre daraus werden würden.

Mein erstes Bestreben war, meine Kinder einzuschulen, damit in ihrer Schulbildung keine Lücken entständen. Mein Ältester kam in die Sexta der Kaiserlichen Realschule, der Kleine in eine Vorschulklasse der Regierungsschule. Zwar war der Weg etwas weit, dreißig Minuten etwa, aber die Kinder waren gesund, und dafür hatten sie dann Freiheit und unbeschränkten Raum zum Tummeln und Toben.

Ich war immer der Meinung, daß Tiere zu Kindern gehören; Beschäftigung mit ihnen erzieht sie zur Liebe und zum Nachdenken und gibt ihnen unaufschiebbare Pflichten. So fand sich auch sehr bald allerlei Hausgetier bei uns ein. Als erster langte Fips an, ein Pavianbaby. Er war erst wenige Wochen alt, bekam gezuckerten Reis, Backobst und angewärmte Milch. Tagsüber wohnte er in der Bluse oder im Hemd eines der Jungens und wurde überall mit hingeschleppt, war überall dabei. Des Nachts banden wir ihn mit einem weichen Riemen an seiner Kiste fest, trugen ihn in die Rumpelkammer und deckten ihn warm zu.

Später bezog Fips im Hofe einen gegabelten Baumstamm, von dessen Spitze aus er einen weiten Rundblick genoß. Sein Riemen war längst durch eine lange Kette ersetzt. Geschickt legte er mit ihr Schleifen und streute in die Schlingen Überreste seines Futters hinein. Weitab davon saß er und blinzelte in die Sonne und wartete, bis sich ein Huhn in die Schlinge wagte. Mit einem Ruck zog er sie an und hatte das Huhn gefangen. Sofort wurde ihm der Hals lang gezogen, und es wurde gerupft. Dies alles geschah mit solch blitzartiger Geschwindigkeit, daß wir selten zu Hilfe eilen konnten.

Fips hatte eine alte, ziemlich durchlöcherte Zementtonne als Nachtquartier und bekam zwei Säcke zum Zudecken, die er jeden Morgen an seinem Baum lüftete oder gar trocknete. Er hatte ein eigentümliches Vorherempfinden für das Wetter. War schönes Wetter in Aussicht, dann stand die Tonne aufrecht; drohte Regen, legte er sie um, zerbiß seinen Sack und verstopfte die kleinen Löcher mit den Fetzen. Dabei prüfte er genau die Windrichtung und legte die Tonne entsprechend. Sprang der Wind plötzlich um, zeterte er laut und hatte viel zu tun. In einen Sack wickelte er sich ein, mit dem anderen verstopfte er den Eingang. Dies tat er auch, wenn Gewitter drohte. Vor dem Blitz hatte er große Angst, hielt sich die Augen zu und schrie.

Fips war jahrelang der Kinder braver Spielkamerad; er endete, da er zu groß und unnütz wurde, im Windhuker Zoologischen Garten.

Der Wächter unseres Hauses und Hofes war Nero, ein starker Airdale. Fips war sein bester Freund, den er auch stets erfolgreich gegen fremde Hunde verteidigte. Nero war der berüchtigste Raufbold von Klein-Windhuk, um den sämtliches Hundegetier einen Bogen machte. Leider waren Hühnereier sein Leibgericht. Zur Strafe für das raffinierte Stehlen — er hatte sich einen geheimen Zugang zum Hühnerstall gekratzt — legten wir ihm eines Tages ein mit Senf und Pfeffer gefülltes Ei in ein Nest. Wir versteckten uns und warteten, bis er es gierig zerbissen hatte. Dann lachten wir ihn aus. Er schämte sich furchtbar; von da ab war er niemals zu bewegen, mit in den Hühnerstall zu kommen. Er war ein sehr patriotischer Hund, er ließ den schönsten Fleischhappen liegen, wenn er vom General Botha kam, fraß hingegen mit Todesverachtung sogar abgekaute Apfelsinenschalen, wenn von Oberstleutnant Franke gereicht. Auf nächtlicher Liebesfahrt begriffen, fand er einen Giftbrocken, von Bubenhand gelegt, und verendete.

Hans Gombo (auf Herero Ongombo = die Ziege) war ein weißer, langhaariger, starker Merinobock mit prachtvollen Hörnern, der es mit jedem Feinde aufnahm. Er zog geduldig eine von den Kindern gebaute Karre, auch dann, wenn Nero Vorspann leistete und Fips auf seinem Rücken thronte. Sein Lieblingsaufenthalt war, abgelegen in einem Winkel des Gartens, des Hauses stillste

Klause. Es kostete jedesmal einen Kampf, wenn ein anderer auch mal den bescheidenen Wunsch hegte, dort zu verweilen.

Mein besonderer Liebling war ein Adler (Gaukler), Polly mit Namen, von mindestens 1½ Metern Flügelspannung. Das schöne, starke Tier wohnte Fips gegenüber auf einem Baumstamm, an dem es mit einer Kette befestigt war. Das andere Ende der Kette endete in einem Ring um seinen Fuß. Polly war seinerzeit von Eingeborenen aus dem Horst geholt worden und hatte niemals die Freiheit gekannt. Zum Füttern machte ich ihn los, und er stellte sich mit Hunden und Katzen in eine Reihe, die alle großen Respekt vor ihm hatten. Er schnappte nach den Fleischbissen wie die Hunde und fing sie geschickt auf. Seine Ernährung war kostspielig, deshalb schossen ihm die Kinder mit ihren Katapulten Ratten und Mäuse, hin und wieder auch einen Marder. Die von Fips gerupften Hühner waren seine Leckerbissen. Mittags erflog er die höchste Spitze seines Baumes und hielt Umschau nach den Kindern. Erblickte er sie, dann rief er. Diesen Ruf kannten Hunde und Affen und meldeten nun ihrerseits die Ankommenden. Besuch wurde auch gemeldet, aber in einer anderen Tonlage, und wenn Kaffern kamen, schrie er ganz heiser und sträubte die Federn. Er war mir besonders zugetan und sehr eifersüchtig. Gern saß er sogar im Zimmer mir zu Füßen, hackte aber nach den Kindern, sobald sie in meine Nähe kamen. War er unbeaufsichtigt von der Kette los, fing er wohl eins unserer Hühner. Als ich 1922 nach Deutschland auf Urlaub fuhr, schenkte ich ihn dem Zoo. Dort war er jahrelang. Jedesmal, wenn ich an seinen Käfig kam und ihn rief, kam er und schmiegte den Kopf dicht an das Gitter, daß ich ihn kraulen sollte.

Das waren die interessantesten aus der großen Reihe unserer Tiere. Da gab es aber auch Teckel, Terrier, Kater, Katzen, Julchen, die zahme Leghornhenne, die sich bemühte, ihr Ei in einen Lampenzylinder, in die Sofaecke oder auf das Tintenfaß auf dem Schreibtisch zu legen, Erdmännchen, Klippdachse, vierzehn junge Strauße, Eulen, Uhus, Nebelkrähen. Ihre Pflege und Verpflegung nahmen viel Zeit in Anspruch. Ich könnte mir aber mein Haus nicht ohne Getier vorstellen.

Meine Kinder lebten sich gut ein und waren froh und glücklich und ahnten noch nichts von den Sorgen und dem Kampf ums Dasein im Leben ihrer Mutter.

Unser Klein-Windhuker Idyll war entzückend. Wir waren sparsam und lebten einfach und zufrieden in unserem Heim, in reizender Geselligkeit, die im gastfreien, anregenden Hause des Gouverneurs ihren Gipfelpunkt fand. Wie sich mein weiteres Leben gestalten würde, war mir noch unklar. Vorläufig bestellte ich meinen Garten, um unseren Lebensunterhalt zu verbilligen, und trieb in kleinem Maße Geflügelzucht. Mit banger Sorge sah ich mein kleines Kapital schwinden. Daß ich eine einträglichere Tätigkeit finden mußte, und zwar bald, dessen war ich mir wohl bewußt. Ich dachte daran, eine Art Handelsschule zu eröffnen mit Buchhaltungs-, volkswirtschaftlichen und Sprachkursen und Handelskorrespondenz. Daran fehlte es. Und ich bin heute noch der Meinung, daß ein derartiges Unternehmen hier für Windhuk wohl geeignet wäre.

Doch es kam anders.

Wie ich den Weltkrieg erlebte.

Sturmzeichen.

Es war ein Tag wie alle anderen. Im tiefen Blau strahlte der Himmel. Ab und zu fegte ein Windstoß durch die im Nachmittagsschlaf liegenden Straßen. Er wirbelte Staub, Blätter, Papier, sogar hie und da eine abseits liegende Konservendose in die Luft. Hoch und steil, wie eine Säule, stand die Windhose. Das Singen und Surren in der Luft schwoll an, und irgendwo senkte sich dann das ganze stolze Gebilde und überschüttete Häuser und Menschen mit dem trockenen, stechenden Staube.

Die Kinder und ich waren, von Klein-Windhuk kommend, die Sperlingsluster Pad gewandert und saßen, einer Einladung folgend, im kühlen, luftigen Zimmer beim gemütlichen Nachmittagskaffee im Hause unserer lieben Freunde, des Geschwisterpaares Kindt. Marmeladen und Honigbrötchen, Apfelkuchen und allerhand andere Herrlichkeiten standen aufgetürmt vor den beiden Jungen, denen nach dem heißen, staubigen Wege nun doppelt wohl zumute war. In der Ecke des Zimmers schwatzte der Papagei, zwei Hunde und drei Katzen wanderten und saßen oder lagen um den Tisch. Die Fenster waren weit geöffnet. Draußen im Garten kreischten die kleinen grünen Papageien mit den roten Köpfchen. Ab und zu drang das Lachen und Schwatzen der

Eingeborenen zu uns. Alles atmete Frieden und Behaglichkeit, und wir genossen die afrikanische Nachmittagsstimmung so recht von Herzen. Mein großer Junge Bitz sagte mit tiefem Atemzuge: „Wie schön ist es hier." Und wir Älteren, die wir alle drei des Lebens Not und Kämpfe zur Genüge kannten, dachten wohl im Herzen dazu: „Ja, wie schön, wenn's nur so bliebe" — da schlugen die Hunde an, und ein Kaffer kam atemlos und schwitzend, einen noch drucknassen Zettel in der Hand. Es war der Korrekturbogen für das erste Extrablatt, das die „Südwest" veröffentlichte. Es enthielt das durch Funkspruch über Kamina (Togo) übermittelte österreichische Ultimatum an Serbien. Nie in meinem Leben werde ich den Eindruck vergessen. Durch die offenstehende Tür zogen brennend rote Strahlen der scheidenden Sonne. Schon lag das tiefe, schwimmende Blau zu Füßen des Kaiser-Wilhelm-Berges. Wir saßen schweigend eine lange Zeit und fühlten mit bangem Herzschlag, wie die Weltgeschichte den Atem anhielt und des Schicksals Würfel über das alte Europa rollten.

Jäh stand in meinen Gedanken die alte, so geliebte Heimat vor mir. Die Kette der Harzberge, überragt vom Brocken, die dunklen Tannen mit dem lichten Grün der Birken und Lärchen dazwischen. Das alte Okerhaus sah ich mit den großen, immer klappernden Schiebefenstern, dem dicken Messingklopfer an der schweren Haustür, der geschwätzigen schrillen Klingel und dem ewig muffig riechenden Backsteinflur, die altmodischen Zimmer mit den dunklen Bildern, seit über hundert Jahren geliebt und verehrt als die Heimat von den Mitgliedern unserer Familien. Im großen, parkähnlichen Garten knarren die hohen, blitzgetroffenen Pappeln, dicht daneben rieselt die Quelle, im Teich springen die Forellen — unter dem kühlen Blätterwerk der alten Linde steht der Kaffeetisch — alle Lieben darum versammelt, und soviel junges Blut unter ihnen; Onkel, Brüder, Vettern, fast alle aktive Offiziere. Wie bange mag den Alten sein — wie begeistert werden die Jungen jubeln — ich sah sie vor mir, alle, alle — und ich so allein mit zwei kleinen Söhnen weit weg in Afrika. Nicht mutlos werden; Zähne zusammenbeißen. Deutschland, Deutschland über alles!

Die Stimmung, mit der die ersten Nachrichten aufgenommen wurden, war verschieden. Empörung, Zorn, Begeisterung, und in allen der brennende Wunsch, mit dabei sein zu dürfen. Jetzt, nur jetzt nicht fehlen. Auch das seinige dazu beitragen zu können, wo es um Deutschlands Macht und Ehre ging.

Ein Dampfer, die „Gertrud Woermann", lag auf der Reede von Swakopmund. Wohl denen, die noch in die Heimat gelangen konnten, um mit dabei zu sein. Zurückbleiben zu müssen ist furchtbar schwer. Der große Ostafrikaner war auch nach Kapstadt weitergedampft.

Heftig wurde gestritten über die Rolle, welche die Kolonien und damit Südwest in einem möglichen Kriege spielen würden. Viele waren der Ansicht, ihr Schicksal würde auf den Schlachtfeldern Europas entschieden, und sie selber würden unangetastet bleiben. Keine europäische Kulturmacht würde es verantworten wollen, die Farbigen mit hineinzuziehen in das Ringen der weißen Völker. Unausdenkbar würden die Folgen sein.

Für Südwest allerdings stiegen Bedenken auf. Die Diamantfunde waren ziemlich bedeutend gewesen, Farmen und Bergwerksbetriebe hatten sich günstig entwickelt, sollte England in den Krieg mit eingreifen?

Botha, der spätere Oberbefehlshaber der Truppen im Felde, hatte vor langer Zeit bereits gewarnt, daß ein Krieg käme. Er fand wenig Glauben. Von Südafrika aus sollen auch sehr geschickt Erkundigungen über hier eingezogen worden sein. Tatsache ist, daß es ausgezeichnete englische Karten gab, in denen Wasserstellen und Wege, sogar kleine Pads richtig und gut eingezeichnet waren. Man sagt, sie stammten von den Prospektoren, von denen einige im englischen Solde standen und unter dem Deckmantel des Prospektierens unauffällig diesen ihnen gestellten Aufgaben gerecht werden konnten.

Südwests geographische Lage weist auf die Union von Südafrika hin. Wie würde die sich verhalten? Dort gab es zu jener Zeit zwei Parteien, die Botha-Partei, zu der viele Angehörige der wohlhabenden, einflußreichen Südafrikaner gehören sollten, die auch vollkommen unter englischem Einfluß stand, und die Hertzog-Partei, die nach Freiheit und Unabhängigkeit strebte. Viele Deutsche dachten, die Buren seien alle deutschfreundlich und warteten nur auf die Gelegenheit, gegen England loszuschlagen. Aber die besser Orientierten wußten, nur der kleinste Teil war noch bewußt deutscher Abstammung; sie hatten noch genug von ihrem vergeblichen Freiheitskampfe, von dem Hinsterben Tausender und aber Tausender ihrer Frauen und Kinder in den englischen Kamps hinter Stacheldraht. Sie waren froh, in Ruhe und Frieden auf bescheidener Scholle zu leben.

Der Gouverneur schickte Vertrauensleute in die Union, um die augenblickliche Stimmung zu erforschen. Ich habe aber wiederholt aus seinem eigenen Munde gehört, daß er einen Angriff unsererseits auf die Union (nach Ansicht derer, die darauf drängten, weil Angriff die beste Verteidigung sei) für aussichts- und zwecklos hielt, vielmehr nur darauf bedacht sein wollte, unsere Grenzen, so gut es ging, zu verteidigen.

So gut es ging — ich wußte gut Bescheid über unsere brave Truppe. Vom Mutterland aus war an den Ausgaben für Südwest im weitesten Maße gespart worden, allen Vorstellungen der für Südwest verantwortlichen Kreise zum Trotz. Es war bestimmt niemals erwogen worden, daß sie gegen eine andere weiße Nation möglicherweise einstmals zu Felde ziehen müßte. Dazu war sie nun und nimmer ausgerüstet. Die Truppe war knapp 2000 Mann stark. Durch die Mobilmachung konnte sie auf 5000 Mann einschließlich der Polizeitruppe gebracht werden. Ihre Ausrüstung und Bewaffnung war rückständig. Sie hätte vielleicht zur Not genügt, einen farbigen Gegner niederzuringen, war aber einem weißen Feinde, der mit allen Hilfsmitteln der modernen Technik ausgerüstet war, nicht gewachsen. Wie konnte sie mit den bereits vor Ausbruch des Krieges ständig in Reparatur befindlichen Maschinengewehren und den veralteten Kanonen, bei denen es überdies an Munition fehlte, mit zwei alten Flugzeugen und ganzen fünf Personenautos einem modernen Gegner standhalten, ohne Verbindung mit der Heimat, in einem so unendlich weiten Gebiet, anderthalbmal so groß wie Deutschland, mit schlechten Wegen, wenig Wasser und knapper Weide für das Zugmaterial; dazu keine Möglichkeit, auch nur an Proviant für Mensch und Tier, an Kleidung, Schuhwerk, Lederzeug, Handwerkszeug und sonstigem Material das Allernötigste, daran sehr bald Mangel sein würde, zu ergänzen.

Gut, aber nicht ausreichend für einen Kriegsfall waren Pferde und Maultiere.

An Küstenverteidigung war nicht zu denken, denn Swakopmund und Lüderitzbucht waren offene Plätze.

Die kommenden Ereignisse warfen ihre Schatten voraus. Ich kam nach Windhuk, um Besorgungen zu machen. Eine offensichtliche Aufregung herrschte in den Geschäften. Ich wollte nur in normaler Weise meine Vorräte ergänzen und forderte Weizenmehl, Burmehl, Zucker, wie es üblich ist, im Zentnersack. Man gab nur in geringeren Mengen ab. Außerdem wurde ich darauf aufmerksam gemacht, daß die Waren jetzt schon teurer geworden waren. Was half es? Ich überlegte blitzschnell, was eventuell noch fehlen konnte, Vorräte, Seife, Lichte, Petroleum, Konserven, und kaufte, soviel mir möglich war. Das hier übliche, weit ausgedehnte Kreditsystem hatte aufgehört. Alles ging nur gegen Barzahlung. Das war in diesen Zeiten wohl zu verstehen. Wagehalsige, Unternehmungslustige gab es sofort, die gar zu gern unter Ausnutzung der Verhältnisse mehr oder weniger dunkle Spekulationen versuchten. Da griff aber der Gouverneur ein. Die Preissteigerung wurde untersagt. Daß sich freilich Leute Proviant aufstapelten bis unter die Zimmerdecke und späterhin mit dem madigen Zeug wucherten, das konnte damals niemand wissen.

Wohlüberlegt und gerecht lag über allem die Hand der Regierung. „Jetzt ist Ruhe die erste Bürgerpflicht." Wir hatten unseren verehrten zuverlässigen Gouverneur, hinter ihm den Stab der bewährten Beamten. Wir hatten unsere treue Truppe, unsere alten Führer, die schon vor zehn Jahren Ehren und Sieg erstritten hatten. Wir sind deutsche Männer und Frauen, eins mit der Heimat jenseits des Meeres. Die Zuversicht, das Vertrauen, die Begeisterung war ungeheuer. Im Winde flatterten die schwarzweißroten Fahnen, vaterländische Lieder wurden gesungen.

Südwests Vorbereitungen.

Südwest traf seine Vorbereitungen. Besondere Sorge galt vorerst den Funktürmen, die, wenn das englische Kabel versagte, immer noch die Verbindung mit Nauen über Lome und Kamina aufrechterhalten konnten. Große Hoffnung setzten wir auf den Windhuker Funkturm, den Vermittler zwischen uns auf fernem Außenposten und der Heimat. Er wurde im weiten Umkreis mit Dornverhau umgeben, verschanzt, und eine elektrische Hochspannungsleitung ward rings herum gelegt. Daß diese Dornen nur illusorischen Schutz boten, wußten wir; es geschah der Eingeborenen wegen. Im Ernstfall hätte ein Streichholz genügt, sie in Flammen aufgehen zu lassen. Anfangs schützten den Turm Doppelposten, dann ein Maschinengewehr, später starke Bedeckung und noch später eine ganze Kompanie.

Aus Swakopmund und Lüderitzbucht wurden Heeresgut und Proviant, soviel wie möglich, ins Innere des Landes geschafft. Große Anforderungen wurden an die Bahn gestellt. Alle zollpflichtigen Güter wurden unter erleichterten Bedingungen freigegeben.

Die „Gertrud" und „Frieda Woermann" waren verschwunden. Aber nicht heim. Allmählich sickerte es durch, die „Frieda" hatte nicht mehr gewagt, ihre 4000 Sack Burmehl zu löschen, und sic und die „Gertrud" waren mit den sich auf ihnen befindlichen Passagieren in Begleitung des Kanonenbootes „Panther" nach Südamerika gedampft.

Ich ging am 1. August auf das Postamt, als ich dies erfuhr. Die „Gertrud" hatte meine letzte Post für Europa mit an Bord. Fraglich war es daher, ob sie jemals ihren Bestimmungsort erreichen würde. Da wollte ich vorsorgen und meinen alten Eltern daheim ein liebes und beruhigendes Wort, für voraussichtlich längere Zeit das letzte, kabeln. Da las ich schon den Anschlag:

1. Kabelgramme zu halber Gebühr (Wochenendtelegramme) sind von jetzt ab nicht mehr zulässig.
2. Kabelgramme werden von jetzt ab nur mehr in offener englischer, französischer oder holländischer Sprache zugelassen und müssen eine Unterschrift tragen.

Dies soll vom General Postmaster in Kapstadt ausgegangen sein, weil zum Senden dieser Telegramme das englische Kabel über Walvis Bay benutzt wurde.

Viele standen gleich mir am Schalter. Gerade schob ich dem Beamten mein Kabel zu, da trat ein anderer Beamter hinzu und verkündete: „Kabelgramme werden überhaupt nicht mehr angenommen." An den Briefschalter wurde im selben Augenblick folgender Zettel geklebt: „In sinngemäßer Anwendung des ... Paragraphen werden von jetzt ab Briefe und Pakete nur noch auf Gefahr des Absenders und ohne jegliche Verantwortung abgesandt."

Am Schwarzen Brett der Woermann-Linie stand angeschlagen: „Der unsicheren politischen Lage wegen wird der am 13. August heimwärts fällige Dampfer ‚Kronprinz' sehr wahrscheinlich nicht expediert werden."

Nun gab es keine Verbindung mehr. Abgeschlossen von der Heimat. Allein, zwei Kinder, wenig Geld, keinen Verdienst, keinen Schutz, ganz allein. Ich stand in einem Winkel der Post. Nicht merken lassen, wie mir zumute war; anderen ging es auch nicht besser. Wir alle hier draußen waren jetzt losgelöst von der Heimat, hörten nichts von drüben, wo das unerhörte, gar nicht auszudenkende Ringen angefangen hatte, mußten stillhalten, warten, warten, in Ungewißheit. —

Die Eingeborenen wurden scharf beobachtet. Vielfach hatten englische Agenten zu hetzen versucht. Den Hereros und Hottentotten war nicht ganz zu trauen. Möglich war es, daß sie die politische Lage ausnutzten und einen kleinen Aufstand versuchen würden. Aber man war durch die Erfahrungen von vor zehn Jahren klug geworden. Die Werften wurden unauffällig bewacht. Ohne Paßzettel durfte sich abends nach 8 Uhr kein Eingeborener mehr außerhalb der ihm angewiesenen Werft zeigen. Über sein Woher und Wohin mußte er jederzeit genau Auskunft geben. Und doch war allerhand Auffälliges zu beobachten. Bezeichnend war die große Wichtigkeit, mit der sie gleichfalls nach Neuigkeiten forschten. Da war kein Haus, in dem nicht bei Ankunft neuer Nachrichten die Bambusen versuchten, ihr Teil davon aufzuschnappen. Sie horchten an den Türen, beredeten sich untereinander und buchstabierten den Wortlaut der Depeschen. Diejenigen, die durch ihre Herren beritten waren, sprengten durch die Straßen, daß es fast lebensgefährlich war. Ganz nach Orlogsmanier wurden Hut oder Mütze mit einer Straußenfeder geziert, schief aufgesetzt, der Hut möglichst mit Sturmband unter dem Kinn. Mit verhängtem Zügel ward dahergesaust. Eine Wolke von Staub hüllte sie ein. Und die großen und kleinen Kaffernmädchen quiekten vor Entzücken und kniffen sich gegenseitig aus Begeisterung.

Diesem schönen Schauspiel machten die Wächter der Ordnung erbarmungslos ein Ende. Galoppreiten in den Straßen wurde polizeilich verboten.

In Windhuk selbst war wohl die Gefahr eines Eingeborenenaufstandes nicht allzu groß. Unkontrollierbare Stories gab es natürlich genug. Auf den Farmen sah es gefährlicher aus. Da kommandierte der Baas mit strengem Gerechtigkeitssinn und oft lockerer Hand. Leider hatten auch etliche Farmer, als sie von der Teuerung und einem möglichen Proviantmangel hörten, etwas unüberlegt einen Teil ihrer Leute entlassen. Die trieben sich nun hungernd und müßig, auch verstimmt, im Busch umher.

Ruhig und zielbewußt griff die Regierung ein. Fieberhaft arbeiteten die Kommissariate. Die Kommissare, die in weitem Maße das Vertrauen der Eingeborenen genossen, ritten selbst durchs Land, erklärten, beruhigten, versprachen. Da ebbte die Erregung ab. Die Arbeit auf den Farmen ging weiter. Mehr noch als bisher wurden Felder für Mais und Kartoffeln in der Hoffnung auf ein gutes Regenjahr bestellt. Kälber durften nicht mehr geschlachtet werden. Wer von den Eingeborenen beschäftigungslos war, wurde verpflegt, vielleicht auch angestellt.

An der englischen Grenze saßen die tückischen Bondelswart-Hottentotten und noch schlimmer, in der Mitte des Landes, die verhetzten Bastards, ein übles Gesindel, nicht schwarz, nicht weiß, zwischen den Rassen stehend. Dazu gab es noch hergelaufenes Volk aus aller Herren Länder, wie es ein Neuland mit verheißungsvollen Bodenschätzen anzieht, gewissen- und vaterlandslos, bereit, dem zu dienen, der am besten zahlt, und ebenso bereit wegzulaufen, wenn die Sache schief geht. Im Norden saßen die bewährten Okombahekaffern. Verläßlich waren die Ovambos. Auch den zahlreichen Truppenbambusen konnte man unbedingt trauen.

Mit fieberhafter Spannung warteten wir die Weiterentwicklung der Dinge ab. Die Redaktionen der beiden Zeitungen „Südwest" und „Südwest Bote" wurden nach Neuigkeiten förmlich gestürmt, deshalb wurde die Anordnung getroffen, durch ein äußeres Zeichen der Bevölkerung bekanntzugeben, daß eine Depesche gekommen sei. Es stiegen auf dem Dach der beiden Gebäude, in denen die Zeitungen gedruckt wurden, jedesmal eine gelbe Flagge für die „Südwest", eine grüne für den „Boten" hoch. Außerdem gellten von der nahe gelegenen Felsenkeller-Brauerei drei langgezogene Pfiffe in kurzen Abständen hintereinander. Wie oft im Laufe dieser Monate haben wir hinausgehorcht in banger Erwartung, daß endlich, endlich doch mal wieder eine Nachricht unseren fernen Außenposten erreichen möchte.

Am 2. August wurde ein Telegramm des Reichskolonialamtes aufgefangen, daß die Kolonien außer Kriegsgefahr seien. Anfangs wurde diese Nachricht geheimgehalten, weil man sie nicht glaubte. Allmählich erst wurde sie bekannt.

Über Kamina hörten wir am 5. August die Kriegserklärung Englands.

Am 6. August klebten an den Häusern brandrote Plakate, öffentliche Bekanntmachungen, die bis auf weiteres Freiwillige zur Dienstleistung bei der Schutztruppe aufriefen. Sie sollten ohne Charge als Reiter der Schutztruppe Verwendung finden. Ganz besonders wurde aber hervorgehoben, daß es nicht erwünscht wäre, wenn sich selbständige Farmbesitzer oder Verwalter, die keinen vollwertigen weißen Vertreter zurücklassen könnten, oder sonst Personen, die eine größere Anzahl Eingeborener beschäftigten und keine vollwertige weiße Aufsicht für diese stellen konnten, zum Eintritt in die Schutztruppe meldeten.

Angestrengt und sorgenvoll arbeiteten Gouverneur und Kommandeur mit ihren Stäben. Die aktive Truppe lag gerade im Bastardlande im Manöver. Verbindungen verschiedenster Art waren längst mit ihr hergestellt.

Am 8. August wurde die allgemeine Mobilmachung befohlen.

Mobil.

Mobilmachung des Schutzgebiets. Diesem Befehl folgte unmittelbar das Verbot, Waffen, Vieh und Lebensmittel aus dem Schutzgebiet auszuführen. Das sonst so stille Windhuk glich einem Kriegslager; auf den Straßen rasten Fuhrwerke und Reiter; vor der Feste versammelten sich die Leute, da war ein Kommen und Gehen, ein Pferdegetrappel, Maultierstampfen; Ochsen- und Eselwagen, begleitet vom üblichen Geschrei der Treiber, knarrten schwerfällig unter ihrer Fracht; Signalblasen — Hundeknäuel — Uniformen — Stauen der Menschen vor der Buchhandlung und den Zeitungsredaktionen. Durch die Menge schoben sich die Eingeborenen aller Farben und Stämme; umlagert waren die Truppenbambusen voller Wichtigkeit. Glimmerglitzernde Staubwolken wirbelten auf. In der seidenblauen Luft wehten unsere geliebten deutschen Farben, in wundervollem Kontrast zu dem dunklen Grün der Bäume des Gouvernements- und Truppengartens. Alles übergoldete die afrikanische Sonne.

Die Züge kamen verspätet und überfüllt. Der Kaiser hatte gerufen, und alle, alle kamen. Niemand wollte daheim bleiben. Die Frauen beschwichtigten die Bedenken ihrer Männer — auf manch einsamer Farm stand von da ab die deutsche Frau auf Posten, tapferen Herzens, in treuester Pflichterfüllung.

In den Hotels war längst kein Platz mehr. Weit öffneten sich die Privathäuser. Immer und immer wieder wurde noch Rat geschaffen. Da gab es doch noch ein Winkelchen, wo jemand Platz finden konnte. Bei uns waren sämtliche Zimmer und Veranden belegt. Meine Anna hatte alle Hände voll zu tun, soviel liebe Gäste zu verpflegen.

Die Wehrpflicht wurde aus Klugheit auch auf die Bastards und die Berseba-Hottentotten ausgedehnt. Man glaubte, sie wären noch gut ausgebildet und könnten von Nutzen sein. Andererseits traute man ihnen nicht ganz. So waren sie unauffällig unter sie nicht kränkender Aufsicht und konnten, wenn es die Not gebot, schnell entwaffnet werden. Die falschen Bondelswarts wurden nach dem Norden transportiert.

Später wurde ein südafrikanisches Freikorps gegründet unter der Führung des alten Burenkriegers Andries de Wet. In ihm wurden nicht nur Buren aufgenommen, sondern deutsche Freiwillige, die aus irgendwelchen Gründen bei der Truppe nicht verwendet werden konnten. Um dieser Truppe die Legitimität zu sichern, bekam der Bezirksamtmann von Grootfontein, Herr v. Z., die unendlich schwierige Aufgabe, in ihr als Hilfskommandant zu wirken. Er unterzog sich dieser Pflicht mit großer Geschicklichkeit und mit Erfolg.

Dieses Korps war eine bunt zusammengewürfelte Schar, landes- und sprachenkundig, ausdauernd, bedürfnislos, tollkühn, abenteuerlustig und ziemlich undiszipliniert. So stelle ich mir die Landsknechte der alten Zeiten vor. Das Freikorps hat allerhand geleistet, war aber nur unter afrikanischen Verhältnissen brauchbar.

Viele Eingeborene drängten sich zu Arbeitsdiensten bei der Truppe und wurden angenommen. Da die Truppe nicht über genügend Pferde verfügte, wurden sie überall im Lande angekauft. Sehr gutes Material lieferten die Bastards und der Süden; im Norden, wo viel Sterbe herrscht, war die Auswahl geringer.

Die Regierung übernahm auch die Rationierung sämtlicher Vorräte für die Truppe, die Bevölkerung und auch für die Eingeborenen. Sie wurde dieser Aufgabe auch voll und ganz gerecht, und direkte Hungersnot haben wir nie gelitten. Freilich wurde im Laufe der Monate das Mehl wurmig und muffig, aber Brot gab es noch stets, wenn auch nicht so gut wie vor dem Kriege. Brötchen und Kuchen waren abgeschafft. Die Gattin des Gouverneurs ging mit gutem Beispiel voran. Sie gab auch die Anregung zu Krankenkursen, in denen Ärzte und ausgebildete Schwestern Vorträge hielten und praktische Anweisungen gaben. Diese Kurse wurden von den meisten Damen besucht. Alle waren bereit zu helfen.

Meine Kinder waren in dieser für sie so sehr interessanten Zeit mehr in Windhuk auf der Straße als zu Hause. In einer Dämmerstunde, als sie unendlich schmutzig und schwitzend wiederkamen, holte ich sie zu mir. Ich sprach ihnen vom Ernst der Zeit, der Not des Vaterlandes und unserer eigenen, und wie sehr wir uns alle einschränken müßten. Ich sagte ihnen, von nun ab würden die Brotschnitten kleiner werden, trotzdem Maismehl unter das Brotmehl gemischt sei. Kuchen, Nachtisch, Obst, das alles fiele weg. Die Hosenböden, deren es allwöchentlich viele zu flicken gab, müßten besser geschont werden, auch das Schuhzeug. Mit Begeisterung machten sie den Vorschlag, von nun ab barfuß zu laufen. Dies führten sie anfangs begeistert und schmerzvoll, dann aber als selbstverständlich durch. Wenn sie mittags aus der Schule kamen, mieden sie die Bürgersteige, weil die Steine so heiß waren. Auch im tiefen Staube der Klein-Windhuker Pad bewegten sie sich hüpfend vorwärts und schlenkerten dann, im Schatten eines Dornbaumes stehend, erst das eine, dann das andere Bein. Geklagt wurde nicht.

Meine Sorge und Unruhe um die Zukunft wuchsen. Es kam mir trotzdem nicht der Gedanke des Bedauerns, daß ich mit den Kindern den Schritt nach hier gewagt hatte. Ich kann arbeiten und scheue mich vor keiner Arbeit. Meinen ursprünglichen Plan der Gründung einer Handelsschule gab ich jetzt im Kriege auf. Ich mußte aber eine solche Tätigkeit finden, die mir erlaubte, bei meinen Kindern zu bleiben. Der Gedanke, mich von den Jungen trennen zu müssen, ließ mich verzweifeln. Ich forschte und forschte, und mein Geld schmolz zusammen. Wir lebten von Gartenprodukten und Maismehl. Wir saßen im Dunkeln und oft war ein Glas Wasser mein Abendbrot; ich fragte und suchte und suchte und fragte. Da bot sich plötzlich eine Gelegenheit. An der Kaiserlichen Realschule waren nur Herren beschäftigt, die alle, mit einer Ausnahme, eingezogen wurden. Sie verblieben zwar noch in Windhuk und unterrichteten vormittags. Nachmittags taten sie Truppendienst und bildeten aus oder wurden je nach ihrem Dienstgrad ausgebildet. Nun war einer von ihnen gleich zu Anfang der Mobilmachung nach Aus abkommandiert worden. Ich suchte daraufhin sofort meine Zeugnisse zusammen und bat den Gouverneur, vertretungsweise an der Realschule angestellt zu werden. Ich hatte Glück, denn man konnte mich brauchen. Ich mußte mich sofort einer genauen ärztlichen Untersuchung unterziehen und wurde für tauglich befunden. So konnte ich am 1. September 1914, gerade als mein Jüngster neun Jahre alt wurde, meinen Dienst an der Realschule aufnehmen.

Als ich die Nachricht meiner einstweiligen Anstellung bekam, mußte ich ganz tief atmen, weil mir schwindlig wurde. Es war einfach zu schön, um wahr, wirklich wahr zu sein. Ich hatte von jetzt ab wenigstens für die nächste Zeit die Mittel, die Kinder vor Hunger zu schützen. Ich brauchte mich nicht von ihnen zu trennen. Ich durfte unterrichten an der Schule, in die meine Kinder gingen, hatte denselben Hin- und Rückweg mit ihnen. Mutter, Freund, Kamerad war ich ihnen stets, nun sollte ich ihnen auch noch Lehrer werden und bekam sogar Geld dafür. Eine tiefe Dankbarkeit gegen das Schicksal erfüllte mich.

Ein wenig zaghaft trat ich meinen ersten Schulweg an. Anfangs hatte ich auch das Gefühl, daß ich als einzige Dame im Männerkollegium nicht allzu willkommen war. Aber sehr bald lebte und arbeitete ich mich ein. Es war ein frisches, freudiges Arbeiten und Zusammenarbeiten innerhalb des Kollegiums, wir vertrugen uns prächtig. Achteinhalb Jahre war ich dort beschäftigt, um nach einem sechsmonatigen Deutschlandurlaub im Juni 1923 an die Deutsche Regierungsschule überzugehen, der ich bis Ende des Jahres 1935 ohne Unterbrechung angehört habe. Im Laufe dieser 21 Jahre ist mir manches Südwester Kind durch die Finger gegangen.

In der Realschule bekam ich anfangs die Klassenleitung der Sexta zugewiesen. Meine Hauptfächer waren Deutsch, Englisch, Französisch, Erdkunde und Geschichte. Im Rechnen und Gesang war und blieb ich hoffnungslos. Ich bin meinen vier Direktoren, unter denen ich im Lauf der 21 Jahre arbeitete, zu allergrößtem Danke verpflichtet, daß sie dieser meiner Unfähigkeit stets so liebenswürdig Rechnung trugen.

Während der $8^1/_4$ Jahre an der Realschule war ich abwechselnd in allen Klassen bis zur Untersekunda beschäftigt und durfte meine Kinder bis zur Schulentlassung begleiten.

Zwar war ich nun beruhigt über unsere eigene nächste Zukunft, aber voller Spannung und Sorge warteten wir die Entwicklung der Verhältnisse ab.

Südafrika beginnt die Feindseligkeiten.

Unsere Regierung war auf einen feindlichen Überfall von Süden her gefaßt. Deshalb mußten die Südgrenzen, so gut es bei ihrer großen Ausdehnung ging, geschützt werden. Dieser Schutz geschah durch Schaffung eines 50 km langen Streifens, der gänzlich von der Bevölkerung, weißer und schwarzer, und von allem Vieh und allen Vorräten geräumt wurde und dessen Wasserstellen zerstört wurden. Diese Maßnahme ist verschieden beurteilt worden.

Es wurde auch Paßzwang eingerichtet. Gerade der Süden war ja hauptsächlich von Buren bewohnt, deren Haltung teilweise nicht sehr vertrauenerweckend erschien. Einige versuchten, dem Verbote zum Trotz Vieh auf die englische Seite hin abzutreiben. Noch innerhalb der deutschen Grenze wurden sie von einer deutschen Patrouille bemerkt. Als sie dies gewahr wurden, beschossen sie sie sofort. Zwei deutsche Reiter fielen. Das waren unsere ersten Toten. Diese Schießerei wurde unwahrerweise auf englisches Gebiet verlegt. Sie wurde als deutscher Angriff auf Unionsgebiet aufgebauscht und gab damit den längst gesuchten Grund zum Beginn der Feindseligkeiten.

Ein anderer angeblicher Grund war das Erscheinen einer deutschen Beobachtungspatrouille auf englischem Gebiet. Viel, viel später hörten wir erst, daß seit Jahren bereits gewisse feste Abmachungen zwischen der Union und Südafrika und England in bezug auf einen Einfall in Südwest bestanden.

Der verhältnismäßig späte Beginn der Feindseligkeiten hatte seinen Grund in Meinungsverschiedenheiten zwischen der englischen und der südafrikanischen Regierung. Südafrika wollte die Eroberung Südwests durch die Engländer verhindern und hatte, wohl der Diamantvorkommen wegen, selber Expansionsgelüste. Deshalb entschloß sich der Südafrikanische Premierminister Botha zum Angriff auf das Schutzgebiet mit Unionsstreitkräften.

Etwa Mitte September wurde unsere Polizeistation Ramansdrift am Oranje überfallen. Dann folgte die Besetzung der offenen Stadt Lüderitzbucht, dem alten Angra Pequena, durch 8000 Mann. Leider erbeutete der Feind dort sehr viele Vorräte, weil dortige Firmen ihre Bestände nicht fortgeschafft, sondern vielmehr der Regierung falsche Angaben über deren Mengen gemacht hatten. Eigentümlich berührte es auch, daß einer der Führer des Einfalls der englische Konsul Mueller war, der in den Lüderitzbuchter Häusern freundschaftlich verkehrt hatte. Befremdend, ich möchte sagen, verächtlich erwies es sich später im Laufe des Krieges, daß gerade die Beamten, die deutscher Abstammung waren, uns ganz besonders schlecht behandeln zu müssen glaubten. Ich denke da z. B. an einen Gefängniswärter deutschen Namens, der unsere Gefangenen in niederträchtigster Weise mißhandelte.

Der Platz Lüderitzbucht war unverteidigt. Die Frauen und Kinder waren unter dem Schutz einer Bürgerwehr zurückgeblieben. Der Rest der Männer tat Dienste im Felde. Die Bevölkerung war durchaus friedlich. Durchaus friedlich benahmen sich auch die englischen Soldaten.

Trotzdem Lüderitzbucht von allem Verkehr und jeglicher Verbindung abgeschnitten war, wurden die dort Verbliebenen auf Viehdampfern in die Union gebracht. Anfangs wurden sie in Konzentrationslagern, später teilweise bei in der Union ansässigen naturalisierten Deutschen untergebracht.

Nun erfolgte der erste englische Einbruch von Süden her.

Nach einigen erfolgreichen Scharmützeln holte unser Kommandant, Oberstleutnant von Heydebreck, zum Gegenschlag aus. Er brachte am 26. September den Unionstruppen bei Sandfontein eine schwere Niederlage bei. Außer etwa 250 Gefangenen fiel eine Menge Munition in die Hände der Truppe. Damit wird die englische Darstellung, daß sich die Unionstruppen aus Munitionsmangel ergeben hätten, hinfällig.

Am Sonntag wurde dieser Sieg von der Kanzel herab bekanntgegeben. Unsere Freude über diesen ersten Erfolg war groß. Getrübt wurde sie durch die Verluste, die unsere Truppe dabei erlitten. Zu den Toten zählte auch der allgemein beliebte Major von Rappard.

Nach Sandfontein herrschte eine zeitlang Ruhe an der Südgrenze. Botha hatte nunmehr eingesehen, daß die Eroberung Südwests kein Spaziergang sei, wie er sich gerühmt hatte. Er traf umfassende Angriffsvorbereitungen. Es waren immerhin 65 000 Mann Unionstruppen nötig, die gegen unsere 7000 Mann ins Feld gebracht werden mußten.

Die Sandfonteiner Gefangenen, darunter der Kommandeur Colonel Grant, wurden über Windhuk geleitet, und die Offiziere im Norden, in Outjo, untergebracht. Die beiden erbeuteten Geschütze fanden vor dem Reiterdenkmal in Windhuk Aufstellung.

In Lüderitzbucht hatten inzwischen bedeutende Truppenlandungen stattgefunden. Es gab dauernd kleine Patrouillengefechte. Die Unionstruppen besserten die zerstörte Bahnlinie aus und schoben sich unaufhaltsam vorwärts. Mit zäher Ausdauer zerstörten die Unsrigen die wiederhergestellte Bahnstrecke, und mit derselben Zähigkeit stellten sie die Engländer wieder her, unentwegt gestört und beunruhigt durch unsere Truppe.

Einer Abteilung der Unsrigen gelang es trotzdem, die Proviant- und Futterbestände von den Diamantfeldern zum großen Teil zu retten. Sie wurden monatelang mit Ochsenwagen abgefahren, später durch Kamelkarawanen befördert. Eingeborenenverrat beendete dieses ebenso kühne wie mühevolle Unternehmen in den öden Sanddünen und Durststrecken.

Nach dem Gefecht von Sandfontein hatten die Feinde das deutsche Oranjeufer geräumt. Dieser Erfolg der Deutschen veranlaßte den Burenführer Maritz zu dem Vorschlage, ihm treu ergebene Leute zu sammeln und mit ihnen und dem Freikorps einen Überfall auf das englische Upington zu wagen. Dafür sollte Deutschland gewisse Garantien in dem Unabhängigkeitskriege der Buren gegen England leisten.

Diese Garantien wurden zwar gegeben, es herrschten aber Unentschlossenheit und Uneinigkeit, auch wohl Mißtrauen gegen die Deutschen. Der Plan wurde hinausgezögert. Als die Buren endlich losschlugen, hatten sie die günstige Gelegenheit versäumt; denn die Engländer hatten in der Zwischenzeit derartige Verstärkungen herangebracht, daß den Aufständischen nach einem kleinen, tapferen Gefecht nichts weiter übrigblieb, als sich auf deutsches Gebiet zurückzuziehen.

Die Aufstandsbewegung der Buren flammte nach einigen Wochen nochmals auf. Sie verursachte den Engländern viele Verluste; Erfolge waren nicht nennenswert wegen der Uneinigkeit der Burenführer und deren Zögern. Es wurde ein nochmaliger Angriff auf Upington versucht, er war schon deshalb erfolglos, weil er von Anfang an schändlich verraten worden war. Am 31. Januar 1915 streckten die Aufständischen die Waffen.

Der Verrat von Naulila.

Beim Empfang der ersten Nachrichten vom Fehlschlagen des Burenaufstandes waren wir stark betroffen. Doch es kam noch schlimmer. Der Gouverneur hatte gleich zu Beginn des Krieges Maßnahmen getroffen, Proviant aus Angola zu beschaffen, damit Südwest keinen allzu fühlbaren Mangel litte. Angola, die westafrikanische Kolonie, galt wie ihr Mutterland für neutral, wenngleich unsere Regierung dieser Neutralität gegenüber gewisse Zweifel hegte. Da es aber das einzig erreichbare neutrale Gebiet war, versuchte die Regierung, von dort her Lebensmittel für Menschen und Tiere zu besorgen.

In den Vorverhandlungen hatten sich die Portugiesen zu Lieferungen bereit erklärt. Diese Lieferungstransporte verzögerten sich jedoch. Es wurden daher der Bezirksamtmann von Outjo, Dr. Schulze-Jena, Oberleutnant Lösch, der Kriegsfreiwillige Röder, der Dolmetscher Jensen, ein Däne von Geburt, mit noch drei Reitern und einigen Eingeborenenpolizisten, im ganzen 15 Mann, an die portugiesische Grenze geschickt, um Erkundigungen über das Ausbleiben dieses Proviants einzuziehen.

Der Ritt zum Kunene führte über eine Strecke von etwa 500 km und wurde in 14 Tagen bewältigt. Im deutschen Lager erschien der Kommandant des etwa 10 km entfernt liegenden Portugiesenforts Naulila, Sereno (der Name dieses Schuftes sei gebrandmarkt für alle Zeiten), und lud die Deutschen in liebenswürdigster Weise zum Besuch ins Fort ein. Kurz nach Kriegsausbruch hatte allerdings die portugiesische Regierung eine Bekanntmachung veröffentlicht, in der sie das Überschreiten der Angolagrenzen untersagte und keinerlei Garantien für Leben und Eigentum mehr gewährleistete. Dr. Schulze kannte sie, nahm aber diese Einladung, als vom Kommandanten ausgehend, unbedenklich an. Oberleutnant Lösch hingegen zögerte mit der Zusage unter Hinweis auf den Erlaß, entschloß sich aber aus Kameradschaftsgefühl, wenngleich widerstrebend, die Herren Dr. Schulze, Röder und Jensen zu begleiten. Die Polizeisergeanten und Reiter verblieben im Lager. In Begleitung ihres Gastgebers überschritten die Deutschen die Grenze und betraten das Innere des Forts, während ihre Pferde unter Aufsicht der mitgenommenen Bambusen im Hofe hielten.

Was sich nun ereignete, weiß wohl niemand genau. Die alte Siegfriedtragödie wiederholte sich. Es soll im Zimmer eine erregte Unterhaltung stattgefunden haben; die Deutschen verließen den Raum und versuchten, ihre Pferde im Hofe eilends zu erreichen, um davonzureiten. Dabei wurden sie von hinten abgeschossen. Die treuen Bambusen teilten das Schicksal ihrer Herren. Einer wurde sogar den Krokodilen als Futter vorgeworfen. Der verwundete Dolmetscher Jensen wurde gefangengenommen. Ihm gelang es jedoch, einem ebenfalls verwundeten Bambusen, der sich tot gestellt hatte, einen Zettel zuzustecken: „Vorsicht, Falle." Diesem Eingeborenen gelang es zu entfliehen. Er überbrachte die Nachricht von dem feigen Meuchelmord den im Lager Zurückgebliebenen, die bereits stark beunruhigt waren und im Begriff standen, nach dem Verbleib ihrer Kameraden zu forschen. Ehe sie abritten, erhielten sie noch einen Zettel des Kommandanten, wohlweislich von einem Eingeborenen überbracht, in dem ihnen Mitteilung gemacht wurde, die Deutschen seien bedauerlicherweise einem unverzeihlichen Irrtum der Eingeborenen zum Opfer gefallen und dabei getötet worden. Sie möchten ins Fort kommen, um den genauen Tatbestand zu erfahren. Es lag dem Kommandanten wohl daran, diese Zeugen zu beseitigen. Sie eilten in Gewaltritten zurück, um Meldung zu erstatten. Gouverneur und Kommandeur waren sich sofort einig, daß dieser gemeine Mord strengste Ahndung erfordere. Es wurde eine Strafexpedition unter dem Kommando des Major Franke beschlossen, die in kürzester Zeit nach Angola abrücken sollte. Diese Truppenabteilung fehlte nun im Süden, wo sie so bitter nötig war.

Anfang November 1914 erschien ein englischer Hilfskreuzer, die „Kinfouns Castle", vor Swakopmund, der offenen Stadt, und beschoß sie. Nennenswerter Schaden wurde allerdings nicht angerichtet. Nun mußten wir gewärtig sein, daß auch dort große Truppenlandungen stattfinden würden, wie es in Lüderitzbucht bereits geschehen war. Swakopmund wurde geräumt. Lange Züge brachten die Flüchtigen nach dem Inlande, meist nach Windhuk. Der Befehl zum Verlassen des Platzes war so schnell ergangen, daß der Mehrzahl der Bewohner kaum Zeit verblieb, auch nur das Nötigste an Wäsche und Kleidungsstücken oder Lebensmitteln einzupacken. Eine Küstenschutzabteilung blieb einstweilen zum Schutz des verlassenen Platzes zurück. Eingeborene versuchten sehr bald zu plündern, wurden aber aufgegriffen. Ein

Jude I. fing mit solchen gestohlenen Sachen und Möbeln einen schwunghaften Althandel an. Ihn ereilte sehr bald sein Schicksal; er wurde eingesperrt. Eine Frau, deren Mann sich an einem anderen Orte in leitender Stellung befand, aber zu Kriegsdiensten eingezogen war, verstand es, sich mit Hilfe ihrer Eingeborenen Ballen von Kleiderstoffen, fertige Wäsche und Kleider anzueignen. Später, als Mangel eintrat, verkaufte sie davon mit großem Gewinn. Die Sachen wurden erkannt, und ihr geschah — nichts. Man munkelte bereits damals, daß sie als Spionin im Dienste der Engländer stände. England dankte ihr, denn sie wurde als eine der ersten — ausgewiesen.

Uns Windhukern war es bis dahin ganz gut ergangen. Vom Kriege an sich merkten wir kaum etwas. Die Lebensmittel wurden zwar rationiert, doch gab es immerhin genug, und direkten Mangel litten wir nicht. Schrecklich war die Ungewißheit und das gänzliche Abgeschlossensein von der Heimat. Ein jeder ging aber still seiner Beschäftigung nach, zwar unruhigen Herzens, doch voller Zuversicht auf ein gutes Ende.

Durch die Flüchtlinge, die in Windhuk Unterkunft gefunden hatten, wuchs unsere Realschule fast auf das Doppelte an. Unser Unterricht nahm indessen ziemlich ungestört seinen Fortgang. Im Lehrerzimmer hatten wir Karten und einen großen Atlas aufliegen und verfolgten mit Spannung die Ereignisse daheim, soweit sie der Funkturm meldete. Sobald die wohlbekannten drei Pfiffe von der Felsenkeller-Brauerei ertönten, schickte der Direktor einen Schüler zur Buchhandlung, der atemlos und keuchend das noch druckfeuchte Extrablatt brachte, das sofort, oft in der Aula, vor allen Schülern verlesen wurde.

Die Lage im Schutzgebiet wurde aber immer bedenklicher. Wir hatten keine Aussicht auf irgendwelche Hilfe, und der starke Feind drohte von drei Seiten. Eine kleine Hoffnung hatten wir auf das Erscheinen des Ostasiatischen Geschwaders gesetzt. Major Franke hatte 100 Mark ausgelobt für denjenigen, der seine Ankunft zuerst funkentelegraphisch melden konnte. Sogar die Eingeborenen interessierten sich dafür. Ich erhielt eines Tages Besuch vom Klein-Windhuker Werftältesten Zedekias, einem ehemaligen Okombahekaffern. Er sagte mir, er käme, um mich zu bitten, ihm sofort mitzuteilen, wenn des Deutschen Kaisers Orlogschiffe angekommen seien; er wolle mit seiner ganzen Werft mithelfen, die Engländer zu erdrücken.

Tod unseres Kommandeurs.

In dieser Zeit geschah auch das Unglück mit unserem geliebten Kommandeur von Heydebreck, der das größte Vertrauen aller genoß. Bei einem Probeschießen in Garub mit hier angefertigten Gewehrgranaten erhielt er einen Sprengschuß in den Unterleib, dem er trotz sofortiger Operation erlag. Soldaten hatten ihm den einfachen, schmucklosen Sarg gezimmert. Er wurde nach Windhuk überführt und vor dem Altar der Christuskirche aufgebahrt. Ein unabsehbares Gefolge geleitete ihn nach dem Trauergottesdienst zu Grabe. Ich stand mit den Kindern dem Friedhof gegenüber auf einem Berge. Wir sahen den Zug kommen, die Fülle der Kränze und Blumen, und hörten die Ehrensalven über dem Grabe. Er fand seine Ruhe neben seiner Gattin, die ihm nur kurze Zeit angetraut und durch den Typhus so früh entrissen worden war. An den Gesichtern meiner Kinder sah ich, daß sie tief ergriffen waren. Sie hielten ihre Matrosenhüte in den Händen und waren ganz still. Schließlich sagte der Zehnjährige: „Mutti, ich verstehe so vieles nicht." — „Ich auch nicht, mein Junge."

Der Strafzug nach Naulila.

Tiefe Trauer herrschte über den Tod des zuverlässigen, erprobten Führers. Sein Nachfolger, Major Franke, war weit, weit weg auf dem Marsch zum Kunene, durch wasserlose Einöden, Sanddünen und Fiebersümpfe, um den feigen Mord an den deutschen Brüdern in Naulila zu rächen. War des Unglücks noch kein Ende?

Kurz vor Weihnachten folgten wir einer Einladung des Kommandanten des Funkturms. Auf dem Wege preschte ein Reiter an uns heran, der die Nachricht über den erfolgreichen Sturm der Abteilung Franke auf das Portugiesenfort Naulila und dessen Zerstörung brachte. Diese Strafexpedition des Regiments Franke war eine fabelhafte Leistung von Mensch und Tier: Ungenügende Wasser- und Weideverhältnisse, Wege, die erst gekappt werden mußten, Proviantmangel, Typhus und Ruhr unter den Mannschaften, Druse unter den Pferden, Vormarsch durch das Gebiet unfreundlicher, wenn nicht feindlicher Eingeborenen, Raubtiergefahr, unendliche Schwierigkeiten für den Troß und dadurch noch größerer Proviantmangel der an sich bereits kargen Rationen. Die ganze Expedition bestand aus etwa 350 Mann, einschließlich Unteroffizieren und Offizieren. Mit großem Schneid erfolgte am 18. Dezember der Angriff auf den zahlenmäßig weit überlegenen und gut verschanzten Gegner (1200—1300 Mann). Unter den Unsrigen richtete ein zum großen Teil unsichtbarer Feind bereits am Anfang bedeutende Verluste an. Es waren eingeborene Scharfschützen, die sich in den dichten Kronen der Affenbrotbäume eingenistet hatten. Auch der Kommandeur wurde durch einen solchen Scharfschützen schwer verwundet. Hauptmann Trainer wurde das Kommando übertragen. Die Lage war mehr als kritisch. Als letzter Ausweg verblieb eigentlich nur noch der Sturm. Entweder — oder. Die Artillerie schoß das Fort in Brand. In beispielloser Tapferkeit stürmten die Hauptleute Trainer und Weiß mit 28 Mann (22 Kanoniere und 6 Infanteristen) das Fort. In kopfloser Flucht verließ es der Feind. Über den rauchenden Trümmern stieg weithin sichtbar unsere siegreiche Fahne empor. Unsere Gesamtverluste betrugen 12 Unteroffiziere und Mannschaften tot, 6 Offiziere und 19 Unteroffiziere und Mannschaften schwer verwundet, darunter der Kommandeur. Durch Irrtum über die Entfernung und Lage des Forts war die 2. Kompanie, die einen Umgehungsversuch machen mußte, gar nicht ins Gefecht gekommen.

Viele Portugiesen, Offiziere und Mannschaften, gerieten in Gefangenschaft. Ganz besonders geschätzt unter der zahlreichen Beute war ein wertvoller Sanitätswagen mit Inhalt. Kriegerische Ovambostämme sollen unter den fliehenden Portugiesen furchtbar aufgeräumt haben. Noch jetzt gilt der 18. Dezember in Portugiesisch-Angola als Trauertag. Außer Naulila zerstörten dann noch kleine deutsche Polizeitrupps mehrere Forts am Kunene.

Die Wirkung des Strafzuges gegen Naulila war groß. Die Portugiesen wagten es während des ganzen Verlaufs des Krieges nicht, das deutsche Gebiet zu betreten; die am Kunene sitzenden Ovambostämme empörten sich gegen die Portugiesen. In Süd-Angola brach ein allgemeiner Eingeborenenaufstand aus. Die Gegnerschaft der Portugiesen war nicht mehr zu fürchten. Deutschland hatte seine ermordeten Brüder gerächt.

Der Ovambokapitän Mandume zerstörte auf eigene Faust zwei portugiesische Grenzforts und schickte drei gefangene Portugiesen an unseren Gouverneur, um ihm zu zeigen, daß er zu den Deutschen hielte. Späterhin konnte er niemals die Übergabe der Schutztruppe verstehen, vielmehr hatte er einen richtigen Stafettendienst bis in das Offizierslager Okawayo einzurichten verstanden und bot seine Krieger an, um die Engländer wieder zu vertreiben. Er unterwarf sich den Engländern nicht. Seine Treue zu uns wurde sein Schicksal. Er fiel einige Jahre später an der Spitze seiner Leute bei einem Angriff, den die Engländer unternahmen, als sie ihn zum zweiten Male zur Unterwerfung zwingen wollten.

Nahe dem Bahnhofsplatz in Windhuk steht inmitten einer kleinen gepflegten Anpflanzung ein schlichter Obelisk, die Mandumesäule. Er trägt die Namen all der Angehörigen der Unionstruppen, die beim Niederwerfen des Mandumestammes fielen. So bleibt der Name des treuen Mandume lebendig unter unseren Nachfahren.

Die gute Nachricht vom Sturm und Fall von Naulila fiel auf Heiligabend. Ich hatte den Kindern in einer Ecke der Veranda einen Dornbusch geschmückt und ihnen als einzige Gabe ein Tesching darunter gelegt. Kriegszeit war, und Knaben sollten beschenkt werden. Ihre Freude war rührend. Das Tesching war das letzte erhältliche Stück und es waren die letzten Patronen, die ich vom Bezirksamt käuflich erwerben konnte.

Zu Neujahr erfolgte der allgemeine Vormarsch der 65 000 Mann starken südafrikanischen Truppe unter Bothas Oberbefehl. Außer den Truppenlandungen, die unter dem Schutze englischer Kriegsschiffe an den beiden Küstenplätzen Lüderitzbucht und Swakopmund geschahen, überschritten Unionstruppen abermals den Oranje; andere kamen nun auch aus einer vierten Richtung über die Ostgrenze, die seit fünf Monaten von einer geringen Schar der Unsrigen gehalten wurde.

Nun entwickelte sich die Aufrollung von Süden her.

Die Truppen in Aus hatten wochenlang auf einen Angriff gewartet. Ihr Gesundheitszustand war schlecht. Der Typhus verbreitete sich. Die Weide rings um Aus war knapp. Hafer und Preßfutter reichten nur noch aus für die Patrouillenpferde.

Die großen feindlichen Abteilungen von etwa 6000 Mann, die von Süden und Osten her eingedrungen waren, hatten Aus nicht berührt, sondern waren vorbeimarschiert auf Keetmanshop zu. Die rückwärtigen Verbindungen waren bedroht.

Von Swakopmund rückte Botha an mit 7000 Mann und zahlreichen Geschützen. Späher meldeten das Eintreffen großer Kavallerieverstärkungen.

Da befahl das Kommando am 24. März 1915 den Rückzug von Aus nach dem Norden. Alles dem Feinde nützliche Material mußte mitgenommen oder vernichtet, die Brunnen und Wasserstellen unbrauchbar gemacht (nicht vergiftet!) und die Bahnlinie und ihre Anlagen gründlich zerstört werden. Was noch an weißer oder eingeborener Bevölkerung da war, wurde ebenfalls nach dem Norden abtransportiert.

Die Regenzeit hatte zwar spät, aber mit ungewöhnlich schwerem Regen eingesetzt. Der liebe Gott war bei den stärksten Bataillonen. Alle Wasserlöcher, Vleys und Pützen waren voll. Herrliches, grünes Gras sproß. Die Riviere kamen ab. Überall gab es Wasser genug für Mensch und Tier. An Stellen, wo jahrelang hindurch kein Tropfen Regen gefallen war, in der Namib, am unteren Swakop, überall gab es Wasser in Hülle und Fülle, schnell und leicht rückte der Feind vorwärts, ausgerüstet mit allen modernen Hilfsmitteln der Beförderungs- und Kriegstechnik.

Das Freikorps wurde aufgelöst. Wer nicht weiterkämpfen wollte, wurde in die Heimat entlassen. Die anderen wurden bedingungslos der Schutztruppe eingereiht.

Die südliche Grenzschutzabteilung wurde ebenfalls aufgelöst und einzelnen Kompanien angegliedert. Es half nichts, der Süden mußte geräumt werden. Unsere schwache Truppe mußte sich vor der Übermacht zurückziehen.

Die Ostabteilung führte noch mehrere Gefechte siegreich durch und hielt auf diese Weise den vordrängenden Feind auf. Doch dann mußte auch sie sich langsam zurückziehen, um sich mit dem nach Norden zurückweichenden Gros der Truppe zu vereinigen.

Und hinter unserer kleinen Truppe her rückten Bothas und Smuts Scharen, 65 000 Mann, mit schweren Geschützen, Panzerautomobilen, technischen Hilfsmitteln modernster Art. Die langen und tiefen Sandstrecken wurden schnell und leicht überwunden. Durst und weidearme Strecken gab es nicht. Überall war Wasser, viel Wasser und zartes, grünes Gras.

Kleine schwache deutsche Abteilungen deckten unter schweren Strapazen für Menschen und Tiere die Rückzugsbewegungen und suchten, wo immer es noch anging, durch Angriff oder Verteidigung diesen Vormarsch zu verzögern. An Material wurde weiterhin geborgen, was möglich war, die Bahnlinie wurde gesprengt, Wasserstellen und Brunnen durch Creolin unbrauchbar gemacht. Über Windhuk und Okahandja zogen sie auf mageren, abgetriebenen Pferden nordwärts, nordwärts. Im März 1915 wurde der Sitz der Regierung gleichfalls nach dem Norden, nach Grootfontein, verlegt. Nur die 3. Reservekompanie blieb zum Schutz der weißen Bevölkerung in Windhuk zurück.

Bis dahin war der Unterricht an den hiesigen drei Schulen, der Realschule, der Regierungsschule und der Höheren Töchterschule der Katholischen Mission, fast ungestört weitergegangen. Da brach unter den Kindern eine schwere Diphtheritisepidemie aus. Das Serum war zum Teil aufgebraucht, zum Teil zu alt. Damit sich die Krankheit nicht weiter ausbreitete, wurden die Schulen geschlossen. Alle Lehrer rückten mit ihren Truppenteilen ab.

Mir war von Bekannten allerhand zu treuen Händen übergeben worden, das sie nicht mitnehmen konnten, Waffen, Briefe, Akten, ärztliche Instrumente usw. Ich versprach, es so gut wie möglich aufzuheben, und tat es auch. Wenig ahnte ich, in welch große Bedrängnis ich dadurch noch kommen sollte.

Die Eingeborenen beobachteten, sahen und hörten alles. Sie verhielten sich abwartend, doch ruhig. Mit Treue hingen die Truppenbambusen an ihren Herren und begleiteten sie mit Selbstverständlichkeit nun auch nach Norden.

Der Bastard-Orlog.

Über die Rehobother Bastards schwirrten allerlei nicht nachzuprüfende Gerüchte, die recht beängstigend waren.

Diese Bastards sind ein Mischvolk, das aus einer Vermischung von Buren mit Hottentottenweibern hervorgegangen ist. Ihre Sprache ist Afrikaans und Namaqua. Etwa um die Mitte des vorigen Jahrhunderts wanderten sie aus der Kapkolonie hier ein und ließen sich im Bezirk Rehoboth nieder. Des öfteren hatten sie sich als unzuverlässig und nicht vertrauenswürdig erwiesen. Als altes Hirtenvolk schätzen sie körperliche Arbeit nicht, dafür lieben sie Tabak und Alkohol, machen gern dunkle Geschäfte, sind gute Jäger und Schützen und, zwischen den Rassen stehend, werden sie von Weiß und Schwarz mit Vorsicht und berechtigtem Mißtrauen behandelt. Seit 1895 waren sie durch einen Freundschaftsvertrag mit dem Deutschen Reiche verpflichtet,

Heeresfolge zu leisten. Diese Verpflichtungen hielten sie 1896 und 1903 getreulich inne. 1904 war ihr Verhalten bereits zweifelhaft. Als Entgelt hatte ihnen unsere Regierung eine Reihe von Sonderrechten eingeräumt und sie mit großer Milde behandelt. Ihr Stammesgebiet mit ausgezeichneten Gras-, Weide- und Wasserverhältnissen wurde als Reservat betrachtet. Nur vereinzelt erhielten weiße Ansiedler dort Farmen durch direkten Kauf von den Bastards.

In der Anfangszeit unserer kolonialen Tätigkeit kam es vor, daß einige weiße Ansiedler, genau wie einige Missionare, aus Mangel an weißen Frauen Bastardfrauen gesetzmäßig heirateten. Damals herrschten gänzlich falsche Ansichten in bezug auf die Rassenfrage. Ehen zwischen Weißen und Bastardfrauen wurden sogar von der Regierung und ebenfalls von seiten der Mission begünstigt, denn damals sah man noch in den Bastards wünschenswertes Ansiedlermaterial, zumal, wenn sie mit Deutschen vermischt wären. Diesen Ehen sind Kinder und Kindeskinder entsprossen. In der jetzigen Zeit des Rasseerwachens tragen diese schwer an der gedankenlos eingegangenen Schuld ihrer Eltern, die wohl die Folgen nicht bedachten. Treu deutsche, ehrliche und fleißige Männer sind unter ihnen; liebe, begabte Kinder aus diesen Mischehen sind mir im Laufe meiner 21jährigen Lehrtätigkeit durch die Hände gegangen. Hart und unverdient ist ihr Los. Unschuldig müssen sie büßen, daß sich ihre Eltern und Voreltern versündigten wider Blut und Rasse. Natürlich regt sich das deutsche Blut nicht in allen. Im Aussehen sowohl als auch im Benehmen und Geschäftsgebaren sind andere wieder gänzlich nach der Mutter geschlagen. Ich bin der festen Überzeugung, daß gerade durch die neue Einstellung zum Rassegedanken wir Deutsche ganz besonders befähigt sind, Kulturträger in Afrika zu sein.

Auch unter den Südafrikanern sieht man häufig „Milchkaffee", wie der Ausdruck für die Nachkömmlinge aus Mischehen mit Farbigen heißt; sie werden durchaus nicht für voll genommen in ihrem Volk. Auch in Südafrika sind derartige Ehen verboten Das neue Gesetz bedroht den Weißen. der sich mit einem Eingeborenenmädchen einläßt, außer Hard Labour (Zuchthaus) auch mit Prügelstrafe.

Bereits im August 1914 berief der Schutztruppenkommandeur die waffenfähigen Leute ein. Sie sollten zu einer berittenen

Abteilung zusammengestellt werden. Er traf auf hartnäckigen Widerstand. Die Bastards beriefen sich darauf, daß sie nichts mit den europäischen Wirren zu tun hätten und daß ihr Wehrvertrag lediglich für einen hiesigen Orlog in Frage käme. Der sei erstens abgelaufen, zweitens seien von ihren alten Soldaten kaum noch ein halbes Hundert Mann waffenfähig und drittens seien ihre Kinder nicht ausgebildet.

Der Kommandeur versprach ihnen hierauf, daß sie nicht aktiv gegen einen weißen Feind, sondern nur bei Eingeborenenunruhen verwendet werden sollten.

Nach langem Hin und Her gelang es, eine Abteilung von 150 Mann zusammenzustellen, die mit Gewehren Modell 71 bewaffnet wurde. Gleich bei der Ausbildung enttäuschten sie aber sehr durch schlechtes Reiten und Schießen, gemessen an ihren früheren Leistungen.

Die Bastardabteilung wurde zu Relaisdiensten, zum Wachdienst und Reiten von Verbindungspatrouillen herangezogen; sie wurde auch gegen diebisches Eingeborenengesindel verwandt, das nach der Räumung von Swakopmund Raubzüge nach dort unternahm. Später mußte sie an der Ostgrenze des Bastardgebiets die Dünen von räuberischen Hottentotten und Buschleuten säubern.

Eine Zeitlang ging alles gut; dann aber sollte sie zur Beaufsichtigung eines englischen Gefangenenlagers Verwendung finden. Das war ein grober Fehler. Es hätte auf keinen Fall sein dürfen, daß Farbige über Weiße gesetzt wurden, dazu noch solche Farbige, die den Gefangenen durch Bande des Blutes und der Sprache verwandt waren. Diese Maßnahme geschah auch nur aus Mangel an weißen Truppen. Wenn man sich aber vergegenwärtigt, was sich England und vor allen Dingen Frankreich im Weltkriege geleistet haben, so ist diese Maßnahme wohl nicht so schlimm. Sie verursachte jedoch starke Erregung unter den Bastards. Mitte Februar 1915 wurden ihnen aus Vorsicht alle Patronen bis auf drei abgenommen. Dabei stellte sich heraus, daß sie eine Menge meist angefeilter oder ausgehöhlter Privatpatronen hatten.

Am 17. April 1915 verlangte der Kommandeur der Schutztruppe, der persönlich nach Rehoboth gekommen war, die Waffenabgabe, falls die Abteilung nicht vorzöge, mit nach dem Norden abzurücken. Als Antwort bat der Bastardrat um eine dreitägige

Beratungsfrist, natürlich nur, um Zeit zu gewinnen. In der daraufolgenden Nacht desertierten die Bastardsoldaten des Gefangenenlagers; in einem anderen Lager wollten sich zwei Bastards nicht entwaffnen lassen, liefen weg und wurden niedergeschossen. Dies war das Signal zum Überfall auf die vereinzelten Posten, und verschiedene Polizeiwachtmeister, Farmer, eine Frau und ein sieben Wochen altes Kind wurden ermordet. Andere weiße Frauen wurden im Nachthemd aus den Häusern geholt, mitgeschleppt, gefangen gehalten —, und schließlich, als die Truppe kam, in die vorderste Reihe als Schild gestellt.

Das letzte, was wir in Windhuk gehört hatten, war die Forderung des Gouverneurs, die Waffen abzugeben und die Bitte der Bastards um Überlegungsfrist. Unsere Sorge war groß. Überall drängten die Engländer vor, und nun hatten sie uns auch noch den tückischen Feind im Herzen des Landes auf den Hals gehetzt. Wahrlich, der Kommandeur war in keiner beneidenswerten Lage. Ich erzähle alles dies so genau, weil sich viele in Deutschland keine Vorstellung machen können von den Schwierigkeiten und Nöten, die schließlich unsere brave Truppe zur Übergabe zwangen. Zwischen diesen so einfachen Zeilen steht viel stilles Heldentum und starkes, tapferes Ausharren bis ans bittere Ende.

Eines Nachts wurde ich geweckt durch das lang anhaltende Tuten der Dampfpfeife der Brauerei. Ich horchte: Fünf lange Pfiffe in kurzen Abständen, dann Stille. Wieder schrillten die fünf Pfiffe, unheimlich, erschreckend durch die Nacht. Dann wieder Stille. Und noch einmal, und noch einmal. Da wußte ich: Gar—ni—son—a—larm! Mir setzte der Herzschlag aus. Was war geschehen?

Bald hörte ich Stimmen auf der Pad, Laufen, Rufen, Schreien, Pferdegetrappel. Ich lief hinaus und horchte angestrengt ins Dunkel. Mein erster Gedanke war ein Überfall der Engländer. Nichts Verdächtiges regte sich. Kein Schuß fiel. Ich dachte an Eingeborenenunruhen auf den beiden Werften — dort war alles still.

Am anderen Morgen erfuhr ich, die tückischen Bastards seien aufständig geworden. Das war also die Quittung für alle Vorrechte, Milde und Schonung. All die Salzfrachten, die sie mit ihren Ochsengespannen aus dem englischen Walvis Bay geholt hatten, waren von den Engländern gelieferte Waffen- und Munitionsladungen gewesen.

Der nächtliche Alarm hatte der in Windhuk liegenden Reservekompanie gegolten. Auf dem Bahnhof stand der Zug bereit, und ohne Mantel, Decken, Proviant oder sonstiges Gepäck, außer natürlich den Waffen, wurde sie nach Rehoboth verladen, um die Nachhut unserer Truppe zu verstärken und die Bastards niederzuwerfen. Diese letztere Aufgabe war eine unendlich schwere, die Bastards saßen zerstreut und einzeln, in größeren und kleineren Abteilungen, in wild zerklüftetem Gebiet. Es fanden verschiedene kleinere Scharmützel statt, etliche tausend Rinder und Schafe wurden ihnen abgetrieben und viele ihrer Ochsenwagen verbrannt.

Bei der Wasserstelle Tsamkubis wurde ihre Hauptstellung gestürmt, und sie erlitten beträchtliche Verluste. Leider, leider fehlte es an Zeit, den Sieg auszunutzen. Wegen der allgemeinen Kriegslage bekam die Abteilung den Befehl, nach Rehoboth und weiter nordwärts zurückzumarschieren, weil sie sich vor den von Süden und Westen auf Windhuk vordrängenden Kolonnen der Unionstruppen in Sicherheit bringen mußte.

Ihre Treulosigkeit gegen uns haben die Bastards schwer gebüßt. Die Mandatsregierung hat ihnen einen Teil ihrer Sonderrechte genommen, dafür aber die neu gegebenen Versprechungen nicht gehalten. Fast wäre es mit ihnen zum Orlog gekommen. Auch eine englische Kompanie wurde späterhin nach Rehoboth verladen, genau in derselben Eile wie unsere deutsche Abteilung. Viele kamen in Tennisschuhen, fast alle ohne Decken. Da, in letzter Stunde gaben die Bastards nach. Schade!

Nun sind sie verarmt, verschuldet, ihre Beschwerde beim Völkerbund hatte keinen Erfolg. Gern würden sie an ihren Grenzgebieten Farmen verkaufen, am liebsten nur an Deutsche, wie sie immer und immer wieder betonen, das dürfen sie nicht. Viele Goldfelder sind bei Rehoboth abgesteckt worden. Größere Unternehmungen dort sind fehlgeschlagen, einzelne kleinere Handbetriebe halten sich noch. Das Großkapital aus der Union hält sich zurück. Die Bastards selber haben kein Geld, die Goldvorkommen auszubeuten. Die englische Polizei ist ihnen verhaßt. Jetzt jammern sie: „Gebt uns e i n e n deutschen Polizisten für das ganze Land, wir werden ihm folgen, lieber als den vielen Burenpolizisten, mit denen wir nichts zu tun haben wollen.“ Zu spät.

Die Deutschen müssen räumen!

Die letzten Truppen passierten Windhuk. Auf dem Bahnhof herrschte ein Tumult und eine Aufregung sondergleichen. Es war ein schweres, trauriges Abschiednehmen. Ein endlos langer Güterzug rollte langsam, wohl als letzter, nordwärts. Auf dem allerletzten offenen Wagen stand aufrecht ein alter Soldat, eine große deutsche Fahne fest umklammert, die in schweren Falten im Zugwinde schlug. Ich mußte schlucken und schlucken, das Zurückbleiben ist so furchtbar schwer. Harte Pflichten warteten unserer auch hier.

Unserem Hause gegenüber, auf dem Wasserberge, war als letzte Verbindung eine Heliographenstation eingerichtet. Nur wenige wußten davon. Die Funker hockten oben auf dem Kamm, den Blicken der unten Vorbeigehenden verborgen. Sie kamen heimlich zu uns, um Wasser zu holen. Diese Mainächte waren schon empfindlich kalt, mancher Kessel mit heißem Kaffee und mancher Topf Essen wanderte hinauf, von meinen beiden Buben heimlich und vorsichtig getragen. Da die Kinder oft am Berge spielten, fiel es niemandem weiter auf.

An einem grauen Morgen, lange vor Sonnenaufgang, schlugen unsere Hunde an, und ich hörte vorsichtigen Hufschlag. Ich ging hinaus und fand mich drei deutschen Reitern gegenüber. Es war Graf B. mit Begleitung. Sie kamen als letzte von Süden her von schwerer nächtlicher Patrouille durch die Berge und den Auaspaß und hatten die letzte Strecke der Südbahn gesprengt. Die Engländer waren ihnen auf den Fersen. In großer Eile richteten wir ihnen ein Frühstück. Inzwischen rieben die Jungen die dampfenden Pferde ab und tränkten und fütterten sie. Nach kurzer Rast saßen sie wieder auf. Pferde und Reiter verschluckte die graue Dämmerung. Hell funkelte noch der Morgenstern am östlichen Himmel. Aus Vorsicht harkten wir die Pferdespuren am Toreingang und im Grundstück über. Die Eingeborenen waren noch längst nicht da, die hätten beobachten können.

Windhuk war nun schon seit Tagen von Truppen leer. Es war natürlich unmöglich gewesen, alles in Windhuk aufgespeicherte Heeresgut mit nach dem Norden zu führen. Es war aber auch zu schade, das, was hierblieb, zu vernichten. Damit es nicht in die Hände des Feindes fiel, wurde es billig an Privatleute verkauft. Bezahlt wurde mit den „Seitzscheinen"; das war hier gedrucktes Papiergeld, das der Gouverneur Seitz hatte anfertigen lassen, als Geldknappheit eintrat.

Einfach alles konnte man kaufen: Karren, Wagen, Handwerkszeug, Sohlenleder, Sättel, Spannfesseln, Zaumzeuge, ganze Ballen Khakikord und blaues Truppentuch. Es gab einige Bemittelte unter den Farmersfrauen, die ganze Ochsenwagenfrachten von dannen führten.

Nach dem Abzug der Truppen wurde zur Sicherheit unserer Stadt die Bürgerwehr geschaffen. Allnächtlich mußten alle Bürgerwehrmänner Klein-Windhuks im Wachtlokal anwesend sein. Viele von ihnen waren alt und überhaupt nicht garnisondienstfähig; Drückeberger gab es auch. Viele Frauen, die des Nachts mit ihren Kindern allein bleiben mußten, ängstigten sich sehr und hätten lieber ihre Männer zu Hause gesehen. Der Stadtrat von Windhuk rief dann Freiwillige für die Bürgerwehr mit auf und schrieb die Meldepflicht aller männlichen und weiblichen Personen über 14 Jahre vor, zur Vervollständigung der Meldelisten, die der erwarteten Besatzungstruppe übergeben werden sollten.

Am 15. Mai 1915 besetzten die Unionstruppen Okahandja. Beruhigend wirkte die telephonische Mitteilung, daß der Feind die Bevölkerung durchaus rücksichtsvoll behandele.

Am 8. Mai erließ der Bürgermeister folgende Bekanntmachung: „Zwecks Aufrechterhaltung von Ruhe und Ordnung in der Stadt werden die weißen Einwohner Windhuks ersucht, sich während des Einzuges der englischen Besatzungstruppen nicht auf den Straßen aufzuhalten und auch ihre Eingeborenen-Bediensteten davon fernzuhalten."

Bangen Herzens erwarteten wir, was uns die nächsten Tage bringen würden.

Wie weh tat es, von den beiden Kirchen und vom Rathaus die großen weißen Fahnen wehen zu sehen. Das Lazarett, das katholische Krankenhaus und das Elisabethhaus hatten die Rote-Kreuz-Fahne gezogen. Im Lazarett mußten Schwerkranke und bei Naulila Verwundete, natürlich auch die schwerverwundeten Portugiesen, unter der Obhut des Zivilarztes Dr. K. zurückgelassen werden.

Unser geliebter Funkturm stand schweigend; seit dem Fall von Kamina war auch er stumm. Gerade dieser Funkturm soll der Hauptgrund mit gewesen sein, weshalb die englische Regierung den Feldzug gegen Südwest gefordert hatte. Die Antennen hoch oben in der klaren Luft surrten leise, sie hatten sich allerhand zu sagen: „Da war jemand gekommen und hatte ein kleines, ach so kleines, aber so wichtiges Teilchen entfernt. Das wanderte von Hand zu Hand und verschwand und ist und bleibt weg. Dem Erbauer des Funkturms, so ging das Märchen weiter, wurde vom Feind ein Vermögen versprochen, er wußte nichts; er wurde bedroht, er wußte nichts; er wurde ins Kamp in die Union geschickt, er wußte nichts; kluge Leute wurden geholt und sollten versuchen, den Turm wieder heilzumachen —, lächerlich — das Ding muß doch wieder funktionieren können, — er tat es nicht, er ließ es sich gefallen, daß Verbindung mit der Union geschaffen wurde, aber mehr nicht. Und die blitzenden Antennen surrten und sangen: Wir wissen —, wir wissen —, unter einer Haustürschwelle in Klein-Windhuk hat man das Teilchen vergraben. Von dort ist es aber auch verschwunden und liegt wer — weiß — wo."

Am 11. Mai wurde erzählt, unser Bürgermeister sei den Engländern entgegengefahren, um die Rathausschlüssel und damit die Stadt zu übergeben.

Botha besetzt Windhuk.

Am 12. Mai kamen sie. In gewaltige Staubwolken gehüllt zogen sie mit Autos, Karren, zu Pferde und zu Fuß ein. Wir sahen nur den Staub über dem Brakwatertal lagern. Gegen Mittag trabten ihre Reiter die Pad entlang. Wir rührten uns nicht. Wie kleine, eingeschüchterte Vögel hockten die beiden Buben.

Am Donnerstag, dem 16. Mai, war Himmelfahrt. Unser Pfarrer Kriele hatte zum Text seiner Predigt genommen: „Jedermann sei untertan der Obrigkeit, die Gewalt über ihn hat." Er tat sein Möglichstes, seine Gemeinde zur Einsicht und Ruhe zu ermahnen. Ungern wurde ihm zugehört.

Am nächsten Morgen klebten überall Zettel. Sie wurden auch verteilt und in der Swakopmunder Buchhandlung ausgegeben. Sie enthielten einen Aufruf von General THE RIGHT HONOURABLE LOUIS BOTHA, Oberbefehlshaber der Unionstruppen im Felde, in dem er nach „Eroberung" der Hauptstadt, anderer wichtiger Städte, beider Seehäfen und aller Eisenbahnen mit Ausnahme einer Kleinbahn nach Onguati zur Beruhigung und Aufrechterhaltung der Ordnung das Kriegsrecht proklamiere. Dann folgt ein Vorwurf gegen unsere Zivil- und Militärbehörden, die sich trotz dieser Verluste zur Fortsetzung des Kampfes entschlossen hätten und die verantwortlich wären für das Unglück, das dadurch über die Zivilbevölkerung käme. Zugleich versprach er aber auch der Bevölkerung den Schutz seiner Offiziere und Truppen. Der Zivilbevölkerung wurde auch erlaubt, in ihren Häusern zu bleiben und ihren Geschäften nachzugehen, allerdings unter der Voraussetzung, daß ihre Gegenwart nicht dem Feinde zum Nutzen und seinen Plänen zum Schaden gereiche. Sei dies der Fall, dann würden alle oder viele weggeschafft.

Da der Kommandeur der deutschen Truppen bedauerlicherweise fortfahre, das Wasser zu vergiften, drohte er Vergeltungsmaßregeln solcher Art und in solchem Umfange an, wie sie ihm am geeignetsten erschienen.

Ferner machte er die Bevölkerung darauf aufmerksam, daß sie sich jetzt nach amtlicher Zeit zu richten habe. Danach hatte jeder seine Uhr um 50 Minuten vorzustellen.

Das klang nicht allzu gefährlich. Über das Dem-Feinde-nicht-zu-Nutzen-Sein hatte ich allerdings meine eigenen Gedanken.

Das Vorstellen der Uhr um 50 Minuten war anfangs sehr unbequem. Wir hatten hier einfach die Sonnenzeit. Wenn die Sonne aufgeht ist es 6 Uhr, wenn sie untergeht, auch. Steht sie in Scheitelhöhe, ist es Mittag. Auf vielen Farmen wird diese Sonnenzeit jetzt noch innegehalten. Wir an den Plätzen haben uns längst an die „englische" Zeit gewöhnen müssen.

Die Verpflegung der Unionstruppen scheint nicht gerade üppig gewesen zu sein. Schon am ersten Nachmittag kamen Reiter und bettelten um Brot, Milch und Butter. Natürlich gaben wir. Es kamen ihrer immer mehr. Als wir tatsächlich nichts mehr zum Geben hatten, öffneten sie eigenhändig den Kühler und revidierten. Einer roch, daß Brot im Ofen buk. Da öffnete er die Ofentür, holte das halbgare Brot heraus, schnitt es durch, warf einen Shilling auf den Tisch und verschwand mit seiner dampfenden Hälfte.

Dies alles waren nicht nennenswerte Belästigungen. Ich kann mich nicht entsinnen, daß die Besatzungstruppen auch nur ein einziges Mal unverschämt geworden wären, oder daß ich von einem Übergriff gehört hätte.

Es schien mir aber doch an der Zeit, gewisse, mir zum Aufheben übergebene Dinge in Sicherheit zu bringen. Das war leichter gedacht als getan. Ein schlaues Versteck ließ sich wohl ausdenken, aber andere sind ebenso schlau und finden. Und bei mir hatte sich allerhand zum Aufheben angesammelt, was nicht gefunden werden durfte, Gewehre, Pistolen, Akten, Dokumente und eine Menge höchst wertvoller und nützlicher ärztlicher Instrumente. Zuerst mußten die großen Stücke weg. Ich fettete sie sorglich mit Glyzerin ein, legte einen großen Tropenkoffer mit Ölpapier aus und verpackte sie darin. Aber nun, wohin mit dem Koffer? Da kam mir ein rettender Gedanke. Meine Kinder besaßen ein Spielzelt. Das mußten sie wieder einmal, wie schon sooft, auf dem Grundstück aufschlagen. Innerhalb des Zeltes schachteten sie eine tiefe Grube aus und zur mondlosen Nachtzeit versenkten wir den Koffer hinein und füllten die Erde wieder auf. Wie wichtig kamen sich die Jungen vor, wie blitzte mich das braune und das graue Augenpaar an, als ich ihnen sagte: „Helfen, aber Mund halten." Besonders treu half der beste Freund der Kinder, J. v. D., der damals bei uns in Pension war. Um das Ausgeschachtete wieder festzutrampeln, arrangierte er am nächsten Morgen einen höchst vergnügten Kafferntanz mit dem dazugehörigen Geschrei. Die Kinder spielten noch einige Tage im Zelt, dann schlugen sie es ein Stückchen weiter davon auf. In die noch immer ziemlich lockere Erde wurde ein Dornbusch gepflanzt.

Zur gegebenen Zeit holten wir nach Jahren die Sachen wieder heraus. Damals war mein Ältester zwecks Abschluß seiner Ausbildung bereits in Deutschland. Und Büdi und ich allein waren nicht imstande, den Koffer zu bewegen oder gar ganz auszubuddeln. Wir packten ihn kurz entschlossen aus und ließen ihn leer zurück. Wir schaufelten das Loch notdürftig wieder zu. Die Sachen sind längst wieder im Besitz ihres Eigentümers in Deutschland.

Die Papiere vergrub ich ebenfalls, und zwar so gut, daß ich endlos suchen mußte, um sie wieder zu finden. Ich hatte sie in Wachstuch eingeschlagen, aber sie waren von Termiten angefressen. Sie hätten auch in blecherne Hülsen getan werden müssen. Dem Koffer mochte ich sie nicht beigeben, weil sie so wichtig waren, daß mir eine besondere Stelle sicherer erschien.

Nun blieben noch die Waffen. Da befand sich neben der stillen Klause noch ein kleiner Verschlag, den ich als Brutstall benutzte. Dort klopften wir in einer Ecke den harten Lehmboden auf und gruben die Pistolen ein. Darüber machte ich ein Nest für die jeweils brütenden Hennen.

Die Gewehre nahm ich auseinander und verstaute sie einstweilen im Buffet des in Deutschland weilenden Hausbesitzers, das ich nicht in Benutzung hatte.

Eine Rolle wichtiger Papiere, die auf Abruf schleunigst weitergegeben werden sollte, band ich oben in die Falten der Gardinen meines Wohnzimmers.. Meinen eigenen Browning und das Tesching der Jungen hatte ich pflichtgemäß auf dem Bezirksamt angemeldet.

Am Freitag, dem 14. Mai, war durch Anschlag veröffentlicht, daß alle Einwohner ihre Waffen auf dem alten Bezirksamt, dicht neben der Christuskirche, abgeben sollten. Meinen kleinen Browning mußte ich also weggeben. Furchtbar bitter erschien es den Kindern, sich von ihrem geliebten Tesching zu trennen. Blitzblank geputzt und eingeölt war es, und immer nahm es einer vom anderen noch einmal in die Hand. Es mußte sein. Da ich soviel heimliches fremdes Gut in Verwahrung hatte, mußte ich mich von meinem eigenen trennen. Große Aufregung herrschte, ehe ich fortging. Die Kinder hingen sich an mich, die treue Anna hatte Tränen in den Augen, und die schwarze Anna, unser Waschweib, umklammerte mich von rückwärts. Es war, als sei dieser Weg nach Windhuk aufs nun feindliche Bezirksamt ein Weg zur Hinrichtung. Sie dachten sich alle die fürchterlichsten Gefahren aus, denen ich entgegenging. Die ritterlich angebotene Begleitung meines Elfjährigen lehnte ich zu seinem Kummer entschieden ab.

Von der Kirche war die weiße Fahne verschwunden, dafür war auf dem Rathaus der Union-Jack gehißt, der auch über der Roten-Kreuz-Fahne über dem Lazarett und dem Katholischen Krankenhaus wehte. Nun war es also Wahrheit geworden, was wir längst fürchten mußten und immer wieder von uns wiesen, — eine fremde Flagge blähte sich stolz über unserer Hauptstadt.

In der Vormittagssonne kam ich zum Bezirksamt. Davor standen unruhige Menschen in größeren und kleinen Gruppen beieinander. Sehr viele Frauen. Zum ersten Male sah ich die englischen Offiziersuniformen, sandfarben, sehr guter Sitz und

Schnitt. Die englischen Soldaten hatten fürwahr nicht nötig, ihren von Sonne und Regen und Wind ausgeblichenen Kordrock in Kaffee oder Tee zu stecken und zu färben, damit er nicht so weithin sichtbar war.

In den beiden ineinandergehenden Zimmern des Bezirksamtes sah es wüst aus. Regale, zum Teil leer, zum Teil mit durcheinandergewühlten Akten, zerknäulte Papiere, aufgebrochene Kisten, von der Decke hängende zerschnittene Telephondrähte. Ein langer Tisch stand quer im Zimmer, davor saßen zwei Offiziere. An den Türeingängen, in den Zimmern und draußen standen englische Soldaten, mit geschulterten Gewehren.

Es war heiß und staubig und roch nach Schweiß. In die leeren Fächer wurden die uns abgenommenen, fein säuberlich registrierten Waffen gepackt. Ein Verständigen war schwer, denn damals konnte kaum ein Angehöriger der Okkupationsarmee deutsch, und wenig Deutsche hier verstanden englisch. Mir war es geläufig. Ich hörte Mißverständnisse und fürchtete sich daraus ergebende unnötige Schwierigkeiten für einige meiner Landsleute. So trat ich an den Tisch und bot meine Hilfe zu Dolmetscherzwecken an, die sofort sehr höflich angenommen wurde. Von da ab habe ich manches Mal mündlich und schriftlich helfen dürfen. Frauen, die allein weit außerhalb Windhuks wohnten, beantragten die Rückgabe ihrer Waffen, Milchlieferanten wollten vor 7 Uhr früh in die Stadt, eine Hebamme erbat einen Erlaubnisschein, nachts ihr Haus verlassen zu dürfen usw.

Besorgungshalber und auch, um Neues zu hören, ging ich ohne die Kinder am nächsten Nachmittage in die Stadt zu Fräulein Kindt, deren Brüder die Truppe als Berichterstatter nach dem Norden begleiteten. Was ich da vernahm, war empörend. Bereits am Vormittag des Einzuges der Unionstruppen waren deutsche Frauen schamlos genug gewesen, beim Feinde Anschluß zu suchen und zu finden. Eine, es waren sogar welche unter ihnen, die sich zur Gesellschaft zählen wollten, hatte einen weitläufigen Vetter entdeckt, eine andere einen Freund, eine dritte einen Dampferbekannten usw. Da fuhren sie stolz in den feindlichen Kraftwagen durch die Stadt spazieren — und ihre Männer standen im Felde. Sie luden die Feinde zu sich ein und ließen sich einladen.

Diese Liebenswürdigkeit dem Feinde gegenüber war reichlich voreilig. — Sie hätten warten können, man hätte sie sicherlich gefunden —, denn ein fahnenflüchtiger Gefreiter der Landwehr hatte es sich angelegen sein lassen, dem Feinde eine Liste gefälliger Frauen gleich bei der Besetzung vorzulegen. Ja, er tat noch mehr. Er führte namentlich eine ganze Reihe angesehener deutscher Männer auf, die er zum Abtransport in die Union vorschlug. Diesem Vorschlag soll stattgegeben worden sein. Des Feindes Dank — blieb aus.

Oft wurde ich zum Dolmetschen aufgefordert. Bezahlung dafür lehnte ich ab. Einmal geschah etwas höchst Peinliches. Eine Frau führte Klage, und ich mußte folgendes übersetzen: „Beim Einrücken der Truppen waren feindliche Offiziere in ihr Haus gekommen, das außerhalb der Stadt liegt, und hatten Tee und Frühstück verlangt. Bereitwillig holte sie herbei, was sie hatte, deckte sehr ordentlich und tischte auf. Zu ihrem Schrecken sah sie, wie einige der Herren ihr Silber in den Gamaschen verschwinden ließen. Nun brachte sie diese Klage vor, weil sie ihr Silber wiederhaben wollte. Damals hatte sie sich nicht getraut, es den Herren abzuverlangen." Nun mußte ich sie fragen, weshalb sie denn den Offizieren mit ihrem Silber gedeckt hätte. Da antwortete sie bieder: „Bis jetzt kannte ich nur deutsche Offiziere, und so wußte ich nicht, daß Offiziere klauen." Der Provost Marshal sah erst mich, dann sie an und sagte: „Ich habe nicht ganz verstanden, bitte, übersetzen Sie noch einmal, was die Frau sagt." Da bekam er es noch ein zweites Mal zu hören. Ob aber die Frau das Silber zurückerhalten hat, weiß ich nicht.

Eines Tages forderte mich der Provost Marshal wieder auf, Zahlung für das Dolmetschen anzunehmen. Hilfe für meine Landsleute ließ ich mir nicht bezahlen, aber ich sprach eine Bitte aus: Fräulein Kindt, eine alte Dame, sei ängstlich und schutzlos, ich sei mit meiner Stütze und meinen beiden kleinen Söhnen ebenfalls ganz einsam in Klein-Windhuk, ich bäte um Rückgabe unserer Waffen. Ich bekam einen Ausweis und durfte ins Arsenal, um die Waffen wieder zu holen. Fräulein Kindt und ich gingen zusammen hin. Ich wies den Schein vor. Der diensttuende Offizier musterte uns in verächtlicher Art, ließ uns endlos warten und verschwand zuletzt ganz. Warten ist immer unerträglich. Mir dauerte es zu lange. Ich stieß schließlich, als auf mein Klopfen keine Antwort erfolgte, die Tür ins Nebenbüro auf. Da stand er untätig rauchend am Fenster. Ich sagte ihm, auch der Krieg sei wohl kein Grund, unhöflich zu

Damen zu sein, die mit amtlich abgestempeltem und unterzeichnetem Permit ihr Eigentum zurückbekommen wollten. Ich würde mich beim Provost Marshal beschweren. Da kniff er die Augen zusammen und ging ans Telephon. Wie umgewandelt kam er zurück. Er entschuldigte sich vielmals wegen seiner Unhöflichkeit und gab zu, einen „Mistake" gemacht zu haben.

Und nun kam es heraus. Wir waren durchaus nicht die ersten, die ihre Waffen wiederbekamen. Es waren mehrfach deutsche „Damen" mit derartigen Permits dagewesen. Eine spätere Nachprüfung erwies, daß sie gefälscht waren. Etliche englische Offiziere hatten sie ausgeschrieben als — Gegenleistung. Er zeigte uns auch diese Namen auf einer Liste. Tränen der Wut und Scham stiegen uns in die Augen.

Fräulein Kindt bekam ihren Revolver. Mein Browning war weg. Großzügig erhielt ich irgendeinen anderen dafür; aber das Tesching der Jungen war noch da.

Über unsere Truppe hörten wir so gut wie nichts. Die Engländer veröffentlichten nichts, und die Gerüchte, die durchsickerten, waren vage und trotzdem beängstigend. Am Waterberg sollte ein Gefecht gewesen sein; Major Franke und der Gouverneur gefangen. Briefe aus dem Norden unterlagen strenger Zensur, meist wurden sie überhaupt nicht befördert.

Aus dem Lazarett kamen Bitten um Hilfe. Die mit den Truppen gekommenen englischen Krankenschwestern litten stark unter Kriegspsychose. Sie weigerten sich, unseren Schwerverwundeten, die beim Abzug der Truppe nicht mitgenommen werden konnten, auch nur die geringste Handreichung zu leisten. Sie lagen ungewaschen, übelriechend im unbeschreiblich schmutzigen Saale. Einige deutsche Frauen wagten sich hinein, sie säuberten und pflegten und halfen. Besen und Eimer brachten sie selber mit.

Wenige Tage später bewegte sich ein schier endloser Zug von Reitern, Kanonen, Munitions- und Proviantkolonnen auf der Pad nach Osten zu an unserem Hause vorbei. Wir wußten, es galt, die vierte Ersatzkompanie abzuschneiden, die, von Süden kommend, über Seeis sich den Truppen im Norden anschließen sollte. In Seeis lauerte Verrat durch einen Deutschen, und unsere Kompanie wurde gefangen.

Und wieder nach einigen Tagen wurden unsere gefangenen Leute zurückgebracht und wie das Vieh im Kral, so im alten

Bekleidungsdepot eingesperrt. Der Vorgarten liegt tiefer als die Straße und ist durch einen hohen Eisenzaun von ihr getrennt. Da hockten sie nun, und die Posten patrouillierten davor. Freundlicherweise ließen sie uns aber an den Zaun kommen und Wäsche, Nahrungsmittel und Tabak hindurchreichen. Unterhalten durften wir uns auch. Unglaubliche Strapazen hatten sie erduldet. Hunger, Durst, Dornen und Kälte. Müde, abgehetzt, hoffnungslos, gleichgültig hockten sie da. Ich bekam einen Erlaubnisschein, mich nach einigen unserer Bekannten, die krank lagen, umzusehen. Viel konnten wir nicht helfen.

Die nicht eingezogenen Deutschen mußten Schlag 9 Uhr auf dem Rathaus zum Melden antreten. Zuspätkommen kostete £ 5 (=100 Mark) Strafe. Dieser Befehl galt auch den Missionaren und Patres. Ihre Eingabe, von dieser Meldepflicht befreit zu werden, wurde keiner Antwort gewürdigt.

Eines Morgens durften die zur Meldung angetretenen Deutschen nicht alle wegtreten. Eine Anzahl von ihnen wurden dabehalten und auf den Bahnhof geführt. Unter ihnen befanden sich die angesehensten Windhuker Bürger. Auf dem Bahnhof wurden sie kurzerhand zum Abtransport in die Union verladen, dank der Liste des gefälligen Verräters. So, wie sie gingen und standen, mußten sie weg. Die Nachricht fand schnelle Verbreitung, und besorgte Angehörige eilten zum Zuge, um Kleidungsstücke, Mäntel, Decken und Proviant nachzubringen. Zwar war der Bahnhof abgesperrt, es ging trotzdem. Stundenlang hielt der Zug, ehe das Abfahrtssignal gegeben wurde. Sie wurden in der Union in verschiedene Gefangenenlager verteilt.

Wir deutschen Frauen waren in großer Angst, daß es uns ebenso gehen könne wie den Männern. Ich hatte mit den Jungen unser Silber vergraben, Anna und ich beratschlagten, auf welche Weise wir wohl am unauffälligsten Goldgeld befördern konnten. Damals trug man noch Korsetts. Wir nähten uns kleine, feste Taschen in die dem Körper aufliegende Korsettseite und teilten unser Gold hinein. Man konnte ja nicht wissen, ob uns ein Abtransport nicht ebenso schnell treffen würde wie die Männer. Wir hatten aber niemand, der uns die Sachen nachtrug. Derbes Zeug für die Kinder lag bereit. Drei kleine Handkoffer, darunter einer mit Lebensmitteln, waren fertig gepackt. Tag und Nacht waren wir in Spannung und auf alles gefaßt, und inzwischen drückten uns die Goldstücke.

„Haus auf dem Berge“

Die Jungens mit dem Hausgetier

Das deutsche Regierungsgebäude

Die deutsche Regierungsschule

Alle Gefangenen wurden nach der Union geschickt. Nur die Kranken blieben zurück. Es durfte auch ein Oberlehrer der Realschule, der als Vizefeldwebel gefangengenommen worden war, noch hierbleiben, weil seine Frau in den nächsten Tagen ihr erstes Kindchen erwartete. Der Feind verfuhr oft durchaus menschlich.

Die Frauen wurden meist mit ausgesuchter Höflichkeit behandelt, bekamen einen Stuhl angeboten und wurden vor den Männern abgefertigt. Manch eine Frau bekam dann ihr Anliegen gewährt, wenn ein Mann umsonst gebeten hätte.

Ehrenvolle Übergabe.

Wie ein Lauffeuer durcheilte am 20. Mai die Nachricht die Stadt, daß Waffenstillstand zwischen unserer Truppe und der Okkupationsarmee abgeschlossen sei. Schon sprang die Hoffnung auf Frieden auf, aber ach — die Unterredung an der Giftkuppe (zwischen Karibib und Omaruru) zwischen unserem Gouverneur Seitz und Major Franke einerseits und General Botha andererseits verlief ergebnislos. Botha ging nicht auf die Vorstellungen unseres Gouverneurs ein, weil seine politische Haltung für den Fall eines Krieges schon früher in London festgelegt sei. Die Vorschläge des Gouverneurs wies er zurück und stellte seinerseits Bedingungen, die sich nicht mit der Waffenehre der deutschen Truppe vertrugen. Demnach wurden die Verhandlungen abgebrochen. Der Waffenstillstand war am 22. Mai mittags 12 Uhr wieder zu Ende.

Nun setzte von seiten unserer Truppe der ermüdende Buschkrieg ein. Kleine Funkstationen wurden in Namutoni, Tsumeb und bei Zessfontein errichtet. Dauernd wiederholten sich die Gerüchte vom Fall von Warschau und Calais, von einer deutschen Landung in England. Diese Nachrichten wurden mit derartigen Einzelheiten verbreitet, daß sie sogar Aufnahme in einer kleinen deutschen Zeitung, der „Buschlaus", fanden. Mein Freund Kindt, der mit nach Tsumeb gegangen war, stellte sie mit einer Handsetzmaschine her. Außer spärlich eingelaufenen Nachrichten enthielt sie Berichte über die Truppenbewegungen. Sie hatte die Größe eines Schulheftes und war 4 Seiten stark. Einer riß sie dem anderen voller Spannung aus den Händen. Die „Buschlaus" erreichte eine Folge von 15 Nummern. Sie gilt als Rarität.

Wegen der guten Nachrichten aus Deutschland hoffte die Truppe, bis zur baldigen Entscheidung in Europa aushalten zu können. Es war geplant, daß sie sich über Namutoni ins Ovamboland zurückziehen sollte. Proviant für etwa zwei Monate war noch vorhanden. Etappenstraßen nach dem Ovambolande hatte der Kommandeur vorbereiten lassen.

Bei den Unionstruppen wurde die Verpflegung anscheinend zeitweilig auch recht knapp. Die Enttäuschung über den Fortgang des Feldzuges wirkte wohl auch mit, und der Feind änderte sein Verhalten. So kam es, daß in dieser Zeit zahlreiche Farmen mit Hab und Gut und gesamtem Viehbestand geplündert wurden. Frauen und Männer wurden fortgejagt. Besonders litten die Farmen schwer, deren Besitzer zur Truppe eingezogen waren. Requisitionsscheine wurden nur selten ausgestellt, einfach und billig verschaffte sich der Feind Fleisch und was er sonst noch gebrauchen konnte.

Die Eingeborenen natürlich träumten von einer goldenen Zukunft, schon sahen sie sich als Eigentümer des Viehes und der Farmen der Deutschen. Sie wurden mit Geld und Vieh bestochen, große Belohnungen wurden ihnen in Aussicht gestellt, Truppenbambusen bekamen Extralohn. Mit allen Mitteln wurde gearbeitet. Verrat und Niedertracht waren die Folge. Vor dem Feind her breitete sich die Linie der landeskundigen Eingeborenen und weißen Spione, meist burischer Herkunft, und leistete ihm unschätzbare Dienste, uns zum größten Schaden.

War es ein Wunder, wenn das Ansehen der Deutschen allmählich schwand in dem Lande, das sie mit Blut und Schweiß erworben hatten? Ich habe mich im Laufe der Jahre oft gefragt, ob es denn notwendig zur Politik des Feindes gehören müsse, Farbige gegen Weiße einzusetzen. Es wird die Zeit kommen, daß diese Taktik bereut wird, und ich fürchte, wenn nicht alle Anzeichen trügen, liegt diese Zeit in nicht allzu weiter Ferne. Dann wehe den heutigen Siegern.

Immer weiter nordwärts zogen die Truppen. Die Bahn wurde gesprengt, das Wasser wurde vernichtet, Tretminen wurden über die Hauptpads gelegt. Es half alles nichts, der Feind war den Unsrigen auf den Fersen. Er war ausgeruht, hatte frische, gut gefütterte Pferde, hatte Kraftwagen, Karren, Maultiere, dauernden Nachschub von Proviant.

Englischerseits wurde der Fall von Calais und Warschau amtlich widerrufen. Es wurde eine Belohnung von £ 25 ausgesetzt für denjenigen, der den Verbreiter dieser Nachricht angäbe. Dafür hatte auch der Provost Marshal de Waal versprochen, die neuesten Reutermeldungen bekanntzugeben. Nicht einmal tat er es. Das ließ uns hoffen, daß es mit Deutschland gut stehen müsse.

Nach wie vor mußten sich die zurückgebliebenen Männer täglich melden. Mit einem Male erschienen die Italiener nicht mehr. Viele grüßten uns nicht, etliche von ihnen spazierten sogar stolz in englischen Uniformen daher und wurden als Landeskundige verwandt. So sah für uns Italiens Abfall aus. Sie wurden nun auch belohnt und bekamen die neuesten Reutermeldungen mitgeteilt. Einige gaben sie uns heimlich weiter.

Von der Gemeinde aus wurden auf dem Rathaus Unterstützungen gegeben für die Frauen, deren Männer eingezogen waren. Dort bekam ich auch für meine Tätigkeit an der Realschule mein letztes Gehalt ausbezahlt.

Am 9. Juli erfüllte sich nun doch das Schicksal unserer braven Truppe. Die Übergabebedingungen sind Beweis genug für ihre Leistungen.

Bedingungen der Übergabe der Schutztruppe des deutsch-südwestafrikanischen Schutzgebiets, geschlossen am 9. Juli 1915 auf km 500 der Eisenbahn zwischen Otavi und Khorab.

§ 1.

Die im Felde befindliche unter dem Kommando des Truppenkommandeurs stehende Schutztruppe des Schutzgebietes ergibt sich hiermit General Botha, dem Kommandeur der Unions-Feldtruppen. Brigadegeneral H. T. Luckin C. M. G., D. S. O. wird als Vertreter General Bothas mit der Anordnung der Einzelheiten der Übergabe und ihrer Durchführung beauftragt.

§ 2.

Die aktiven Offiziere der sich ergebenden Schutztruppe behalten ihre Waffen und können gegen Parole an einem von ihnen gewählten Orte leben. Falls die Unionsregierung den Wünschen irgendeines Offiziers betreffs seines Wohnortes nicht entsprechen kann, hat dieser einen anderen Ort zu wählen.

§ 3.

Alle anderen Angehörigen der aktiven Schutztruppe werden unter Bewachung an einem von der Unionsregierung zu bestimmenden Platz im Schutzgebiet interniert. Unteroffiziere und Mannschaften dürfen ihre Gewehre, aber keine Munition behalten. Für die Artillerie, die übrige Schutztruppe und die Polizei erhält je ein Offizier die Erlaubnis, mit diesen Truppen zusammen interniert zu werden.

§ 4.

Sämtliche Reservisten (Landwehr, Landsturm) aller Chargen der Schutztruppe unter Waffen im Felde sollen unter der Bedingung des § 6 ihre Waffen übergeben, nachdem sie sich in geeigneten Verbänden ergeben haben und dürfen nach Unterzeichnung der Parole in ihrem Wohnorte ihrer Zivilbeschäftigung nachgehen.

§ 5.

Sämtliche Reservisten (Landwehr, Landsturm) aller Chargen der Schutztruppe, welche von der Unionsregierung als Kriegsgefangene gehalten werden, dürfen nach Unterzeichnung der Parole laut § 4 ihrer Zivilbeschäftigung im Schutzgebiete nachgehen.

§ 6.

Die Offiziere der Reserve (Landwehr, Landsturm) der Schutztruppe, welche sich laut § 1 ergeben, dürfen ihre Waffen behalten, sofern sie die Parole laut § 4 unterzeichnen.

§ 7.

Alle Offiziere der Schutztruppe, welche die Parole laut § 4 unterzeichnen, dürfen die Pferde behalten, die ihnen in ihrer militärischen Stellung zuerteilt sind.

§ 8.

Die Polizei des Schutzgebietes wird, soweit sie mobil gemacht war, als aktive Truppe angesehen. Die auf entfernten Außenstationen befindlichen Polizisten bleiben dort bis zur Ablösung durch Unionstruppen zum Schutz von Leben und Eigentum von Nichtkombattanten.

§ 9.

Zivilbeamte der Kaiserlichen oder Schutzgebietsregierung dürfen in ihren Wohnorten bleiben, sofern sie die Parole laut § 4 unterzeichnen. Jedoch ist kein solcher Beamter befugt, seine

Amtsfunktionen auszuüben oder von der Unionsregierung die Gehälter seiner Stellung zu fordern.

§ 10.

Mit Ausnahme der den Offizieren der Schutztruppe zu belassenden Waffen ist alles Kriegsmaterial (einschließlich Feld- und Gebirgsgeschütze, Gewehre, Revolver und Munition) und alles Eigentum des Gouvernements des Schutzgebietes der Unionsregierung zur Verfügung zu stellen.

§ 11.

Der Kaiserliche Gouverneur ernennt einen Beamten zur Übergabe alles Eigentumes der Zivilverwaltung gemäß § 10, und der Schutztruppenkommandeur ernennt einen Offizier zu ebensolcher Übergabe alles Eigentumes der Militärverwaltung des Schutzgebietes.

9. Juli 1915.

gez. Seitz,
Kaiserlicher Gouverneur von Deutsch-Südwestafrika.

gez. Franke,
Oberstleutnant und Kommandeur der Schutztruppe
von Deutsch-Südwestafrika.

gez. Louis Botha,
General, Kommandeur der Unions-Feldtruppen.

Wortlaut der Parole.

Ich der Unterzeichnete verbürge mich bei meinem Ehrenworte, mich in dem gegenwärtigen Kriege zwischen Großbritannien und Deutschland an keinen Feindseligkeiten wieder zu beteiligen.

Wörtlich hinzufügen möchte ich lediglich zugleich als mein Schlußwort zu diesem Kapitel das Schlußwort aus dem Generalstabswerk von Major von Ölhafen „Der Feldzug in Südwest": „Mit dem 9. Juli 1915 hatte die Schutztruppe für Südwestafrika für die Dauer des Krieges aufgehört, ein scharfes Werkzeug zur Mitarbeit an Ruhm und Ehre des Vaterlandes zu sein. Sie hat der Übermacht weichen müssen, nachdem sie ein ganzes Jahr lang unter den denkbar ungünstigsten Umständen Widerstand geleistet hat. Ihrer Zähigkeit und treuen Pflichterfüllung ist es gelungen, nicht nur lange Zeit das Land gegen feindlichen Einfall und gegen Greueltaten der Eingeborenen zu schützen, sondern den Gegner zu ungeheuren Anstrengungen und Ausgaben zu veranlassen und während Jahresfrist eine ansehnliche Heeresmacht von europäischen und anderen Kriegsschauplätzen fernzuhalten. Schließlich brachte das Ende des Verzweiflungskampfes noch Bedingungen, die wohl einzig in diesem Kriege dastehen, und die Rückkehr der Reserven zu ihrer Lebensarbeit war eine sichere Gewähr dafür, daß trotz englischen und burischen Einflusses deutsche Art und Sitte dem Lande erhalten blieben."

Unter Kriegsrecht.

Vom 9. Juli 1915 ab, dem Tage „der förmlichen Ergebung", wurde das Kriegsrecht (Martial Law) für das ganze Schutzgebiet bis zu dem Zeitpunkt proklamiert, der von den zuständigen Behörden bestimmt werden würde. Das erste Amtsblatt vom 13. August 1915, in dem die Besitzergreifung unseres Schutzgebietes und das Kriegsrecht verkündet wurde, enthielt allein 17 verschiedene Verordnungen. Wer ihnen zuwiderhandelte, wurde mit hohen Geldstrafen und Gefängnis bedroht.

Da werden die Seitzscheine für ungültig erklärt, weil sie herausgegeben wurden, um die militärischen Operationen gegen die Streitkräfte der Südafrikanischen Union zu erleichtern; staatliches Eigentum, für welches gar keine oder ungenügende Bezahlung geleistet ist, muß zu vollem Marktpreis bezahlt werden; Waren, die aus der Union von Südafrika eingeführt werden, sind zollfrei; die deutschen Reichskassenscheine bleiben vorläufig mit einem Abzug von 25 Prozent im Umlauf; Minen- und Handelskonzessionen, die seit der Einnahme von Südwest abgeschlossen sind, sind ungültig; das Suchen, Schürfen, Handeln, Kaufen und Inverkehrbringen roher oder ungeschliffener Diamanten kostet £ 1000 Geldstrafe oder Gefängnis mit oder ohne Zwangsarbeit bis zu 5 Jahren; Ein- und Auswanderung ohne Erlaubnisschein ist verboten, £ 100 oder 6 Monate Gefängnis; wer Vieh, Fahrzeug oder sonstiges Eigentum des früheren deutschen Gouvernements in Besitz, unter Aufsicht und Obhut hat, muß es abgeben, sonst setzt er sich der Verfolgung wegen Diebstahls aus; keine geistigen Getränke dürfen nach 9 Uhr abends ausgeschenkt werden, sonntags werden sie nur an Hotelgäste verabfolgt; Briefe usw. unterliegen der Zensur; Verbreiter falscher Nachrichten werden vom Kriegsgericht abgeurteilt; wer verborgene Munition angibt oder solche auffindet, wird belohnt; wer den rechtmäßigen Besitz von Vieh nachweisen kann, das gegenwärtig in Verwahrung der Besatzungstruppen ist, bekommt die Erlaubnis, es zurückzuholen.

Mit allen Zeichen der Aufregung, erschöpft und weinend, sank eines Nachmittags eine der bei der Bahn angestellten Stenotypistinnen, Fräulein H., auf einen Stuhl bei uns auf der Veranda. Allmählich kam sie zum Sprechen. Ihr Vorgesetzter, der Bahnhofsvorsteher B., war vom Feinde abgeführt worden, weil er keines der wichtigen Dokumente über eingegangene Gelder und Truppen und Güterverschiebungen abgeben „konnte". Er hatte von seinem Fenster aus den Anmarsch auf sein Büro bemerkt, und da er wußte, um was es sich handelte, hatte er schnell entschlossen die in Frage kommenden Papiere unter der Tür hindurch ins Nebenzimmer geschoben, wo das Mädchen saß. Sie verstand, ergriff sie und schob sie schnell unter ihr Sitzkissen auf ihren Stuhl. Vor Angst konnte sie tatsächlich nicht aufstehen und blieb zitternd sitzen und ließ sitzend die Durchsuchung des Zimmers über sich ergehen. Nun hatte sie alles zu einer Rolle zusammengedreht und in Aktenpapier verschnürt. Als Pastorentochter lief sie zuerst zum Pastor und bat den, die Dokumente aufzuheben, die sie einstweilen zwischen den Blumen ihrer Veranda versteckt hatte. Der Feind hatte ihr mit Fortschicken in die Union gedroht, wenn sie die Papiere nicht herbeischaffte. Sie hätte sich ergeben ins Kamp schicken lassen, aber die Papiere mußten erst in Sicherheit sein. Der Pastor hatte sich energisch geweigert, sie zu nehmen, und nun hockte sie verzweiflungsvoll bei mir. Das Schlimmste war, daß ihr ständig jemand folgte, und, weil sie etwas Englisch konnte, war sie ins Rathaus beordert und mußte dort mit den Engländern zusammen an einem langen Tisch sitzend, also unter Aufsicht, arbeiten.

Daß hier geholfen werden mußte, war klar. Mir kam ein Gedanke. Diese Papiere konnten zeitweilig nirgends besser aufgehoben sein als unter den Augen des Feindes. Sie sperrte Mund und Augen auf, als ich ihr riet, diese Rolle mit ins Rathaus zu nehmen und vor sich auf den Platz zu legen. Nur einen Tag sollte sie dies riskieren. Um 5 Uhr nachmittags war Schluß. Dann sollte meine brave Anna, die äußerst selten das Haus verließ und daher wenig bekannt war, in neutrales Weiß gekleidet, sie ganz harmlos als Freundin etwas verfrüht abholen und beim Zusammenräumen helfen. Dabei sollte sie ebenso harmlos eine mitgebrachte ähnliche Rolle gegen die wichtige vertauschen. Ich durfte mich dabei nicht sehen lassen, denn ich war durch das Übersetzen zu bekannt, also mußte es Anna tun. Ohne weiteres war sie dazu bereit. Der Plan wurde am nächsten Nachmittag mit starkem Herzklopfen, aber erfolgreich, ausgeführt. Die arme Anna wußte hinterher allerdings kaum, wie sie nach Hause gekommen war. Aber die Papiere hatten wir.

Als Fräulein H. an demselben Nachmittage in ihre Wohnung kam, standen Posten davor. Eine nochmalige genaueste Durchsuchung war angeordnet. „Bitte." Sie blieb wochenlang unter Aufsicht beschäftigt. Der Bahnhofsvorsteher B. wurde ins Gefangenenlager geschickt. Seine Frau konnte ihm in höchster Eile noch bestellen, daß alles gut sei.

Um diese Zeit setzten auch die Haussuchungen ein. Sie wurden durchaus nicht systematisch betrieben; bald hier, bald dort hörte man davon. Öfters waren liebe Nachbarn und getreue Freunde die Veranlassung dazu gewesen. Ganz unverständlich war es, daß manche der hiesigen Einwohner durchaus nicht zurückhaltend waren, sondern sich vielmehr bemühten, den unter uns Deutschen herrschenden Klatsch und Tratsch vor dem Feinde auszubreiten, der daraus Nutzen zog. Ein Teil der Deportationen der Windhuker Männer in die Gefangenenlager der Union zeugte davon, viele der Haussuchungen ließen darauf schließen, und zum bitteren Ende hatte manch einer seine Ausweisung einem „Freunde" zu verdanken.

Eines Nachmittags, gegen 3 Uhr, hörte ich ungewöhnlichen Lärm auf dem Grundstück. Ich öffnete die Tür des Wohnzimmers und fand mich einem englischen Offizier gegenüber. Draußen an den drei Eingangspforten standen Posten und vor jedem Ausgang auch. Haussuchung. Er war sehr artig und entschuldigte sich ob dieser unangenehmen Aufgabe, aber „Befehl ist Befehl". Ich nickte. Er forderte mich auf, mit ihm zu gehen. Mit großen, erschrockenen Augen standen die Kinder, und Anna sah ganz grün aus. Ich fragte ihn, was er bei mir suche, meine Waffen seien abgegeben gewesen. Ich hätte sie wiederbekommen, hier sei die Bestätigung. Das wisse er, er müsse aber fragen, ob mir etwas bekannt sei über den Verbleib des kaiserlichen Silbers aus dem Gouverneurshause, ich kenne es doch. Jawohl, ich hätte oft die Freude gehabt, beim Gouverneur damit zu essen. Also das war's. Das hatte mir jemand eingebrockt, der mir die Liebenswürdigkeit des Gouverneurs und seiner Gattin, die sie mir in reichem Maße erwiesen hatten, nicht gönnte. Nein, wo das Silber hingekommen sei, sei mir unbekannt, Eigentum des Gouverneurs hätte ich nicht in Verwahrung. Ein Wink — alles auf der Veranda wurde um und um gedreht, jeder Blumentopf wurde aufgehoben, in der Erde wurde mit Draht nachgefühlt. Das konnte lieblich werden. Dann ging's ins Wohnzimmer. Ich zog sämtliche Schreibtischschiebladen auf, sie wurden durchwühlt und ihr Inhalt lag im Haufen auf der Erde. Der Schreibtisch wurde von der Stelle gerückt, beklopft, auf Geheimfächer untersucht, die er aber nicht hatte. Das Sofa, die Sessel wurden umgedreht, ob zwischen den Sprungfedern vielleicht etwas versteckt sei. Nichts! Nun wurden die Gardinen geschüttelt — oben, zwischen den Falten, hing doch, als Rolle festgebunden, das Dokument. Mir brauste es in den Ohren. Es ging gut. Zwischen den Sesseln stand ein aus Sandelholz im feinsten, durchsichtigen Rankenwerk geschnitztes Tischchen mit abnehmbarer Platte. Unter diesem Tischchen stand im hellbraunen Lederetui ein äußerst kostbares Mikroskop mit Kugelgelenk. Das hatte mir in allerletzter Minute ein Schutztruppenarzt zum Aufheben übergehen. Ich hatte es total vergessen. Und nun glänzte das gelbe Lederwerk durch die Schnitzereien. Das mußte auffallen. Da das Ding im Lazarettinventar registriert und nicht aufzufinden war, waren schon verschiedentlich Umfragen danach gehalten worden. Da stand es nun, und das Leder schimmerte durch Arabesken des Holzwerks. Und die Tommies suchten und suchten und kehrten das Unterste zu oberst — es brauchte nur einer an das Tischchen zu stoßen, dann konnte sich die Platte verschieben — ich stand dicht daneben. Der Offizier nahm seinen Helm ab, es war maßlos heiß, und er wischte sich die Stirn — da faßte ich nach dem Helm und sagte ihm: „Es ist ja so schrecklich heiß, auch ohne Helm sind Sie im Dienst", und legte ihn auf das Tischchen. Das war die Rettung. Der Teppich wurde an den Ecken umgeschlagen, das Tischchen blieb unberührt. Aus dem Kamin fiel beim Durchforschen Ruß heraus. Die Bücher im Bücherschrank wurden herausgeholt und durchblättert. Nun besahen sie den Fußboden und klopften die Verschalung der Zimmerdecke ab. Das Wohnzimmer war ergebnislos durchsucht.

Wegen der beiden Schlafzimmer hatte ich keine Angst.

Nun kam das Eßzimmer an die Reihe. Ich schloß mein Buffet auf, sie sahen nur flüchtig hinein, einer kroch unter den Eßtisch, das konnte er ruhig tun. Dann stand da noch der Wäscheschrank, der dem in Deutschland weilenden Besitzer gehörte. Ich bat ihn, ihn nicht zu öffnen, er sei nicht mein Eigentum, auch hätte ich keinen Schlüssel dazu, soweit mir bekannt, sei Wäsche darin. Mit einem höflichen „allright" gings weiter. In der Küche guckten sie in und unter den Herd, und öffneten die Klappe zum Schornstein. Einen Sack mit Kartoffeln schütteten sie in der Speisekammer aus, wühlten im Mais und Mehl. Fertig!

Jetzt mußte ich das letzte Zimmer öffnen. Da stand mein großer Wäscheschrank mit allerhand wichtigen Papieren, da stand das Buffet des Hausbesitzers mit den mir anvertrauten Gewehren und der Munition. Ich schloß meinen Schrank auf und lehnte mich, weil mir die Knie wankten, ans Buffet. Der Schrank sah sehr hübsch und ordentlich aus. Die schweißigen Soldatenfäuste schienen sich zu scheuen vor all dem Blütenweißen. Vorsichtig griff einer nach rückwärts, da klirrte es. Sofort sprang ich hinzu und nahm den vorderen Stapel Wäsche, zwischen dem die Papiere lagen, weg, und baute ihn in höchster Verzweiflung vor der Buffettür auf. Das Geklirr kam von einem Teil meines Silbers. Der liebenswürdig gewordene Offizier setzte wieder die Dienstmiene auf, und mein Silber wurde auf dem Tisch ausgebreitet. „Das kaiserliche Silber! Seht da die Krone." Der Offizier sagte: „O, sorry, madam." — „Warum? Das ist mein Eigentum. Sie sollten doch den deutschen Adler mit der Kaiserkrone kennen, dies ist doch ein E mit meiner Krone. Und hier ist ein TE und hier ist ein HE. Und hier ist mein Petschaft. Das hat nichts mit Gouverneur und Regierung zu tun. Hier sehen Sie das gleiche Zeichen in Tisch- und Bettzeug!" Ich forderte ihn auf, den Schrank noch weiter durchsuchen zu lassen. Das tat er. Und Stapel auf Stapel häufte sich vor dem Buffet. Daneben lehnte ich. Mir war ganz trocken im Munde. Ich rang mir die Frage ab: „Und was wünschen Sie nun zu sehen?" — „Danke, nichts mehr im Hause."

Im Pferde- und Hühnerstall, in Roll- und Rumpelkammer waren sie mir willkommen. Munter grünte der Dornbusch über dem vergrabenen Koffer. In des Hauses stillster Klause ward der Kübel aufgehoben. Nun stieß ein Soldat das Nebengelaß auf, wo unter dem Nest die Revolver lagen. „Gaaaaak" sagte die biedere Glucke und sträubte das Gefieder.

Wir gingen allesamt zum Hause zurück, und ich bat um die Erlaubnis, nach den Anstrengungen und der Hitze eine Tasse Tee reichen zu dürfen. Die Soldaten tranken ihn auf der Veranda. Der Offizier saß bei den Kindern und Anna und mir im Eßzimmer. Auf seiner Untertasse lag ein Löffel mit E und der Krone. Nachdenklich spielte er damit — — —

Als der letzte Hufschlag verklungen war, führten die Kinder einen Indianertanz um den Dornbusch auf. Anna und mir war recht elend zumute. Ein schlechtes Gewissen zu haben ist schrecklich. Der Engländer tröstet sich: Right or wrong, my country. Ich tu's auch.

Dreimal gab es Haussuchung. Die erste war die übelste, bei den späteren waren wir schon gleichgültiger. Die im Hause versteckten Dinge wurden alle eingegraben, das war das sicherste.

Nie ist etwas gefunden worden. Alles ist wohlbehalten in die Hände seiner Besitzer zurückgekommen.

In sehr unangenehmer Erinnerung steht mir auch noch eine Bahnfahrt, die ich Dezember 1916 mit den Kindern nach Swakopmund unternahm. Damals weilte der Gouverneur mit Gattin in Swakopmund. Ich wurde gebeten, ihm den Marinecode, von dem drei Exemplare hier in Südwest vorhanden gewesen waren, mitzunehmen. Ein Exemplar befand sich an Bord des „Panther", das zweite war unerreichbar versteckt, und nun mußte das dritte nach Swakopmund. Dies Mitbringen war eine unangenehme Sache, denn es hatten bereits wiederholt Durchsuchungen von verdächtigen Reisenden und deren Gepäck stattgefunden. Aber Neinsagen gab es nicht. Ich legte ihn in einen großen Korb mit den ersten Klein-Windhuker Weintrauben und stellte diesen offen ins Abteil. Die Fahrt dauerte furchtbar lange und machte durstig. Der Schaffner kam und revidierte das Abteil mit dem Gepäck. Als er die Trauben sah, fragte er: „All grapes?" Ich sagte: „Yes all, please, have some." Und damit reichte ich ihm einige schöne Büschel. Die Gefahr war überstanden.

In Káribib mußte ich aussteigen, weil ich dort verabredetermaßen Papiere vom Kommandeur an den Gouverneur in Empfang nehmen sollte. Ich hielt meinen Hut in der Hand und bekam sie in den Hut gesteckt. Dann setzte ich ihn auf, er paßte aber nicht mehr ordentlich und kam ins Rutschen, weil er so schwer war. Als wir Swakopmund glücklich und unbeargwöhnt erreicht hatten, fiel mir eine Zentnerlast vom Herzen.

In all diesen Wochen und Monaten war der Unterricht an der Schule ausgefallen. In unserer schönen neuen Realschule waren teils Truppen, teils Bastards mit Familien einquartiert worden. Eines Tages sah ich im Vorüberkommen zufällig, daß der eine Flügel von den Truppen geräumt wurde. Da machte ich, um die Realschule zu erhalten und um den deutschen Kindern zu helfen, denen durch die langen, viel zu langen Ferien die Zeit auch zu lang wurde, am schwarzen Brett vor der Buchhandlung den Anschlag, die Schule finge am folgenden Montag wieder an, und forderte die deutschen Eltern auf, ihre Kinder zu schicken. Ich unterzeichnete mit meinem Namen.

Etwas zaghaft ging ich am nächsten Montag hin. Und siehe da! Es kribbelte und krabbelte von kleinen und großen, blond- und braunhaarigen Köpfen, geschorenen und bezopften. Mein Herz flog ihnen entgegen. Wir begrüßten uns stürmisch. Erst gings ans Erzählen, und dann wurde gründlich sauber gemacht. Bald standen die Bänke in drei Klassen wieder in Reih und Glied. Nun verteilte ich meine Schar. Die Älteren halfen. Wir legten verschiedene Klassen zusammen und arbeiteten brav. Die Großen übernahmen Lesen, Rechnen und Diktat bei den Kleinen. In der Zwischenzeit unterrichtete ich in einer der mittleren Klassen. Dann wurden die Kleinen nach Hause geschickt, und der Unterricht in den Oberklassen ging weiter. Natürlich blieben Mathematik, Physik usw. weg.

Ich hatte den Kindern energisch klargemacht, worauf es ankam. Sie hielten gute Disziplin und taten nichts, was die Engländer reizen konnte und benahmen sich nach jeder Richtung tadellos.

Nach einigen Tagen wurde ich, wie ich erwartet hatte, zum Provost Marshal zitiert. Er verhörte mich, in wessen Auftrage ich die Schule aufgemacht habe. In niemandes. Wer mir Gehalt bezahle? Niemand. Ob ich erwartete, daß mich die Engländer bezahlten? Nein, ganz gewiß nicht. Warum ich denn Schule hielte? Weil ich es nicht verantworten könnte, daß die deutschen Kinder verbummelten. Da entließ er mich.

Drei Wochen später fand die Übergabe der Truppen in Khorab statt. Nach etwa vier Wochen kehrte als erster Prof. G., unser Mathematiker und Naturkundler, zurück. Allmählich trafen auch die anderen Herren wieder ein, als letzter kam unser Direktor Z., der in ein Gefangenenlager in die Union verschickt worden war.

Das Pensionat öffnete seine Pforten wieder. Die Farmer schickten ihre Kinder, und Ruhe und Ordnung herrschte. Stramm ging der Unterricht weiter. Ende des Jahres hielten wir unter dem Vorsitz des Regierungskommissars die Einjährigenprüfung erfolgreich ab.

Es dauerte auch nicht lange nach dem Unterzeichnen der Übergabe, da wurde eine regelmäßige Bahnverbindung mit der Union hergestellt. Bald gab es Proviant. Etliche Unionsfirmen eröffneten den Betrieb. Natürlich wurden die Läden fast gestürmt. Anfangs konnten wir auch in Seitzscheinen mit $33^1/_3$ Prozent Aufschlag bezahlen, später ging das nicht mehr, da wurde auch kein deutsches Silber mehr angenommen.

Der Mangel an Zucker hatte sich sehr fühlbar gemacht. Nun konnte, wer Geld hatte, Jams und Fruchtsalate kaufen, auch Schokoladen und Süßigkeiten. All unser deutsches Geld floß in die englischen Geschäfte.

Später stellten sich auch die deutschen Geschäfte auf Unionswaren um, und da war aller Mangel behoben.

Nun kam auch die Truppe aus dem Norden zurück. Ein endloser Güterzug führte die aktiven Mannschaften nach Aus im Süden, wo sie hinter Stacheldraht interniert wurden, unter Aufsicht einiger Offiziere, die sich freiwillig dazu gemeldet hatten. Für kurze Zeit kam der Gouverneur mit seiner Gattin nach hier, um später bis zu seiner Abfahrt in Neu-Heusis Wohnung zu nehmen.

Der Kommandeur ging mit seinen Adjutanten nach Okawayo in der Nähe von Karibib. Die Offiziere waren auf Ehrenwort entlassen. Wer es nicht gab, wurde im Offizierlager interniert. Diejenigen, die sich frei im Lande bewegen durften, mußten sich irgendwie ein Unterkommen suchen, denn ihre alten Wohnungen und Quartiere waren von den Okkupationstruppen belegt. In gastfreier Weise fanden viele Aufnahme auf Farmen, wo sie sich nützlich machten.

In meinem Hause schuf ich Raum für drei. Sie kamen aber nicht allein, sondern brachten Bambusen und vor allen Dingen die einem jeden belassenen zwei Reitpferde mit. Nun entwickelte sich ein lebhafter Reitsport auf unserem Grundstück. Die Kinder waren stets mit den Pferden beschäftigt, sie ritten, putzten, tränkten, fütterten, bearbeiteten das Sattelzeug und halfen die Ställe säubern. Kein Wunder, daß sie einen starken Ammoniakgeruch an sich trugen, der sie wie eine Dunstwolke umgab. Schließlich rochen alle Zimmer und Möbel auch nach Pferd, von den Betten gar nicht zu reden. Den Unterhalt für meine Gäste konnte ich aber nicht lange alleine tragen, sie beteiligten sich an den Unkosten, und Alkohol mußten sie sich selber beschaffen. Einer von ihnen war passionierter Jäger. Ab und zu verschwand er für ein paar Tage und kam dann mit mehr oder weniger Wild bepackt zurück. Ein Springbock oder gar ein Kudubulle, der im Schatten eines Dornbaumes hängt, ist mir stets ein unendlich tröstlicher Anblick.

Der Provost Marshal de Waal, übrigens ein Schwiegersohn von Botha, war abgelöst und durch einen Captain Lewis ersetzt worden. Dieser Herr war reiner Engländer, formvollendet und entgegenkommend. Er zeigte sehr viel Verständnis für unsere schwierige Lage. Er wurde von hier aus nach Ost-Afrika gesandt. Als dort der Feldzug beendet war, wurde er Lagerkommandant von Aus und lebt jetzt als General a. D. in Durban. Wer immer von Deutschen mit ihm zu tun hatte, gedenkt seiner in Dankbarkeit. Ihm hatte ich seinerzeit die Rückgabe meiner Waffen und mehr zu verdanken.

An Nachrichten bekamen wir, was die eingesetzte Regierung für gut hielt. Unionszeitungen wurden auch erlaubt. Aus denen wurde übersetzt, und die Notizen wurden in unserem neuen Blättchen „Der Weltkrieg" abgedruckt. Großen Unwillen erregte das folgende Reutertelegramm, abgedruckt in Nr. 58 des „Weltkrieges", 17. Mai 1916.

„Lord Robert Cecil sagte im Unterhause in Beantwortung einer Forderung wegen einer Erklärung seitens der britischen

Regierung über die Politik der ,Nichtannexionen' und ,Nichtentschädigungen': ,Wir haben uns am Kriege nicht beteiligt ohne den Plan zu einer Vergrößerung des Reiches. Wir haben die deutschen Kolonien nicht erobert, um die Eingeborenen zu befreien', er würde aber, sagte er, mit Schauder den Gedanken ansehen, die Eingeborenen, die von der deutschen Herrschaft befreit seien, Deutschland wieder zu überantworten." Die Kolonialschuldlüge!

Strenge Briefzensur wurde ausgeübt. Überseekorrespondenz war möglich über die Schweiz und Schweden. Gar oft aber, wenn man sich freute, endlich, endlich eine Nachricht aus der Heimat in Händen zu haben und bangenden Herzens den Umschlag öffnete, war er — leer, oder enthielt vielleicht einen Zettel, daß der Brief vernichtet worden wäre. Eine Zeitlang war ein aus Deutschland gebürtiger Jude H. der Oberzensor. Es war sein Sport, einen anzuhalten, um zu sagen, daß er einen Brief vernichtet habe. Später machte er ein Geschäft daraus, gegen Entgelt den Inhalt der vernichteten Briefe zu erzählen. So hatte er auch einem hiesigen Arzt Dr. F. gesagt, er hätte Nachricht von seiner Mutter, was würde er zahlen. Er zahlte hoch. Die Nachricht war ihre Todesanzeige.

Unter den Deutschen gab es auch leider Spione und Spioninnen. Gerechterweise waren gerade diese, die sich doch so sicher dünkten, bei den späteren Ausweisungen als erste mit einbegriffen.

Ferner arbeitete die C. I. D. (Criminal Investigation Department), die Geheimpolizei, unter einem Deutsch-Schweizer sehr scharf. Weil er Schweizer war und sehr gut Deutsch sprach und sich als Freund der Deutschen ausgab, nahmen sich viele zu ihrem Schaden nicht vor ihm in acht. Er hatte es z. B. auch geschafft, die Telephonleitung unseres Militärkommissars Major T. so umlegen zu lassen, daß sie über seinen Schreibtisch ging. Anfangs war es für Major T. peinlich, bis nunmehr seine Spione davon berichteten. Von da ab bekam der andere Liebenswürdigkeiten und für ihn zurechtgemachte Nachrichten zu hören. Ich mußte mich auch wegen Handel mit dem Feinde vor ihm verantworten. Der Besitzer des von mir gemieteten Hauses war in Deutschland, ich konnte ihm von hier aus die Miete nicht übermitteln und so hatte ich meinen in Berlin wohnenden Stiefvater beauftragt, ihm in Deutschland von meinem dort liegenden Gelde die Miete zu zahlen. Eine Quittung hierüber fiel in die Hände des Oberzensors, und ich wurde wegen Handel mit dem Feinde angeklagt. Es geschah mir aber weiter nichts, weil es Geld war, das nicht aus der Kolonie ausgeführt war.

Dieser Chef der Kriminalabteilung war der bestgehaßte Mann bei Freund und Feind. In der Influenzazeit 1918 starb er, von wenigen betrauert.

Man gewöhnt sich an vieles im Leben. Man muß. Auch wir gewöhnten uns, wenn auch widerwillig, an den Feind im Lande. Anfangs tröstete uns der Gedanke: Es ist ja nur ein Übergang. Während dieses Übergangs rollten aber lange Züge mit Regierungsgütern in die Union. An der Nordstrecke wurden ganze Züge, Pferde und Vieh verschoben. Mit Privatgütern wurde es auch nicht zu genau genommen. Ein Zeichen der Güte deutscher Arbeit! Selbst die Brückenpfähle von der Swakopmunder Landungsbrücke wurden herausgeholt und weggebracht. Auch unser Reiterdenkmal versuchte man abzumontieren. Das aus der Portugiesenzeit stammende Kreuz in Cape Cross sah ich im Museum in Kapstadt wieder. Nur, wenn man annimmt, daß der Mandatar von Anfang an damit rechnete, er werde das Mandatsgebiet in nicht zu ferner Zeit als Eigentum erhalten, ist es erklärlich, daß er von Beginn an diese und noch andere große Vermögenswerte, die Südwest gehörten, sich aneignete. General Smuts wird wohl am besten gewußt haben, was er bei Einrichtung des Mandatssystems beabsichtigte. Er erklärte ja auch, „Mandat bedeutet Annexion". Dagegen protestierten der Völkerbund, die Südwester und die Südafrikanischen Nationalsozialisten, als sie noch Regierungspartei waren.

Auf den Farmen war die Arbeit wieder aufgenommen worden, die Mais- und Kartoffelfelder wurden bestellt, das Vieh vermehrte sich und brachte zuerst gute Preise, wenn auch bei kleiner Nachfrage. Natürlich, wenn der Krieg vorbei sein würde, würde man glänzend verkaufen können.

Die Nachrichten von den Kriegsschauplätzen kamen spärlich und in englischer Färbung. Manches, was wir lasen, glaubten wir einfach nicht.

Ein reges Geschäftsleben setzte wieder ein. Eine Menge südafrikanischer Geschäfte wurden aufgemacht. Eine große Einwanderung, besonders jüdischer Geschäftsleute, erfolgte. Jiddisch wurde auch amtlich eine Zeitlang für Depeschen usw. zugelassen. Fremde Namen und Firmenschilder und Waren sah man.

Im Saale des Hotels Stadt Windhuk hatte sich ein Kino aufgetan. Der Eintritt war billig. Einige aus dem Lager Aus zur Arbeit nach Windhuk abkommandierte Soldaten hatten ihn frei. Manchmal gingen wir auch hin. Man saß da an einzelnen Tischen, und über die Leinwand zogen wahrscheinlich recht veraltete kitschige Stücke. Den englischen Text verstanden die wenigsten. Erschien er auf der Leinwand, dann ertönte aus dem Hintergrunde des Saales die Stimme des deutschen Übersetzers. Im Saale war es stickig heiß, die sehr hoch hängenden Lampen zischten und rauschten, und zahllose Scharen fliegenden Nachtgetiers schwirrten um sie. Dicke blaue Rauchschwaden stiegen zur Decke empor. Am Ende einer jeden Vorstellung wurde, wie es auch in Südafrika allgemein üblich ist, „God save the King" gespielt. Dies hörte jedermann stehend an. Sobald nun das Kinostück zu Ende war, ehe die Hymne ertönte, standen die Deutschen auf und verließen den Saal. Sehr bald wurde daher dieser Schluß abgeschafft. Manchmal wurden uns Wochenschauen aus dem Kriege gezeigt, die uns kränken mußten. Unter Protest verließen die Deutschen sofort den Saal, einige Male kam es zu einer Schlägerei. Die Deutschen blieben dem Kino fern. Später wurde von der Regierung eine Kommission ernannt, die aus südafrikanischen und deutschen Offizieren bestand und den Film vorher zu zensieren hatte. Anständigerweise wurden sehr viele Filme nicht zugelassen.

Das Straßenbild Windhuks war auch ein anderes geworden. Die weißen Menschen, die da gingen, hatten andere Gesichter, trugen andere Kleidung und Haartracht, sprachen andere Sprachen, über allen öffentlichen Gebäuden wehten andere Flaggen —, fremd — fremd. Die Eingeborenen benahmen sich anders, was sie auch heute noch tun. Zur deutschen Zeit gingen sie nicht auf dem Fußweg, sondern an der Seite des Fahrweges und machten höflich Platz. Jetzt latschen sie in Gruppen nebeneinander auf dem Bürgersteig, sind oft recht albern, frech und laut. Wir müssen ihnen Platz machen. Der liebe schwarze Bruder hat Gleichberechtigung. Da balgen sich die schmutzigen Eingeborenenkinder und lümmeln sich an den Straßenecken und kreischen. Man geht um sie herum.

Südwest wird Mandat.

Auflösung?

Eines Abends im November hatte uns der Militärkommissar, Major T., der zugleich Vormund der Kinder war, ins Kino eingeladen, und wir fuhren in seinem Dogcart vor „Stadt Windhuk" vor. Da fiel uns ein sehr lauter, sehr lebhafter Verkehr auf; Betrunkene stolperten aus der Bar, und Lachen, Geschrei und Gejohle herrschte. Noch ehe wir hielten, schrien uns Fremde zu, es sei Waffenstillstand, in Deutschland sei Revolution, und die Deutschen hier könnten sich jetzt auf etwas gefaßt machen. Straßenaufwärts schien eine Menschenansammlung zu sein, die einer großen Prügelei zusah. Sofort wandte der Major das Pferd und schweigend fuhren wir zurück. In uns brannte die Frage, ob das, was wir gehört hatten, wahr sei. Da fuhren wir zu dem uns befreundeten Rechtsanwalt Dr. St. Er bestätigte es uns. Wir saßen uns lange, lange in hartem, bitterem Schweigen gegenüber. Schweigend fuhren wir im Mondschein durch das stille Klein-Windhuker Tal nach Hause. Das Ende? Ich schluckte und schluckte, und hörte, wie T. mit den Zähnen knirschte. Das war das Ende. Konnte das möglich sein?

Bald hörten wir, Südwest solle Mandat der Union von Südafrika werden. Was ein Mandat ist, war uns nicht klar. Jetzt wissen wir es: Das Mandat ist ein Gebilde, das General Smuts erfunden hat. Es ist sehr viel darüber gestritten und geschrieben worden. Das Mandatsland ist ein eigener Staat, dem vom Völkerbund ein Vormund gesetzt worden ist, der die Pflicht hat, das materielle und moralische Wohlergehen der gesamten Bevölkerung zu fördern. Dieser Vormund, für uns also der Mandatarstaat, die Union von Südafrika, ist dem Völkerbund gegenüber verantwortlich und muß ihm Rechenschaft ablegen. Er darf für sich keinerlei Vorteile aus dieser Treuhänderschaft ziehen. Er darf das Land weder annektieren, noch es in irgendeiner Form seinem eigenen Staate angliedern.

Noch war die Union aber nicht Mandatarland, tatsächlich wurde ihr erst Dezember 1920 das Mandat über unsere Kolonie übertragen. In dieser Zwischenzeit aber ging die große Säuberungsaktion, nämlich recht viele Deutsche aus Südwest zu entfernen, vor sich. Anfangs hieß es sogar, alle Deutschen müßten weg.

Die Offiziere, die hier so lange hatten untätig sitzen müssen, während ihre Kameraden in der ganzen Welt bluteten und starben, freuten sich. So konnte der Friede unmöglich aussehen. Es mußte weitergehen. Sie würden nun doch zur Zeit kommen und mithelfen können. Und mit ihnen hofften die braven Mannschaften und die Polizei.

Für unsere Beamten gab es auch nichts mehr zu tun. Die neue Regierung hatte es sehr eilig, sie alle so schnell wie möglich heimzubefördern. Ihnen selber lag auch daran, wegzukommen. Was sollten sie hier noch? Viele waren bereits aus ihren Häusern vertrieben und auf private Gastfreundschaft angewiesen. Unsere deutsche Regierung hatte in großzügiger Weise für die Offiziere und Beamten gesorgt, die nach hier versetzt wurden. Alle hatten sie von Regierungs wegen vollständig möblierte, bis ins Kleinste eingerichtete Wohnungen erhalten. Selbst Tisch- und Bettzeug fehlte nicht. Die Möbel waren prachtvolle deutsche Arbeit, „Prächtel Möbel", zusammenlegbar, haltbar, schlicht, praktisch, aus massiver Eiche eigens für die Tropen gemacht, mit Messingschlössern und Scharnieren. Noch jetzt, nach mehr als 20 Jahren, werden sie mit Vorliebe gekauft, und auf den Auktionen werden immer noch hohe Preise für sie bezahlt.

Die deutschen Offizier- und Beamtenfrauen hatten es sich nicht nehmen lassen, ihrer Wohnung trotz allem durch besondere Sachen die eigene Note zu verleihen. Diese Regierungsmöbel übernahmen die Engländer, oh, nur zu gern — und alles andere mußte zu Schleuderpreisen verkauft werden. Es blieb gar wenig Zeit dazu, und mitnehmen durfte man nur das Allernötigste. Spekulanten machten sich die Lage zunutze, und ein ekelhaftes Handeln und Feilschen begann.

In einer Proklamation hatte Botha auch noch bekanntgemacht, daß alle, die die Absicht hätten, nach Deutschland zurückzukehren, freie Heimreise bekommen sollten. Dies machten sich viele zunutze. Manche trieb das Heimweh in die alte Heimat, andere wollten nicht unter der Fremdherrschaft leben, wieder andere dachten leichtsinnigerweise, auf Kosten des englischen Königs eine billige Überfahrt zu erlangen. Später tat manchen unter dem Druck der heimischen Verhältnisse der voreilige Entschluß leid. Gern wollten sie nach hier zurückkehren. Aber diese Rückkehr machte die größten Schwierigkeiten. Sie mußten Paß und

Einreiseerlaubnis erwirken, mußten £ 60 (= eine Fahrkarte 1. Klasse) für den Transport mit schlechter Verpflegung und Unterkunft auf dem englischen Dampfer für ihre Heimreise hinterlegen und mußten natürlich die Ausreisekosten selber tragen.

Viele, viele Haushalte wurden aufgelöst, Werte verschleudert. Die Engländer freuten sich. Namentlich machten sich die englischen Ladies einen Sport daraus, so ungefähr von Haus zu Haus zu gehen und möglichst billig unsere deutschen soliden Sachen zu erraffen. In Trupps zu fünfen, sechsen und mehr erschienen sie. Ungeniert wurde alles angefaßt, begutachtet, untereinander gestritten und schließlich darum gefeilscht. Alte Spitzen und Schmuck waren sehr begehrt. Eigentümlich war es, daß sehr viele zwischen Kristall und Preßglas keinerlei Unterschied erkennen konnten. Auch ein Bild, von Künstlerhand gemalt, und ein Farbdruck schien vielen das gleiche. Dicke Goldrahmen imponierten sehr.

Anfangs hieß es, alle deutschen Lehrer würden auch „repatriiert". Über mein Schicksal war ich mir ganz im unklaren. Würde ich auch gehen müssen, weil ich Lehrerin an der Realschule war? Oder durfte ich bleiben, weil ich auf eigene Kosten hergekommen war und im Kriege aushilfsweise diese Beschäftigung fand? Der deutsche Regierungskommissar konnte mir keine Antwort geben. Achselzuckend sagte er mir: „Halten Sie sich lieber bereit, und verkaufen Sie von Ihren Sachen, was möglich ist." Also los. Ich hatte keinerlei Regierungseigentum, sondern hübsche eigene Sachen. Sie fanden bald ihre Liebhaber. Mein echter Teppich im Eßzimmer ging weg für £ 3; meine geschliffenen Kristallkelche brachten merkwürdigerweise £ 1 das Stück, die schönen Lampen und Leuchter und vieles andere mehr wurden verschleudert. Es kamen Fremde, die schnüffelten überall herum, faßten alles an, drehten es um und um und sagten: „Ich nehme dies, und ich das, und ich gebe soviel und ich soviel," und dann lagen einige englische Geldscheine und Münzen auf dem Tisch und die Leute zogen mit meinen Sachen ab. Ich ließ sie nehmen, was sie wollten, und ließ zahlen, was sie anboten. Es war doch alles gleich. Mir war dumpf und benommen im Kopf, und ich wünschte nur, es wäre bald alles zu Ende. Und nach ein paar Stunden waren sie schon wieder da, diese Wohnungshyänen, und wollten noch mehr ergattern. Da riß mir die Geduld. Mir war, als ob ich aus einem bleiernen Schlaf aufwachte, und ich hörte mich sagen: „Nein, ich verkaufe nichts mehr — bitte, gehen Sie — gehen Sie schnell — und kommen Sie nicht wieder." Was sie wohl gedacht haben mögen?

Mich packte die Wut. Nein, ich verschleuderte nichts mehr, ich habe alles, was hier ist, unter schweren Opfern mit herausgebracht. Jedes Stück hat seine Geschichte, ist eine Erinnerung. Ich sehe es als Pflicht an, meinen Söhnen ein Zuhause zu erhalten. Ich gebe nichts mehr fort. Und wenn ich mit den Kindern weg muß, dann schlagen wir alles kurz und klein und verbrennen, was verbrennbar ist, aber andere sollen nicht triumphieren, wie billig sie von den hinausgesetzten Deutschen gehamstert haben. Ich schloß meine Türen zu und ließ Karren und Wagen und Reiter draußen stehen, ließ klopfen und rufen und rührte mich nicht. Nun war es genug.

Über dies Raffen und Feilschen waren die Kinder im höchsten Grade empört. In einem dichten Dornbaum nahe der Pad hatten sie sich eine Baumburg gebaut. Wenn dann die fetten Pferde in den Karren im Trabe vorbeikamen, traf sie ein wohlgezieltes Steinchen aus dem Katapult, daß sie keilend von dannen stoben. Auch ahnungslose Patrouillenreiter wurden erschreckt. Dann wieder trabten die Buben mit der kleinen selbstgefertigten Karre im dicken Staube die Pad entlang. An einem Karrenrade hatten sie ein knatterndes Blech befestigt und schleiften außerdem eine starke Treckkette hinterher. All diesen Staub gaben sie den „anderen" zum Schlucken. Es war oft sehr schwierig, gegen diese Unarten anzukämpfen. Der Dritte im Bunde bei all diesen Streichen war Jochen v. D.

Nach der Übergabe kamen viele Beamte und Geschäftsleute mit ihren Familien aus der Union, um sich hier niederzulassen. Reibereien, die zu Prügeleien mit den fremdvölkischen Jungen ausarteten, waren gar nicht zu vermeiden. Die fremden Jungen markierten die Sieger und riefen Schmähworte wie „Huns", „bloody Germans" und noch schlimmere hinter unseren Kindern her. Da half einfach kein Ermahnen, so etwas mußte ausgetragen werden.

Eines Tages werde ich zum Provost Marshal befohlen. Er fragt, ob ich die Mutter der drei Buben vom Jan-Jonker-Weg sei. Ja, zwei gehörten mir, der dritte sei mein Pflegesohn. Es wären Klagen von Eltern gekommen, deren Kinder von den meinen verprügelt worden seien. Ich möchte dies abstellen. Nun brachte ich meinerseits die Klage vor und bat um Verständnis. Zugleich versprach ich zu tun, was in meinen Kräften stände, um die Jungen zu beeinflussen, er möge das gleiche aber auch den Eltern der anderen sagen. Er lächelte, und wir trennten uns im Einvernehmen.

Böse war ich doch auf die Kinder und rief sie alle drei heran. Ich sagte ihnen, ich schämte mich, daß ich von einem Fremden Klagen über ihr Benehmen hätte hören müssen. Anständige deutsche Jungen gäben keine Veranlassung dazu, erst recht nicht in dieser Zeit, da nähme man sich doppelt zusammen.

Sie standen wohl wie die armen Sünder da, hatten aber trotzige Augen. „Nun beichtet, was habt ihr denn eigentlich ausgefressen?" „Ja, siehst du, Mutti, da sind drei Sorten von Jungen, die uns ärgern. Und das lassen wir uns nicht gefallen." „Drei Sorten?" „Ja, die erste Sorte, das sind die Tommies, die sind noch die Anständigsten. Wenn wir uns mit denen zanken, dann schlagen wir uns, aber feste." „Aber nur mit solchen, die größer sind als wir. Die haben sich auch sicher nicht beklagt." „Und die zweite Sorte?" „Das sind die Buren. die schimpfen und schmeißen mit Steinen und schießen mit ihren Katapulten, aber erst, wenn wir an ihnen vorbei sind." „Und ihr?" „Wir schießen und schmeißen wieder." „Und die dritte Sorte?" „Das sind einige Bengel, die jetzt tun, als ob sie kein Deutsch verständen, das sind die schlimmsten." „Und was fangt ihr mit denen an?" Stille. „Jochen, sag du." „Mit denen schlagen wir uns nicht. wir schießen sie auch nicht." Stille. „Büdi, sag du." Da platzt der Kleine los: „Denen, denen haben wir Pferdeäppel ins Maul gestoppt." —

Übrigens war ich nicht die einzige, die wegen Streitigkeiten der Kinder zum Provost Marshal zitiert wurde, auch der Leiter des deutschen Pensionats hatte in dieser Beziehung allerhand Nöte.

Der Vormund der Kinder verordnete ihnen eine Luftveränderung und nahm sie mit auf eine im Osten gelegene Farm, die er mit einem Freunde zusammen zu erwerben gedachte. Da kam am Mittwoch vor Ostern ein berittener Polizist und überbrachte mir den Befehl, ich solle am kommenden Sonnabend mit meinen Söhnen das Land verlassen. Nun war es also so weit. Mit einem der wenigen in Windhuk vorhandenen Mietautos fuhr ich am

Donnerstag bei Tagesanbruch die 80 km zur Farm und überbrachte zugleich auch dem Major den Abreisebefehl. Es ist eine schöne Fahrt, die Fahrt nach unserem Osten. Sie geht anfangs bergauf, bergab, begleitet von den bizarren Formen des Auasgebirges. Später wendet sich die Pad mehr der Ebene zu, Buschwald, Hackies, Riviere werden durchfahren. Ich muß gestehen, damals sah ich nicht viel, meine Gedanken waren zu unruhig, mein Herz zu schwer. In Eile brachen wir wieder auf und waren in der Nacht zurück. Da lag eine neue Nachricht für uns bereit: Unsere Abreise sei auf unbestimmt verschoben. Auch der Major hatte Befehl bekommen, zu warten, weil er als Transportführer ausersehen war. Zeit gewonnen — viel gewonnen. Nun konnte ich meine Angelegenheiten in Ruhe ordnen. Diese Ungewißheit war schrecklich. Wieder dies Warten, Warten. Tag und Nacht grübelte ich. Südwest, du herbes Land —, du liebes Land —, wieder läßt du mich in Stich. Du hast mich doch gerufen. Ich bin gekommen mit allem, was ich habe. Kulturarbeit wollte ich leisten. Meine Söhne sollten Afrikaner werden im Sinne des Deutschtums. Und wieder stößt du uns von dir. Südwest, ich gab und gab — und du nahmst und nahmst. Eine große Bitterkeit wuchs in mir. Auch die Kinder waren außer sich. „Mutti, laß uns hierbleiben. Wir wollen nicht weg. Afrika ist unser Zuhause. Hier sind unsere Freunde, hier sind unsere Tiere."

Am Ostersonnabend fuhren der Major und ich zur Bahn, den Scheidenden Lebewohl zu sagen. Auf dem Bahnhof stand ein langer Zug. Eine klapperige Lokomotive stieß dicken, schwarzen, rußigen Rauch aus. Die Natal-Kohle, mit der hier geheizt wird, rußt so stark. Alle deutschen Lokomotiven waren in mehr oder weniger schlechtem Zustande, weil die südafrikanischen Heizer nicht mit ihrer Handhabung vertraut waren. Pünktlichkeit bei der Bahn war längst ein vager Begriff geworden.

Da stand nun der Zug mit seiner Fracht deutscher Menschen, die hier überflüssig geworden waren. Fast wären wir auch dabei gewesen.

Die Gründe zu diesem Aufschub sollte ich auf dem Bahnhof noch erfahren. Der Regierungskommissar sagte mir, ich dürfe auf keinen Fall fort, ich würde hier nötig gebraucht für den deutschen Schuldienst, der weitergeführt werden solle. Da ich auf eigene und nicht auf Regierungskosten ausgereist und hier erst aushilfsweise als Lehrerin angestellt worden sei, käme die Beamtenausweisung für mich nicht in Frage. Ich solle und müsse bleiben. Er habe in diesem Sinne mit der neuen Regierung verhandelt. Da, in diesen Minuten, entschied sich unser Schicksal. Wir k o n n t e n bleiben, und ich w o l l t e auch bleiben. Ich hatte Arbeit und damit Auskommen für die Kinder und mich. Gut war es, daß ich den Kindern das Heim erhalten hatte. Der Druck der letzten Zeit wich von mir. Afrika wollte mich nicht nur behalten, es brauchte mich. Ich wollte meine Pflicht dem fernen Vaterland gegenüber voll und ganz erfüllen. Ich war dazu ausersehen, zu helfen, dem Deutschtum eine Stütze zu sein. Da war wieder der Klumpen in der Kehle. Jäh wandte ich mich ab.

Langsam, unter Knarren und Fauchen schob sich der lange Zug aus dem Bahnhof. Die Menschen lachten und weinten, schrien, sangen, schluchzten, winkten. Ich sah alles wie durch einen Schleier.

In der Nacht konnte ich nicht schlafen. Es war über die Maßen schwül. Ich stand leise auf und ging hinaus. Hinter dem Berge, sonderbar für diese Zeit, stand drohend schwarz ein Wetter. Schön ist das Zucken und Leuchten am nächtlichen Tropenhimmel. Im blauen Licht richten sich die Bäume auf. Scharf und schwarz recken sie die Äste in den Glanz. Dann versinkt alles wieder wie die Fata Morgana über den gelben Sanddünen. Nun rollt der erste Donner über den Berg. Er rührt an die alten Bäume im Rivier. Sie schütteln sich ein wenig, und ein duftender Blütenregen der gelben Köpfchen rieselt, rieselt. Ein Windhauch läuft kühl über das fahle Gras. Da schleudert der Blitz sein Licht über den Kamm des Berges. Ganz weiß stehen die Baumwipfel da. An den Felsen bricht sich das Echo des rollenden Donners. Jetzt ist alles still. Noch ein Blitz! Das Geäst steht regungslos. Zauberhaft glüht es auf. Verdunkelt sich. Wieder brennt es, fahl und blau. Jetzt erlischt es. Tiefe Stille. Laue, weiche Luft. Schwarze Wolken über mir. Kein Regentropfen fällt. Gewitter in der Tropennacht. Ich darf hier draußen stehen und es erleben, brauche nicht heimatlos zu wandern mit meinen Kindern, darf für Deutschland arbeiten. Südwest bleibt unsere Heimat.

Hauptmann T. mußte, sehr gegen seinen Willen, auch noch länger, bis Anfang Juli 1919, hierbleiben in seiner Eigenschaft als Militärkommissar. Ich freute mich sehr darüber, weil er der Vormund der Kinder war und mir mit Rat und Tat zur Seite stand. Er wohnte in dem Hause am Berge, oberhalb des Klein-Windhuker Tales, das nun seit einigen Jahren mein Eigentum ist. Über das Wochenende durften die Kinder zu ihm. Er hatte sehr schöne Pferde und war ein vorzüglicher Reitlehrer. Die Kinder verdanken ihm viel. Außer Reiten, Schießen brachte er ihnen auch Schach- und Skatspielen bei. Er stand unter scharfer Beobachtung der Mandatsregierung. In seiner Obhut waren allerlei Akten, von deren Inhalt der Feind keine Kenntnis erhalten durfte. Er selber ließ aber auch scharf aufpassen. Wir waren alle ständig auf der Hut. Sobald er eine Warnung erhielt, daß etwas nicht geheuer war, kam sein Bambuse Pupke, ein verschlagener Hottentott, mit einem Zettel angebraust, der in Rotstift ein Ausrufungszeichen enthielt. Sofort schnürten meine beiden Buben das Tal entlang und nahmen Verdächtiges in Empfang, und wir brachten es in Sicherheit.

Die Ausweisungen.

Die neue Regierung hatte nun den größten Teil der Truppe, der Polizei und Beamtenschaft heimbefördert. Einige der Landmesser und die Lehrer durften bleiben, einige waren freiwillig gegangen. Doch damit nicht genug. Jetzt kam die Kategorie derer an die Reihe, die als lästig, „Undesirable", empfunden wurden.

Dadurch, daß es keine Möglichkeit gab, aus Deutschland Geld zu bekommen, waren viele in Not geraten. Andere, da Handel und Gewerbe darniederlagen, waren um Arbeit und Verdienst gekommen. Andere hatten die Lage benutzt und ein Faulenzerleben geführt. Alle diese Leute hatten, damit sie mit ihren Familien nicht zu hungern brauchten, die Unterstützung der Mandatsregierung in Anspruch genommen, die in der Hauptsache in der Verabfolgung von Lebensmitteln bestand. Wer Unterstützung verlangt hatte, war „undesirable" — fort mit ihm. Arme Leute der eigenen Nation gab es genug.

Da waren welche unter den Deutschen, die in Wort und Tat gar scharf gegen die neue Regierung geeifert hatten. — Fort mit ihnen. — Fort von Haus, Hof, Farm —, fort. Wer auf der Trinkerliste stand — weg. Radaubrüder — weg. Wer auch schon zu deutscher Zeit mit dem Gesetze in Konflikt geraten war, leider gab es darüber allerhand vergessene Akten, — weg. Barmädchen, andere, sittlich nicht ganz einwandfreie Weiblichkeit — weg. Wer verdächtigt worden war von ehemaligen Nachbarn und Freunden — weg. Familien, die unter- und miteinander in Zank und Streit lebten, — weg.

Zu den „Undesirables" gehörten aber auch alle die deutschen Männer und Frauen, die dem Feind Spionendienste geleistet hatten. Diese Fairness des Feindes wurde mit Genugtuung begrüßt.

Viele freuten sich über die Ausweisung, sie verloren nichts und hofften, in Deutschland zu gewinnen. Andere wieder waren außer sich über die ihnen widerfahrene Ungerechtigkeit. Bei einigen half Rechtfertigung und Fürsprache, sie durften im letzten Augenblick bleiben. Wieder andere wurden gar nicht erst angehört.

Da diese Ausweisungen nicht nur Männer, sondern auch mehr- und vielköpfige Familien betrafen, mußte von deutscher Seite für Kleidung und Decken gesorgt werden. Die beiden deutschen Frauenvereine, der vom Roten Kreuz Übersee und der Frauenbund der deutschen Kolonialgesellschaft, taten sich zusammen und richteten eine Kleidersammelstelle ein. Ein jeder gab, obgleich niemand eigentlich so viel hatte, daß er entbehren konnte. Die Damen der Vereine sammelten, stopften, änderten, nähten. Es war erstaunlich, was alles geleistet wurde. Wie sauber und schmuck sahen viele der armen „Undesirables" aus, als sie abgeschoben wurden. Daß ein jeder ein großes Paket Reiseproviant mitbekam, war selbstverständlich. Mütter kleiner Kinder bekamen auch noch extra Büchsenmilch, weil man gehört hatte, daß die Verpflegung an Bord der Transporter mehr als mangelhaft sein sollte.

Durch die Detektive der Geheimpolizei wurde viel gespitzelt. Der Hauptspitzel, den aber ein jeder kannte, war der „Silberschakal". Er sprach fließend deutsch. Mancher hatte ihm die Ausweisung, mancher aber auch deren Zurücknahme zu verdanken. Später kam er nach Walvis Bay, wo die Einschiffung vor sich ging. Einige der Passagiere, die wohl auf Grund irgendeiner Anzeige verdächtig erschienen, wurden einer scharfen Untersuchung unterzogen. Bei den Offizieren genügte das Ehrenwort, bei den Mannschaften das „Soldatenwort". Höhere Beamte, die sich unbeliebt gemacht hatten, hatten allerhand auszustehen. Dem einen wurden die Hacken von den Stiefeln abgerissen, dem anderen wurde die Taschenuhr in Atome zerlegt, dem dritten schnitt man die Mantelknöpfe ab, weil unter deren Stoffüberzug Goldstücke vermutet wurden. Einer Frau wurden die Büchsen mit Schmelzbutter weggenommen, in die tatsächlich Goldstücke eingegossen worden waren. Einer anderen rutschte leider ein Goldstück aus einem ganz intimen Versteck. Dies hatte für den Rest der zu Untersuchenden große Peinlichkeit zur Folge.

Ein jeder der Ausgewiesenen hatte das Recht, 75 Pfund Gepäck mitzunehmen. Ein Farmer kam mit einem sehr schweren Blechkoffer zum Zoll. „Aufmachen!" Der Koffer enthielt — Sand — Erde. „Was ist das?" — „Ein Andenken an meine Farm." — „Ha!, darin sind Rohdiamanten oder Goldstücke versteckt!" — „Ich wollte, es wären welche drin, aber das ist alles, was ihr Schweine mir gelassen habt." — „Ausschütten und durchsieben!" Es war doch nur Sand und Erde von der Farm, das letzte Stückchen Afrika, das mit nach Deutschland wandern sollte.

Was tat das weh, wenn man diese Züge der Ausgewiesenen sah. Mit wieviel Mut und Hoffnung und Schaffensfreude waren sie einst hergekommen, wie hatten viele von ihnen nicht nur gearbeitet, sondern geschuftet in diesem harten Lande. Nun stehen wir unter Feindherrschaft, jetzt werden sie verjagt wie ein fremder Hund von der Schwelle, „Undesirables".

Die Menge und die rigorose Art der Ausweisungen erregte sogar im Unionsparlament Aufsehen. Im Juni 1920 wurde dort verlangt, daß sie nachgeprüft werden sollten.

Die Truppentransporte und Ausweisungen zogen sich bis Mitte 1920 hin und erstreckten sich auf etwa die Hälfte der deutschen Bewohner. Es lag Absicht darin, noch vor Ende des Krieges das Deutschtum zu schwächen. Erst 1921 wurde das Kriegsrecht offiziell aufgehoben, und damit hörten dann auch die Ausweisungen auf.

Die Grippeepidemie 1918.

Das Jahr 1918 war in bezug auf Krankheiten ein Jahr schwerer Heimsuchungen für uns. Maltafieber, Malaria, Typhus forderten ihre Opfer; Halsentzündungen, Diphtherie, Scharlach und Masern brachen unter den Kindern aus.

Im August und September lasen wir zuerst, daß an einzelnen Plätzen in der Union die sogenannte Spanische Influenza, die man heute allgemein Grippe nennt, auftrete. Wir lasen es und dachten uns nicht viel dabei. Wir konnten uns auch kein Bild davon machen, was das eigentlich sei, und wie man einer solchen Krankheit begegnen könne. Ganz leise kam dem einen oder andern wohl der Gedanke, daß sie ihren Weg vielleicht auch nach hier finden würde.

Unsere deutsche Zeitung gab hin und wieder kurze Bemerkungen, und dann lasen wir plötzlich von ihrem epidemischen Auftreten, von Massenerkrankungen und Todesfällen in der Union.

Anfang Oktober kam zum ersten Male ein Zirkus hier nach Südwest. Die erste Abendvorstellung brachte natürlich ein brechend volles Haus, zumal auf den Galerien auch die Kaffern zugelassen waren. Schon bei dieser Vorstellung erklärte der Direktor, einzelne Nummern müßten ausfallen, weil verschiedene der Artisten unpäßlich seien.

Hauptmann T. und ich waren übereingekommen, nicht hinzugehen, trotz stürmischer Bitten der Kinder. Der Zirkus kam aus der Union, man konnte nicht wissen, ob diese Erkrankungen nicht doch vielleicht Influenzafälle seien, da wollten wir die Kinder von Menschenansammlungen fernhalten.

Am nächsten Tag lief fahrplanmäßig ein Zug aus der Union ein. Der brachte einen toten Schaffner und einen schwerkranken Speisewagensteward, der kurz nach der Einlieferung im Katholischen Krankenhause starb.

Am Abend gab es keine Zirkusvorstellung mehr, weil fast das ganze Zirkuspersonal krank lag.

Von der Eingeborenenwerft wurden Massenerkrankungen, auch einige Todesfälle gemeldet.

Als ich am nächsten Morgen allein zur Schule ging, lag an der Pad nach Groß-Windhuk ein toter Kaffer. Und an der Ecke von der Kaiserstraße bemühten sich die Eingeborenen um ein zusammengebrochenes Weib.

Eine junge Judenfrau, die am Ausspannplatz wohnte, war die erste, die starb. Ihr folgte nach wenigen Stunden ein junges Mädchen. Und nun schlich sich die Krankheit in beinahe jedes Haus. Alle Deutschen, Engländer, Buren und Eingeborenen wurden von einer maßlosen Panik ergriffen. Die Schulen hörten auf; die Büros standen leer; viele Geschäfte hatten ganz geschlossen; die Züge verkehrten nicht mehr; jegliche Warenzufuhr versagte. Es gab keine Milch und Butter mehr, kaum Brot, wohl aber Fleisch.

Die Krankheit war mit einer solchen Gewalt und Geschwindigkeit hereingebrochen, daß es nicht mehr möglich gewesen war, die Kinder aus dem Pensionat zu den Eltern auf die Farmen zu schicken, weil einfach keinerlei Verkehrsmittel vorhanden waren.

In Klein-Windhuk hatten wir eine nachbarliche Hilfsaktion eingeleitet. Abwechselnd ging jemand von Haus zu Haus und fragte nach dem Befinden. Das war auch nötig. Soviel Junggesellen, deutsche Offiziere und Beamte gab es, die allein wohnten und dringend der Hilfe bedurften.

Wir hatten hier zwei Ärzte. Der eine wurde sofort selber krank, und unser lieber Dr. K. leistete Übermenschliches. Tag und Nacht war er auf den Beinen; straßenauf und straßenab, in Groß- und Klein-Windhuk sah man ihn im wehenden weißen Doktorkittel und Tropenhelm auf seinem fetten Gaule, überall helfend, ratend, tröstend. Ihm zur Seite stand der ehemalige Missionar T. Das Krankenhaus und das Lazarett reichten längst nicht mehr aus. Die leerstehenden Schulgebäude wurden mit zu Hilfe genommen. Leute, die ahnungslos von ihren Farmen kamen, wurden von der Krankheit erfaßt und lagen irgendwo.

Die beiden Apotheken wurden nach Medizinen fast gestürmt. Viele Leute hingen sich Kampfersäckchen um, was natürlich nicht half. Der Medizinflaschenvorrat war bald aufgebraucht. Wer Medizin haben wollte, mußte seine eigene Flasche mitbringen.

Es war wohl kein Haus, in dem kein Kranker war. Ein jeder hatte mit sich selbst zu tun. So konnte es geschehen, daß vereinzelt stehende Häuser nicht beachtet wurden. Da fiel es plötzlich auf, daß sich dort so gar nichts regte. Man ging hin — da lag ein Toter.

Der Leichenwagen fuhr Trab zum Kirchhof, trotzdem reichte er nicht aus. Da schwankte dann knarrend der Ochsenwagen mit mehreren nebeneinanderstehenden Särgen die staubige Kirchhofspad entlang. Nun kam die Zeit, wo der Totengräber fehlte. Da gab's niemand, der die Gräber schaufelte. Frühmorgens sah man eine Reihe der Windhuker Männer und Soldaten der Besatzungstruppen Gräber schanzen. Die Erkrankungen und die Sterblichkeit unter der Unionsbevölkerung war noch größer als bei uns, ich hörte, sie sei etwa doppelt so stark.

Es war ein jammervolles Sterben all dieser, meist jungen Menschen. Die Wände wurden zerkratzt, das Leinenzeug wurde zerrissen und zerbissen, der arme junge Körper wehrte sich und bäumte sich auf bis zuletzt. Dann ward es still. Ein Tuch wurde ihm über das Gesicht gedeckt, bis man ihn wegtragen konnte. Wohin? Beim Lazarett war eine kleine Leichenhalle. Die war stets mit den Toten der Engländer belegt. Da standen die Särge aber bereits vor der Tür. Im Katholischen Krankenhause war es genau so. In dem Hilfskrankenhaus, unserer Schule, wurden die Querwände aus den Toiletten entfernt. Da lagen unsere armen Toten, ich möchte fast sagen übereinander, und mußten warten, bis Särge bereit waren, sie aufzunehmen. Das dauerte. Die paar Tischler waren auch erkrankt; die vorhandenen Bretter aufgebraucht. Und es war Oktober, sehr heiß und schwül, und es regnete...

In unserer unmittelbaren Nachbarschaft lagen viele krank. Anna und ich blieben verschont. Täglich kamen Bitten um Hilfe, und auf meinem Herde ging das Feuer nicht aus, und der große Suppentopf wurde nicht leer.

An einem frühen Abend kam der Vormund der Kinder und bat, ich möchte bei ihm helfen. Er bewohnte mein jetziges Haus mit drei anderen Offizieren. Zwei waren abwesend. Der dritte war schwerkrank. Da die Erkrankung so plötzlich kam, war ich in Sorge meiner bis dahin noch gesunden Kinder wegen und mochte sie nicht gern über Nacht allein lassen, weil auch Anna ängstlich war. Da tauschten wir. Er blieb bei meinen Kindern, und ich ging dafür in sein Haus. Zwei Bambusen fehlten bereits. Die beiden anderen sollten zu meiner Unterstützung dableiben. Ich kam ins Haus und fand nur den einen. Der andere lag bewußtlos in der Küche im Nebengebäude. Ich ging zu meinem Patienten. Der lag im Fieber und erkannte mich anfangs nicht.

Ich richtete ihn auf, weil er nach Atem rang und ganz blau und gedunsen aussah. Kaum hielt ich ihn im Arm, da spie er Entsetzliches über mich, mir ins Gesicht, über das Kleid. Er brauchte dringend einen Umschlag. Ich nahm Packpapier und Handtücher. Danach wurde er ruhiger.

Dem noch gesunden Bambusen hatte ich gesagt, er solle sich in Rufweite halten. Ich hörte einen dumpfen Fall, und damit war meine Stütze, die Perle Pupke, auch erledigt. Ich schleppte ihn in die Küche zu dem anderen, gab beiden kalten Tee und Aspirin, deckte sie zu und kehrte zu meinem Patienten zurück.

Die Nacht war schlimm. Ich dachte nicht, daß er sie überleben würde. Telephon wurde nicht bedient. Fort konnte ich nicht. Der Arzt war unerreichbar. Ich erneuerte wiederholt die Umschläge, stützte ihn, wenn die schrecklichen Hustenschauer mit dem Würgen kamen, und wachte bei ihm die endlos lange Nacht. Gegen Morgen schlief er ein.

Später nahm ich ihn zu mir ins Haus und konnte ihn gesund pflegen. Er farmt jetzt in Angola.

Hauptmann T. hatte mir versprochen, mich zeitig am nächsten Morgen abzulösen. Er kam und kam nicht, und ich war sehr unruhig wegen meiner Kinder. Gegen 10 Uhr erschien endlich die Pferdekarre, von meinem Ältesten gefahren. Schwankend entstieg ihr der Häuptling, stöhnte noch einmal „Mutti", und dann fing ich ihn auf, und wir brachten ihn ins Bett. Er verlangte nach Selterwasser, viel Selterwasser, und auch die anderen quälte der Durst. Da mußte ich sie allein lassen, um zu versuchen, in Windhuk welches aufzutreiben. Außerdem mußte die Eingeborenen-Nothilfe benachrichtigt werden, die beiden erkrankten Bambusen abzuholen. So fuhren Bitz und ich in die Stadt. Sie lag wir ausgestorben. Die ganze lange Storestraße war absolut leer. Im grellen Sonnenschein klapperten die Hufe der beiden Blauschimmel, wie mir schien, überlaut, durch die toten Straßen. Viele Geschäfte waren geschlossen. Bei anderen standen die Türen sperrangelweit auf, aber kein Mensch war zu sehen. Wir fuhren in eine Nebenstraße zu dem Selterwasserfabrikanten. Alles war offen. Keine Menschenseele. Wir rufen. Da fragt aus einem Nebenraum eine klägliche Stimme, was los sei. Wir bringen unsere Bitte vor. Sie wird abgelehnt. Ich muß aber Selterwasser haben und bitte noch einmal. Da bekommen wir Erlaubnis nachzusehen, ob noch etwas da sei. Wir finden eine Kiste. Ich bedanke mich durch die Tür, schreibe die Anzahl der Flaschen auf einen Zettel und stecke ihn an das Pult.

In einem Fleischerladen gab es Rindfleisch zu der gewünschten Suppe. Fast am Ende der Storestraße war damals ein großes Lebensmittelgeschäft, das mich belieferte. Es stand offen. Wir gehen hinein. Niemand. Wir rufen mehrmals. Keine Antwort. Schließlich meldet sich doch jemand und fragt nach unseren Wünschen. Da hieß es: „Aufstehen und Sie bedienen kann ich nicht, ich liege hier ganz allein. Aber nehmen Sie, was Sie brauchen und schreiben Sie es auf die Theke."

Ich ging zu dem Armen und fragte, was ich für ihn tun könnte. Nichts. Ob ich das Hospital benachrichtigen solle. Um Gottes willen nein. Nach drei Tagen war er tot.

Unser Weg führte uns dann in der Richtung auf die große Eingeborenenwerft. Zwei Ochsenwagen kamen uns entgegen. Bitz sagte: „Sieh mal, da schickt ein Farmer aber viele Säcke mit Kohl herein." Wir passieren den ersten Wagen. Der Treiber zeigt mit dem Schwippstiel nach rückwärts: „Sieh mal, Missie, alles tot letzte Nacht auf der Werft."

Die Angst vor der Krankheit steigerte sich bei vielen Eingeborenen bis zum Wahnsinn. Viele rasten sinnlos in den Busch, wurden dort krank und kamen elend um. An den großen Pads, in den Bergen, an den Wasserstellen fand man Tote.

Am Tage nach der Erkrankung des Hauptmanns legte sich mein Ältester, am nächsten Tag der Kleine. Anna und ich blieben nach wie vor verschont. Der Kleine war schwer, schwer krank. In meiner Not wandte ich mich an Dr. K. „Bitte, bitte, kommen Sie doch mal vorbei." Er schüttelte den Kopf. „Kindchen, ich kann ja nicht, sehen Sie doch, was mir hier unter den Händen stirbt. Bringen Sie ihn her." Nein. Das tat ich nicht. Da war es schon besser, er blieb zu Hause und wir versuchten, ihn zu retten. Er erholte sich auch wieder nach bangen Tagen und Nächten.

Sowie es unseren beiden besser ging, besuchten Anna und ich abwechselnd die in der Umgegend liegenden Kranken. Bedienung hatten wir keine mehr. Bambuse und Waschweib waren krank. Jetzt neue zu bekommen war unmöglich.

Etwa zehn Tage hatte die Krankheit getobt, da fand ich zum ersten Male Zeit, ins Pensionat zu gehen, um mich dort nach dem Befinden der Kinder zu erkundigen. Da sah es herzbrechend traurig aus. Der Leiter K. und seine Frau lagen, die Stütze war totkrank ins Krankenhaus gekommen. Alle Kinder, etwa 40, waren krank, bis auf zwei Mädels, die sich soweit erholt hatten, daß sie die Küche einigermaßen in Betrieb zu halten versuchten.

Ich kam zuerst in einen Knabenschlafsaal. Ein unverheirateter Lehrer unserer Realschule, Sch., versuchte zu helfen. Welch Gestank! Welch Schmutz! Aus hohlen, fieberglänzenden oder blassen Gesichtern sahen mich unsere sonst so munteren, stets zu allerhand Unsinn aufgelegten Jungen an. Viele lagen auf der blanken Matratze. Das Bettzeug war schmutzig geworden, abgezogen, alles war aufgebraucht. In der Waschküche türmten sich Haufen auf Haufen schmutziger Wäsche. An der Wand stand welche bereits eingeweicht, sie stank. Niemand kam mehr waschen. Unter den Betten Brotreste, Schalen, Papier, schmutzige Kleider und Schlimmeres.

Bei den Mädchen sahen die Räume etwas besser aus. Aber sie selber! Kaum, daß man sie wiedererkennen konnte aus den Tagen der Fröhlichkeit. Einige hatten den Höhepunkt der Krankheit überschritten, um andere stand es schlimm. Kurz vor der Influenza waren Masern ausgebrochen gewesen, viele Kinder waren daran erkrankt, und während sie lagen, waren sie unmerklich in die Influenza übergegangen. Nun waren die kleinen Körper geschwächt und nicht widerstandsfähig.

Ich ging dann nochmals zur Leiterin und fand sie bitterlich weinend. Gerade war ein Bote von der Gemeinde dagewesen, hatte an der Tür gelehnt und gesagt: „Ich soll fragen, wer bezahlt denn nun die Särge von Ihrer Stütze und dem Kinde, die beide gestern eingeliefert wurden und letzte Nacht gestorben sind?"

Einige Tage darauf verloren wir noch ein liebes, zwölfjähriges Dingelchen. Wir zogen ihr ihr weißes Spitzenkleidchen an und setzten ihr ein Kränzchen auf. Der Sarg war so häßlich braun und roh, und ich half ihn zunageln. Dann aber deckten wir ihn mit Girlanden zu, und ich brachte das tote Mädelchen in Begleitung seiner beiden Schwestern, die gerade wieder gesund geworden waren, auf den Kirchhof. Zwei Lehrer und einige der großen Jungens trugen den Sarg und schaufelten auch das Grab zu. Die Leichenreden hielt der Missionar T. zusammen über mehreren Toten. Die Eltern des Kindes waren weit weg im Süden, nicht einmal in Gedanken konnten sie bei ihrem Liebling sein, den wir der Erde übergaben.

Der Kirchhof faßte längst nicht all die Toten mehr. Man hatte ihn nach Norden zu erweitern müssen, und Hügel reihte sich an Hügel. Freiwillige schanzten die Gräber. Freiwillige schaufelten sie zu. Zu ihnen gehörte auch ein sächsischer Baron v. B., ehemaliger Ludwigsluster Dragoner. Kein Mensch ahnte, daß er sich an diesem Liebeswerk beteiligte. Eines Nachmittags kam er zu mir und bat um eine Tasse Kaffee. „Mir ist nämlich ganz andersch." Er trug einen Smoking, aus dem der Ärmel herausgerissen war. Sein ganzes Aussehen überhaupt war höchst befremdend. Ich hieß ihn sich setzen und den Smoking ausziehen und machte mich daran, stillschweigend den Ärmel wieder einzunähen. Wir Afrikaner sind manchmal etwas merkwürdig. Er sagte nichts, und ich stellte keine Frage und nähte emsig. So schwiegen wir eine ganze Weile. Schließlich sagte er: „Ich habe nun mal geen anderes schwarzes Zeich, und wenn ich Gräber schaufle, geh ich äbn in Schwarz." — Lieber Kerl, er hat sich später erschossen.

Jeden Tag gähnten frische Schlünde auf diesem schrecklichen Kirchhof. Manch armes Menschenkind wurde dort eilig hinabgesenkt, dem niemand, niemand das Geleit gab. Jeden Tag fuhr der Leichenwagen Trab, jeden Tag mahlte sich der Ochsenwagen, der die englischen Soldaten brachte, ein jeder Sarg mit dem Union Jack bedeckt, durch den schimmernden Glimmerstaub. Ein Sarg war besonders schlecht gefugt. Beim Holpern über den schlechten Weg hatte sich die Rückwand des Sarges gelöst. Der Fahrer merkte natürlich nichts davon und rumpelte weiter, und ein Kopf glitt aus dem Sarge nach außen. Zufällig fuhr hinter diesem Wagen einer der wenigen Chauffeure mit seinem Kraftwagen. Er hielt den Fahrer an, holte sein Handwerkszeug, schob behutsam den Kopf zurück und klopfte den Sarg notdürftig zusammen. Eilig holperte der Wagen weiter seinem Ziele zu, es warteten ja noch so viele.

Für die, die durch das Grauen des Krieges gegangen sind, scheint ein solches Erlebnis nichts, mich, die ich es ansehen mußte, verfolgte es tagelang. Auch diesen schrecklichen Ochsenwagen mit den oft tropfenden Särgen bekomme ich nicht aus dem Erinnern.

Glückliche Jahre in Okombahe

Die Epidemie verlor an Heftigkeit. Der 18. Oktober war der Höhepunkt gewesen. Die Krankheit zog fort und ward verschleppt auf die Farmen und in die entferntesten Teile des Landes. Da kamen dann die Fuhrwerke herein, beladen mit Kranken, für die man Genesung erhoffte durch Fürsorge des Arztes. Manche schlossen hier die Augen.

Aus der Union wurde Serum geschickt, es kam aber reichlich spät. Durch das vorhandene Salvarsan soll vielen geholfen worden sein. Auf Anraten von Dr. K. unterzog ich mich auch einer Impfung, durch die ich einen üblen juckenden Ausschlag bekam.

Verschiedene unserer Bekannten, darunter auch der Häuptling, hatten sich auch dieser Impfung unterzogen, um sich vor einem Rückfall zu schützen. Den Genuß von Alkohol hatte Dr. K. streng untersagt. Die Herren waren aber anderer Meinung. Sie glaubten die Wirkung zu erhöhen, wenn sie mindestens täglich zwei Zoll Alkohol im Magen hätten.

Nun war die Krankheit verebbt, die so viele, viele aus unserer Mitte gerafft hatte. Der Druck, der auf den Gemütern gelastet hatte, ließ nach. Die Trauer um die Toten blieb. Allsonntäglich besonders wanderte ein langer Zug derer, die ihre Lieben verloren hatten, hinaus zum Friedhof, der so groß geworden war und noch so roh und ungepflegt aussah.

Aber noch monatelang fand man an den einsamen Wasserstellen im Felde verendete Paviane. Auch sie waren von der Grippe ergriffen worden.

Bei den Eingeborenen hält sich die Erinnerung an die Influenzazeit noch immer wach. Vor einigen Jahren kam wieder mal ein Zirkus nach hier. Er machte schlechte Geschäfte, denn kaum ein Eingeborener wollte die Vorstellung besuchen. Auf Befragen erklärten sie, gingen sie hin, dann gingen sie tot, damals hätte der Zirkus auch den Tod gebracht.

Veränderungen.

Der Vormund der Kinder hatte Befehl bekommen, einen der letzten Transporte nach Deutschland zu führen, der Anfang Juli 1919 Walvis Bay verließ. Auf seine Vorstellungen hin hatte ich mich entschlossen, ihm meinen nun 16jährigen Ältesten zwecks besserer Ausbildung und Erziehung mitzugeben. Es ließ sich hier noch nicht übersehen, wie sich die Schulverhältnisse entwickeln würden. Die Trennung fiel mir sehr schwer. Es war aber besser so. Mein Jüngster blieb bei mir.

Um meinen einsamen Jüngsten aufzumuntern, hatte ich ihm nach all dem Kummer und den Aufregungen für einen der folgenden Abende das Kino versprochen. Bei erhöhten Preisen wurde zum ersten Male der berühmte südafrikanische Film „Die Voortrekker" gegeben, der den großen Burentreck 1837 und die Kämpfe mit den Zulus wiedergab. Solch brechende Fülle sah selten ein Saal. Das südafrikanische Publikum spielte begeistert mit. Als etwa 20 große Treckwagen durch die Furt im Oranje fuhren, stöhnten die anwesenden Buren und feuerten jedes einzelne Gespann an: Trek, trek — daar die kant — alemachtag — man — pas op! Es wurde gelärmt, getrampelt, gejohlt, gepfiffen. Eine Hitze war im Saal, kaum zu beschreiben. Menschendunst, Staub, Tabaksrauch. Die Vorstellung dauerte von 8.15 Uhr bis 12.30 Uhr. Es war wirklich gemütlich.

Mir kamen während gerade dieser Vorführung so allerhand Gedanken. Zum Drehen dieses Filmes waren Tausende von Zulus, einem sehr kriegerischen Bantustamm, nötig gewesen, die die geschichtlich als höchst grausam bekannten Kämpfe mit den Voortrekkers darstellen sollten. Da kämpfte Schwarz gegen Weiß. Und anfangs siegte Schwarz. — Die Feindmächte hatten Hunderttausende ihrer Kolonialeingeborenen auf die Kriegsschauplätze, sogar in Europa, geworfen, und dort lernten sie.

Es gibt ein Buch „Assim Affenga, Die schwarze Welle". Verlag Wabbel & Raumann, Regensburg — Leipzig, von einem Eingeborenensoldaten geschrieben und einem französischen Professor übersetzt. Das ist lesenswert.

Es ist noch ein anderer echter Negerroman herausgebracht, „Batouala", vom Neger René Maran, der 1921 mit dem Goncourtpreis in Paris (zu vergleichen mit dem deutschen Schillerpreis) ausgezeichnet worden ist. Der Roman ist in vielen tausend Exemplaren in Frankreich, Holland und England verbreitet worden und hat ungeheures Aufsehen erregt. Der Verfasser ist ein Martiniqueneger, der später französischer Kolonialbeamter im Kongogebiet wurde. Der Inhalt ist widerlich. Das Vorwort! Es ist die offene Kampfansage des Negers gegen die Weißen und gibt einen neuen Beweis für das Erwachen der schwarzen Rasse. „Die Rache ist kein Gericht, das man heiß essen darf", „und warst du es nicht, kleine neugierige Eva, die angefragt hatte, ob eine Weiße einen Neger heiraten dürfe?" Die unerhörte Schmach, die die Kolonialvölker der weißen Rasse angetan haben, indem sie diese Kulturlosen zum Kampf gegen Weiße erzogen und als Herren über sie gesetzt haben, die wird sich rächen.

Uns Deutschen sind die Kolonien geraubt. Man war es aus Gründen der „Menschlichkeit" den armen Negern schuldig, sie uns nicht wieder auszuliefern, weil wir unfähig seien, Kolonien zu verwalten. Hier nennt ein französischer Eingeborener seine weißen Kollegen Folterknechte, Feiglinge, Peiniger, Säufer, Aussauger, Mörder der schwarzen Rasse. Die Académie Goncourt verleiht diesem Kulturdokument den Preis!

In Ostafrika, Kamerun, Togo sahen die Eingeborenen das gegenseitige Bekriegen zweier Großmächte und das Unterliegen der einen, die ihnen bisher als der Inbegriff der Stärke und Macht erschienen war. Die Eingeborenen Afrikas sind nicht ruhig und zufrieden damit, daß der weiße Mann ihr Land mit Gewalt nahm, Herrenrecht beansprucht und sie Sklavendienst tun läßt. Die Zeit wird kommen, da der alte Sehnsuchtsschrei „Afrika den Afrikanern" vom Kap bis zum Mittelmeer erschallen wird. Dann wehe den Weißen. Wo Haß einen Frieden diktierte, kann er nicht von Dauer sein. Nicht in Afrika, nicht in der Welt.

Die Ausweisungen hörten immer noch nicht auf. Ein großer, allerletzter Transport sollte an Bord der „Guildford Castle" eingeschifft werden. Da brach abermals die Influenza aus und verursachte starke Verzögerung.

Im Innern des Landes war man auch auf ein Wiederauftreten der Grippe gefaßt. Man hatte gelernt vom ersten Male. Nun wurden umfassende Vorsichtsmaßregeln getroffen. Es bildete sich eine kombinierte Sanitätskommission. Aufrufe wegen Pfleger, Köche und Wäscher wurden erlassen. Unsere Schule sollte mit 140 Betten belegt werden.

Die Plage ging leidlich gut vorbei. Nur im Eingeborenengefängnis trat sie sehr schlimm auf, und alle Straßenarbeiten mußten eingestellt werden. Auf der Werft gab es vereinzelte Todesfälle.

Anfang September 1919 heiratete Anna einen Farmer, nachdem sie mir fast 13 Jahre lang treu zur Seite gestanden hatte. Ich richtete ihr die Hochzeit aus und ließ sie schweren Herzens ziehen. Viel Glück hat ihr diese späte Ehe nicht gebracht. Sorge, Not und Krankheit kehrten da ein, wo ehemals Wohlstand herrschte. Die zweite Farm mußte verkauft werden. Um die Hypothek, die ihr Mann auf einem Windhuker Grundstück hatte, wurde er geprellt. Groß- und Kleinvieh gingen ein. Die schon erwachsenen Kinder erster Ehe erkrankten eines nach dem anderen wohl an einer Erbkrankheit; zwei waren schon gestorben, ehe sie heiratete. In Zwischenräumen folgten noch drei im blühenden Alter. Genau nach zehnjähriger Ehe bettete sie auch ihren Mann zu all seinen toten Kindern. Einem Stiefsohn hat sie die Farm zum Bewirtschaften überlassen. Tapfer und mühselig verdient sie sich mit ihren 62 Jahren den Lebensunterhalt, flickt, näht, kocht, vertritt mal auf dieser, mal auf jener Farm die abwesende Hausfrau, ist die Allerweltstante, von jedem gerufen und überall gern gesehen.

In Groß-Windhuk stiegen die Wohnungspreise ins Schwindelhafte. Alle hübschen Mietshäuser waren von den Engländern bewohnt. Es traten bestimmte Spekulanten auf, die der Not der Zeit entsprechend Eigenhäuser zu Schleuderpreisen an sich brachten, um sie mit großem Gewinn wieder zu verkaufen.

Auch das von mir bewohnte Haus, dessen Besitzer ja in Deutschland war und nicht zurückkommen durfte, sollte so schnell wie möglich verkauft werden. Ich mußte mich also ebenfalls nach einer anderen Wohnung umsehen. Büdi und ich machten uns viele Nachmittage lang auf die Suche.

Unsere Bemühungen waren schließlich erfolgreich. Das Häuschen am Berge, oberhalb des Klein-Windhuker Tales, in dem Hauptmann T. gewohnt hatte, stand frei. Ich mietete es für £ 9 monatlich, trotzdem es kein eigenes Wasser hatte. Zwei Eselchen zogen täglich die Wasserkarre bergauf. Gartenanlagen, auch bescheidene Blumenbeete, blieben illusorisch.

Jeden Morgen brachte uns unser Traber Hans im Dogcart zur Schule. Der Schulweg war weit, er dauerte 50 Minuten zu Fuß. Pferd und Karre waren Trost und Abschiedsgeschenk des Vormundes an den Jungen. Das Pferd, wie das übrige Getier, war unglaublich zahm. Wir fühlten uns sehr wohl bei ihm. Er war so ehrgeizig, daß er jedes Auto überholen wollte, dann wippte die leichte Karre im Galopp auf und ab, daß es eine wahre Freude war. Unsere Bemühungen, ihn zu erziehen, verliefen gänzlich ergebnislos.

Neue Unruhen.

Den Eingeborenen war von der neuen Regierung viel versprochen, aber wenig gehalten worden. Sie waren bitter enttäuscht, und so machte sich schon 1916 eine gewisse Unruhe unter ihnen bemerkbar. Wanderprediger der Äthiopischen Bewegung „Afrika der schwarzen Rasse" waren aus der Union gekommen und hatten Versammlungen in den Reservaten und auf den Farmen abgehalten. Samuel Maharero, unser alter Gegner von 1904, hatte seinen Sohn Friedrich vom Ngamisee nach Südwest geschickt. Auf der Groß-Windhuker Werft war ihm ein Podium errichtet worden, von dem aus er seines Vaters Botschaft dem Volk der Herero mitteilte. Er besuchte auch kleinere Niederlassungen, sogar einzelne Farmen, und hielt aufreizende Reden. Sonderbarerweise richteten sie sich weniger gegen die Deutschen als gegen die Engländer, die ihm doch die Erlaubnis zum Kommen ins Schutzgebiet gegeben hatten.

Die Engländer bestrafen weniger mit Gefängnis oder gar Prügelstrafe als mit Geld. Erst dann, wenn der Eingeborene wirklich nicht bezahlen kann, wird er eingesperrt. Kleinere Vergehen sind alle mit Geld gutzumachen. Ist die Geldstrafe hoch, dann legt die Familie und Verwandtschaft zusammen, und es fließt Geld in den Staatssäckel. Es wird viel bestraft. Wer nicht Hüttensteuer, Kopfsteuer, Weidegeld usw. zur Zeit bezahlt, muß Strafe zahlen. Sonnabends finden öfters Razzias auf den Werften statt, weil sich dort immer noch heimlich Zuckerbierbrauereien auftun. Dann gibt es große Betrunkenheit unter Männern und Weibern, und die kostet viel, je £ 1 für jedes gefundene Gefäß mit Bier. Noch jetzt hört man die alten Eingeborenen oft sagen, zu deutscher Zeit sei es besser gewesen. Da hätten sie höchstens ihre 25 aufgezählt bekommen und dann sei alles wieder in Ordnung gewesen. Dadurch, daß sie dauernd für jede Kleinigkeit zahlen mußten, wurden sie nun unzufrieden, aufsässig und arbeitsscheu. Wer auf den Plätzen und Farmen nicht arbeiten mochte, verdrückte sich in die Reservate.

1921 hatten die Hereros in den ihnen zugewiesenen Reservaten bereits Tausende von Rindern und Kleinvieh angesammelt. Die Reicheren ihres Stammes besaßen auch meist gestohlene Pferde. Da waren mit einem Male die meisten der waffenfähigen Männer aus den größeren Plätzen verschwunden. Eingeborene Arbeiter waren kaum noch zu bekommen. Dafür hatten sie sich aber im Busch zu organisierten Banden zusammengeschlossen, die ganz systematische Übungen vornahmen, z. B. Angriffe auf fingierte Gebäude. Die Kommandos geschahen in deutscher Sprache; diese Abteilungen waren aufgezogen nach dem Muster der deutschen Schutztruppe. Alte Uniformen und vor allem Schutztruppenhüte mit schwarzweißroter Kokarde waren begehrte Artikel.

Erfahrene Farmer machten die Regierung auf den Ernst der Lage aufmerksam, auch einige Missionare warnten verschiedentlich. Daraufhin wurde in Otjimbingwe eine Polizeistation mit drei Mann eingerichtet.

Deutsche Ansiedler wurden auf Eingeborenenart gewarnt. Zu Frau v. D. kam der Werftälteste Kawahere vom weit draußen gelegenen Viehposten herein und bat um die Erlaubnis, dicht bei ihrem Hause seinen Pontok machen und dort wohnen zu dürfen. Sie sei so allein. Ein alter Farmer wurde gewarnt: Wir werden bald zu dir sagen lauf, dann lauf schnell.

Sehr unbotmäßig benahmen sich die Eingeborenenpolizisten ihren englischen Vorgesetzten gegenüber.

Nicht nur die Eingeborenen Windhuks waren unruhig, die Unruhen griffen über in die Okahandja-, Waterberg-, Omaruru- und Gobabis-Gegend.

Aus dem Osten flohen viele Farmer mit ihren Familien nach Windhuk. Die Hotels waren überfüllt. Der Gedanke, noch einmal wie im Jahre 1904 alle die Nöte und Gefahren durchmachen zu müssen, war recht unbehaglich. Die Unterhaltungen der Eingeborenen beschäftigten sich sehr mit der Zukunft: „Jetzt ist die Zeit bald da, wo wir wieder die Baasse sind. Die Deutschen dürfen auf unser Vieh aufpassen, die Buren schmeißen wir ins Wasser."

Mein Bambuse, der Buschmann Max, kam eines Tages und kniff die Augen mal wieder ganz fest zusammen. Das tat er immer, wenn er etwas ihm Unangenehmes berichten mußte. Ohne jeglichen Übergang sagte er: „Weiß meine Missis, wenn man über die Klippen in die Berge geht, da sieht man keine Spur. Schlecht ist die Pad nach Windhuk. Da liegen Kneipen. Die müßt ihr nicht gehen."

Büdi und ich horchten auf. Das sollte also auf Hochdeutsch heißen: „Seht euch vor, jetzt geht es bald los. Paßt auf, denn unterhalb eures Hauses liegt doch eine Kneipe. Die Eingeborenen werden versuchen, die Alkoholbestände dieses Hotels zu plündern. Hört ihr von dort Lärm, dann sucht irgendwie das Weite, geht in die Berge."

Am gleichen Nachmittage kam ein deutscher Kleinsiedler auch aus dem Klein-Windhuker Tale und forderte mich auf, mitzukommen, sie hätten zu mehreren mit ihren Familien ein gemeinsames, befestigtes Lager bezogen, wo sie sich eine ganze Zeit lang halten könnten. Ich sollte das Haus seinem Schicksal überlassen. Eile täte not. Weit und breit sei kein Mensch mehr, der uns helfen könne. Der Besitzer des kleinen Hotels unterhalb unseres Hauses sei auch schon weg. Die Eingeborenen würden sich am erbeuteten Alkohol Mut antrinken, dann seien sie Bestien. Das wußte ich nur zu gut. Ich dankte ihm vielmals für seine nachbarliche Aufmerksamkeit und bat um Bedenkzeit.

Als er gegangen war, hielten Büdi und ich Rat. Ich fragte ihn: „Was sollen wir tun?" Er antwortete lakonisch: „Warten." Wir trafen aber doch gewisse Vorbereitungen. Als erstes gaben wir unserem geliebten Hans eine doppelte Ration Hafer. Dann bekam er einen Klaps, verstand, daß er nicht im Stall bleiben sollte, und trottete vergnügt die Schlucht entlang, die von der Rückseite des Hauses in die Berge führt. Ausgeschlossen, daß er sich von einem anderen greifen ließ. Hunde und Katzen wurden reichlich versorgt. Bambuse Max verabschiedete sich, er wolle am nächsten Morgen probieren zu gucken, ob wir noch da wären.

Jetzt waren wir allein. Wir packten zwei Rucksäcke mit Proviant, füllten zwei große Feldflaschen mit Wasser und Kaffee und rollten zwei Decken zusammen. Browning und Parabellum wurden dazugelegt. Wir zogen Khakizeug und festes Schuhwerk an.

Es wurde dunkel. Ringsum im Tale brannte nirgends ein Licht. Alle Häuser lagen im Finstern. Wir blieben auch ohne Licht und saßen vor der Haustür auf den Treppenstufen und horchten. Alles blieb ruhig, für unsere gespannten Nerven unheimlich ruhig.

Mit einem Male stieg ein breiter Lichtkegel am südlichen Himmel auf. In kurzen Abständen spielte das Licht. Es waren Scheinwerfer, die von einer kleinen Kuppe aus die beiden Werften bestrahlten. Also hatten sich die Engländer doch noch im letzten Augenblick warnen lassen und waren auf der Wacht.

Eine Zeitlang sahen wir dem Zucken der Lichter zu, dann schlug ich Büdi vor, er solle sich hinlegen, ich würde ihn sofort rufen, wenn sich Verdächtiges zeige. Nach kaum zwei Minuten schlief er.

Ich machte noch einmal die Runde ums Haus und über das Grundstück, dann legte ich mich angezogen aufs Bett und horchte in die Nacht. Die Käuzchen schrien; die Fledermäuse zwitscherten und jagten sich; Grillen zirpten; in der Ferne bellten irgendwo die Hunde. Unaufhörlich spielte das Licht und blendete in mein Fenster. Es war schön, zu denken, daß es doch jemand gab, der die Wache hielt weit draußen, daß wir nicht so ganz verlassen waren.

Zeitig kam Max wie immer und sagte nichts, sondern tat seine Arbeit. Der brave Hans stand vorm Stall. Wir fuhren zur Schule.

Die Nacht hindurch hatte in Windhuk allerdings große Aufregung geherrscht. Durch Verrat war bekanntgeworden, daß als erstes das alte Artilleriedepot gestürmt werden sollte. Es diente auch den Engländern als Waffen- und Munitionsniederlage. Die Wache dort war verstärkt worden. Nachts war es sehr kalt. Daher war im Hofe ein großes Feuer gemacht worden. Mit einem Male knallt und prasselt es. Voller Entsetzen stürzt alles zu den Waffen. Anfangs weiß man nicht, von welcher Seite der vermeintliche Überfall erfolgt — da schießt's und explodiert's weiter. Unglücklicherweise war gerade an der Stelle des Hofes Feuer gemacht worden, wo unsere Truppe in der Eile Munition vergraben hatte.

Dies alte Gebäude hätte nicht einem Ansturm von etlichen hundert Eingeborenen standhalten können. Deshalb wurden Waffen und Munition nachts auf abgeblendete Autos gepackt und in aller Stille auf bereitstehende Güterwaggons verladen.

In der Nähe der Scheinwerfer waren zwei Geschütze aufgestellt worden. Polizei hatte die Werften in allerdings sehr weiten Abständen umstellt. Zwischen 7 Uhr abends und 7 Uhr morgens durfte sich kein Eingeborener mehr auf der Straße sehen lassen.

Im Schulpensionat hatten sich die großen Jungen bewaffnet und paßten auf.

Das ging so ein paar Tage. Daraufhin kam eine Abordnung von Eingeborenen mit höchst gekränkten Mienen zum Administrator und fragte an, warum die Administration diese befremdenden Maßregeln ergriffen habe. Sie verständen sie nicht, da sie sich nicht bewußt seien, irgendwelche Ursachen dazu gegeben zu haben. Die Antwort des Administrators weiß ich nicht. Die Tatsache bleibt aber bestehen, daß bei kurz darauf erfolgten Pontokdurchsuchungen große Mengen von neuen Kirris und langen selbst angefertigten Messern besonders bei den Hereros gefunden wurden.

Diese Aufstandsbewegung schien im Keime erstickt. Die Engländer stellten sie als ganz harmlos hin.

Ganz so harmlos waren diese Unruhen aber doch nicht. Dies zeigte sich bald im Süden, wo allgemeine Unzufriedenheit unter den Eingeborenen herrschte. Drei Hottentotten hatten eine Burenfrau ermordet, die ihnen die Waffen nicht gab, die sie von ihr verlangten. Der Bondelswartkapitän Abraham Morris, vom deutschen Hottentottenorlog her bekannt, war ohne Paß, dafür aber bewaffnet, aus der Union gekommen und sollte von einem Warmoader Polizeisergeanten verhaftet werden. Die dortigen Hottentotten verhinderten die Verhaftung und nahmen eine drohende Haltung an. Etwa 200 von ihnen waren bewaffnet. Der Eingeborenenkommissar und der Präfekt wurden zwecks Verhandlungen abgesandt. Bewaffnete Hottentotten durchsuchten das Auto der Herren nach Waffen und geleiteten sie zu dem Kapitän. Die Regierung verlangte die Herausgabe der Schuldigen, der Bondelskapitän forderte Straffreiheit, Zugeständnisse betreffs Steuern (besonders Hundesteuern), Viehbrennen und Arbeitslosigkeit. Die Verhandlungen verliefen ergebnislos. Nun wurden in Windhuk und anderen Bezirken Freiwillige aufgerufen. Zahlreiche Deutsche meldeten sich. Sie wollten zeigen, daß die Weißen solidarisch sind, sobald es sich um einen Kampf gegen die Schwarzen handelt. Gewiß kostete sie das Überwindung bei den damaligen Verhältnissen im besetzten Gebiet. Sie wurden nicht angenommen. Um so bedauerlicher wurde später der Inhalt eines Interviews des Berichterstatters des „Star" mit dem Administrator empfunden, in dem es hieß: „Ein sehr enttäuschendes Kennzeichen des Aufstandes ist der Mangel an Meldungen der deutschen Ansiedler auf den Aufruf für Freiwillige." Der Administrator wurde sehr energisch ersucht, diese unwahre Behauptung richtigzustellen.

Also die Deutschen wollte man nicht dabei haben. Dahingegen bemühte sich aber der Administrator, 200 Hereros zu rekrutieren, was ihm nicht gelang, da sich die Leute kurzerhand weigerten. So wurden denn 200 Mann, Polizei und Freiwillige, mit eilig gekauften Pferden nach dem Süden verladen.

Warnungen über den Aufstand gelangten an einen Teil der Farmerschaft, in deren Gegend die Unruhen ausgebrochen waren. Viele blieben ohne irgendwelche amtliche Mitteilung. Erfahrungsgemäß pflegten aufrührerische Bewegungen gerade in dieser Gegend gute Erfolge zu haben, schon hinsichtlich der großen örtlichen Entfernungen der Farmen voneinander, der weiten Entfernung bis zur nächsten Station und der Unmöglichkeit, mangels Telephons bei dem Ausbruch einer Gefahr Hilfe herbeirufen zu können.

Inzwischen hatten die Bondels dem Eingeborenenkommissar auf Draihoek die Waffen weggenommen und Vieh der Farmer aus der Umgegend geschlachtet.

Die Truppe wurde nun auf etwa 400 Mann verstärkt, dazu kamen zwei Militärflugzeuge aus der Union. Der Administrator in Generalsuniform leitete die Operationen persönlich. Es fanden drei Gefechte statt, bei denen einige Polizisten fielen und etliche Freiwillige verwundet wurden. Die Bondels sollen verhältnismäßig schwere Verluste gehabt haben. Der Administrator meldete nach fünf Tagen, daß der Aufstand unterdrückt sei. Dazu hatte er gebraucht: Einen Zug Polizei, 300 Freiwillige mit drei Maschinengewehren, zwei Gebirgsgeschütze, eine Signalabteilung und zwei Flugzeuge.

Als der Bondelsaufstand im Unionsparlament zur Sprache kam, wurde festgestellt, daß die Bondelswarts und Hottentotten am Oranje in dem ihnen seiner Zeit von den Deutschen zugewiesenen Reservat lebten. Es wurde ferner festgestellt, daß dieses Gebiet für ihre Bedürfnisse zu groß sei, so daß sie keinen Grund zur Beschwerde hätten.

In dieser Sitzung wurde auch noch verlangt, daß der Premierminister Smuts den Administrator ersuchen solle, das Eintreiben der Hundesteuer in den Bezirken im Nordwesten vorläufig einzustellen, „die Deutschen hätten das Eintreiben der Steuer auch nicht erzwungen". Mr. Pearce, der Sprecher, wurde daraufhin darauf aufmerksam gemacht, daß dies nicht zur Sache gehöre.

Ich gebe diese Einzelheiten in voller Absicht wieder, ich denke, sie brauchen keinen Kommentar.

Es wird behauptet, wir Deutschen könnten keine Eingeborenen behandeln. Man lese aber nur einmal die Geschichte der Kaffernkriege der Union Südafrikas.

Kommen einmal die Hohen Regierungsbeamten, um sich nach dem Ergehen der lieben Eingeborenen zu erkundigen, dann wird ihnen Sand in die Augen gestreut. Ergebenheitsadressen werden zurechtgeschustert. Beim Besuch des Generalgouverneurs verlasen z. B. die Okahandjahereros: „— wir versichern Ihnen, daß wir glauben, daß wir unter Ihrer segensreichen Regierung uns aller Privilegien und der Gerechtigkeit erfreuen werden. Unser alter Häuptling lebte unter deutscher Herrschaft in Frieden bis zu dem unglückseligen Kriege 1904, und wir möchten den alten Streit hinter uns werfen und ihn vergessen, wo wir jetzt durch die Regierung der Union von Südafrika unter der Verwaltung des Königs leben. Wir möchten ehrfurchtsvoll für unsere Kinder um Unterricht im Englischen bitten, — wir sind zufrieden mit der Behandlung der Magistrate, und wir glauben, daß von Mann zu Mann, ob schwarz ob weiß, Gerechtigkeit geübt wird."

Die Windhuker Hereros: „— wir freuen uns, unter britischer Herrschaft zu stehen, und wir versichern Ew. Kgl. Hoheit unserer Ergebenheit."

Die Klippkaffern: „— wir versichern Ew. Kgl. Hoheit unserer Ergebenheit an die Verwaltung und an den König, dessen Untertanen zu sein wir stolz sind."

Die Hottentotten: „— wenn wir nicht frei sind, so ist das kein Leben für uns, aber immerhin freut es uns, unter britischer Herrschaft zu stehen." —

Einige Zeit später gab es ebenfalls Unruhen unter den Rehobother Bastards. Sie waren unzufrieden. Steuern drückten sie. Sie hatten für ihre Untreue uns Deutschen gegenüber eine größere Belohnung erwartet. Die blieb aus. Anfangs, während der Okkupation, durften sie ihre Waffen behalten. Sie hatten noch andere Privilegien erhofft, die ihnen die neuen Herren einräumen würden. Nichts dergleichen. Mit der Sonderstellung war das auch nichts. Sie wurden kurzerhand vor die Alternative gestellt: „Werdet Unionsbürger, dann dürft ihr eure Waffen behalten. Wollt ihr euch nicht naturalisieren lassen, so müßt ihr die Waffen abgeben." Von Brüderlichkeit war nicht mehr die

Rede. Dafür rückte aber die Polizei an, Flugzeuge kreisten. Untreue schlägt den eigenen Herrn.

Es berührt sonderbar, daß genau dieselben Eingeborenen, die uns Schwierigkeiten bereiteten, auch den neuen Herren gegenüber Unbotmäßigkeit zeigten. Läßt sich da der Vorwurf, die Deutschen könnten die Eingeborenen nicht behandeln, wirklich aufrecht erhalten?

Das Haus auf dem Berge.

Nachdem nun Ruhe auf den Werften herrschte, fühlten wir, Büdi und ich, uns sehr wohl auf unserem Berge. Unsere Tagesarbeit fing zeitig an. In der Schule waren wir fleißig und freuten uns mittags jedesmal, wenn wir, von Windhuk kommend, den Paß erreichten. Da sahen wir von weitem jenseits des Revieres unser Haus liegen. Nicht immer konnten wir fahren; in der glühenden Mittagshitze bergan zu streben, kostete viel Anstrengung. Aber da oben, da waren wir Zuhause, — da stand der Kühler, — im Kühler gab es kalten Tee mit Zitrone, um den brennenden Durst zu löschen. Es wäre uns auch nicht möglich gewesen, gleich zu Mittag zu essen. Wir setzten uns erst mit ganz großen Gläsern ins luftige Wohnzimmer und erholten uns. Dann erst trug Mäxchen auf. Nach der Mittagsruhe folgte das erfrischende Brausebad, und darnach konnte gearbeitet werden.

Niemals, wenn wir nicht unbedingt mußten, gingen wir des Nachmittags nach Windhuk. Wohl aber wanderten wir in der Kühle in den Bergen umher. Wir erlebten dort soviel.

Am gefährlichsten die Abenteuer mit Schlangen. Es gibt sehr viele, ungiftige und giftige. Unsere Felsen hier oben sind das wahre Schlangenparadies. Die Giftschlangen sind am breiten dreieckigen Kopf und dem ganz kurzen Schwanzansatz zu erkennen. Meist lassen wir uns aber gar nicht auf lange Betrachtungen: ist sie giftig — ist sie es nicht? ein, sondern holen das Gewehr und schießen. Wir haben die grünliche Baumschlange beobachtet im großen Gemeinschaftsbau der Gesellschaftsvögel. Als sie herauskam, dick und vollgefressen, ereilte sie ihr Schicksal. — Ich wollte einen kleinen Ast zum Feueranmachen im Halbdunkel aufheben, da gleitet er mir aus der Hand, eine Hornviper. — Büdi meldet, die Hühner sind so unruhig. Wir leuchten den Stall mit der Taschenlampe ab — eine Mamba, die zu den sehr gefährlichen Kobras gehört.

Der dicke, schwarzweiße Kater, der an sich sehr scheu ist, legt sich mir zu Füßen und wälzt sich. Beim Näherhinsehen quillt ihm weißlicher gallertartiger Schaum aus dem Maule. Sein Kopf liegt in einer Pfütze von diesem Schaum. Wir befühlen ihn, können aber nichts feststellen. Trotzdem, das muß ein Schlangenbiß sein. Er kam aus dem Hause und liegt nun in Krämpfen. Wir suchen alle Zimmer ergebnislos ab. Wir suchen noch einmal. Da ist die graue Scheuerleiste an der einen Wand so dick. Richtig, auf ihr langgestreckt liegt eine grauschwarze Mamba.

Ein anderes Mal, es war an einem zweiten Weihnachtstag, ordne ich die Kissen auf den Sesseln, im Sofa. Da zischt es mir entgegen. In der Sofaecke richtet sich aus ihrem Geringel eine Spuckschlange auf.

Unser Eßzimmer führt auf die Veranda. Vor der Holztür war eine Gazetür angebracht, der Moskitos und Fliegen wegen. Sie hatte sich etwas gezogen und schloß unten nicht mehr gut. Ich stehe im Eßzimmer und sehe, wie sich die Tür leise bewegt, und über die Schwelle ringelt sich eine sehr große gelbschwarzgestreifte Mamba. Sie verschwindet unter einem hohen Eckschrank, der eine Glastür hat. Er dient mir als Gläserschrank. Ich rufe Bitz. Anfangs glaubte er wohl, ich habe mich geirrt. Wir leuchten unter den Schrank, da ringelt sich in der äußersten Ecke die Schlange zusammen. Er wollte schießen. Ich fürchtete, durch den Knall würde die große Glasscheibe womöglich platzen. Ich griff zum Besenstiel und wollte sie durch Stochern zum Hervorkommen veranlassen. Es nützte nichts. Mit einem Mal hängt sie oben über dem Schrank und ist im Begriff, auf uns herabzugleiten. Sie hatte sich zwischen Wand und Schrank hinaufgestemmt. Wie schnell konnten wir zurückspringen! Sie zischte und züngelte, und Bitz erlegte sie. Wir warfen sie auf die Veranda, um unseren Dackel Männe zu beobachten. Ahnungslos kam er auf seinen krummen Beinen „tappen-tappen" daher. Da wittert er die Schlange. Er bleibt stehen und knurrt. Er reckt sich und wird endlos lang. Ich hätte nie gedacht, daß ein Dackel eine solche Länge haben könnte. Er krümmt sich und schon sitzt er der Schlange im Genick und schüttelt und schüttelt sie, daß es kracht.

Wenn wir kleinere Schlangen erlegten, brachten wir sie, wenn sie sich noch ein wenig bewegten, unserem Erdmännchen. Interessant war es, den Kampf mit anzusehen. Mitunter hatte sich die Schlange fest um das ganze Tuckeli geringelt. Es ließ sich durchaus nicht stören, sondern biß ihr das Genick durch. Die Schlange wurde von ihm mit Genuß verspeist, aber den Kopf mit den Giftzähnen ließ er zurück.

Harmlos sind die zahllosen Eidechsenarten und die Geckos. Sie sind nützlich, denn sie vertilgen Insekten. Die Eingeborenen behaupten, die großen, bunten, roten und türkisblauen Eidechsen, die immer einen Diener machen, ehe sie davonhuschen, seien giftig. Mir hat nie eine etwas getan.

Geckos halte ich gern in der Waschküche oder Garage; im Zimmer mag ich sie nicht. Wenn sie von der Decke fallen, bricht ihnen leicht der Schwanz ab und ringelt für sich selber davon.

Chamäleons lassen sich leicht zähmen. Sie halten sich gut im Zimmer, wenn sie ein tägliches Brausebad mit der Blumenspritze bekommen. Sie sind so lächerlich häßlich mit den vorstehenden Augen, die sich nach allen Seiten drehen können, und dem dicken Kehlsack am Unterkiefer, aus dem blitzschnell die spiralig sich entrollende Zunge schießt. Sie nehmen mit Vorliebe gelbe und grüne Farbtöne an. Gelb sind sie, wenn sie sich ärgern oder krank sind. Sie werden auch türkisblau und dunkelgefleckt. Ich habe aber noch niemals ein Chamäleon erröten sehen, trotzdem ich sie zu Dutzenden gezähmt habe. Sie fraßen mir Käfer, Motten, Fliegen aus der Hand. Wenn sie böse werden, blähen sie sich auf und kneifen; beißen können sie nicht.

Im zerklüfteten Erosgebirge, dessen Ausläufer sich bis dicht an unser Haus hinziehen, gab es in Zeiten der Trockenheit kein Wasser mehr. Ganz früh, ehe die Sonne kam, und später auch bei Sonnenuntergang erschien bei uns eine Herde von 15 Pavianen. An sich sind diese Tiere sehr scheu, aber nun ließ sie der peinigende Durst diese Scheu überwinden. Auf der höchsten Spitze des Felsens hinter unserem Hause saß der starke Führer und suchte die Gegend nach Gefahr ab. Zeigte sich nichts Verdächtiges, so näherten sich alsbald die älteren Männchen und saßen meist im Halbkreis um ihren Baas. Von den Weibchen und Jungen war nichts zu bemerken. Anfangs zeigten wir uns, sofort erhob sich ein wüstes Geschrei und Geschimpfe, Steine prasselten, und die Bande suchte eilends im Gänsemarsch, der Führer als Letzter, das Weite.

Wenn Affen angreifen, sind sie gefährlich. Ein Biß kann dem Unbewaffneten verhängnisvoll werden. Hunde werden von ihnen in Stücke gerissen. Um unsere vier schneidigen Terrier waren wir mit Recht sehr besorgt. Sobald sich die Affen zeigten, sperrten wir sie ein. Wir selber hielten uns, weil sie wieder und wieder auf den Felsen saßen, versteckt, um sie zu beobachten. Als sie sich sicher fühlten, beruhigte der Großpapa auf affisch seine durstige Familie. Langsam stiegen sie, immer noch vorsichtig sichernd, zu Tal. In der Mitte, von den Männchen eingeschlossen, waren zwei Mütter mit den Jungen auf dem Rücken. Nun kam der Großpapa zum Trog. Er trank in durstigen Zügen, die Hände auf den Rand des Troges gestützt. Die anderen warteten in respektvoller Entfernung. Dann rief er ihnen etwas zu, was wohl heißen möchte: „Kommt ohne Sorge, trinkt!" Vertrauensvoll, laut und schwatzend kam das ganze Pack an und trank sich satt. Mißtrauisch blickte in dieser Zeit der Alte um sich und beobachtete die Fenster, hinter deren Gardinen wir standen. Die anderen waren voller Vertrauen! Sie zerpflückten den Pferdemist an der Tränke, rissen kleine Büsche aus und kauten an Grashalmen.

Auf ein Zeichen des Anführers setzte sich die ganze Gesellschaft, diesmal die Mütter mit den Jungen voran, in Bewegung.

Diesen Affenbesuch genossen wir wochenlang bis zum Anfang der Regenzeit. Wir freuten uns an ihnen. Schießen wollte sie Büdi nicht, sie haben etwas zu Menschenähnliches. Einige Jahre später brachte er aber doch eine Äffin zur Strecke, um den Dackel Männe zu retten, der sich im Eros auf einen Kampf mit ihr eingelassen hatte.

Es ist so schön, weitab vom Getriebe der Menschen zu wohnen. Wir sehen von unserem Berge aus die blauen, wellenförmigen Höhenzüge des Khomas-Hochlandes. Darüber brennt die untergehende Sonne. In leuchtendem Purpur liegt die Landschaft. Das tropische Farbenspiel beginnt. Die Abendwolken sind von Flammen durchglüht, bis der ganze Himmel ein zuckendes Flammenmeer ist. Nun strahlt der Abendstern, und tief unter uns liegt das dunstige Tal. Der Mond zieht über die östliche Kuppe; schwarz, wie Silhouetten stehen die Bäume. Nun blitzen im Tale die Lichter auf wie gelbrote Punkte. Bei uns schwimmt alles im silbernen Licht. Aus der Ferne knattert ein Auto; von der Bahn tönt ein schriller Pfiff. Hundegebell schallt herauf. Große, schwarze Fledermäuse, die in den Felsen wohnen, umflattern uns; mit lautlosem Flügelschlag senkt sich der Uhu auf die schlanke Kasuarine. Die Käuzchen rufen. Die Klippdächse schreien.

Wir sitzen still auf der Terrasse und sinnen in die Nacht. Neben uns liegen die Hunde, und die Katzen umstreichen uns. Tiefer wird das Dunkel, verwirrend schön strahlt das Sternenmeer.

In der Regenzeit bangt uns oft. Die Wetter umtoben das Haus. Es kracht von den Bergen, als wollten die Felsen einstürzen. Ringsum fahles, blaues Licht der Blitze; nun zuckender, greller, blendender Schein. Unter uns das Land ist nicht mehr da. Der Sturmwind wühlt den Glimmerstaub auf, und dichte Wolken hüllen Häuser und Gärten ein. Eine weiße Wand rückt näher und näher. Die ersten Tropfen fallen, lau und weich. Sie zischen auf den heißen Steinen, verdampfen. Es kommen mehr, sie werfen Blasen auf. Sie trommeln auf das Dach. Nun strömt der Regen in dichten weißen Fäden. Er dringt durch die geschlossenen Fenster und Türen. Es gießt von den Terrassen. Von den Felsen stürzen Wasserfälle zu Tal; in ihrer Wucht reißen sie tiefe Furchen in den Boden, und lehmige Wassermengen wühlen sich rauschend und brausend talab.

Wenn im Süden die Auasberge noch sichtbar sind, ist keine Gefahr, daß das Rivier abkommt. Werden sie aber ganz weiß und verschwinden vor den Blicken, daß eine unabsehbare Ebene dort zu liegen scheint, dann sehen wir auf die Uhr. Der weiße, dichte Schleier rückt näher und näher. Die Häuser im Tal, die Eingeborenenkirche, alles ist nicht mehr da. Nun dauert es noch 40 Minuten, dann kommt das Rivier ab. Wir horchen hinaus in das Toben. Da mischt sich ein anderer Ton in den Aufruhr der Natur. Es grollt und braust und rollt dumpf, und Menschen schreien. Das Rivier!

Wir alle, die wir jenseits wohnen, sind abgeschnitten vom Verkehr. Brücken gibt es nicht. Hat man das Glück, gerade zu Hause zu sein, dann ist man geborgen. Sonst muß man sich ein Obdach für die Nacht auf der anderen Seite suchen. Selten kommt das Rivier am Vormittag. Zwischen 5 bis 7 Uhr nachmittags steigt es. Morgens ist es meist abgelaufen oder doch so niedrig, daß man hindurchwaten kann.

Weil der Regen in den meisten Fällen nachmittags einsetzt, können die Eingeborenen der Klein-Windhuker Werft, die in Groß-Windhuk arbeiten, nicht hindurch. Manchmal steht das Wasser wie eine meterhohe Wand. Da hilft nichts als sich in Geduld fassen und abwarten. Wenn das Wasser gleich nicht so hoch kommt, macht das Hindurchwaten Spaß. Die Eingeborenen fassen sich an die Hände und bilden Ketten, daß sie nicht weggerissen werden. Die Kaffernweiber, die ganz lange Kleider tragen, tun höchst geschamig, wenn sie sich hochschürzen müssen. Das nötige Geschrei fehlt nie.

Ich habe auch manches Mal hindurchwaten müssen, und oft ist mir Bambuse Max entgegengepatscht und hat mir geholfen. Wenn ich Büdi am jenseitigen Ufer naß und frierend stehen sah, band ich wohl meine Wäscheleine an einen dicken Uferbaum und seilte Max am anderen Ende an, damit er Büdi holte. Sie banden sich zusammen, und ich zog sie herüber, damit sie nicht abgetrieben wurden.

Schnell, wie das Wetter gekommen, verzieht es sich auch wieder. Die Pfefferbäume strömen würzigen Geruch aus, stark duften alle Blumen und Sträucher und recken sich, denn endlich, endlich haben sie sich satt trinken dürfen nach langem Dursten. Überall glitzern Tümpel und Pfützen; wie ein silbernes Band schimmert das ablaufende Rivier. Alles atmet balsamische Frische. Geschäftig kommt das kleine Getier wieder aus seinen Schlupfwinkeln hervor. Die rotgestrichenen Wellblechdächer sehn so sauber gewaschen aus, daß es eine wahre Freude ist. Die Menschen stehen und trinken in tiefen, durstigen Zügen die feuchte Kühle.

Ganz weit in der Ferne, da grollt und wetterleuchtet es noch; hoch spannen sich zwei Regenbogen, und dann brennt der Abendhimmel in ganz unwahrscheinlichen, gar nicht zu beschreibenden Farben.

Bald nach den Regenschauern ändert sich das Landschaftsbild. Die Berge sind nicht mehr kahl und tot, smaragdgrün leuchtet es von den Gipfeln bis zum Tal, gelb schimmern die Sternblüten der Morgensterne und bedecken den von der Trockenheit zerrissenen Boden wie ein lichter Teppich. Zwischen den Steinen hervor sprießt das zarte grüne Gras. Es wiegt seine silbernen Büschel, wenn ein Windhauch leise darüber spielt. Kleine blaue, rote, unscheinbare und doch so liebliche Blumen erscheinen. Rankenwerk zieht sich über die kahlen Felsen; an den gelben Röhrenblüten des wilden Tabaks schwirrt der Kolibri; in den Tümpeln pfeifen die Wasserschildkröten, die Frösche rufen durch die laue Tropennacht. Die dicken Frösche sind die katholischen, sie quaken tief „Papst, Papst, Papst", die kleinen Fröschelchen hingegen trillern ganz hoch „Luther, Luther, Luther", das sind die evangelischen.

Leider verschwindet alle Herrlichkeit gar zu bald; die Blumen vergehen, das Gras wird gelb und fahl. Doch auch dann noch ist die Steppe wunderschön. Die Wetterwolken der Regenzeit sind verschwunden. Im ewig gleichem Blau strahlt der Himmel.

Was gibt es dort fern am Horizont? Dort lagert eine graue Dunstschicht, aus der schwärzlicher Rauch aufsteigt. Ein Buschbrand. Seine Ursachen sind verschieden. So leicht entsteht er. Unvorsichtige Eingeborene entfachen ihn; sie haben nachts irgendwo gelagert und haben ihr Feuer nicht gelöscht. Auch Ausflügler und Autofahrer verschulden ihn. Achtlos wird ein Zigarettenstummel ins trockene Gras geworfen, die glimmende Pfeife wird ausgeklopft, und ein Fünkchen macht sich davon. Auch Funkenwurf der Lokomotive kann die Ursache sein. Ein trockener Grasbüschel fängt die Funken auf. Ein Windstoß braust daher. Nun brennt die Steppe. Tagsüber verfinstern dichte schwarze Rauchwolken den Himmel, in zackigen Linien fressen sich die Feuerschlangen bergauf, bergab. Da lodert ein trockener Baum wie eine Fackel. Dort wälzt sich die Flamme in rasendem Lauf durch das gelbe Gras. In den Büschen knistert und knackt es, und weiter rast die fressende Glut; es gibt kein Halten, kein Hindernis. Der Wind orgelt in den Lüften, es heult und klagt und jammert und singt, und schwarze Schwaden ziehen auf seiner Bahn. In rasendem Lauf flüchtet das Getier. Der Mensch, so klein und hilflos, er macht sich trotzdem auf, dem Rasen des Feuers Einhalt zu gebieten, um die wertvollen Gras- und Baumbestände seiner Farm zu erhalten. Er macht ein Gegenfeuer, schlägt mit Büschen und nassen Säcken die überspringenden Funken aus, unterstützt von seinen Eingeborenen.

Wenn es auf den Bergen um Windhuk brennt, wird die Kaffernwerft mobil gemacht. Auf Lastautos rasseln sie dem Feuer entgegen. Es gibt auch Unglücksfälle dabei; — erst neulich kam ein angesehener Farmer dadurch zu Tode.

Schau, wie schön ist das nächtliche Schauspiel, da flackert es hier, dort, da läuft eine Feuerschlange blitzschnell den Berg hinunter. Dort schlägt die Flamme hoch und steil zum Himmel, dann vergeht die Helligkeit, nur die glimmenden Baumstümpfe scheinen rot durch die Nacht wie die Lichter einer fernen Stadt. Oft stehen sie in der Reihe wie Fenster eines erleuchteten Eisenbahnzuges.

Ich habe auch solche Steppenbrände nicht nur von der geschützten Höhe meines Felsenberges, auch auf Farmen erlebt, wenn alles auszog, um wenigstens die Umgebung des Farmhauses vor der fressenden Wut des Feuers zu schützen. In der Helle der Flammen sah es aus, als ob die rot umlohten Eingeborenen riesengroß groteske Tänze aufführten mit den Säcken und Büschen, wie sie hierhin, dorthin sprangen und hüpften, sich beugten, reckten, niederwarfen. Im Brüllen und Krachen war das Rufen umsonst. Wie tödlich war die Erschöpfung, wenn sie heimkehrten, voller Brandwunden und Schrunden.

Nicht immer wird das Feuer gemeistert. Steht der Wind ungünstig, so muß es weiterbrennen; dann rast das knallende, knisternde Flammenmeer über Berge und Täler, tage-, wochenlang, zurück bleibt das schwarze, öde Land; schwarz recken sich die verdorrten Bäume; wie graue Schlangen zieht sich die Asche der verbrannten Äste am Boden hin. Aber der Tod, die Verwüstung schafft neues Leben. Zaghaft recken sich bald die ersten frischen Hälmchen aus der Asche. Gierig knabbert das Wild die zarten Sprossen, die durch die Asche ein bißchen salzig schmecken. Dort ist dann das Dorado des Buschmanns, denn dort gibt es gute Jagdbeute.

Mandatsherrschaft.

Um unser eigenes Leben hatten wir keine Sorgen, dafür aber um das Weiterbestehen der Schule, das wieder einmal recht fraglich wurde. Das Geld reichte kaum noch für die Gehälter des laufenden Monats. Da wurde beschlossen, einen Bazar zum Besten der Schule abzuhalten. Das war etwas ganz Neues. Erst einmal hatte ein Kirchenbazar stattgefunden, nun sollte eine ähnliche Veranstaltung helfen, die Schulkasse ein wenig aufzufüllen. Da mußte ich wohl oder übel meine Bergeinsamkeit verlassen und nachmittags zu Tal steigen. Wir alle gaben uns die denkbar größte Mühe, alles recht nett zu machen. Rührend war es, wie jeder einzelne mittat. Die Jungen leimten und pappten und schnitzten und hämmerten. Zwei Firmen hatten uns je eine Kiste auf dem Transport beschädigter Spielwaren geschenkt, die liebevoll und geschickt zum Verkauf repariert wurden. Die Mädelchen stickten und strickten und stichelten. Wir Großen leiteten an, halfen und arbeiteten mit. Die Geschäfte steuerten bei. Unsere großen Kinder tanzten im Rokokokostüm ein Menuett, das mit um so größerer Begeisterung aufgenommen wurde, weil es das erste seiner Art war.

Der Betrieb war fabelhaft. Die komischsten Dinge passierten. Jemand wusch sich in der „Bläue" die Hände in der Ananasbowle und zahlte dafür die ganze Bowle. Ein anderer setzte sich auf anderthalb Dutzend Gläser, nur seine Börse kam dadurch zu Schaden. — Am frühen Morgen machten wir Kasse. 1100 Eintrittskarten waren verkauft, 22 000 Shillinge waren eingenommen, und im Kral beim Schülerpensionat standen noch 20 Hammel, 2 Ochsen. 3 Kühe mit Kälbern, 2 Erpel, 6 Tauben und 1 Reitpferd zum Verkauf. Zwei Luftgewehre und eine Kupferbowle sollten auch noch versteigert werden. Fürwahr, Gemeinschaftsgeist und Opferwilligkeit waren groß. Das Fortbestehen der Schule war für mehr als ein Jahr gesichert, wohl nicht gerade zur Freude der Administration.

Reibungslos verlief der Verkehr zwischen den Deutschen und der Administration keineswegs. Überall ergaben sich Schwierigkeiten. Das erste deutsche Schiff, von der Woermann-Linie gechartert, war die „Baltica". Sie durfte vier Reisen im Jahr machen, aber nur bis Kapstadt, zur „Wiederaufnahme des Verkehrs mit Deutschland". Rührend waren die ersten Passagiere anzusehen, die nach hier kamen. Versorgte, vergrämte Frauen mit inzwischen herangewachsenen Kindern, sehr späte Bräute.

Die katholische Mission durfte weder Patres noch Krankenschwestern herauskommen lassen. Es bestand das Bestreben, das Elisabeth-Haus, unser Storchennest, in solche Bedrängnis zu bringen, daß wir es freiwillig aufgeben sollten. Es befand sich, da kein Geld da war, in elendem Zustand. Schwestern durften nicht mehr aus Deutschland bezogen werden. Es wurde das Gesetz geschaffen, daß nur Schwestern hier im Schutzgebiet zugelassen wurden, die eine Prüfung in Südafrika bestanden hatten. Den Apothekern ging es genau so, auch den Ärzten. Kein deutscher Anwalt durfte vor Gericht erscheinen; die deutschen Büros waren gezwungen, einen englischen oder südafrikanischen Partner aufzunehmen, der dann zu Gericht ging. Plädieren darf kein Rechtsanwalt, dazu ist ein Advokat da, der sehr viel Geld kostet. Überhaupt die Gerichtsbarkeit! Es wird Recht gesprochen nach römisch-holländischem Recht. Ein eigentliches Gesetzbuch gibt es nicht. Der Richter muß ähnliche oder gleiche Fälle heranziehen, die im Laufe der Jahrhunderte geschehen sind, und aus denen konstruiert er seinen Schiedsspruch. Es gibt zwei Gerichte, das Magistratsgericht für kleinere Vergehen und Strafen bis zu £ 50. Das Obergericht für größere und ganz schlimme Dinge.

1914 gab es blühende Farmen mit reichen Viehbeständen, wohlhabende Kaufleute; Handwerker und Arbeiter hatten ihren guten Verdienst, Minen- und Diamantbetriebe arbeiteten; wirklich Arme, Unterstützungsbedürftige gab es nicht.

Im Kriege kam das gesamte wirtschaftliche Leben zum Stillstand.

Nach der Übergabe setzten zage Versuche ein, dem daniederliegenden Lande aufzuhelfen. Die Reserven der Schutztruppe waren entlassen. Die Farmer gingen an den Wiederaufbau ihrer zerstörten Farmen, sammelten ihr Vieh, säuberten die Brunnen, flickten die Dämme und bestellten frisch die verwilderten Felder.

In die größeren Ortschaften waren Unionskaufleute mit ihren Waren gekommen. Die deutschen Geschäfte stellten sich um auf die gleichen Waren. Der Handel fing im Kleinen wieder an. Die Handwerker und Arbeiter mußten feiern. Die Geldentwertung kam. Die Seitzscheine waren sofort nach der Übergabe abgeschafft. Deutsche Reichskassenscheine wurden nur mit großem Abzug in Zahlung genommen, und schließlich hatten weder deutsches Papiergeld noch deutsche Münzen Gültigkeit.

Die politischen Ausweisungen setzten ein. Fast die Hälfte der Deutschen verließ das Schutzgebiet. Die, welche hierblieben, gerieten in große wirtschaftliche Not. Die Mandatsregierung hatte unter anderem auch die deutsche Landwirtschaftsbank als Kriegsbeute vereinnahmt, von der viele Farmer Markdarlehen hatten. Das deutsche Geld war entwertet, aber diese Markschulden wurden als englische Goldpfunde eingetrieben. Ein

Währungsschiedsgericht versuchte, die dadurch entstandenen Härten einigermaßen zu mildern.

Außer den beiden hier ansässigen deutschen Rechtsanwälten kamen noch viele aus der Union, die aus den verwirrten hiesigen Verhältnissen Nutzen ziehen wollten. Im November 1921 zählte man hier in Windhuk allein 32.

Die Mandatsregierung ging rücksichtslos vor, viele deutsche Siedler kamen auf dem Wege der Zwangsversteigerung um ihren Besitz. Am 26. Juli 1923 wurde die 120. deutsche Farm zwangsversteigert. Die Anzahl der freiwilligen Versteigerungen und Verkäufe kenne ich nicht. Über die freiwillig zum Verkauf gestellten Farmen wollte die neue Regierung bestimmte Angaben haben und schickte Fragebogen aus, denen zwecks leichterer Beantwortung folgende Beispiele beigegeben waren: „Wilhelm, Deutscher Kaiser, Kulturfarmer, — Michel, Kleinsiedler." — Versehentlich unterschrieb dies ein höherer Beamter; da ging eine recht peinliche Beschwerde an die Mandatsregierung, die Pretoria auf Privatwegen erreichte.

Verzweiflungsvoll wehrten sich die Farmer gegen ihren Ruin. Die Viehhändler benutzten die Gelegenheit, Viehauktionen abzuhalten. Ochsen, Kühe, Färsen erzielten einen Durchschnittspreis von 30 Shilling je Kopf, Kälber brachten 3 bis 5 Shilling, Kleinvieh 1 bis 3 Shilling.

Diejenigen, die trotzdem noch nicht den Mut verloren, versuchten, ihr Vieh in der Union abzusetzen. Die Frachtsätze waren fast unerschwinglich hoch. Es geschah, daß Farmer, nachdem ihr Vieh auf Unionsmärkten verkauft worden war, noch zuzahlen mußten. Dazu war die Pflege während des langen und heißen Bahntransportes mehr als mangelhaft. Wehe, wenn es sich so traf, daß das Vieh über einen Sonntag unterwegs war. Sonntag ist bibelmäßig Ruhetag.

Die Farmer wurden bei der Regierung vorstellig, doch die Frachtsätze zu ermäßigen. Im Mai 1922 wurde daraufhin der Frachttarif auf £ 2.4.- bis £ 2.8.- „ermäßigt". Von einer weiteren Herabsetzung wurde abgesehen, trotzdem die Güterwagen, die Kohlen für die Eisenbahn hierherbringen, zum größten Teil leer zurückfahren.

Nun bereisten zwei Deutsche, D. und B., Angola, um dort Absatzmöglichkeiten für unser Vieh zu studieren. Aber die Viehpreise waren geringer als hier. Im belgischen Kongo wären wohl

Absatzmöglichkeiten gewesen, aber es ging nicht an, durch Angola Vieh zu treiben. Dort sind so gut wie keine Maßnahmen gegen Viehseuchen getroffen. Daher sind sie in dem Lande stark verbreitet, und die Gesundheitsverhältnisse lassen mehr als zu wünschen übrig. Es blieb also nur die Union.

Im Distrikt Grootfontein lag der Mais zu Hunderten und Tausenden von Zentnern aufgestapelt. Er war unverkäuflich, weil durch eine Herabsetzung des Einfuhrtarifs nach hier der Unionsmais viel billiger ins Land kommt, als wie ihn die hiesigen Farmer liefern können.

Die Eingeborenen begriffen die Not des Farmers wohl; viel Lohn konnte er ihnen nicht zahlen, sie nahmen dafür Vieh. Sie verdingten sich auch nur auf Farmen, wo ihnen erlaubt wurde, Vieh zu halten.

Hier ein Beispiel: Unsere Freunde D. in der Nähe von Okasise hatten vor dem Kriege eine eigene Eismaschine und Tiefkühlung für Milch, Sahne und Butter, die dann im eigenen Kühlwaggon mit der Bahn nach Swakopmund befördert wurden. Ein großer Teil der Swakopmunder Bevölkerung wurde auf diese Weise versorgt. D. hatte ein eigenes Auto, einen bildschönen Viererzug; der ganze Zuschnitt im Hause glich dem eines deutschen Rittergutes. Und nun? Die Maschinen verrostet, die Wagen zerbrochen, die Pferde eingegangen, das geplante neue Haus weiter nur geplant, das alte im Verfall, die Termiten hatten die Holzverschaldecke und Dachbalken angefressen; im Wohnzimmer hing ein Drittel der Decke herab, überall knisterte es, die Türrahmen angefressen; statt der Scheiben Blech oder Holz; vor der Veranda der Schweine wegen Dornbüsche im Eingang, weil das Tor unbrauchbar geworden war; auf dem Tisch Blechbecher neben dem alten Silber. Zu essen gab es Maispapp. Geld? Wo gab es Geld? Der Viehwächter blieb nur, weil er 4000 — viertausend! — Stück Kleinvieh umsonst auf der Farm weiden lassen durfte. Mehreremal war es so weit, daß auch diese Farm unter den Hammer kommen sollte. D. war infolge einer Leberzerreißung gestorben, und die Witwe quälte sich mit ihren vier kleinen Kindern allein durch, sie haben gedarbt, gehungert und geschuftet, sie sitzen noch auf ihrer Heimatscholle. Zwei Söhne sind nun erwachsen, und es geht langsam bergauf.

Es ist aber nicht allen gegeben, den Kampf gegen den Niedergang mit solcher Zähigkeit durchzuführen. Manch einer war des zermürbenden Kampfes müde geworden, er kehrte nach Deutschland zurück, arm, hoffnungslos, verbraucht. Andere wurden gleichgültig, das Vieh wurde verschleudert, die Gärten verkamen, die Farmen verödeten. Einer schnitt sich die Pulsadern auf; ein anderer hängte sich an seinem Lieblingsbaume auf und hatte einen Zettel in der Tasche: „Ich mache nicht mehr mit"; wieder ein anderer nahm Gift und schrieb: „Begrabt mich im Kleiderschrank", — und wieder andere schossen sich einfach tot. — Weg! — Schluß! —

Dafür aber brachte ein jeder aus der Union kommende Zug neue „Voortrekkers", die systematisch von der Regierung angesiedelt wurden. Viele von ihnen hatten überhaupt kein oder kein nennenswertes Betriebskapital. Sie bekamen die schönsten Farmen unter erleichterten Bedingungen und Beihilfen jeder Art. Das war teuer und schuf mit die große Schuldenlast unseres Landes, aber es gab Wähler und Stimmen für die Union.

Die „Voortrekkers" bestanden zum Teil aus „poor Whites", „armen Blanken", Nachkommen gänzlich verarmter Buren. Sie sind das lästige Proletariat in der Union, haben nichts gelernt und wollen nicht die Arbeiten verrichten, welche die Eingeborenen sonst tun. Um einen Teil von ihnen loszuwerden, wurden sie nach hier verpflanzt. Man gewährte ihnen ganz besondere Vergünstigungen. Diese Beihilfen haben sie prompt und ergebnislos verfarmt und fallen nun überflüssigerweise dem Lande zur Last. Ein Vertreter der Mandatsregierung hat festgestellt, daß mehr als die Hälfte der an die „Applikatie-Farmer" ausgegebenen Darlehen nicht mehr hereinzubekommen ist. Gewissenhafte Unionsbeamte warnten wiederholt; ihre Stimme wurde nicht gehört.

Ähnlich steht es mit den Angolaburen, dem „edlen Blut". 1876 kamen sie aus dem Transvaal, durchtreckten Südwest und ließen sich in Angola nieder. Vor ein paar Jahren gefiel es ihnen aber dort nicht mehr. Sie wollten in ihre alte Heimat Südafrika zurück. Der damalige Administrator Werth fühlte sich veranlaßt, sie hier in Südwest, nicht in ihrer alten Heimat, anzusiedeln. Es wurden ihnen hier die sogenannten Angolablocks angewiesen. Bis April 1931 waren dafür 13 Millionen Mark ausgegeben, und weitere Unsummen werden verschlungen. Diese Leute aber fühlen sich hier durchaus nicht wohl. Sie befinden sich ebenfalls in großer wirtschaftlicher Not. Sie betrachten sich als betrogen, denn was ihnen von hier versprochen ist, hat sich nicht erfüllt. Es geht ihnen schlechter, als es ihnen in Angola ging. Nun wünschen sie sich nach dort zurück. Einige haben hier alles im Stich gelassen und sind bereits abgewandert. Andere vermehren die Zahl der Arbeitslosen und müssen unterstützt werden. Auch die Angolaschulen, -pensionate, -lehrer, verursachen neue erhebliche Unkosten und belasten den Etat für das Erziehungswesen. „Warum wurden sie denn überhaupt geholt?" fragt man. „Stimmzuwachs für die Union"; sie sind „subjects" und haben nach einem Jahre Stimmrecht.

Hingegen die Deutschen, die sich um Farmen bewarben, auch solche mit etwas Geld, waren kein wünschenswertes Ansiedlermaterial. Sie sind auch erst nach fünf Jahren stimmberechtigt. Da keine deutschen Ansiedler mehr ins Land kamen, hörte auch naturgemäß der Zufluß an deutschem Gelde auf. Das machte sich fühlbar.

Auch an Eingeborenen schien der Regierung Mangel zu herrschen; Farbige kamen in Mengen aus Südafrika, Kapboys, Basutos, Zulus usw., die hier Arbeit suchten. Unseren Eingeborenen wurde dadurch die Arbeit weggenommen. Sogar einige Weiße hielten sich eingeborene Kraftwagenführer, dafür waren die weißen ausgebildeten Kraftwagenführer ohne Verdienst und mußten, um nicht zu verhungern, Padarbeiten verrichten.

Anfangs arbeiteten die neu ins Land gekommenen südafrikanischen Ansiedler mit einem gewissen Erfolge. Das Vieh war billig eingekauft, die Regierung hatte Geld gegeben, die Einrichtungen, welche die Deutschen geschaffen hatten, waren noch gut imstande, auch das Wild war ja vom Vorgänger geschont worden. Sie konnten auch billig arbeiten, denn sie hatten ihren ganzen Anhang mitgebracht, die „Beiwohner". Diese dürfen eine bestimmte Menge Vieh halten, wenn sie es haben. Dafür müssen sie die Arbeiten verrichten, die sonst von den Kaffern gemacht werden. Eine Menge Kinder haben sie auch. Auch sie wurden zu bestimmten Arbeiten herangezogen, Schulen besuchten sie nicht. Erst neuerdings wird ein bestimmter Druck von der Regierung ausgeübt, und sie werden dazu gezwungen. Nun wohnen sie aber weit weg von größeren Ortschaften, wo Schulen sind, und haben auch kein Geld, den Pensionspreis zu zahlen. Da bleibt der Regierung nichts weiter übrig, als ihn bedeutend zu ermäßigen oder ganz zu streichen. Dadurch erklären sich weiterhin die hohen Unterhaltskosten für Schulen und Pensionate in diesem Lande, die wir natürlich alle mitzahlen müssen.

Die Regierung hat das Land so dicht besiedelt, daß das zu Farmzwecken von der deutschen Regierung ausersehene Land nicht mehr ausreichte. Zu deutscher Zeit lagen die Farmen so verteilt, daß zwischen je drei Farmen ein Stück Regierungsland lag, das geschont werden mußte. In Zeiten der Dürre und Trockenheit und damit verbundenem Futtermangel durften dann die Farmer auf diese Regierungsfarm zurückgreifen, und ihr Vieh war vor dem Verhungern geschützt. So blieb auch in ungünstigen Regenjahren dem Lande der Viehbestand erhalten. Die Mandatsregierung hingegen vergab auch diese Reservefarmen, und in den schrecklichen sieben Jahren der Dürre, die wir durchzumachen hatten, fiel das Vieh zu Tausenden.

Aber nach einigen Jahren! Wie unzählige Farmen hat die Landbank zurücknehmen müssen, wie viele bietet sie jetzt zum Kauf aus, „weil ihr Eigentümer das Land verlassen hat". Wie sehen diese verlassenen Farmen aus! Die Häuser sind verfallen; Brunnen, Krale, Einzäunungen, Gärten und sonstige Einrichtungen in Grund und Boden verkommen, die der Deutsche in mustergültigem Zustande hatte. Auch die Farm, die mein Sohn von der Landbank übernommen hat, spottet in dieser Beziehung jeglicher Beschreibung. Mir ist diese Farm aus deutscher Zeit bekannt. Und jetzt! Risse in den Wänden, auf die nicht aufgepaßt wurde während der Regen; wackelnde Tür- und Fensterrahmen, Fenster, mit Blech zugenagelt; in einem Zimmer ein Loch gebrochen für eine Tür; aber keine Tür hineingesetzt; auf dem Fußboden Feuer gemacht; im alten Schlafzimmer Luzerne und Getreide liederlich aufbewahrt, die Küche und Speisekammer gar nicht zu beschreiben. In der Umgebung des Hauses derartiger Unrat und Schmutz, daß der Vorgänger meines Sohnes, der die Farm für kurze Zeit gepachtet hatte, etliche Ochsenwagenfrachten erst mal abfahren lassen mußte. Dies ist keine Ausnahme. Wir sind über manch verlassene Farm gekommen. Überall dasselbe Bild.

Die von den Südafrikanern verlassenen Farmen sind wohl käuflich zu erwerben, sind aber sehr teuer, weil alle darauf liegenden Unkosten und nicht bezahlten Zinsen des vorherigen Besitzers mit Zinsen und Zinseszins auf den Kaufpreis geschlagen werden.

Die Mandatsregierung erkannte wohl die Not aller Farmer und versuchte zu mildern. Das war aber reichlich spät. An verschiedenen größeren Plätzen wurden Molkereien eingerichtet, und dadurch kam der Butterversand nach der Union zustande. Jetzt werden alljährlich über eine Million Pfund Butter nach Südafrika ausgeführt. Der Erlös dafür ist aber gering. Das hilft ein wenig, aber nicht genug. Auch Schlachtvieh und Hammel werden in größeren Mengen von den Viehhändlern für den Verbrauch in der Union aufgekauft. Schon melden sich Stimmen im südafrikanischen Parlament dagegen. „Südwester Wirtschaft bedroht die Wohlfahrt der Union." Kapstadt, 6. Mai 1936. Die Volksratsdebatte drehte sich gestern nachmittag um einen Antrag des Abgeordneten Gilson (Ver. Partei), der dahin ging, die Regierung solle wirksame Schritte tun, um die Unionsfarmer von der Last zu befreien, die ihnen durch den Wettbewerb infolge der unbeschränkten Einfuhr der Primaerzeugnisse Südwestafrikas und des Verkaufs derselben auf den Unionsmärkten auferlegt sei. Gilson forderte, daß, wenn diese Konkurrenz weiter fortdauern solle, die Prämie für die Ausfuhr des Produktionsüberschusses Südwestafrikas von dem allgemeinen Einnahmefonds der Union getragen und nicht mehr aus dem Abgabenfonds bestritten werden solle, der in der Hauptsache von den Unionsfarmen aufgebracht werde. Gilson behauptete, die Erzeugnisse Südwestafrikas gestalteten sich zu einer höchst ernsten Bedrohung der Wohlfahrt der Unionsfarmer.

In seiner Erwiderung forderte der Landwirtschaftsminister Reitz das Haus dringend auf, diesem Antrag nicht zuzustimmen, der, wie er sagte, in der Aushungerung und dem Ruin der Bevölkerung Südwestafrikas gipfeln würde. Die Zahlung der Butterausfuhrprämie entspreche dem Gesetz des Landes, und Südwestafrika habe auf diese Prämie einen Anspruch, da es dieselbe Abgabe auf Butter zahle wie die Union. „Die Menschen in Südwestafrika sind unser eigenes Fleisch und Blut, und die Regierung kann einer Politik der Zurücksetzung der Südwestafrikaner nicht zustimmen", sagte er und betonte, während die in dem Antrag geforderten Maßnahmen nur zu Mißstimmung und Erbitterung zwischen der Union und ihren Mitbürgern in Südwestafrika führen könnten, würden sie doch die Schwierigkeiten des Molkereiwesens der Union nicht beseitigen, und die Union sei auch moralisch nicht berechtigt, Südwestafrika so zu behandeln, wie Gilson es vorschlage. Ein Antrag auf Übergang zur Tagesordnung über Gilsons Antrag wurde mit 47 gegen 24 Stimmen angenommen, worauf das Haus sich vertagte (das gibt zu denken).

Der Ackerbau in diesem Lande ist stets stark vernachlässigt worden. Das Land wurde zugunsten der Union ausgebeutet. Daher kamen die ungesunden Verhältnisse.

Nicht nur die Siedler standen im Zeichen der Depression. Unerbittlich zog sie ihre Kreise durch das ganze Land. Viele Geschäftsleute machten bankrott. Nun wurden die Angestellten arbeitslos.

Ein jeder schränkte sich so sehr ein, wie er nur konnte. Da war der Umsatz in den Geschäften gering. Nur die nötigsten Dinge wurden gehandelt. Die englischen Beamten und Bankangestellten, die wohl kaufen konnten, kauften meist in den hiesigen südafrikanischen Geschäften, bezogen zum Teil aber auch ihre Waren aus der Union. Unser Geld, mit dem sie bezahlt wurden, blieb also nicht im Lande, sondern wanderte ab nach Südafrika. Weil auch die deutschen Geschäfte zum allergrößten Teil Unionswaren handeln mußten, wurde auch dieses Geld nach dort geleitet.

Die Hotels waren verödet. Wer hätte sich denn seinen geliebten Abendschoppen noch leisten können? Wer verfügte noch über soviel Geld, daß er an der Bar stehen konnte? Die Farmer, die hereinkommen mußten, sahen eine solche Fahrt nicht mehr als Erholung an, auf der man sich amüsieren wollte. Der Aufenthalt wurde abgekürzt; die Frau wurde zu Hause gelassen. Viele blieben, wie in alten Zeiten, abends vor Windhuk liegen, erledigten am nächsten Tage eilig ihre geschäftlichen Angelegenheiten und richteten sich so ein, daß sie bei Sonnenuntergang Windhuk wieder verließen. Familien wurden auseinandergerissen. Die Männer schlugen sich irgendwie kümmerlich durch, die Frauen versuchten, für Kost und Unterkunft irgendeine Arbeit gleich welcher Art zu finden. Froh waren sie, wenn sie irgendwo Stütze werden konnten, andere tippten, andere saßen und taten gar nichts und aßen Maispapp.

Man wurde beim Administrator vorstellig. Der versprach, die Bahn nach Gobabis sollte demnächst gebaut werden. Wie ein leuchtender Stern stieg die Hoffnung auf: „Der Bahnbau bringt Geld ins Land!" Er wurde angefangen mit fünf Mann, drei

Die alte Feste in der Etoscha

Station Okombahe

Kaffernkapelle in Windhuk

Windhuker Honoratioren

Schiebkarren und zwei Picken, die aber selber mitgebracht werden mußten.

Als späterhin der Bahnbau energischer betrieben wurde, erhofften sich einschlägige Geschäfte Verdienst durch bestimmte Materiallieferungen. Es stellte sich aber heraus, daß von der Mandatsregierung beabsichtigt war, Brücken und Durchlässe in einer Weise herzustellen, die sich bei den früheren Bahnbauten im Schutzgebiet als unzweckmäßig erwiesen hatte. Dies System hatte außerdem den Nachteil, daß Landesprodukte, wie Kalk und Steine, überhaupt nicht zur Verwendung gelangten, sondern daß das gesamte Material dazu von der Union importiert wurde. Die Windhuker Handelskammer nahm sehr energisch Stellung gegen eine solche Handlungsweise.

Die Not stieg. Die Handwerker hatten wenig, fast nichts zu tun. Ihre Maschinen standen still. Gebaut wurde nicht. Unsere Maurer feierten. Die Arbeiten, die von Regierungs wegen ausgeführt werden mußten, wurden in der Hauptsache an südafrikanische Arbeiter vergeben, die in Scharen ins Land der Verheißung gekommen waren und nun ebenfalls Not litten. Diese zunehmende Arbeitslosigkeit, dazu das Fehlen jeglicher sozialen Fürsorge, schufen Zustände, die fast jeder Beschreibung spotten. Das von den Arbeitnehmern hierüber gesammelte Material läßt Blicke zu ins menschliche Elend, über dessen Umfang und Tiefe man schrecken muß. Man hält es einfach nicht für möglich. Das ist gewiß: Vor der Mandatsübernahme hatten solche Zustände nicht geherrscht. Krankenkassen, Unfallversicherung, vertraglich festgelegte Bestimmungen über freie Lazarettbehandlung — nichts gibt es davon. Die Verwaltung verhält sich in bezug auf deren gesetzliche Einführung durchaus ablehnend.

Endlich wurden unter dem Druck der Verhältnisse Notstandsarbeiten geschaffen. Der Avisdamm wurde gebaut. Die Pads mußten ausgebessert werden. Unter den „Padarbeitern" traf man Leute aller Schichten, Kaufleute, Handwerker, Farmverwalter, akademisch Gebildete, ehemalige Offiziere, verkrachte Farmer, Alte, Junge, alles durcheinander. Für geringen Lohn verrichten sie Arbeiten, die früher die Eingeborenen gemacht haben. Schwere körperliche Arbeit in beißendem Staub, Sonnenbrand und Hitze. Ein dürftiges Mahl, oft weniger und schlechter, als es die Eingeborenen verzehren, kurze Rast im Schatten eines Busches, die dem ermüdeten Körper keine Erfrischung gibt;

wieder Arbeit, Durst, Wassermangel; und abends sinken sie todmüde, mit Schwielen an den Händen und bleischweren schmerzenden Gliedern auf ein Graslager, oft unter freiem Himmel. Am nächsten Morgen dieselbe Fron. Arm sind sie geworden, so arm, wie sie nie im Leben gewesen sind. So arm und so hoffnungslos. Dabei sind gerade unter den Padarbeitern viele, die ihr Leben für dies Land eingesetzt haben, die für es gekämpft und gearbeitet haben in zäher Treue.

Auch das ausgedehnte Kreditwesen trug mit zum wirtschaftlichen Niedergang bei. Es wurde einem so leicht gemacht, Schulden zu machen. Es wurde einem manchmal direkt Kredit aufgedrängt, vor allem auf Kraftwagen, die bei geringer Anzahlung bequem abgestottert werden konnten. Wie manch einer ließ sich verleiten, einen zu kaufen. Er sparte Zeit, lag nicht tage- und wochenlang auf der Pad, wie früher mit dem schwerfälligen Ochsenwagen, konnte seine Produkte so viel schneller und frischer abliefern, war um so viel schneller wieder daheim bei seiner Arbeit, für die er sich keinen Vertreter leisten konnte. Dazu kam die jahrelang anhaltende Dürre. Die Gegenden um die Hauptpads waren blank wie die Tennen. Wo sollte er das Futter hernehmen für die Ochsen? Der Ochse braucht sein Futter, ob er arbeitet oder nicht. Das Auto frißt nur, wenn es arbeitet. Das waren die Argumente. Und das Geld für das Auto, Benzin und Öl, für die Ersatzteile? Es wanderte ins Ausland. Und dabei soll hier jeder fünfte Weiße ein Auto haben.

Wenn er nicht bezahlen konnte, was dann? Dann wurde das Geld mit großer Härte eingetrieben. Er mußte mit Vieh zahlen, das ihm zu billigem Preis freundlichst abgenommen wurde. Schließlich wurde ihm sogar das Auto wieder weggeholt, ich kenne Fälle, wo es zu zwei Drittel, drei Viertel bezahlt war.

Jahrelang sind wir wirtschaftlich ausgenutzt worden mit hohen Schutzzöllen, die uns lediglich im Interesse der Industrien des Nachbarlandes aufgezwungen sind, die unsere Lebenskosten verteuern, ohne uns im geringsten zu nutzen. Wir sind belastet worden mit gewaltigen Ausgaben für südafrikanische unbemittelte Siedler, um ihnen eine Existenz zu schaffen und auch ihre Kinder zu erziehen. Das waren nicht Verpflichtungen Südwests, sondern Verpflichtungen der Union. Sie hat praktisch sich selber das Geld für Unterstützungen ihrer eigenen Bedürftigen gespart und die Ausgaben auf uns abgewälzt.

Unionsbürger verdienen an den Bahnen, bei den öffentlichen Arbeiten, in der Polizei, unter den Beamten ihr Brot, welche wir bezahlen, während unsere eigenen Arbeitslosen kümmerlich ihr Leben fristen und dem Lande zur Last fallen müssen. Wir ernähren also eine große Zahl von Unionsbürgern mit unseren Schulden und geborgtem Gelde, während wir eigene Beschäftigungslose wieder mit neuen Schulden ernähren müssen. 1934 hatte Südwest auf diese Weise bei seinem Vormunde über 40 (vierzig) Millionen £ Schulden.

Wie könnten wir unter diesen Verhältnissen gegen die allgemeine Weltdepression ankämpfen? Wir hier in Südwest? Sprödes, hartes Land voller Gegensätze und Widersprüche, voller Hemmungen und Widerstände, stets in Abwehr und Kampf in Volk und Natur. So scheint es sein Schicksal zu sein. Und doch braucht es unser aller Kraft zu gemeinsamer Arbeit, zu gemeinsamem Ringen um eine Existenzmöglichkeit auf diesem bitter harten Boden!

Lange Jahre blieb es unbeachtet von den kolonisierenden Weltvölkern, versteckte sich hinter breiten Wüstengürteln, wehrte sich in seiner grausamen, widerspenstigen Natur und Magerkeit gegen jedes Eindringen europäischer Zivilisation, blieb das Land des Buschmanns, des Kaffern und des jagenden Hottentotten. Bis spät, als die verlockenden Güter der Erde schon verteilt waren, das deutsche Volk den Kampf mit dem unwirtlichen Lande aufnahm, kein Opfer an Gut und Blut scheute, um es zur Heimstätte deutscher Siedler zu entwickeln. Ein Starker hielt damals seine Hand über das Land, aus der Opfersaat begann Segen zu sprießen, unerwarteter Segen aus dem toten Sande der Wüste im Süden, aus dem Schoß der Erde im Norden.

Aufstieg und Niedergang, Überfluß und bittere Not im steten Wechsel, so will es die Natur dieses Landes. Das ist unser Schicksal und wird es bleiben. Die starke leitende Hand wurde uns genommen, die uns aufrichtete als einen Teil ihres eigenen Körpers. Wir sollten allein unseren steinigen Weg gehen unter Führung eines Vormundes, sollten als Mündel unsere Erziehungskosten selbst bezahlen aus unserem Erbteil. Wir hatten einen reichen Nachlaß mit auf den Weg bekommen, hatten ein Bankguthaben und gute Einkünfte aus Diamanten und Kupfer.

Aber der Vormund hatte viele Kinder, reich und arm. Für die Armen wollte er sorgen, sie sollten dem reichen Mündel helfen, das Land zu entwickeln, sollten sich im Lande ernähren und ausbreiten. Die Einkommen des Mündels reichten dazu aus. Es kamen immer mehr arme Kinder des Vormundes ins Land, so daß sie viel zahlreicher wurden als die, welche zuerst hier waren. Sie beherrschten das Land des Mündels und regierten es, und als seine Einnahmen immer magerer wurden, borgte der Vormund dem Land Geld, solange es noch dieses Geld wert war. Als die Bewohner dann in eine schwere Zeit der Not hineinkamen, die sich über die ganze Welt erstreckte, da sahen sie, daß sie kein Geld mehr borgen konnten, denn sie hatten schon ihre ganze Habe ins Leihhaus getragen. Sie fragten sich: „Was nun?" — Diese Worte richtete ein führender Deutscher öffentlich an die gesamte Bevölkerung.

Das letzte Halbjahr des Jahres 1922 war hart für Büdi und mich, Büdi bereitete sich sehr gewissenhaft auf die Einjährigenprüfung vor, und ich half ihm bei den Wiederholungen Tag für Tag, Abend für Abend. Wir hatten auch die Freude, daß er es bestand, und rüsteten uns gleich danach zur Deutschlandreise. Das Lagern unserer Möbel in irgendeinem Schuppen wäre sehr umständlich und teuer gewesen. Die Miete mochte ich auch nicht während des halben Jahres meiner Abwesenheit bezahlen, auch hätte ich einen Aufseher hineinsetzen müssen. Möbliert mieten wollte es auch niemand; es lag zu weit außerhalb. Da überließ uns der Nachlaßpfleger des verstorbenen Besitzers die drei Keller. In diese packten wir all unser Hab und Gut und mauerten zwei Stunden vor Abgang unseres Zuges die Kellertür fest zu. Luft kam hinein durch Mauerschlitze.

Weihnachten 1922 durften wir bei meinen Eltern in Berlin feiern. Deutschland stand im Zeichen der Inflation. Im Verwandtenkreis gab es viele Lücken. Durch neunjährige Abwesenheit in der Zeit der größten Umwälzung waren wir uns auch fremd geworden. Das Vaterland lag in Ketten; ich kannte es nicht wieder und konnte mich nicht zurechtfinden. Meine Eltern wohnten dicht am Kurfürstendamm in der Joachim-Friedrich-Straße, ich mochte nicht auf die Straße gehen. Der Kurfürstendamm war der Osten geworden mit all den slawischen und jüdischen Gesichtern und all dem, was sich da breitmachte. Das war nicht mehr mein Deutschland. Ich fühlte mich sehr unglücklich. Als mein Vater pensioniert wurde, kaufte ich für die beiden lieben Alten ein Häuschen im Harz als Ruhesitz.

Jetzt sind sie tot, und ich bin längst um das Haus geprellt worden wie um vieles andere.

Ich wollte gern, daß meine beiden Söhne zusammen seien; der Große hatte eine Anstellung in Hamburg, da brachte ich den Kleinen auch in einer dortigen Bank zur Ausbildung unter, weil mir eine Anstellung für später an einer hiesigen englischen Bank versprochen worden war. Bedrückt von all dem Jammer und der Not daheim, traurigen Herzens durch die Trennung von meinen beiden Jungen und in dem Bewußtsein, meine Eltern nicht mehr wiederzusehen, fuhr ich allein nach hier zurück. Ich hatte die Realschule verlassen und trat meine neue Stellung „Außenposten" an der neuen Regierungsschule, an. Ich wußte, worauf es ankam, und war entschlossen, meine Pflicht bis aufs äußerste zu erfüllen, und habe es auch 12½ Jahre lang durchgeführt.

Unsere Schulen.

Da ich 21 Jahre lang, von September 1914 bis Dezember 1935, im süwestafrikanischen Schuldienst gestanden habe, habe ich das Recht, meinen Standpunkt auf Grund meiner Erfahrungen klarzulegen. Ich möchte vor allen Dingen denen entgegentreten, die sich hier besuchsweise aufhielten, sich alles mögliche meist recht einseitig erzählen ließen und sich daraufhin für berechtigt hielten, dicke Artikel über unser Schulwesen zu schreiben. Viele dieser Artikel waren nicht nur unwahr, sie waren auch böswillig und deshalb geeignet, eine grundsätzlich falsche Meinung über uns in deutschen Leserkreisen zu erwecken. Auch diejenigen, die hier als Lehrer Gastrollen gaben und sich auf Grund ihrer Erfahrung Kritiken erlaubten, halte ich nicht für kompetent.

Als ich 1914 in den Dienst der Kaiserlichen Realschule trat, gab es im ganzen Lande 17 teils ein-, teils mehrklassige Regierungsschulen. In Windhuk war die Kaiserliche Realschule im Aufbau, Knaben und Mädchen besuchten sie gemeinschaftlich, und Ende des Jahres 1914 legten die ersten drei Schüler ihre Einjährigenprüfung ab. In Swakopmund gab es eine Städtische Realschule, die bis Tertia führte. Die Katholische Mission in Windhuk unterhielt eine Höhere Töchterschule. Im Bezirk Aroab, der von vielen Buren besiedelt war, gab es eine Privat-Burenschule, die von der deutschen Regierung subventioniert wurde.

Im Kriege wurden viele Schulen stillgelegt, auch Seuchen, Diphtherie, Typhus und Spanische Grippe hinderten ihre Weiterführung. Es lag anfangs im System der Mandatsregierung, zu versuchen, unsere deutschen Schulen vollständig zu unterdrücken. Daher standen auch die Lehrer und Lehrerinnen auf der Ausweisungsliste.

Diesem Bestreben der Ausrottung unserer Schulen setzten sich die Deutschen mit eisernem Willen entgegen. Deutsche Schulvereine gründeten sich allerorten und schlossen sich zum Landesschulverband zusammen. Den Schulvereinen halfen in Treue und Aufopferung die Lehrer. Viele zermürbende Kämpfe waren zu bestehen. Im Laufe der Erzählung meiner Erlebnisse habe ich bereits verschiedentlich Gelegenheit genommen, darauf hinzuweisen.

1916 wurde das Gebäude der Kaiserlichen Realschule für englische Schulzwecke weggenommen. Lehrmittel und Bänke wurden uns belassen. Dafür wurde uns das gerade fertiggewordene Mädchenpensionat jenseits des Rivieres in der 20. Allee angewiesen. War das ein Umzug! Weder Wagen, noch weiße, noch eingeborene Hilfe wurde uns gestellt. Einfach an die Luft gesetzt! Da packten wir alle selber mit zu, Lehrer und Schüler. Den Kindern machte es großen Spaß, dieses Schleppen und Wandern, bergab, bergauf. Uns war es bitter. Und schmutzig und müde waren wir alle, als der Tag zu Ende ging. Aber schon am folgenden Tage setzte der Unterricht wieder ein.

Unseres Bleibens war nicht lange. 1918 „sind wir auch da rausgeflogen und haben ein ander Haus bezogen", wie ein Liedchen aus jener Zeit unsere Schule besingt. Dies Haus war der Ostflügel der alten deutschen Volksschule, aus dem das Landesmuseum und die Städtische Bücherei entfernt worden waren.

Die dort vorhandene Volksschule und die Realschule wurden aus Sparsamkeitsgründen vereinigt. Die Volksschule wurde Vorschule der Realschule und hatte noch eine Oberklasse für diejenigen Schüler, die nicht in die Realschule übergehen wollten. Zehn deutsche Lehrkräfte arbeiteten an den zehn Klassen.

Mit der Administration wurden Unterhandlungen gepflogen, die Nächte hindurch dauerten und auf beiden Seiten mit großer Erbitterung geführt wurden. Die Administration wollte keine deutschen Schulen erlauben, und die deutsche Bevölkerung kämpfte zäh um deren Fortbestehen. Einen Sturm der Entrüstung riefen die Beschlüsse des ersten Administrators Gorges hervor.

1. Die Regierung übernimmt alle deutschen Schulen und Pensionate.
2. Alle Lehrer werden repatriiert.
3. Lehrerersatz darf nur aus der Union bezogen werden.
4. Englisch oder Holländisch bleibt der Wahl der deutschen Eltern überlassen, wird in der untersten Volksschulklasse eingeführt und von da ab in jeder weiteren Klasse fortgesetzt.
5. Von 1924 ab gilt Deutsch nur noch als Fremdsprache.
6. Es dürfen Privatschulen errichtet werden, auf die diese Bestimmungen keine Anwendung finden.

Durch Vorstellungen bei der Administration wurde zunächst erreicht, daß die Lehrer vorerst noch sechs Monate dableiben durften. Naturgemäß wurden die deutschen Schulen alle Privatschulen, und die Lehrer wurden von den Schulvereinen besoldet. Der Bevölkerung wurden große Lasten damit auferlegt.

Nach dem Besuch von General Smuts machte die Administration den Vorschlag, mit Mandatsgeldern eine deutsche Volksschule mit deutschem Lehrplan und deutscher Unterrichtssprache bis Standard VI (U 111) zu schaffen. Die Mandatsregierung verpflichtete sich auch, die deutschen Lehrer, die z. Z. an den deutschen Schulen angestellt waren, zu übernehmen und anzustellen. Schulgeld sollte nicht erhoben werden. Auf diesen Vorschlag wurde eingegangen, und das war der Anfang der deutschen Regierungsschulen.

Für das ganze Land sollte eine einzige Privat-Realschule bestehenbleiben, die keinen Zuschuß erhielt, sondern von den Deutschen aus eigenen Mitteln erhalten werden mußte. Diese Realschule sollte von Quarta bis Sekunda führen, damit unseren hiesigen Kindern Gelegenheit geboten würde, mühelos in eine Schule in Deutschland überzugehen.

Die Mandatsregierung kündigte der Privat-Realschule die Benutzung des Schulgebäudes in der Schulstraße, und wir wußten wieder mal nicht wohin. Es fand sich aber eine Unterkunft, das war die Städtische Ausstellungshalle, die 1914 für die Landesausstellung gebaut worden war. Sie hatte in der Zwischenzeit allen möglichen Zwecken gedient, war Futterschuppen und Stall gewesen, und jetzt wurde sie eben Realschule. Mit viel Freude und wenig Mitteln gingen wir an das Einrichten unseres eigenen Heims. Unangenehm war es, daß die Fenster alle nach Osten so hoch lagen, da meinte es die liebe Morgensonne sehr gut. Ich begab mich auf Wanderschaft, um Stoffe für Vorhänge zu schürfen. Ich bekam starken Nessel, sogar Garn und Besatz geschenkt. In nächtlicher Arbeit, weil wir alles schnell haben mußten, nähte ich die Vorhänge auf meiner Maschine, und der Leiter G. und ich hängten sie auf.

Wir mußten uns, da wir so arm waren, sehr einschränken. Einen Schuldiener konnten wir uns nicht halten. Die Mädelchen und ich schruppten und säuberten die Klassen, und die Buben, unter Aufsicht eines Lehrers, hielten den Hof in Ordnung.

Aus diesen Anfängen heraus, die ich bis November 1922 mitmachte, entstand die jetzige große Oberrealschule mit Vorschule. Sie ist jetzt Vollanstalt und führt zum Abitur. Es ist auch vorgesehen, daß die Schüler das englische Matrik an dieser Anstalt machen können, bis jetzt hat es aber noch keiner dort versucht.

Die Gesamtschülerzahl beträgt etwa 250. Ein Sieben des Schülermaterials findet nicht statt, jeder, der kommt, wird aufgenommen. Für den Besuch dieser Schule wird stark propagiert. Wiederholt sind Versuche gemacht worden, Eltern zu veranlassen, ihre Kinder aus der Regierungsschule (der „Burenschule", wie sie ironisch genannt wird) zu nehmen, und sie die Ober-Realschule besuchen zu lassen, damit sie zu guten Deutschen erzogen würden.

Jahraus, jahrein fließen reichliche Mittel aus Deutschland; die Schule wurde erweitert und ausgebaut, Lehrmittelzimmer, Bücherei mit etwa 6000 Bänden, Lehrerzimmer kamen dazu, ebenso ein zweites Schulhaus, ein Physiksaal, ein chemisches Laboratorium, ein Hörsaal, ein Zeichensaal und eine Werkschule, letztere vom Kösener S. C. gestiftet.

Viele Zuwendungen an Hausrat, Büchern, Wandschmuck, Lehrmitteln usw. erhielt die Schule aus Schenkungen und Stiftungen.

Der Schule angegliedert ist ein Knabenheim, ein Mädchenheim (das Hedwig-von-Bredow-Haus) und die Hedwig-Heyl-Haushaltungsschule. Der Frauenbund der Deutschen Kolonialgesellschaft sorgte für Instandhaltung der Gebäude.

Die Mandatsregierung unterstützte die Schule nach dem £ für £-System anfangs zwei Jahre, dann auf fünf Jahre und gewährte für die Erhaltung der Schülerheime einen jährlichen Beitrag von

£ 300. Seit 1928 erhielt die Anstalt für jeden Schüler zwischen dem 7. und 15. Lebensjahre jährlich £ 5 Beihilfe; 1932 wurden die Sätze gestaffelt, und nur für die ersten 50 Kinder werden noch je £ 5 bezahlt; für die zweiten 50 £ 4, für alle weiteren £ 3. Die vielfach aufgestellte Behauptung, daß sich die Ober-Realschule aus eigenen Mitteln erhalten müsse, stimmt demnach nicht ganz.

Die Regierung genehmigt die Anstellung der Lehrkräfte und läßt die Schule jährlich einmal inspizieren.

Afrikanische Geschichte, Erdkunde, englisches Rechnen sind Bedingungen, d. h. die gleichen Anforderungen wie für die deutschen Abteilungen der Regierungsschulen bestehen!

Außer der deutschen Ober-Realschule mit Reform-Gymnasium Windhuk bestehen als Privatschulen noch die Höhere Töchterschule der Katholischen Mission, Windhuk, deren englische Abteilung auch mit dem Matrik abschließt, und die deutschen Schulen in Lüderitzbucht, Kolmanskuppe und Karibib. Dazu gibt es noch einzelne kleine Farmschulen.

Die Mandatsregierung übernahm 1930 die Swakopmunder private Realschule und baute sie zu einem Reformrealgymnasium aus. Der Lehrplan ist so eingerichtet, daß in U III Volksschulreife erlangt wird. Versetzung nach O II bringt ohne Prüfung Bescheinigung des Departments, daß der Schüler in dem J. C. (Junior Certificate) in allen Stücken gleichwertiges Zeugnis erlangt hat. Diese Bescheinigung gibt Zutritt zu bestimmten Beamtenlaufbahnen. Ende U I erfolgt das Matrik. Nach Erlangung des Matriks, das zum Südafrikanischen Universitätsstudium berechtigt und bei Bewerbungen um höhere Beamtenstellungen verlangt wird, können die Schüler ein Jahr nach erreichtem Matrik das deutsche Abitur ablegen, was fast alle getan haben. O I wird aber vom Swakopmunder Schulverein bezahlt mit £ 550 durchschnittlichem Gehalt für einen Akademiker.

Auch an dieser Höheren Regierungsschule sind aus Deutschland bezogene Lehrer unter einem deutschen Direktor tätig. Lediglich der Englisch- und der Afrikaans-Unterricht liegen in den Händen von Südafrikanern. Die wissenschaftlichen Leistungen dieser Schule stehen weit über dem Durchschnitt. Ihre Schülerzahl beträgt 270. Auch die Erhaltung der Schulpensionate wird vollständig von der Mandatsregierung bestritten. Die

Leitung liegt ebenfalls in deutschen Händen. Die Stadt Swakopmund unterhält noch ein zweites deutsches Pensionat vom Schulverein aus.

Daneben besteht die Secondary School für die nichtdeutschen Kinder und das Hofmeyr-Hostel (Pensionat).

Deutsche Abteilungen der Regierungsschulen gibt es zwölf. Von 1923 bis Ende des Jahres 1935 arbeitete ich an der hiesigen deutschen Regierungsschule.

Gerade über diese Schule sind in Deutschland wiederholt Artikel erschienen, die keineswegs der Wahrheit entsprechen. Diese Schule ist als „verburt", die Lehrer sind als „Renegaten" geschmäht worden. „Verburt" ist eine Beleidigung, die nicht nur uns trifft, sondern auch für die Südafrikaner herabziehend sein soll. Über 50 Prozent der Südafrikaner sind deutscher Abstammung. Sie halten ihr Volkstum hoch, genau so wie wir es tun. Was soll also dies törichte Wort? Ich habe noch niemals gehört, daß „verdeutscht" von den Südafrikanern gesagt worden ist, obgleich viele von ihnen sehr gut deutsch sprechen. Dies gänzlich sinnlose Wort wird genau wie „verkaffert" in diesen Artikeln angewandt. Die Schreiber sind sich gar nicht klar darüber, daß sie mit derartigen Ausdrücken unserem Deutschtum viel mehr schaden als nützen und unnötige Bitterkeit durch derartige Taktlosigkeiten bei uns sowohl als auch bei den anders Völkischen schaffen. Was soll diese Hetzerei, die noch dazu auf Unwahrheit beruht? Sie beleidigen uns Lehrer, die Eltern, die uns ihre Kinder anvertrauen, und unsere Schüler. Sie beleidigen das Volk, mit dem wir gezwungen sind zu leben.

Absichtlich und unwahr wurde auch von diesen Hetzern verbreitet, unsere deutschen Kinder würden gemeinsam mit den anderssprachigen unterrichtet. Gewiß hat die Mandatsregierung anfangs versucht, eine Mischung zwischen unseren und den andersvölkischen Kindern herbeizuführen. Diese Versuche sind aber gescheitert. Bereits im Juni 1921 machte der Administrator öffentlich das Zugeständnis, daß ein Mischen der Kinder nicht mehr gefordert würde. Warum ist das nicht ein einziges Mal von diesen so sehr um das Deutschtum besorgten Artikelschreibern erwähnt worden?

Unsere „Regierungsschule" wird von ausschließlich rein deutschen Kindern, 185 an der Zahl, besucht. Die Eltern gehören allen sozialen Schichten an, die Väter sind Farmer, Handwerker,

Kaufleute; Arzt- und Rechtsanwaltskinder, auch Kinder ehemaliger deutscher Offiziere sind unter ihnen. Dem Glaubensbekenntnis nach sind sie evangelisch oder katholisch, einige gehören der Apostolischen Sekte an, die Eltern anderer bekennen sich zum deutschen Gottglauben. Ihre Kinder bleiben dem Religionsunterricht fern. Alle unsere Kinder sprechen nur deutsch. Sie sind bewußt deutsche Kinder und stehen keineswegs denen der Realschule usw. nach.

Die Schule unterrichtet bis zum 8. Schuljahr, Standard VI (Untertertia), nach den Lehrplänen der Höheren deutschen Regierungsschule in Swakopmund. Es wird aber größter Wert darauf gelegt, daß ein Abschluß der Volksschulbildung gewährleistet wird. Nach erfolgtem Besuch dieser Schule verlassen die Schüler entweder die Schule, um irgendeinen Beruf zu ergreifen, andere gehen zur weiteren Ausbildung in die Höhere Schule nach Swakopmund über oder besuchen die Windhoek-Highschool oder die hiesige Oberrealschule. Es unterrichten sieben deutsche Lehrer bei uns, die in Deutschland ihre volle Ausbildung abgeschlossen haben. Schulgeld wird nicht gefordert. Die Schulbücher und Schreibmaterialien werden zu einem billigeren Preise durch das Department des Erziehungswesens geliefert. Die Schulbücher für den Deutschunterricht (Fibel, Kinderland, Deutsches Erbe) und die Grammatikbücher (Jahn-Witzke), für Geschichte (Kummsteller), Naturkunde (Schmeil) und Physik, Erdkunde (Harms), Religion (Glaube und Werke) und die Grammatikbücher für Englisch (Dinkler, Learning English) werden aus Deutschland bezogen. Die Rechenbücher sind im Auftrage des Departments von deutschen Lehrern zusammengestellt und werden auch an der Oberrealschule benutzt. Neben den Lesebüchern sind von Standard III (Sexta) bis Standard VI (Untertertia) noch die „Lesehefte für deutsche Schulen in Südwest" in Gebrauch. Sie sind von der deutschen Lehrerschaft aus Berichten, Reisebeschreibungen und Erzählungen deutscher Afrika-Schriftsteller zusammengestellt und haben den Zweck, den Kindern ihre zweite Heimat Südwest zu veranschaulichen.

Auf die zweite Sprache, Englisch, wird natürlich großer Wert gelegt. Anfangs wurde dieser Unterricht von südafrikanischen Lehrern erteilt, hatte aber wenig Erfolg, da die Betreffenden nicht Deutsch konnten und deshalb nicht imstande waren, den Kindern entsprechende Erklärungen zu vermitteln. Seit 1924 bis Dezember 1935 lag der gesamte englische Unterricht in meinen Händen. Im dritten Schuljahre fangen die Kleinen damit in drei Stunden wöchentlich an. Nachdem die Kinder die Scheu vor der neuen Sprache überwunden haben, sind sie angeregt dabei. In den anderen Klassen haben die Schüler wöchentlich 6 bzw. 7 Stunden. Neben den deutsch-englischen Grammatikbüchern werden noch englische Lesebücher, Alers und Charter, Young South Africa, benutzt, die Stoffe zur Unterhaltung in reichem Maße liefern. In Standard VI ziehe ich außer der vorgeschriebenen Lektüre noch Zeitungsabschnitte, besondere Geschichten und Kapitel aus modernen englischen Büchern heran.

Von Standard II (4. Schuljahr ab) werden Aufsätze verlangt, die sich von Klasse zu Klasse schwieriger gestalten. In Standard VI muß das Kind fähig sein, die Grammatik und das idiomatische Englisch so zu beherrschen, daß es seinem Alter entsprechend einen klaren, in der Hauptsache grammatisch und orthographisch fehlerfreien Aufsatz schreibt.

Dies habe ich auch erreicht, je nach dem Durchschnitt der Klasse, mal weniger gut, mal besser. Ich kann aber wohl sagen, daß dieser Unterricht hohe Anforderungen stellt, und ich habe sehr fleißig arbeiten müssen, ihm gerecht zu werden. Meine Ausbildung in England kam mir dabei sehr zustatten. Bestimmt werden aber frisch aus Deutschland kommende Lehrer gewisse Schwierigkeiten haben.

Als zweite Fremdsprache wird Afrikaans nur in der Oberklasse (Standard VI) in zwei Stunden wöchentlich unterrichtet. Dies ist der einzige Unterricht, den ein Nichtdeutscher, ein Südafrikaner, an unserer Schule erteilt.

Im Rechnen wird in allen Klassen von Anfang an sehr viel verlangt. Da England mit seinen Dominions und Kolonien noch nicht das Dezimalsystem eingeführt hat, müssen sich Kinder und Lehrer redlich plagen mit dem 1/12, den Florins, halben Kronen, inches, yards, chains, furlongs, bushels, muids, Kapzentnern usw. Deutsche Lehrer haben für dieses Land passende angewandte Aufgaben zusammengestellt, denken sollen die Kinder lernen bei den kniffligen Aufgaben.

Zum Erleben der zweiten Heimat gehört auch die Kenntnis ihrer Geschichte im weiteren Umfange. Deshalb unterscheiden wir allgemeine und afrikanische Geschichte. Nur Unkenntnis oder Böswilligkeit können behaupten, daß unsere deutschen Kinder nicht genügend in die deutsche Geschichte eingeweiht werden. Ich kann unmöglich den ganzen Lehrplan anführen, aus dem mit Leichtigkeit nachzuweisen ist, daß sich unsere Kinder mindestens ebenso wie die in Deutschland an allen Großtaten unseres Volkes und unserer großen Männer begeistern.

Die afrikanische Geschichte ist eng verquickt mit der europäischen. Ein großer Teil der Südafrikaner hat deutsches Blut in den Adern: Von den 31 Mann der ersten Siedler waren 24 deutsch. Deutsche Landsknechte sind die ersten Forscher: Wintervogel, Müller, Darkert, Wrede, v. Meerhof. Das erste Wörterbuch der Hottentottensprache hat Wrede verfaßt. Gneisenau war Offizier in Kapstadt. 1786 bis 1808 lag das Regiment Württemberg in der Kapkolonie. Die beiden vorgeschobenen Wachttürme des alten Forts in Kapstadt tragen die Namen Hessen und Katzenellenbogen. Nach dem Krimkriege wurden 2900 Angehörige der Deutschen Legion zwischen Fischfluß und Tugela angesiedelt. 1858 noch einmal 2000.

Es ist nicht nur erwünscht, sondern unbedingt erforderlich, daß unsere Kinder Kenntnis erhalten von der Geschichte Südafrikas, denn Südwest ist unsere zweite Heimat. Ich kann keine Schädigung darin sehen, vielmehr eine Stärkung unseres deutschen Volksbewußtseins, wenn sie hören, wie unsere Vorväter gekämpft und gearbeitet haben in dem Neulande, wie es ihre Eltern hier in Südwest auch tun mußten.

Eins ist sicher: Für Geschichte sind unsere Kinder geradezu begeistert und können gar nicht genug davon hören.

Der naturkundliche Unterricht liegt in sehr bewährten Händen. Manchmal denkt man, man wäre auf einer Wiese. Büschelweise liegen z. B. die „geliebten" vierundzwanzigerlei Gräserarten auf dem Pult; ein Stückchen Fledermausflügel wird unter dem Mikroskop auf seine Parasiten untersucht; in Gläsern werden Anopheles- und andere unterschiedliche Mückenlarven gezüchtet, an der Wandtafel ist die Strahlenbrechung angezeichnet. Es gibt Anweisungen für erste Hilfe bei Unglücksfällen und noch sehr viel anderes aus der Gesundheitslehre.

Standard V ist reich geschmückt, Friedrich der Große, Hindenburg, der Führer und andere mehr sehen uns zu. Am schwarzen Brett im Hintergrund der Klasse sind die neuesten Pressebilder angeheftet.

In Standard V (Quinta) kann man an der Wand Reisen durch ganz Deutschland unternehmen, zu Wasser, zu Bahn und in der Luft. Im großen Sandkasten ist Südwest plastisch dargestellt, Bahnen, Wege, Dämme und Flüsse sind mit pulverisierter bunter Kreide gekennzeichnet.

In Standard III (Sexta) hatte ich die Klassenleitung, trotzdem ich nur Englisch dort geben kann. Meine ganze Zeit war durch Englisch in Anspruch genommen.

Nach dem Tode Hindenburgs baten mich die Kinder um Erlaubnis, eine Sammlung innerhalb der Klasse zu einem Bilde des verewigten Reichspräsidenten veranstalten zu dürfen. Schnell hatten sie das Geld zusammengebracht. Gemeinsam suchten wir einen Platz und fanden ihn im Rücken der Klasse über einem halbhohen Schrank. An der Sammlung hatte ich mich absichtlich nicht beteiligt, sondern alles den Kindern selbständig überlassen. Nun stiftete ich aber im Zimmer blühende Pelargonien unter unser liebes Bild. Dazu kamen Vasen mit frischen Blumen, von den Mädelchen täglich liebevoll betreut. Unter dem Bilde erschien am Tage darauf ein Streifen in schwarzweißrot, und auch die Blumentöpfe waren mit unseren Farben umwunden.

Diese Klasse war ganz besonders lebhaft und oft sehr laut. Nun war sie zu meiner Verwunderung musterhaft ruhig. Angenehm überrascht, lobte ich sie. Da zeigten sie auf das Bild und sagten: „Er sieht uns zu, da müssen wir doch lieb sein."

Diese Kinder sollen ihr deutsches Fühlen und Denken eingebüßt haben? — Die verlogenen Berichterstatter mögen kommen und auch nur einmal unseren Chorgesang beim langen Chormeister S. anhören, wenn unsere alten, lieben Lieder erklingen; sie mögen die Reigen und Volkstänze ansehen.

Unsere Schule hat auch zwei Werksäle, einen für Pappe und Holz und einen für Eisen. Das Material liefert das Department für Erziehungswesen. Da aber die Regierung auch im Zeichen der Depression steht und Sparsamkeit anempfiehlt und eine verhältnismäßig geringe Summe für das Material beim Werkunterricht auswerfen kann, „schürfen" wir.

In unserem Werkunterricht wird für die Schule gearbeitet, da werden Landkarten aufgezogen, Bücher eingebunden, Regale und Fahrradständer gemacht, Pulte, Tische, Bänke, Türen ausgebessert, Türschlösser und Schlüssel werden in Ordnung gebracht, die Einzäunung des Schulgrundstückes wird gespannt und sogar die schmiedeeisernen Tore sind Arbeiten unserer Schüler. Nebenbei fertigen die Schüler eine Menge Arbeiten für sich selbst an.

Der Zeichenlehrer F. ist zugleich ausgebildeter Lehrer für Papp- und Holzarbeiten. Da werden Kästchen, Schalen, Blumenständer und Kalender gemacht, farbige Papiere hergestellt, Notizblöcke, Bücher, Noten eingebunden usw., und erst das Holz! Die Jungen sägen, schnitzen, hobeln und drehen. Elektrische Stehlampen, Hängelampen, deren Beleuchtungskörper durchgesägte Straußeneier sind, Tischchen in Aussägearbeit mit afrikanischen Tieren, Handwagen, Radioapparate, Küchengeräte, Liegestühle und, last but not least, entstehen aus dem Holz der Shell-Benzinkisten angefertigte ganze Zimmereinrichtungen, „Shellmöbel". Und dazwischen flitzt in all dem Krach der Lehrer im fliegenden, öl- und farbbekleckten weißen Schutzmantel, hier ratend, dort zufassend.

Und jetzt kommt mit in die Schmiede! Eben hatte er noch Unterricht in Naturkunde und Physik, und nun steht er da, groß und wuchtig in blauer Arbeitsschürze und aufgekrempelten Ärmeln, der Werklehrer für Eisen W. Der Blasebalg faucht, das Schmiedefeuer glimmt, auf den Ambossen hämmert und sprüht es. Da wird gefeilt, gehärtet, gelötet, genietet. Wie manches Mal habe ich staunend und bewundernd zugesehen. Was wäre Südwest ohne „Tins"? (Tins sind Blechdosen vom großen 4-Gallonen-Benzin-Tin bis zur kleinsten Konservendose.) Diese Tinarbeiten liebe ich ganz besonders. Was meint ihr wohl, was man daraus machen kann? Das Erfindergenie des Werklehrers, das immer wieder neue Sachen schafft, ist staunenswert. Handkoffer, Proviantbehälter, Melkeimer, Körbe, Blumentöpfe, Küchenlampen, Becher mit auswechselbarem Griff, — das Depressionswaschgeschirr, jawohl! Und was weiß ich noch. Draht? Fleischgabeln, Fleischhaken, Fleischroste usw. Es gibt Suppenkellen, Schaumlöffel, Gartengeräte, Feuerzangen; wer zählt die Dinge, nennt die Namen!

Ein subjektiver Beurteiler sagte einmal nach dem Besuch unserer Werkausstellung: „Ich weiß nicht, warum solches Geschrei gemacht wird, wenn aus alten Tins neue gemacht werden. Einen Baum pflanzen ist wichtiger." — Das können unsere Kinder auch. Den Wert des Alten auch im Kleinsten schätzen lernen ist aber auch eine Kunst. Mit Genugtuung sehen wir, daß nunmehr auch die Oberrealschule anfängt, diese Kunst zu üben.

Bodenstedt hat uns auch getröstet:

„Zürnt, Freunde, nicht, wenn Spötter euch verlachen!
Erwidert lächelnd ihren Spott und wißt:
Der Spötter Witz kann nichts verächtlich machen,
Was wirklich nicht verächtlich ist."

Aber wir haben auch neues Material: Eisen-, Kupfer- und Messingblech in den verschiedensten Stärken. Entzückend ziselierte Kästchen und Rauchservice entstehen, Schreibzeuge aus Patronenhülsen, Aschenbecher, Leuchter, Tabaksdosen mit aufgelöteten Wildköpfen oder Initialen, Zigaretten- und Zigarrenkästen, auf Gärung gefeilt und unsichtbar gelötet.

Und die Jungen sind mit großem Eifer dabei. Nachmittags können sie kein Ende finden, und mit welchem Stolz zeigen sie ihre Kunstwerke. Wenn diese Kerlchen wieder auf die Farmen zurückgehen, dann wissen sie Bescheid mit allen möglichen Handwerkszeugen und können sich helfen.

Bei aller Freude und Begeisterung fehlt es auch nicht am Ernst für die Arbeit und Erziehung zur Ordnungsliebe. Die Werkzeuge müssen sorgsam behandelt werden, Messer und Scheren werden geschliffen, Sägen geschränkt, neue Stiele angefertigt, Maschinen geölt usw.

Unsere kleinen Mädchen kommen auch nicht zu kurz. Das Department gab uns zwei Nähmaschinen und lieferte Scheren, Häkel- und Stricknähnadeln, und alljährlich dürfen wir auf Departmentskosten Stoffe, Näh- und Strickgarne, Stickgarne, Wolle usw. bestellen. Anfangs, als ich noch nicht mit so viel Englisch belastet war, leitete ich den Handarbeitsunterricht in der Oberklasse. Meine Kollegin Frau S. und ich haben es uns angelegen sein lassen, den Handarbeitsunterricht an unserer Schule auf eine solche Höhe zu bringen, daß sie dafür im ganzen Lande bekannt ist. Unsere Nachfolgerinnen haben die Tradition aufrechterhalten. Jetzt liegt der Unterricht sehr erfolgreich in den fleißigen und talentierten Händen von Fräulein Sp. Wenn unsere Mädchen die Schule verlassen, können sie Zuschneiden, Wäsche und Kleider anfertigen und sind geübt im Nähen, Häkeln, Stricken, Sticken und Weben. Der Handarbeitsunterricht geht mit dem Zeichenunterricht Hand in Hand. Im Zeichnen entwerfen die Kinder ihre Muster zu Taschentüchern, Stickereien auf Decken und Kissen, Wäsche usw. Im Handarbeitsunterricht werden die Entwürfe ausgeführt. Der Zeichenunterricht unterstützt auch durch genaue Maßstabzeichnungen und Entwürfe die Arbeiten im Werkunterricht. Auf Ausbildung des Farbensinns und Geschmacks wird in allen drei Werkfächern Wert gelegt, damit keine Hausgreuel entstehen.

Die Mädelchen stellten ihre kleinen Künste aber auch in den Dienst der Wohltätigkeit. Damals war ich im Kuratorium für das Elisabeth-Haus (dem deutschen Wöchnerinnenheim) und ließ die Mädelchen eine ganze Babyausstattung nähen. Auch Stapel von Bettzeug, Kopfkissen und Küchenwäsche für das Elisabeth-Haus nähten und zeichneten sie mit großem Eifer mehrere Jahre hindurch.

In der diesjährigen Heim-Industrie-Ausstellung erwarben unsere Kinder so viele Preise, daß sie zum dritten Male den Schild für beste Werkleistungen der Schulen erwarben. Dreimal wurde um den Schild gekämpft, und dreimal siegten unsere Kinder. Wir sind stolz darauf, daß wir unsere Jugend so für das Leben gerüstet entlassen.

Nebenbei wird aber auch noch geturnt, geschwommen und Sport getrieben; außerdem gehören fast alle Kinder den Jugendbünden der Pfadfinder und Maiden an.

Wir haben eigene Werkausstellungen, Lichtbildervorträge, Elternabende mit musikalischen Darbietungen und Aufführungen, dazu werden Kulissen, Kostüme, alle nötigen Requisiten im eigenen Atelier angefertigt.

Die Verantwortung für den Gesamtbetrieb unserer Schule trägt mit immer gleichbleibender Ruhe und Umsicht unser altbewährter Schulleiter Kr.

Der Schule angegliedert sind zwei Schülerheime, eins für Knaben, das andere für Mädchen. Die Leitung des Knabenpensionats liegt seit Jahren in den treuen Händen des Schulleiters und seiner Gattin, die von einem unserer Lehrer unterstützt werden. Das Mädchenpensionat untersteht einem unserer ältesten Lehrer, W., der auch schon seit 1914 in Südwest tätig ist, und seiner jungen Frau und wird mit der gleichen Sorgfalt in bezug auf Ernährung, Körperpflege und geistige Entwicklung geführt. Ihnen zur Seite steht eine Lehrerin.

Der jährliche Pensionspreis beträgt £ 40 je Kind. Das Department kommt unbemittelten Eltern sehr entgegen; es gibt deutsche Eltern, die für zwei Kinder jährlich nur £ 10 zahlen.

Schule und Heime arbeiten sich erziehlich und gedeihlich in die Hände. Man braucht nur in den hellen luftigen Räumen die fidelen Kindergesichter zu sehen, die muntere Schar bei ihren Spielen zu beobachten, dann weis man, wie deutscher Gemeinschaftsgeist und Kameradschaft auch hier gepflegt werden.

Radio, Privateigentum der Lehrer, steht ihnen in beiden Pensionaten zur Verfügung. Ich war vor nicht langer Zeit im Knabenpensionat eingeladen, um eine Rede unseres Führers im Deutschlandsender mit anzuhören. Da saßen wir im Wohnzimmer des Leiters, dicht gedrängt. Ringsum auf dem Fußboden, eng aneinandergeschmiegt hockten unsere Jungen und lauschten begeistert, glänzenden Auges den fernen Klängen aus der alten Heimat. Mucksmäuschenstill war alles, erst pfiff und knackte es im Sender, dann Ruhe und die Stimme des Ansagers: Der Führer entsteigt dem Flugzeug und begibt sich zum Kraftwagen. Und dann das brausende Heilrufen der Bevölkerung. Wieder Stille und darauf die Rede. Es tat mir nur leid, den Ausdruck der verschiedenen Gesichter nicht festgehalten zu haben. Und zum Schluß die blanken Augen und roten Backen. An meine Knie geschmiegt saß ein kleines blondes Bübchen: „Fein, fein! Mann, war das fein!" jauchzte er.

So sieht die deutsche Regierungsschule unter den „Renegaten"-Lehrern aus! In deutschen Zeitungen ist Häßliches über sie geschrieben worden; wir haben uns mit Besuchern dieses Landes in Verbindung gesetzt und Gerechtigkeit gefordert. Ich weis nicht, wo das Arbeiten schwieriger ist, an der deutschen Privatschule oder bei uns. Die Realschule bekommt reiche Unterstützung aus Deutschland. Vergißt aber oft, daß sie von der Mandatsregierung subventioniert wird. Wir halten den Außenposten mit sehr viel Takt und Überlegung und erziehen unsere Kinder zu demselben Deutschtum und erhalten es ihnen. Und weil wir still und bedacht diese Arbeit tun unter sehr schwierigen Umständen, werden wir angefeindet. Zeitweilig wurden wir nicht von den Lehrern der Oberrealschule gegrüßt und unsere Kinder wurden verspottet und verhöhnt. Das war unverdient und tat sehr weh. Manche Träne wurde geweint, manches Trostwort wurde gespendet, um die Bitterkeit aus dem Kinderherzen zu nehmen; es hat aber auch manche Prügelei gegeben.

Auch wir hätten gern mal Geschenke aus Deutschland bekommen. Unsere Kinder haben es ebenso nötig wie andere. Unsere Bücherei ist verhältnismäßig klein. Das Geld dazu bringen Verlosungen und Elternabende auf, und wir bekommen dann von der Regierung im Pfund-für-Pfund-System den Zuschuß. E i n m a l wurden mir aus Deutschland von gütigen Geberinnen für Kulturzwecke RM. 100 überwiesen, da konnte unsere Bücherei um Bücher im Werte von £ 10 bereichert werden. Sonst ist noch niemals jemand auf den Gedanken gekommen, daß es vielleicht doch angebracht gewesen wäre, uns Stiefkindern des Deutschtums auf schwerem Außenposten auch einmal zu helfen, indem unseren deutschen Kindern eine Freude aus der Heimat gemacht wurde.

Diese Anfeindungen unserer Schule sind auch der Behörde bekannt. Sie griff verschiedentlich ein, um uns zu helfen, zwang auch Verbreiter unwahrer Berichte, soweit sie hier im Lande und erreichbar waren, zur Zurücknahme. Wir gehen unbeirrt unseren Weg. Ich gehöre nun nicht mehr zum Kollegium, um so schärfer trete ich aber allen bösartigen und absichtlich falschen Darstellungen entgegen.

Meine Söhne.

Nach einem Jahre gab ich dem Drängen meiner Söhne nach, besonders der Kleine litt stark unter Heimweh, und ließ sie kommen. Ich hatte soviel zusammengespart, daß ich ihnen die Reise nach hier ermöglichen konnte. Es war eine glückliche Zeit, als wir drei wieder zusammen waren. Sie fanden beide Stellung. Der Große wollte Rechtsanwalt werden, der Kleine Buchhändler, weil er sich für Literatur und Buchhandel und alles, was damit zusammenhing, besonders interessierte. Ganz in der Ferne schlummerte in uns allen Dreien der Wunsch, sowie wir es uns leisten könnten, zu farmen. Eine Stadt in Afrika bleibt trotz ihrer Kleinheit nur eine Stadt. Wir aber wünschten uns die Natur, die Jagd und die Tiere, die Ungebundenheit, die Einsamkeit. Arbeiten wollten wir in der Freiheit; verbunden sein mit der Scholle, der wir freudig abringen wollten, was wir zum Leben brauchten, die wir jetzt schon liebten. Wir wohnten natürlich wieder in Klein-Windhuk und hatten ein Haus unterhalb des früher von uns bewohnten zur Miete bekommen.

Hurra, ein Auto! Um uns den weiten Weg zu verkürzen, den die Jungen sogar zweimal täglich hin- und zurückmachen mußten, kauften wir einen kleinen 4-Zylinder-Chevrolet, der die größte Freude auslöste. Wie sie gute Reiter und Jäger waren, so wurden sie nun verständnisvolle, geschickte Autofahrer. In der Jagdzeit gab es kaum einen Sonnabend oder Sonntag, der sie nicht draußen sah. Wenn es ein längeres Wochenende gab, kam ich mit.

Wir waren so glücklich, es ging uns wohl zu gut, denn es waren Zeiten, wo wir uns unseres Lebens freuten und keine großen Sorgen hatten. Da ging eine Kollegin, Frau S., auf Urlaub, die zu gleicher Zeit das zweite deutsche Mädchenpensionat der Regierung leitete. Für ihre Vertretung von der Schule war Sorge getragen, aber nicht für die Pensionatsleitung. Um ihr die Reise möglich zu machen, ging ich darauf ein, sie für vier Monate zu vertreten. Ich tat es nicht gern, weil das Zusammenleben mit meinen Söhnen dadurch gestört wurde. Ich konnte für die Zeit mein Haus möbliert vermieten, mit Ausnahme des Schlafzimmers der Jungen. Da die Mieter Freunde von uns waren, war es angenehm, zumal sie auch den Jungen Frühstück reichen wollten. Das Education Department hatte mir auch erlaubt, sie gegen Entgelt mittags und abends im Pensionat mit zu beköstigen. Ich sah sie täglich bei den Mahlzeiten, und erst nach dem Abendessen fuhren sie nach Hause. Der Kleine sah aber blaß aus und hatte wenig Appetit. Auf Befragen erklärte er wiederholt, ihm fehle nichts. Mein Ansuchen, zum Arzt zu gehen, wies er lachend zurück. Eines Nachmittags war er so elend, daß ich ihm in meinem Schlafzimmer noch ein zweites Bett aufschlagen ließ, um ihn zu beobachten. In der Nacht stieg das Fieber auf 40; am frühen Morgen schickte ich zum Arzt. Typhus. Er kam ins Krankenhaus, und ich durfte ihn nicht pflegen, durfte nur an der Tür stehen und sehen, wie er kränker und kränker wurde, denn ich trug die Verantwortung für die fremden Kinder. Vier Wochen qualvollen Leidens und der Bewußtlosigkeit; der treue Arzt, unser lieber Freund, versuchte das menschenmögliche, die Schwestern opferten sich auf, — ich als Mutter mußte an der Tür stehen — und dann ging er. Afrika nahm ihn mir.

Ich konnte auch nach vier Monaten nicht ins Haus zurück, meine Kollegin wurde versetzt, und ich mußte das Pensionat vier Jahre lang weiterführen. Ich war es zufrieden, das gab Arbeit in Hülle und Fülle und schützte vor selbstsüchtiger Trauer und Grübeln. Morgens Schule, von mittags ab die Arbeit im Pensionat. Es waren in der Hauptsache Mädelchen; ein Schlafsaal war voll kleiner Jungen. Ich gewann meine kleine Gesellschaft sehr lieb. Noch jetzt besuchen mich viele und zeigen mir ihre Anhänglichkeit. Tag und Nacht gab es keine Ruhe. Mir zur Seite stand eine Wirtschafterin, die die Küche führte, und eine Lehrerin, die sich mit mir in der Aufsicht teilte. Die Buchführung war genau, beinahe kleinlich. Jeder abgenutzte Besen, jede henkellose Tasse, jedes zerschlissene Bettlaken wurde aufbewahrt und einer Kommission vorgewiesen.

Unsere Tropenkinder sind anfällig; Masern, Keuchhusten brachen aus, kleine Erkrankungen gab es jede Woche. Viel Korrespondenz mit den Eltern war zu erledigen. Besuche, Verhandlungen mit den Lieferanten, Last mit den Eingeborenen. Über eigene Zeit außer in den Ferien verfügte ich nicht. Nur die traurigen schlaflosen Nächte gehörten mir.

In dieser Zeit wurde auch meinem Ältesten eröffnet, der den Beruf eines Rechtsanwalts ergreifen wollte, dem außerdem versprochen worden war, die zwei Jahre Arbeit im Rechtsanwaltsbüro würden ihm als Lehrzeit angerechnet (man „lernt" nämlich in Südafrika Rechtsanwalt werden), daß er nicht Rechtsanwalt werden dürfe, weil ihm das englische Abitur, das Matrik, fehlte. Vorher hatte man mir versichert, er würde ohne Schwierigkeiten zu seinem Ziel gelangen, zumal er der erste hier im Lande geborene Deutsche sei, der diesen Beruf einschlüge. Die Anwaltskammer würde mir dabei helfen. Ich hatte mich also auf dieses Versprechen verlassen; der Junge hatte gut gearbeitet, um dem vorgeschriebenen Examen genügen zu können. Nun kam zu allem Kummer auch noch diese große Enttäuschung, die gänzlich außerhalb unserer Berechnungen lag. Nun versuchte er alles mögliche, daß er in irgendeine feste Stellung kam. Alles mißglückte. Zu der Trauer um den verlorenen Kleinen gesellte sich auch noch dauernde Sorge um die Zukunft des Großen. Er fand Aushilfsarbeit; mal hier, mal da war er tätig. Immer war unser Leben Erwartung und Unruhe. Wir haben in dieser Zeit über 200 Bewerbungsbriefe geschrieben, auch nach allen Teilen der Union, nach Übersee. Als vorzüglicher Kraftfahrer, Jäger und Landeskundiger begleitete er eine englisch-französische Jagdexpedition durch den Kaprivizipfel nach Livingstone. Das versprochene Gehalt blieb aus, und ich mußte ihm das Rückreisegeld telegraphisch anweisen, damit er wenigstens wieder nach hier kommen konnte. Dann wieder führte er monatelang einen alten englischen Großwildjäger und Sportsmann, der Rekordgehörne schießen wollte. Er machte sportlich eine sehr anregende Zeit durch, sie brachte nichts ein. Er hat in Rehoboth nach Gold geschürft, hat in der Namib verbotenerweise unter Lebensgefahr nach Diamanten gesucht, was herauskam und mir Unkosten von über 200 £ bereitete, ohne daß er auch nur ein kleines Splitterchen fand. Not, Unruhe, Enttäuschung und große Sorge: Was soll werden, wenn auch ich nicht mehr arbeiten kann? Jetzt endlich hat er mit bescheidenen Mitteln sein Lebensziel erreichen können. Er hat mit bescheidenen Mitteln in der Franzfonteiner Gegend, 80 Meilen von Outjo entfernt, die Farm Narachaams erworben und hat eine liebe, kleine Frau heimgeführt. Natürlich legt er den Hauptwert seiner Arbeit auf Karakulzucht. Ich hoffe, er hat Erfolg. Mutter sein ist oft zum Verzweifeln schwer.

Jagden im afrikanischen Busch.

Erholung brauchte ich nötig in den Ferien. Sie bestand in Jagdfahrten weit in Busch und Steppe hinein. Den kleinen Chevrolet hatten wir gegen einen größeren Chrysler eingetauscht. Er ist gar nicht mehr schön. Die Politur ist längst abgescheuert. Die Türen klappern; hier und dort reißt mal ein Kabel; auf einem Auge ist er blind. Das andere starrt recht trübe in die Dunkelheit. Über das Verdeck ist eine schokoladenfarbene Zeltbahn gespannt. Die Federn im Sitz drücken ein wenig. Hupen ist ihm ein peinliches Geräusch. Aber er hat eine prachtvolle Maschine und zieht durch Wasser, durch Sand, klettert bergauf und holpert über Geröll bergab. Ein Stückchen des Kühlers haben wir mit Zement zugegossen; dafür ist aber ein Nebenkühler in Form eines Würstchenkessels neben der Haube an der rechten Seite angebracht, der das Kühlwasser vermittels sinnreichen Röhrensystems in beiden Kühlern kreisen läßt. Er zischt wohl und kocht bisweilen. Im tiefen Sand klagt er: Ua, ua, ua — aber er macht seine Arbeit. Wieviel hat er mit Bitz und mir durchgemacht, in welch unmögliche Gegenden hat er uns führen müssen. Durch Schweinelöcher ist er geschwankt. Dornbüsche hat er überrannt. Brav genug ging er seinen Weg, 180 000 Meilen und mehr: Ua, ua, ua.

Wenn wir auf große Fahrt gehen, hat ein jedes Ding seinen bestimmten Platz. Rechts und links neben der Haube sind zwei Gewehrschuhe angebracht, das dritte Gewehr halte ich im Arm bereit. Zwischen Haube und Kotblech lehnt der Klapptisch, davor angebunden sind die Zeltstangen. Die Trittbretter bekommen ein Harmonikageländer angeschraubt. Darin stehen die Behälter für Öl, Wasser, die Kisten mit Benzin, die Kiste mit Geschirr und Vorräten. Der Rücksitz wird entfernt für Koffer, noch mehr Benzin, extra Handwerkszeug, Reserveschläuche, Feldflaschen, Feldbetten, Stühle, Mundvorrat. Auf den Gepäckträger hinten sind die Deckenrollen, das Zelt und Spaten und Picke aufgeschnallt. Ein jedes Ding hat unverrückbar seinen Platz, das Gewicht ist ausbalanciert.

So habe ich alle meine lieben, alten Gegenden wiedergesehen. Wir sind von Karibib am Erongo entlang gefahren. Immer wieder packt mich die Macht und Größe seiner Felsen. Die gewaltigen Zinnen, von Riesenhand gebaut, ragen steil und trotzig gen Himmel; verwitterte Felskugeln scheinen nur lose auf den schroffen, jäh abfallenden Felswänden zu ruhen. Die nächste brausende Gewitterflut kann sie die glattgeschliffenen Hänge hinunterrollen wie soviel ihresgleichen. Am Fuße des Gebirges zwischen Schutt und Geröll ragen mächtige Kolosse empor, die einsamen Wächter der Wüste, die sich vor ihnen in der blauen Unendlichkeit dehnt.

Hier in dieser geheimnisvollen Wildnis lebten vor Zeiten die Buschmänner. Unter den überhängenden Felswänden finden wir ihre Zeichen und Malereien eingegraben. Wer doch ergründen möchte, wer sie waren, diese großen Künstler einer längstvergangenen Zeit. Ihre Zeichen werden ja gedeutet: da sind Fußabdrücke in die Felsen gehauen, — kleine und große, runde Löcher gebohrt. Die kleinen Löcher sollen Feldkost bedeuten, die großen sollen Wasserlöcher darstellen; die Fußabdrücke sollen melden: Wanderer, der du dies siehst, wende deinen Fuß, die Beeren sind unsere, das Wasser gehört uns. — Da steht in roter Farbe ein Krieger mit Pfeil und Bogen, verschiedene Malereien von Wild finden wir neben ihm: das Wild gehört uns, geh den anderen Weg, wir verteidigen, was unser ist. Oft habe ich in Staunen und Bewunderung gestanden und versucht, Rätsel zu raten dieses seltsamen Volkes.

Wir fuhren durch die Namib auf die rotglühenden Kegel von Spitzkoppies zu. Vereinzelte Gemsböcke, Hunderte von Springböcken zogen vor uns her. Mein Sohn schoß einen mit prachtvoller Trophäe aus dem Rudel heraus. Wir hielten uns eine Weile beim Aufbrechen auf, und als die breiten, blauen Schatten über die Namib zogen, waren wir am Gebirge. Eine Wasserstelle ist dort noch vorhanden, ich fand sie aber nicht mehr. Das Haus — eine Ruine; der Garten, die Krale, der Brunnen verschwunden, — vom ehemaligen Damm noch ein kümmerlicher Mauerrest. Ich suchte nach den Gräbern der im Aufstand 1904 Ermordeten, da wurde es dunkel, und wir mußten das Lager beziehen. Holz gab es in Hülle und Fülle, ein großes Feuer flammte bald auf. Hyänen und Schakale schrien, die Klippdachse kamen von den Felsen herunter und nagten unbekümmert dicht neben unseren Feldbetten an den Rinden der Bäume. Ich lag die Nacht über wach und horchte auf die Stimmen der Wildnis. Der Steppenwind blies in die Glut, und die Funken tanzten in Büscheln die Felsen empor. Ich gedachte der früheren Zeiten, der Wechselfälle des Lebens und ach, der vielen Toten. Am frühen Morgen fand ich, was noch als Gräber erkennbar war. Dann stiegen wir ins Buschmannsparadies empor. Es ist ein mühevoller und schwieriger Aufstieg. Wunderbar, wie verschieden die Vegetation dort oben in der Mulde zwischen den Schroffen ist im Vergleich zu dem Pflanzenwuchs am Fuße des Gebirges. Mit großer Erwartung wollte ich meinem Sohn die Höhlen mit den berühmten Zeichnungen zeigen, da kam die Enttäuschung, als wir sahen, wie verständnislos sie zerstört waren.

Wir fanden auch Schürfstellen nach Edelsteinen. Spitzkoppies und Umgebung ist reich an Heliodoren, Turmalinen, Aquamarinen, Saphiren und Bergkristall. Auch Feldspat ist dort zu finden.

Westlich von Spitzkoppies dehnt sich der langgestreckte Rücken des Okombaheberges. Dorthin ging unsere Weiterfahrt. Mir war sehr weh ums Herz, als wir uns den großen Anabäumen des Riviers näherten, das Rivier mit der schmalen Wasserrinne durchfuhren und vor unserem früheren Hause hielten. Zwei ehemalige Bekannte haben es erworben und treiben dort Handel mit den Eingeborenen. Der Platz hat sich sehr verkleinert. Die

Bevölkerung ist bedeutend zusammengeschmolzen. Die Leute sind fortgezogen, der Platz ernährt sie nicht mehr. Viele arbeiten auf den Zinnminen der weiteren Umgebung, andere haben sich an irgendeiner einsamen Wasserstelle mit ihrem Vieh niedergelassen.

Unser Haus war verändert. Es ist außen weißgetüncht, die Malerei am Giebel ist überstrichen, und doch: Caelum non animum mutant qui trans mare currunt. Ein Zimmer ist noch angebaut, eins ist vergrößert. Ich saß in unserem alten Eßzimmer, auf das liebenswürdigste bewirtet und unterhalten von den jetzigen Besitzern des Hauses. Freilich machte ich die Unterhaltung mit, aber der Raum hatte Schatten. Die lebten und kamen —; die alten Leute, die mich noch erinnerten, begrüßten mich und drückten mir die Hände. Auch die Weiber kamen. Eine Alte brach in Tränen aus, als sie Bitz sah. Sie streichelte ihn und sagte: „Du, du bist mein Kind, ganz heimlich, wenn deine Mama mal weg war, bin ich zu dir gekommen, und hier, hier hast du bei mir getrunken", und dabei schlug sie sich auf die Brust. Dann streichelte sie ihn wieder, und Bitz machte ein nicht gerade schlaues Gesicht.

Mein alter Freund, der Kapitän Josua, war an dem Abend nicht da. Im Morgengrauen des nächsten Tages höre ich Schlürfen und Aufstoßen eines Stockes. Vor mir steht Josua, jetzt ein uralter Mann. Im Augenblick sinkt er vor mir in die Knie, reißt meine Hand an sich und küßt sie wieder und wieder. Ehe ich noch recht weiß, was geschieht, da liegt sein weißhaariger Wollkopf an meiner Schulter, und er schluchzt und weint, wie ein kleines Kind, und läßt mich nicht los, und ich — ich habe mitgeheult.

Um die Wiedersehensfreude ins Praktische umzusetzen, schenkte ich ihm Geld für Zucker und einen ganzen Springbock. Dann war ich froh, als wir abfuhren. Die alte Feste, auf deren Zinne ich einst Wache stand, ist zerfallen. Die evangelische Mission hat den Platz aufgegeben. Ein liebenswürdiger, langbärtiger katholischer Pater betreut die Gemeinde und pflegt den Garten. Er schenkte uns Apfelsinen und Papayas (Baummelonen). Am jenseitigen Ufer hielten wir kurz bei unseren alten Nachbarn Merkers. Beide sind jetzt 70 Jahre alt. Wir stießen mit ihrem eigengekelterten Wein auf das Wiedersehen an. Okombahe lag hinter mir. Vorbei!

Brandberg—Ugab—Sokibbank—Korichasfläche—Franzfontein.

Eine unserer Fahrten führte uns über die große Zinnmine Uis zum Brandberg. In trostlos öder Gegend liegt Uis mit den großen, kahlen, schwärzlichen Schutthalden. Wir wollten Springböcke auf der Fläche vor dem Brandberge jagen und weiter zum Ugab fahren. Es war die Zeit nach den großen Regen; das Gras stand in der Namib sogar so hoch, daß von irgendeiner Pad nichts zu sehen war. Wir bekamen von Uis einen Eingeborenen als Führer mit, der uns leidlich die Spur angeben konnte.

Am Ugab stießen wir auf eine Werft von alten Okombahekaffern. Den Werftältesten Galeb kannte ich von früher. Auch da war die Wiedersehensfreude groß und — teuer. Ein verhutzeltes Weiblein stand mit zahnlosem Munde grinsend vor Bitz: „Ich bin doch Helene, deine alte Eia", und streichelte ihn.

Bitz nahm Galeb mit ins Auto und fuhr auf Jagd, um für die Werft einen Springbock und einen Strauß zu schießen. Ich benutzte die Gelegenheit zu einem Bade im Ugab, mußte aber eine Zeltbahn aufspannen, denn eine weiße Frau baden sehen, war so ungefähr für die Weiber und Kinder, was eine Kinovorstellung für uns ist. In der Zwischenzeit ließ ich die verrußten Töpfe und unser Geschirr scheuern. In großer Geschwindigkeit wurde im Erdboden eine Vertiefung mit den Händen gekratzt, diese voll Wasser gegossen und das Geschirr darin gewaschen. Blitzblank trockneten alsbald alle Töpfe und Pfannen in der Sonne. Die mir gebrachte Milch wollte ich bezahlen. Beleidigt wehrte Galeb ab. Er zeigte auf Bitz: „Das ist mein Kind — ich bin sein Vater — was mein ist, ist sein." — „Du meine Güte", meinte Bitz, „ich hatte gar keine Ahnung, wie viele Mütter und Väter ich eigentlich besitze." — Vor der Durchfahrt durch den Ugab hatten wir ein wenig Angst, denn seit Jahren war kein Kraftwagen dort durchgezogen. Aus Vorsorge hielt Galeb Ochsen zum Vorspann bereit, aber alles ging glatt. An der Wasserstelle am jenseitigen Ufer zeigten sich frische Löwenspuren in der feuchten Erde. Das hat nicht viel auf sich, denn die Löwen ziehen sehr schnell. Spaß machte die Weiterfahrt. Von Weg keine Spur. Galeb sagte: „Du mußt dich platt auf die Erde legen und dann durch das Gras sehen. Da, wo die Grasbüschel ein bißchen kürzer und fester sind, da sind im Orlog 1904 die

Ochsenwagen der Truppe getreckt. Das ist die Pad." Die Richtung wußten wir. Also Bitz fuhr, und ich machte Turnübungen auf dem Bauche. Da hemmte uns ein tiefer, schmaler Schlot. Zwar verbog sich der Gepäckträger ein wenig, als er in der Vertiefung aufschlug, aber durch und hoch kletterte der brave Wagen. All dies wäre ja nicht schlimm, wenn innerhalb der nächsten. 30 bis 40 Meilen eine Garage wäre, von der man Hilfe erwarten könnte. Aber große, schweigende Einsamkeit ringsum. Kein Mensch nah und fern, der helfen könnte. Man ist so ganz auf sich gestellt, und gerade deshalb hat eine Fahrt quer durch den Busch solch großen Reiz. Karten nutzen nicht viel, denn die alten Wege sind nicht darauf eingezeichnet.

Eine Hauptpad kreuzte unsere selbstgesuchte. Wir fuhren leidlich bequem auf ihr weiter. Diese Hauptpad bestand darin, daß anderthalb Jahre zuvor ein Regierungsangestellter dort auch mal mit dem Auto gefahren war, um einen kürzeren Weg für die Angolaburentransporte zu finden. So etwas heißt schon Hauptpad. An einem Baume hing schief und lose ein Stückchen Holz, auf dem ehemals etwas zu lesen war. Wir wußten, da ist dichtes Gestrüpp, dahinter stehen hohe Bäume am Rande eines Riviers. Also dort muß eine Wasserstelle sein. Wir fanden sie auch, aber sie war trocken. Wir suchen auf unseren Fahrten stets die Wasserstellen auf, man kann nie wissen, ob man sie nicht für sich oder auch für einen anderen brauchen muß.

Kurz vor Sonnenuntergang knackte es in dem Gehölz, eine Zebraherde flüchtete unter dem Geprassel des dürren Astwerks. Bitz schoß einen Hengst heraus, der zeichnete. Wir fanden die Schweißspur beim Anschuß und hielten sogleich Nachsuche. Bald hörte der Schweiß auf, und die Sonne sank. Es blieb uns nichts weiter übrig, als zum Auto zurückzukehren und Lager zu machen. Wo Zebras sind, sind Löwen, denn Zebras sind ihre Lieblingsspeise. Außerdem waren diese Zebras so außerordentlich scheu, sie mußten gejagt worden sein. Die schräg abfallenden Felsplatten hießen Sokibbank. Ein kalter Wind strich bereits über die Steppe. Verlockend war es, im Schutze der Felsen zu liegen. In einer Löwengegend ist freier Ausblick aber besser. Wir verzichteten auf die Gemütlichkeit und lagen dafür neben dem Auto. In einiger Entfernung prasselte ein großes Feuer; viel-Holz, um es während der Nacht, wenn es sein mußte, hell brennend zu halten, hatten wir in Eile zusammengesucht.

Wir brieten Fettkukkies (eine Art Plinsen) auf den glühenden Kohlen und fühlten uns trotz des starken Windes sehr behaglich. In der Nacht entwickelte sich der Wind zum Sturm, wir stopften uns die Decken fest unter den Körper, und das Fußende beschwerten wir mit Steinen. Alle Stimmen gingen unter im Brausen des Sturmes. Das erwartete Löwengebrüll blieb aus.

Kaum hatten wir den Sand und Staub von unseren Lagern geschüttelt, so machten wir uns zeitig am nächsten Morgen wieder auf die Nachsuche nach dem verwundeten Zebra. Unserer Meinung nach mußte es im Wundbett liegen oder verendet sein. Etwa zweihundert Meter vom Lager fanden wir bereits seine Überreste. Ringsherum die großen Vergißmeinnichtfährten zweier Löwen, die dort leckeres Mahl gehalten hatten. Daher die Stille während der Nacht, denn beim Essen zu schweigen, lehrt anscheinend sogar die Löwenkinderstube.

Wir packten auf, löschten, dem ungeschriebenen Gesetz der Steppe gehorsam, unser Feuer und fuhren nordöstlich weiter. Zahllose Wildpfade und frische Losung zeigten uns die Nähe von Wild verschiedenster Art. Mit dem Glas hielten wir Umschau. Vor uns, auf einer kleinen Lichtung, ästen vertraulich Gemsböcke. Sie scharrten im Sande Wurzeln aus, rupften hier und da an Grasbüscheln und zogen ganz langsam vor uns her.

Da — mit einem Male zerriß ein knarrender Schrei die Morgenstille — dicht neben uns im Grase stieg ein Gackelhuhn auf und warnte. Der Ruf klingt wie das Getön einer Kinderknarre, die auf dem Weihnachtsmarkt feilgeboten werden. Wie ein Pünktchen stand es in der Luft und quarrte und quarrte. Die Warnung wird sofort von anderen Gackelhühnern aufgenommen, es quarrt und knarrt. Die träumende Steppe wird lebendig. Erst stehen die Gemsböcke regungslos, erstarrt, dann ein Hufstampfen, Staub, weg sind sie. Die Erdhörnchen sitzen, die Vorderfüße eng an den Leib gedrückt, aufrecht, auf den Schwanz gestützt, vor ihren Löchern und scheinen neugierig nach der Ursache der Aufregung zu forschen. Da druckst sich eins, quirlt herum, verschwindet. Das ist das Signal. Fort sind alle im Umsehen.

Einfach und leicht ist die afrikanische Jagd gewiß nicht. Das Wild hat seinen Schutzgeist. Scheint sich dort auf der Kimme der Düne etwas zu bewegen? Schnell das Glas! Da hat sich der Riemen am Futteral verwickelt; bis er gelöst ist, ist das Etwas weg. Leise nur läuft der Motor. Angestrengt hältst du Umschau. Dort hinten stehen zwei Gemsböcke! Ein Puff, ein Stoß; gerade da lag eine Wurzel oder ein Stein, und nun gibt es unerwünschten Lärm. — Ein andermal: Schon hast du den Finger am Abzug; da umschwirrt dich ein Käfer, eine lästige Fliege läßt sich nicht verscheuchen. Der Bock, der wie angewurzelt, wie verwachsen mit dem Erdboden da stand, ist weg. Er hat sich geduckt, ist seitlich abgezogen. Du suchst und suchst das Gelände mit dem Glase ab. Er lacht dich aus, denn er steht — hinter dir.

Noch mehrere Dünen waren zu überwinden, da lag die Korichasfläche vor uns in der zitternden Mittagsluft, dieselbe Fläche, auf der vor Jahren mein Mann beinahe den Tod durch Verdursten gefunden hätte. Ich bin in letzter Zeit öfters dort gewesen, weiß aber ihre genauen Ausmaße nicht. Soweit das Auge reicht, eine silberne leuchtende Fläche mit vereinzelten Baumgruppen. An ihrem äußersten Rande flimmert und flirrt es, es sieht aus, als ob die Bäume in einem großen Wasser ständen. Und dort, am Saume des Horizontes, da schwimmen die Kronen der Bäume im Wasser, und ihre Stämme recken sich in die Luft, und die Springböcke, die in Rudeln von Hunderten in der Fläche stehen, laufen plötzlich über die Kronen der Bäume, mit unwahrscheinlich langen Beinen. Das ist alles so zauberhaft, so unwirklich — Fata Morgana.

Jetzt kommen wir in die Fläche. Kreuz und quer ist der kahle Sand von Wildfährten durchzogen. Er ist hart, hier und da von spärlichen abgenagten Grasbüscheln und Strauchwerk durchsetzt. Bleiche Gerippe, Tierschädel liegen zerstreut und erzählen von den Tragödien der Fläche, die sich hier abgespielt. Schakalchen schnürt daher und duckt sich. Er vermeint, wenn er uns nicht sieht, wird er auch nicht gesehen. Bitz hebt das Tesching; ein ganz leichter Knall, Schakalchen macht einen Luftsprung und liegt still. In der Ferne stehen die Springböcke wie angewurzelt. Jetzt trägt ihnen der Wind das Surren des Motors zu. Sie hetzen davon. Wir folgen ihnen. Verschlafen stehen zwei Gemsböcke zur Mittagsrast im Schatten eines einsamen Baumes. In ihre geruhsamen Träume paßt nicht das Knattern des Autos. Sie sehen sich um, im plumpen Zotteltrab eilen sie davon. Wir lassen sie in Ruhe; wir wollen unseren Franzfonteiner Freunden ein bis zwei Springböcke mitbringen. Jetzt sind wir nahe genug heran. Die Springböcke verhoffen. Der

Motor läuft weiter, um sie von Bitz abzulenken. Alle sehen zum Auto. Er schlägt einen Haken, ein Knall und noch einer. Das Rudel stiebt davon. Wir laufen zu dem erlegten Wild und brechen die schönen Tiere auf. Mit einiger Schwierigkeit laden wir sie rechts und links auf die Schutzbleche des Wagens. Wilde Hunde, Schakale, anderes kleines Katzengetier mögen sich am Gescheide gütlich tun, wenn der Steppenwind aufsteht und der silberne Mond die Fläche bescheint.

Am späten Nachmittag erreichten wir Franzfontein, das Reservat der Swartboy-Hottentotten, in dem liebe, alte Freunde von uns, J., eine Heimstätte haben. Wie heimisch mutet das aus ungebranntem roten Lehm erbaute Haus an! Frieden und Behagen liegt über dem ganzen Anwesen. Wie gemütlich sitzt es sich im hohen Wohnzimmer zwischen den vielen Fellen und Gehörnen und anderen Jagdtrophäen! Ja, hier ist das Zuhause des weidgerechten Jägers. 96 Leoparden hat er zur Strecke gebracht. Ein mächtiges Löwenfell ziert die Wand. In die Ecke gelehnt steht die Saufeder, mit der er die in der Falle gefangenen Leoparden erlegt. Große Hunde, eine wahre Meute, umkreisen uns. Ich habe Sorge um Männe, unseren rotbraunen Dackel. Wenn einer dieser Hunde gähnt, dann ist Männe verschluckt. Er scheint es zu wissen und kommt gar nicht erst vom Auto herunter, wagt nicht einmal, aus der sicheren Ecke zu knurren, sondern richtet sich mucksmäuschenstill dort häuslich ein.

Franzfontein war ehemals ein größerer Platz. Im Kalkboden liegen zahllose weiße Kalksteine zerstreut. Der tropische Laubbaum, die Mopane, spreizt ihre zierliche Blätterkrone. Eine starke Quelle entspringt in den Franzfonteiner Bergen und rieselt als Bach durch den Ort. Dichtes, grünes Gras bedeckt als schmaler Streifen die Ufer. Genau so sieht es auch auf der Farm meines Sohnes aus, denn Narachaams liegt 10 Meilen von Franzfontein entfernt. Er hat das Glück, daß ihm die Quelle allein zur Verfügung steht.

Früher war Franzfontein Missionsstation. Jetzt ist sie längst aufgelöst. Das Missionshaus ist zerfallen. Eine kleine Kirche steht noch da, in der sonntags vom gelben Schulmeister Kirche und alltags Schule abgehalten wird. Eifrig bimmelt am Sonntag die kleine Glocke; die Hottentotten in schwarzen Röcken, wer so glücklich ist, einen zu besitzen; die Weiber in bunter, europäischer Tracht, aber mit Kopftüchern, wandeln, nicht „gehen", bei ihrem Ruf zur Kirche. Dann spielt der Schulmeister das Harmonium; in langgezogenen, schleppenden Tönen erklingt ein Choral auf Namaqua, und der Schulmeister predigt mit näselnder Stimme. Vor der Tür balgen sich die kleinen, gelben Hottentottenkinder, zwischen ihnen springen meckernd die bunten Ziegenlämmer.

Die Swartboy-Hottentotten besitzen etwas Groß- und Kleinvieh. Sie bauen in ihren Gärten Korn, Kürbisse und Tabak. Einige gehen auf Arbeit auf benachbarte Farmen, auch nach Outjo, und so hat der Stamm immer etwas Geld.

Die Quelle ist die Lebensader. Ihr Wasser gehört, genau nach Stunden geteilt, der Polizeistation, unseren Freunden und den Hottentotten. Eine Glocke gibt jeweils das Zeichen.

Franzfontein ist berüchtigt wegen des Raubzeuges. Bei unserer letzten Anwesenheit hatten 30 Hottentotten mit beinahe ebenso vielen Hunden einen Löwen gestellt und geschossen. Zu solchen Jagden bekommen sie Munition und einige Gewehre von der Polizeistation, die zur Zeit mit einem Polizisten belegt ist. Das Fell verkaufen sie und teilen den Erlös unter sich. Dies Fell brachte ihnen 50 Shilling. Dieser Löwe hatte ganz in der Nähe von Franzfontein eine Kuh gerissen. An dem Riß zeigten sich aber die Spuren von drei weiteren Löwen. Anfangs hielten sie sich zusammen, dann aber sonderte sich der Spur nach der größte und stärkste von den anderen ab. Dessen Verfolgung nahmen sie auf. Sie waren von vor Sonnenaufgang an auf der Fährte. Die Spur führte über die Kalkklippen, die ihm im Laufe der Verfolgung und in der Hitze die Pranken wund rissen. Immer größer werden die Schweißflecke, die Spuren auf den Steinen zeigten dies an. Sein Lauf verlangsamte sich. Von Kaffern und Hunden umringt, ergab er sich endlich. Viele Schüsse zerrissen ihn. Wie unendlich bedauere ich, daß dies königliche Wild so jammervoll und unehrenhaft zugrunde gehen mußte.

Unsere Freunde, J. auf Franzfontein, unterhalten ein kleines Geschäft, um besonders auf dem Tauschwege Vieh, Felle usw. einzuhandeln. Nebenbei treiben sie aber auch selber Viehzucht auf einer Farm in der Nähe. Der Garten bedeutet ein einträgliches Geschäft durch seine Erzeugnisse. 60 000 Apfelsinen werden durchschnittlich im Jahre versandt. Auch Wein gedeiht vorzüglich. Manchen Abend saßen wir beim Schein der gemütlichen Hängelampe. Auf dem Tisch stand die dickbäuchige Kanne mit der herrlich mundenden Bowle, aus selbstgekeltertem, eigenem Wein hergestellt. Wir lauschten den Jagdgeschichten des lieben alten Herrn, oder wir spielten Skat. Seine tüchtige Hausfrau ist eine vorbildliche deutsche Frau.

Die Tür des Wohnzimmers steht offen. Weiche, kühle Abendluft zieht herein. Einzelne Nachtfalter, vom Licht angezogen, torkeln herbei. Von weit her, von der Hottentottenwerft, klingt das Gelächter und der Gesang der Eingeborenen. Ihre kleinen Feuer glimmen auf. Einige Kaffernhunde heulen. Aus den Krälen schreit hier und da eine Kuh, einige Ziegen meckern. Leise plätschernd zieht der kleine Bach am Hause vorüber. Weiß leuchten die Kalkklippen. Im Garten wiegen sich die Kronen der alten Dattelpalmen, über die das Mondlicht in breiten Streifen fließt. Manchmal steht einer der großen Hunde auf und sieht zur Tür hinaus. Dann streckt er sich und kommt und legt seinen Kopf zärtlich auf meinen Schoß. Endlich müssen wir aber doch ans Zubettgehen denken. Wie lieb habe ich gerade dieses Haus und seine Bewohner.

In Franzfontein suchte mich auch ein alter Hottentott auf, der sich mit mir in fließendem Deutsch unterhielt. Er erkundigte sich interessiert nach Windhuk und den dortigen Verhältnissen und erzählte mir mit Stolz, er sei Kaiserlicher Aktenhefter a. D., früher, zu deutscher Zeit, in Windhuk beschäftigt. Sein größter Wunsch sei, daß die Deutschen wiederkämen, dann würde er sich sofort wieder als Aktenhefter melden. Hoffentlich dauere dies nicht mehr zu lange, denn er sei alt geworden. Er wolle aber noch warten. Einmal käme die Zeit. — Wieder dies Wort: Warten — warten. —

Korichaams.

Mit unseren Freunden beschlossen wir, gemeinsam einen Jagdausflug nach Korichaams zu unternehmen. Auf der großen Karte ist dieser Name wohl kaum zu finden. Aber gehe und frage die alten Südwester Truppler, die im Norden unserer ehemaligen Kolonie stationiert waren! Ein sehnsüchtiges Lächeln wird über ihre zerknitterten Gesichter huschen, ein Seufzer: Ja, das alte Korichaams. Der Name ist ein Namaquaname. Die Nachsilbe „ams" bedeutet Quelle.

Es ist weiter nichts als eine Kalkpfanne, in der an drei Stellen eine winzig kleine Quelle zutage tritt. Also eine Wasserstelle. Wir fuhren mit unseren Freunden in unserem Auto am frühen Vormittage ab. Die Ochsenkarre mit Proviant und Decken war bereits beim Morgengrauen mit dem gelben Treiber abgeschickt worden. Wir fuhren bei mäßig schnellem Tempo die Berge entlang auf der sogenannten Pad. Ich freute mich sehr auf Korichaams. Ich wollte versuchen, all meine Not und Trauer zu überwinden in der Schönheit und Einsamkeit der großen Natur. Dazu wollte ich nach Korichaams. So fuhren und fuhren wir, an Hügeln und Bergen entlang, über weite Flächen, dürr und kahl, zerrissen von der erbarmungslos brennenden Sonne. Dorngesträuch, Mopanebäume mit ihrem wogenden Blätterwerk streiften uns, hier und da wanderte ein Eingeborener, da raschelte ein langgestreckter Riedsumpf, und wieder Berge, Hügel, Fläche, Rivier, Sand. Nun wurde die Gegend öder. Vereinzelt nur standen Bäume im sanft welligen Gelände, knorrige kleine Akazien spreizten ihre schirmförmigen Kronen, und der Weg, wenn man die Spur alter Ochsenwagenräder so nennen will, war schwer zu finden. In der Ferne etwas Dunkles in all dem blendenden Sonnenglast. Strauße! Da, zur Rechten ein Vogelschrei. — Nun ein Stampfen und Knacken von dürren Ästen, ein Klappern auf dem Boden — eine Herde Zebras bricht durch, als letzter der prachtvolle Leithengst. Wir ließen sie in Ruhe. An die Strauße wollten wir uns heranpirschen. Die Straußenjagd ist sehr in Aufnahme gekommen durch die Buren. Es gab eine Unmenge Strauße in früherer Zeit, so viele, daß sie zur Plage wurden. Jetzt sind nicht Straußenfedern die große Mode, wohl aber wird Straußenleder sehr geschätzt. Für einen Straußenbalg zahlt der Händler 17 Shilling und mehr. Federn extra. Die Statistik vom letzten Jahre erzählt, daß 500 000 Straußenbälge ausgeführt wurden! Außer dem Balg ist das Fleisch verwendbar, auch als Bülltong getrocknet zum Beköstigen der Eingeborenen auf den Farmen, als Hühner- und Schweinefutter, und aus dem Fett wird Seife gekocht. Sie hat aber einen eigentümlichen, tranigen Geruch, der sich auch der Wäsche mitteilt.

Das Auto hielt. Unser Freund und mein Sohn stiegen aus. Schon hatten die Strauße Witterung, aber zwei Schuß fielen, und zwei Strauße lagen im Feuer. Der Mensch war gekommen in die vollkommene Welt und hatte seine Qual hineingetragen.

Wir deckten unsere Beute mit Buschwerk zu, um sie gegen die Aasgeier zu schützen, bis die Karre sie auflud. Diese Aasgeier sind für mich die geheimnisvollsten, merkwürdigsten Tiere. Ich sehe hinauf zum wolkenlosen, klarblauen Himmel. Nichts, gar nichts in der durchsichtigen, flirrenden Luft, die nur der Schuß zerrissen hat für den Bruchteil einer Minute. Dein Fuß hat einen Stein rutschen, einen Ast knacken lassen — das ist alles. Nun gehst du ein wenig fort, duckst dich hinter einen Stein, kriechst in den kargen Schatten eines Busches und beobachtest den Himmel. Da siehst du einen schwarzen Punkt. Er wird größer, noch einen, noch einen —, viele. Wie ein Stein fällt etwas aus der Luft. Es landet im nächsten Baum. Ein Geier! Wieder einer, — noch einer. Bald sitzt eine ganze Schar dieses häßlichen Gelichters ringsherum. Nun flattert einer langsam und plump näher zum gefallenen Tier. Gierigen Auges verfolgen die anderen sein Tun. Er wackelt bedächtig heran, stößt seinen hakigen Schnabel in die Weichteile des Wildes; schon zerrt er die Gedärme in Schlingen heraus. Nun gibt es auch für die anderen kein Halten mehr. Sie stürzen hinzu. Erst gibt es ein Zausen und Hacken mit Schnäbeln und Fängen, dann vertragen sie sich. — Pack schlägt sich — Pack verträgt sich; — ein grausiges Mahl wird gehalten. Nach ein, zwei Stunden findest du das kahle Gerippe. — Die Gesundheitspolizei der Steppe. Sie tut ganze Arbeit. —

Wir fuhren weiter. Das Auto schwankte zwischen Steinen hindurch, scharfkantig und porös; immer weniger Bäume und Büsche, Gras überhaupt nicht mehr, dann rumpelte es über die Steine, und wir waren angelangt.

Korichaams! Eine weite Talmulde, bedeckt mit Steinen; vereinzelt steht ein kleiner Busch, ein niedriges Bäumchen dazwischen. Aber diese Steine! Alle rund, locker auf dem Boden liegend, glatt. So glatt, daß du vorsichtig gehen mußt, um nicht auszugleiten. Und was ist die Ursache all dieser Glätte? Durch Jahrhunderte und Jahrhunderte haben sie die Hufe des Wildes glattgeschliffen, das hier allnächtlich zum Wasser zieht. Da, wo Staub und Sand an einzelnen Stellen lagen, waren die Besucher an den Spuren zu erkennen: Zebras, Strauße, Perlhühner, Gemsböcke, Schakale, Hyänen, und da — und da — knapp mit zwei Händen zu überdecken, die riesige Katzenfährte: eine ganz frische Löwenspur. Deshalb waren wir hergekommen. Mein

Heuschrecken über Windhuk

Sohn sollte endlich den Herrn der Wildnis rufen hören und sollte versuchen, ihn hier in seinem ureigensten Reich zu erlegen. Es ist alte Jägerweisheit: wo Zebras sind, sind Löwen. Hier gab es Hunderte von Fährten. Kleinere Herden hatten wir auf unserem Wege durchs Dickicht brechen hören.

Ein erhebendes Gefühl der Einsamkeit in der großen afrikanischen Steppe überkam mich. In wolkenlosem, hellem Blau spannte sich des Himmels Kuppel, vereinzelt standen tiefgrüne kleine Bäume und Gesträuch; blendend weiße Kalksteine, wohin das Auge sah. Die Wasserstelle war winzig. Die eine Quelle war so klein, daß wir sie gut mit einem flachen Stein zudecken konnten. Die anderen beiden ließen wir offen. Etwa fünfzig Schritt davon entfernt stand ein kleiner Baum. Um den herum lag ein Halbkreis von mäßig großen Steinen. Das waren Überbleibsel eines ehemaligen Schießpontoks. Dort richteten wir uns ein. Unsere Freunde bezogen einen ähnlichen Bau für die Nacht am Westwasser. Unser Pontok war reizvoll. Vor einigen Wochen hatte ein Polizist auf gut Glück, ohne irgendwelche Löwenspur zu sehen, ihn für eine Nacht bezogen gehabt. Er hatte es sich auch darin „gemütlich" gemacht. In Erwartung der Abenteuer hatte er mitgebrachte Hammelkoteletts verzehrt und die Knochen munter vor den schwachen Dornverhau geworfen. Die Steinmauer war ungefähr einen halben Meter hoch, das Dach hatte er von Gestrüpp gebaut, das er an die tiefhängende kleine Baumkrone gelehnt hatte. Einen kleinen Schlitz hatte er freigelassen, um Ausblick zum Wasser zu haben. Außerdem ließ er eine Öffnung, gerade groß genug, daß er hinein- und herauskriechen konnte. Nun wartete er, Gewehr unter den Arm geklemmt, und behielt scharf durch den Auslug die Wasserstelle im fahlen Mondlicht im Auge. Plötzlich hört er aus der Richtung der Seitenöffnung her ein Knacken, sieht einen Schatten die Öffnung verdunkeln und zwei grünschillernde Lichter. Es war der Löwe, der, angelockt durch die Witterung der Knochen, den Eingang zum Pontok gefunden hatte. Er war ihm so nahe, daß er nicht mehr imstande war, sich zurückzubeugen, um das Gewehr anlegen zu können. Er behielt es unter dem Arm, schloß die Augen und drückte ab. Ein Knall, ein Krach, dann Stille. Er wartete geschlossenen Auges auf den Augenblick, wo der Löwe ihn anfallen würde. Nichts erfolgte. Nach geraumer Zeit getraute er sich, nachzusehen, und sah, etwa zehn Schritt von der Öffnung entfernt, einen regungslosen Körper. Wieder nach geraumer Zeit wagte er sich hinaus, da lag der Löwe verendet durch einen Schuß in den Stich. Dies ist kein Jägerlatein, unser Freund J. erzählte sie mir, sonst würde ich sie auch nicht glauben. Er hat aber ein paar Tage später selber das Löwenfell gesehen und die Erzählung aus des Polizisten eigenem Munde gehört.

Wir gingen sehr vorsichtig zu Werke. Den Wagen stellten wir weit weg, hinter einen Hügel, damit das Wild nicht durch die ihm fremde Witterung vergrämt würde. Inzwischen war die Ochsenkarre auch angelangt. Sie hatte die beiden erlegten Strauße mitgebracht. Wundervoll, wie die Eingeborenen auf Zeichen reagieren. Wir hatten an der Pad zwei Straußenfedern mit Steinen beschwert hingelegt und dazu einige kleine Steine in der Richtung, in der die Strauße lagen. Ohne irgendwelche Mühe und ohne Besinnen hatten die Hottentotten die beiden Vögel gefunden.

Nun kam die Karre angerumpelt unter dem Geschrei des Treibers und des Tauleiters. Die Decken wurden heruntergeworfen. Die Ochsen mußten noch eine tüchtige Strecke weiter trecken. Dort an der anderen Stelle wurden die Strauße abgeladen und aufgebrochen. Zuerst mußten die Ochsen, die durch den schlechten Weg ziemlich abgetrieben waren, versorgt werden. Sie wurden zum Saufen ans Wasser geführt, und dann trieb sie der Tauleiter ostwärts ins Feld, wo sie zwischen den Steinen kärgliche, gelbe Grasbüschel fanden. Inzwischen suchte der Treiber Holz. Mächtige trockene Stämme und Äste schleppte er herbei, denn der Raubtiergefahr wegen mußten die Ochsen über Nacht im Joch angebunden bleiben, beschützt von sechs hellen Feuern. Um keine Zeit zu verlieren, wärmten wir Frauen unser mitgebrachtes Essen und machten eilig Tee, damit wir noch vor Sonnenuntergang unsere Schießpontoks beziehen konnten.

Die Herren ließen das Gescheide der beiden Strauße an einen Stock binden. Die Eingeborenen mußten es von beiden Quellwassern aus etwa dreihundert Meter und zurück über die Steine schleppen. Auf dem Wege wurden auch vereinzelte Stückchen Straußenfleisch verstreut. Durch den Fleischgeruch auf dieser Schleppe sollte das Raubzeug zum Wasser gelockt werden.

Wir kappten eilig einige dick mit Misteln bewucherte Büsche, mit denen wir die Decke unserer Hütte abdichteten. Innen breitete ich Felle, Decken und Kissen aus, das lichtempfindliche Fernglas lag neben mir, Gewehre und Patronen waren bereit.

Schwefelgelbe, rosenrote, orangegelbe, violette und grüne Streifen ziehend, sank der Sonnenball. Nun verhielten wir uns still. Mein Sohn lag dem Ausguck zum Wasser gegenüber. An der anderen Seite lag eine Freundin von mir, Fräulein M., welche die schwierige Aufgabe übernommen hatte, Männe, den Dackel, ruhig zu halten. Das kleine rotbraune Biest muß natürlich überall mit dabei sein und macht sich immer dann bemerkbar, wenn es stört. Wir hätten ihn gern bei der Karre gelassen, aber dort war die große Dogge unserer Freunde als Schutz, und wenn Männe an sie dachte, bekam er schon eine Gänsehaut. Im Auto allein hätte er die Nacht hindurch gejault. So bekam er das weichste Fell und wurde noch liebevoll mit einem Mantel zugedeckt.

Schon stieg die silberne Mondkugel über den östlichen Hügeln empor. Es war Vollmond. Schwarz standen die Bäume und Büsche auf ihren Kämmen. Dann kam das große Schweigen über die Natur. Lautlos schwirrten die Fledermäuse, — kein Vogelschrei, — kein Zirpen der Zikaden. Silbern lag das Mondlicht ausgegossen über der Pfanne, weiß leuchteten die Steine. Silber troff von den Büschen und leuchtete auf dem Wasser der Quelle, das über Tag zusehends gestiegen war. Anfangs warteten wir gemeinsam; wir wurden aber doch müde und beschlossen, uns im Wachen abzuwechseln. Mir ist es ein leichtes, wach zu bleiben. Nächtelang flieht mich der Schlaf. So saß ich allein, lugte durchs Gezweig und ließ den Zauber der Einsamkeit in einer afrikanischen Mondnacht draußen im Busch auf mich wirken.

Wie viele Nächte habe ich im Freien zugebracht, und immer haben sie mich gestärkt. Ich liege und sehe hinauf zum samtenen Firmament, wo die Myriaden Sterne funkeln. Ich suche meinen Freund, den blanken Jupiter in der Milchstraße; später kommt der Kanopus, der Hund, mit seinem grünen Licht, das wie tückische Raubtieraugen schillert, und dann beobachte ich, wie sich das Kreuz des Südens allmählich senkt. Sternschnuppen ziehen hin und wieder ihre glänzende Bahn und verschwinden im Nichts. Ich saß und lauschte. Ganz aus der Ferne hörte ich leichtes Geräusch. Es knackte und raschelte, und dann kam ein Gepolter vieler Hufe aus dem Dunkel des Buschrandes: die erste

Zebraherde, die zum Wasser wollte. Wohl wollte, aber sich nicht getraute. Das Stampfen und Prusten hörte plötzlich auf, dafür klang zorniges Wiehern. Der Leithengst hatte Witterung, feindliche Witterung bekommen. Offenbar wandte sich die Herde und zog einen großen Bogen. Nicht lange dauerte es, und sie kam von der entgegengesetzten Seite. Diesmal waren sie schon näher. Ich konnte ihre Schatten erkennen. Regungslos verharrten sie. Ein Dummerchen von Fohlen wagte sich näher heran. Mutter kam besorgt hinterdrein und versuchte, ihm wohl in der Zebrasprache gut zuzureden. Anscheinend zwecklos. Ich sah eine rasche Wendung ihres Kopfes, hörte einen hellen Schrei. Mutter hatte ihr Söhnchen gebissen. Der schien aber bockig zu sein und „nu gerade" zu sagen. Er stampfte auf und kam furchtlos näher. Mißtrauisch folgten die anderen, aber sie folgten. Der Leithengst erkannte seine Pflicht, warf den schönen Kopf zurück, stampfte, wieherte und kam heran. Schließlich stand er kaum zehn Schritt entfernt vom Pontok, und Mutter mit ihrem ungezogenen Sprößling stand so nahe, daß ich ihn schmatzen und schnaufen hörte, als er bei ihr trank. Schritt für Schritt, unter dem Rutschen der runden Steine, wagten sie sich zum Wasser. Andere Herden, ermutigt durch diese, der nichts geschah, kamen, und ich hatte die Freude, etwa 200 Zebras auf der Fläche zu sehen. Ans Wasser konnte etwa ein Dutzend zu gleicher Zeit. Stets äugten sie aber mißtrauisch nach dem dunklen Fleck, unserem Pontok. Einmal wachte Männe auf; er schlenkerte mit seinen nicht allzu langen Dackelohren, — fort stiebte die ganze Zebraherde. Nach einer Viertelstunde aber waren sie wieder da. Nachdem alle ihren Durst gestillt, fing das Spielen und Charmieren an. Manche Zebradame schien stark umworben. Aber wehe, wenn der Leithengst diesen Flirt gewahrte! Er stürzte sich auf den Nebenbuhler, mit Hufen und Zähnen wurde gekämpft, bis der Liebhaber davongejagt war. Hellaufwiehernd hob der siegreiche Gegner sein mächtiges, streifiges Haupt. Das Gespiel dauerte bis gegen 2 Uhr. Mit einem Male — ein mächtig durch die Nacht dringender Schrei, offenbar ein Warnungsschrei, — ein unbeschreibliches Poltern und Rollen und Krachen, weg waren alle; öde lag die Wasserstelle.

Ich sah durchs Glas von Osten her einen kleinen dunklen Schatten. Schakalchen war es, auf der Spur der Schleppe. Nun noch einer und ein dritter. Sie taten sich gütlich. Gesellig und verträglich scheinen sie zu sein. Sie geben auch gern ab. Keckernd klang ihr Schrei durch die Stille der Nacht, um die Gefährten zu rufen. Das war uns recht, denn an drei verschiedenen Stellen hatten wir außerdem noch mit Straußenfleisch Fallen gestellt. Einer hatte sich schon gefangen. Er klagte erst laut und zornig, dann jammervoll in langgezogenen Schmerzenstönen.

Plötzlich ward die Stille durch einen Schrei zerrissen, so laut, so entsetzlich, daß mich ein Schaudern überlief. Mein Sohn saß hoch und riß das Gewehr an sich. Da — da — wieder — da ist er, der Herr des Wassers und der Wildnis! Mir wurde ganz kalt. Männe knurrte. Dann ging aber der Schrei in ein scheußliches Gekreische und Gelache über, — eine Hyäne. Auch sie kam zum Wasser gezottelt, verjagte die Schakale und fraß. Der Wind trug mir den beißenden Raubtiergeruch zu. Sie verschwand. Nun nahte sich ein Pärchen auf schleichenden Zehen. Ei, dachte ich, Herr und Frau Leopard. Aber nein, es waren wilde Hunde. — Dicht neben mir miaute ein Wildkatzenjunges.

Allmählich dämmerte der Morgen. Es wurde empfindlich kalt. Für kurze Zeit hatte ich den Ausguck außer acht gelassen. Da standen im ganz ungewissen Licht zwei Tiere, nicht allzu dunkel, Schwanz mit Quaste, schmal in den Flanken, zur Brust zu breiter werdend. Die Köpfe waren tief zum Wasser gesenkt, ich konnte nichts weiter erkennen. Ich stoße meinen Sohn an: „Da sind sie, — vielleicht." Er richtet sich auf, hat schon das Gewehr im Anschlag. Ich raune ihm zu: „Erst das kleinere Tier, das ist die Löwin." Sie ist gefährlicher als der Löwe. Sie nimmt stets an, wenn dem Gefährten etwas geschieht, während der Löwe sein Weibchen meist feige im Stiche läßt. Endlich scheinen sie satt getrunken und heben die Köpfe. Da müssen wir lachen trotz der Enttäuschung: Gemsböcke. Deutlich sahen wir die Stangen der Gehörne. Langsam ziehen sie dem Buschwald zu. Nun wird es heller. Im Dämmerlicht wachen die Vögel auf. Als erste kommen immer die Wachteln. Ein Zwitschern, ein Flügelgeschwirren in der Luft, zwei dunkle Punkte. Sie umkreisen die Wasserstelle eine Zeitlang, — verschwinden: die erste Patrouille! Wieder nach einem Weilchen ein stärkeres Zwitschern und Schwirren, ungefähr von einem Dutzend Vögel: die zweite Patrouille! Sie ziehen ums Wasser, sichern, verschwinden. Jetzt kommt der Schwarm. Einer Wolke gleich zieht er in der silbernen Luft; die Wolke senkt sich; der Schwarm ist in die Wasserstelle eingefallen. Sie sind wohlschmeckend und erinnern, sorgfältig zubereitet, an Krammetsvögel. — Ich habe, so oft ich frühmorgens im Busch war, den Flug der Vogelschwärme verfolgt. Bald konnte ich beobachten, daß sie fast alle in gleicher Richtung zogen, — ans Wasser. Es ist gut, wenn man dies weiß. Es kommt vor, daß man sich verirrt, oder daß das Wasser knapp wird in menschenleerer Gegend. Auch ausgetretene Wildpfade, die alle die gleiche Richtung zeigen, führen zum Wasser. Die Eingeborenen sind sehr geübt im Lesen und Deuten solcher Anzeichen und Fährten. Es ist zwecklos, sich über sie zu erheben und solche Dinge besser wissen zu wollen. Wir lassen sie gewähren, und sie haben noch nie versagt.

Nach den Wachteln kam ein Philosoph daherspaziert. Ein Kronenreiher, der, wohl auf der Wanderschaft begriffen, durstig war. Bedächtig, unendlich langsam kam er an. Es dauerte Minuten und Minuten, er stand auf einem Stelzen, dann auf dem anderen, schließlich entschloß er sich, senkte den Schnabel tief ins Wasser, und langsam hob er ihn hoch. Wohl eine halbe Stunde dauerte es, bis er sich zum Weiterziehen entschloß. Inzwischen war es Tag geworden. Gerade wollten wir zum Frühstück zum Lagerplatz, da kamen die Perlhühner im Gänsemarsch an. Eine lächerliche, geschwätzige und zänkische Gesellschaft. Sie trippelten wie eine Schar zimperlicher alter Jüngferchen vergangener Tage, standen still, putzten sich, schwatzten, zankten und beschimpften sich, wurden vom Hahn auseinandergebracht, empörten sich über eine derartige Behandlung und endlich, endlich kamen sie auch zum Trinken. Ich zählte über 80.

Jetzt lockte uns doch das Morgenfrühstück. Wir krochen, ohne einen Schuß abgegeben zu haben, hervor und wanderten dem Lager zu. Unsere Freunde vom Westwasser waren auch schon angelangt, genau so enttäuscht wie wir. In Erwartung Sr. Majestät hatte niemand gewagt, auf anderes Wild zu schießen. S. M. hatten geruht, diese Nacht ohne Wasser zu bleiben.

Die Eingeborenen hatten die Fallen bereits nachgesehen und drei Schakale und eine Hyäne angebracht.

Zäh und eigensinnig, wie wir Afrikaner nun mal sind, beschlossen wir, nun gerade noch eine Nacht zu bleiben und abzuwarten. Gegen 10 Uhr kamen Strauße, und um die Mittagszeit einige Springböcke, aber viele Gemsböcke. Wir ließen sie unbehelligt, denn wir waren noch wohlversorgt mit Fleisch. Zebras kamen den ganzen Tag hindurch, aber nur in kleineren Herden.

Sehr zeitig bezogen wir wieder unsere Schießpontoks. Es war wieder wie in der vergangenen Nacht. Die Zebras waren weniger scheu, und wir hatten die Freude, sie in Mengen bis auf zehn, zwölf Schritt an den Pontok herankommen zu sehen. Kein Löwe kam. Es war so wunderschön, als ein blutroter Mond, schon ein wenig verzogen, über den östlichen Hügelketten aufstieg. Dort lag die endlose, gefährliche, durstige Wildnis. Von dort her mußte der Löwe kommen; dort mußte im Echo sein hungriger Raubtierschrei schallen. Ich wünschte so sehr, er möchte brüllen, er brauchte gar nicht zu kommen, bloß hören wollte ich ihn endlich einmal wieder. Umsonst. Die Schakale und Hyänen stimmten ihren Nachtgesang an, ruhig tranken die Zebras, — die Gemsböcke, — dann kamen die Wachteln, — die Perlhühner, — wir krochen abermals enttäuscht hervor. Und doch war er dagewesen, — nicht aus der Richtung der geheimnisvollen, blaudunstigen Berge, sondern gerade in entgegengesetzter Richtung. Aufgeregt kam der Eingeborene, der die Ochsen ins Feld treiben sollte, und holte uns. Da zog sich die frische Großkatzenspur etwa in einer Entfernung von 300 m ums Wasser. Weiter herangetraut hatte er sich nicht. Eine fremde, ihm unbekannte Witterung hatte ihn gewarnt. Wir fanden die Stelle, wo er sich niedergeduckt hatte zum Beobachten. Etwas schien ihm nicht geheuer. Und lautlos, wie er gekommen, war er wieder abgezogen. In östlicher Richtung auf die blauen Berge zu verlor sich seine Spur in den Klippen.

Etoscha—Waterberg.

Während anderer Ferienwochen führte uns der Weg über die Kupferminenstadt Tsumeb am Otjikotosee vorbei zur Etoschapfanne nach Namutoni.

18 km nordwestlich von Tsumeb liegt der Otjikotosee. Der Weg dorthin ist leidlich. Die Fahrt führt durch dichten Busch- und Laubwald, vereinzelt finden sich Palmen. Vom See ist anfangs nichts zu sehen außer der häßlichen, höher liegenden Pumpanlage, durch die Tsumeb früher mit Wasser versorgt wurde. Sie verunziert die Gegend. Der Otjikoto ist ein Krater-

see. Tief in einen Felsenkessel eingebettet liegt das dunkelgrüne, stille Wasser. Er soll etwa 80 bis 90 m tief sein. Ringsherum ragen steile Kalkwände, von Gebüsch, Tropenbäumen und Aloes umsäumt, die sich im klaren Wasser spiegeln. Nur ein schmaler, schwer zugänglicher Pfad führt abwärts zum Wasser, der vom Vieh und nächtlicherweile von Wild und Raubzeug benutzt wird. Hier, so sagte uns der Aufseher, stellt er seine Raubtierfallen. Er führte uns zu einem Schuppen, an dessen Wänden acht frische Leopardenfelle zum Trocknen aufgespannt waren.

So still und verträumt liegt der See und weiß so viel zu erzählen. Er ist umsponnen von unheimlichen Sagen und Geschichten. Wissenschaftlich erforscht ist er wohl noch nicht; es soll eine unterirdische Karstverbindung mit einem anderen See, dem Guinassee, und eine zweite mit Tsumeb direkt bestehen. Baden kann man nicht darin, wird gesagt, ein unterirdischer Strudel reißt den Schwimmer in die Tiefe, und niemals wieder kommt sein Leichnam an die Oberfläche. Verschiedentlich sollen Weiße und Eingeborene dort verschwunden sein. Auch Vieh, das hineinfiel, wurde nicht wieder angetrieben. Die Eingeborenen haben große Angst vor dem unheimlichen Wasser. Dort gehen die bösen Geister um. Viele Ambos, die auf dem Wege von Amboland nach Tsumeb vorbeimüssen, leiden lieber Durst und schleppen sich bis Tsumeb weiter, ehe sie es wagen, am Otjikotosee zu schöpfen.

Unsere Truppe, die auf keinen Fall Geschütze und Gewehrmunition dem Feinde ausliefern wollte, hatte sie dort dem See zum Aufbewahren in der Tiefe gegeben. Jemand vertraute dies große Geheimnis einer Frau an. Sie verriet es um schnödes Geld dem Feinde. Dieser fischte, teilweise mit Erfolg. Die Geschütze, wenn auch unbrauchbar, wurden „erobert", auch verschiedene Kisten mit Munition kamen zutage. Diese Patronen wurden später an die Deutschen verkauft, hatten aber viele Versager. Das ist die Tatsache. Weiter aber wird erzählt: Unwillig nur gab der See das ihm Anvertraute heraus. Einer der eifrigsten Fischer glitt aus und versank für immer in der Tiefe. Das ist die Strafe, sagen die Leute, der See rächt sich. Schade nur, daß er die vaterlandsvergessene Frau nicht auch geholt hat.

Die Etoschapfanne ist Wildreservat. Es ist nicht ohne weiteres erlaubt, sie zu betreten. Man muß einen Erlaubnisschein beim Sekretär des Schutzgebietes frühzeitig beantragen und muß auch den Zweck des Besuches angeben. Waffen dürfen nicht mitgenommen werden.

Wir erhielten den Permit, ließen unsere Gewehre in Tsumeb und fuhren vom Otjikotosee nordwärts, anfangs immer durch Steppe, Mopanewald und Palmengruppen. Die Pad war reichlich begangen von arbeitsuchenden Ambos, die meist in Gruppen marschieren, schon der Raubtiergefahr wegen. An Bambusstangen tragen sie ihre dürftigen Habseligkeiten, vor allem das Bündel mit Kost und die Kalabas mit Wasser. Manche hatten noch kein Auto gesehen und starrten staunend und erschreckt das pfauchende Ungetüm an; voller Entsetzen sprangen sie zur Seite, wenn wir hupten. Die Gewitzigteren unter ihnen wollten sich dann ausschütten vor Lachen.

Vereinzelt trafen wir auch Buschmänner, dies tückische Gesindel. Eben noch sahen wir eine dunkle Zwerggestalt am Rande der Pad, schon war sie weg, verschluckt von der Wildnis. Weit konnte er auf keinen Fall sein. Die Steppe war nicht dicht. Angestrengt blickten wir in der Richtung. Wahrhaftig, da stand er, reglos, erstarrt, als sei er selber ein Baumstumpf, so verwachsen mit seiner Heimat, dem Buschwald. Man hatte mir oft gesagt, daß dies reglose Verharren ein bekannter Trick besonders der Buschmänner und Hottentotten auf der Jagd und bei plötzlicher Gefahr sei.

Am frühen Nachmittag fuhren wir durch den breiten Buschwald, der die Etoschapfanne umschlingt. Ehemals ein großer Salzsee, ist sie längst ausgetrocknet. Ich weiß nicht, war es Wahrheit, ist es Einbildung, dieser Wald war anders; die laubtragenden Mopanebäume standen fast kahl, das dichte Gestrüpp war noch dichter, undurchdringlicher und dorniger, die Palmen waren verkümmert, alles Grün sah fahl aus.

Nun hörte der Wald auf. Nur spitze, stachlige Büschel des häßlichen Sauergrases raschelten hart; kleine rötlichbraune Büsche standen vereinzelt im Kalkgeröll, und dann breitete sich die Etoscha vor uns aus, blendend weiß, glitzernd, unendlich, trostlos. Himmel und Erde verschwommen in der bläulichgrauen, flirrenden Luft. Wo war der Himmel? Wo war das Land? Wo war das Ende? Unabsehbar dehnte sich das weiße Salzmeer vor unseren Blicken. Das Grauen vor dieser Öde, dieser Trostlosigkeit kroch mir ins Blut.

Da endlich fand der schweifende Blick einen Ruhepunkt. Dort sind Bäume, dort ist die Station. Wir waren bereits amtlich angemeldet, deshalb gab es keine Schwierigkeit. Der Stationsleiter, ein südafrikanischer Major, gab uns einen bewaffneten Polizisten mit ins Auto als Führer, und in sausender Fahrt ging es über die Fläche. Große Herden von Gemsböcken, Wildbeesten (Gnus), Hartebeesten (Kuhantilopen) und Zebras, auch vereinzelte Strauße jagten an uns vorbei.

Inmitten der Pfanne sind kleine Inseln und Sümpfe, ist auch ein kleines Gehölz. Dort standen noch die Laubhütten, die dem Generalgouverneur der Union und seinem Gefolge als Unterkunft gedient hatten. Der Polizist hatte Auftrag, sie uns gleichfalls als Lagerplatz anzubieten. Wir würden bestimmt da Löwen hören, wenn nicht gar zu Gesicht bekommen, und würden in der Morgenfrühe Gelegenheit haben, das Wild zu sehen.

Ich mag nicht gern in solch verlassenen Laubpontoks schlafen. Ich habe Angst vor Schlangen. Viel lieber liege ich im Freien. Lange saßen wir am Feuer und lauschten den Erzählungen des Polizisten. Ich ging mit einer Laterne in meinen Pontok und leuchtete ihn ab. Alles war, soweit ich erkennen konnte, in Ordnung. Ein Mäuslein, ein Gecko raschelten im Laub, einzelne Sterne blinzelten durch das Geflecht. Ich wartete und horchte in die Nacht. Aus der Ferne rief ein Vogel, dessen Ruf ich nicht kannte; er rief, als ob ein Kindchen im Schlafe weinte. Sein Ruf wanderte, wurde leise, wurde lauter, das Weinen blieb. Keckernd umschnürte ein Schakal das Lager. Eine Hyäne schrie. Der Herr der Wildnis tat uns nicht den Gefallen, seine gewaltige Stimme ertönen zu lassen. Kalter Wind fuhr über die Fläche und rüttelte an unseren Hütten. Mondbestrahlt, glitzernd schlief die Etoscha.

Wieder in anderen Ferien fuhren wir zum Waterberg über Hamakari. Ich stieg aus und wand mich durch das dichte Dorngestrüpp des ehemaligen Kampffeldes von 1905. Lange stand ich an den alten Kriegergräbern. Die stillen Schläfer in unserer harten Erde haben überwunden; des Lebens tiefsten Sinn haben sie erfüllt mit ihrer Kampfbereitschaft und ihrem Opfertode für unser Vaterland. Leise haucht der Wind durch das hohe Gras. Ein winziges Vöglein singt im Dornbaum sein süßes Lied. Ich stehe hier für die Menschen, die hier ihr Liebstes begraben mußten. Ich weiß ja, wie es tut. Ich kenne sie nicht, aber meine Gedanken sind bei ihnen, und ich grüße sie.

Es steht ein Stein, den unser Kaiser setzen ließ. Darauf ist eingegraben: „Das Land, in das der deutsche Aar seine Fänge schlug, ist deutsch und bleibt deutsch." — Deutscher Aar, du fliegst wieder! — — —

Wir fuhren um das Massiv des Waterbergs herum. Seine Schluchten sind so breit, daß Farmen darin liegen. Wir haben seinen tafelförmigen Gipfel bestiegen und sind auf ihm entlang gewandert und haben uns gefreut an dem weiten Rundblick über unser afrikanisches Land.

Merkwürdig, auch hier trafen wir auf kein Raubwild. Neulinge, die oft nur ein paar Wochen unser Land aufsuchen, berichten davon, wir alten Afrikaner haben nicht das Glück. In einer Schlucht des Waterbergs hat auch ein lieber, langjähriger Freund von uns eine Farm. Seine Frau und die Kinder erklettern ohne Begleitung und ohne Waffen die Höhe. Sie lachten mich aus, als ich fragte, ob sie Angst hätten.

Am letzten Tage der Heimfahrt haben wir es immer eilig, nach Hause zu kommen. Da fahren wir oft des Nachts hindurch. Wie düster und drohend huschen die langen Schatten von Busch und Baum vorüber, wie unwirklich hell dagegen liegen die Lichtkegel der Scheinwerfer auf der Pad. Erschreckte Hasen, geblendet vom Licht, hoppeln im Zickzack ihre possierlichen Sprünge und finden in ihrem Entsetzen gar nicht wieder vom Weg weg. Am Rande der Pad schillern grünliche Lichterchen, die Augen der Springhasen. Hier und dort scheinen die kleinen Flämmchen aufzublitzen, die kleine Gesellschaft hetzt kreuz und quer.

Springhasen haben ganz kurze Vorderläufe und lange Hinterbeine. Sie brechen des Nachts in Gärten und Felder ein und richten großen Schaden an. Weil sie nächtliche Tiere sind, sind sie tagsüber schwer anzutreffen. Schlafend liegen sie in ihren unterirdischen Bauen und kommen erst mit der Dämmerung heraus. Wo man sie trifft, soll man sie schießen. Sie sind auch eßbar. Beim Abziehen finden sich unter der Haut oft eine Menge dicker Maden, ins Fleisch eingefressen. Deshalb mag ich sie nicht.

Eulen und Uhus flattern geblendet und ängstlich vor dem Kühler, und Schakalchen läuft um sein Leben. Der Schakal ist verachtet; er gehört zum Bettelvolk unter dem Raubwild. Dem Schaf und der Ziege springt er am hellen Tage ans Euter und reißt es ab; das Lämmchen würgt er; er ist der Schrecken der Hasen und des kranken Wildes. Der Fährte des Löwen folgt er und frißt sich satt an dem, was der Löwe übrig ließ. Sitzt er im Eisen, beißt er sich den Fuß ab, um freizukommen.

Das große Regenjahr 1934.

Sieben Jahre der Dürre hatten Südwest heimgesucht. Auch in der sonstigen Regenzeit strahlte der Himmel in erbarmungslosem Blau. Kaum wagte sich ein kleines Wölkchen herauf, schon fegte ein widriger Wind daher und vertrieb es. Trocken blieben die Flußbetten; die Wasserlöcher, welche darin von den Eingeborenen und Weißen tiefer und tiefer gegraben wurden, gaben kein Wasser mehr. Keine Spur von Feuchtigkeit wies der Boden auf. Das Wasser in den Vleys war zusammengeschrumpft, längst standen sie leer; große Sprünge zerrissen den lehmigen Boden. Kümmerliches Laub trugen Busch und Baum; die süßen, kleinen Feldblumen kamen gar nicht hervor, sie schliefen als Samenkörnchen in der harten Erde. Das Gras war fahl und gelb geworden; der Wind hatte die dürren Halme abgebrochen. Kraftlose Stummel standen im verdorrten Boden. Schwere Not litten die Tiere des Feldes. Springböcke und Gemsböcke, die wenig Wasser brauchen, scharrten mit den Schalen die Wasserwurzeln aus dem steinharten Boden. Kudus übersprangen die Einzäunung und wagten sich dicht an die Wohnungen der Menschen. Ich habe auf meinem Wege zur Schule zweimal eine zum Skelett abgemagerte Kudukuh mitten auf der Pad angetroffen. In den Einzäunungsdrähten hingen magere Strauße. Das weibliche Wild warf seine Jungen zu früh oder nahm gar nicht auf. Die Perlhühner paarten sich nicht. Sie blieben als Völker, die kleiner und kleiner wurden. Wurde mal eins geschossen, dann war es uralt, am großen Höcker auf dem Kamm zu erkennen, und bestand nur aus Haut und Knochen. Nirgends gab es junge Strauße.

Auf den Farmen trockneten die Dämme ein, und die Brunnen versiegten. Gärten und Felder waren Illusionen geworden. Groß- und Kleinvieh fiel zu Tausenden. Reserveweiden fehlten. Im Osten gab es noch leidlich Gras und Wasser. Die Bahn schuf Erleichterungen, damit das Vieh aus den Hungerbezirken dorthin verfrachtet wurde. Das Vieh war viel zu schwach, als daß es getrieben werden konnte. Es wurde in Waggons verladen, und wenn es an Ort und Stelle angekommen war, mußte erst alles Tote weggeräumt werden. Ein pestilenzartiger Gestank strömte von den Waggons aus.

Am bittersten war die Not im Süden. Zu Tausenden fielen die Schafe. Daß ein einzelner Farmer 600, 800, 1000 Stück verlor, war an der Tagesordnung. Die Farmer waren so arm geworden, daß sie selber am Verhungern waren. Beeren des wilden Witkatbaumes wurden zu „Kaffee" gebrannt; Feldkost, mager genug, diente als ärmlichstes Essen, Tiere, die am Verhungern waren, wurden notgeschlachtet. Wohl dem, der noch etwas Maismehl erschwingen konnte. Milch und Butter gab es nicht. Die paar Tropfen, welche die Kühe noch gaben, mußten den hungernden Kälbern gelassen werden. Am Rande der Pads, überall im Veld lag verrecktes Vieh. Aus jeder Richtung trug der Wind einem den Aasgeruch zu.

Die Regierung hatte Bittgebete um Regen in allen Kirchen aller Konfessionen angesetzt.

Es war im Dezember 1933. Täglich sah ein jeder zum Himmel. Von Osten kommend, ballten sich tatsächlich Wolken zusammen. Sie wurden schwärzer und dicker und schwerer. Die Berge schienen näherzurücken, und, o Glück, es fing an zu regnen. Heiligabend goß es mit solcher Gewalt, daß das Rivier brausend zu Tal floß. Ein Durchkommen zur anderen Seite war nicht möglich, und Notquartiere mußten auf dieser Seite für die Besucher, die jenseits wohnten, eingerichtet werden. Nun regnete es, tagsaus, tagein und fand kein Ende. Südwest ist nun einmal das Land der Extreme. Die Riviere liefen, die Pads waren unpassierbare Sümpfe geworden. Am Tage nach Weihnachten steckten 48 Autos im Modder fest. Züge kamen gar nicht oder verspätet. An 64 Stellen war der Eisenbahndamm zerrissen. Brücken brachen oder waren so gefährdet, daß kein Zug darüberfahren durfte. Von den Bergen brauste die Flut. Aus den Rinnsalen wurden Bäche, aus den Bächen Flüsse, und eine breite, lehmiggelbe Flut wälzte sich in jedem Omuramba und suchte den Weg zum Rivier, das schließlich bis zum Meere führte. Die Gewalt der Flut war so stark, daß große Felsblöcke in der Tiefe mitgerissen wurden, und in all dem Tosen und Brausen hörte man das dumpfe Unterwasserrollen der Steine. Dicke Uferschollen wurden abgerissen und versperrten dem Wasser den

Weg; nun suchte es sich andere Bahn und überschwemmte und zerriß die Wege und das Land. Viele große Uferbäume trieben entwurzelt in den Fluten, legten sich quer und verursachten verhängnisvolle Stauungen. Die Ebenen wurden Moräste. Die Dämme konnten trotz Überlauf die Fülle des Wassers nicht stauen und brachen. In der Zeit der Dürre hatten wohl auch Wühlmäuse darin gearbeitet, unterstützt von den Termiten. Die Wassermengen aus diesen Dämmen vermehrten den Schaden.

Der Swakop lief bis Swakopmund ab und floß mit solcher Gewalt, daß Tag und Nacht dort die technische Nothilfe bereitstehen mußte. Heimstätten wurden überflutet, Häuser stürzten ein, Bahnverkehr war unmöglich. Lebensmittel und sogar Trinkwasser wurden knapp. Die Brücke über den Swakop war weggerissen. Der Verkehr mit Walvis Bay konnte nur einigermaßen mit Hilfe von Flugzeugen aufrechterhalten werden. Als das Wasser anfing, sich zu verlaufen, konstruierten die Swakopmunder eine Art Drahtseilbahn, und noch später ließen sich Passagiere von Walvis Bay auf den Rücken von Eingeborenen hinübertragen.

Der Avisdamm, der Windhuk mit Wasser versorgen muß, war in größter Gefahr. Tag und Nacht arbeiteten Gefangene und Arbeitslose, um seinen Bruch zu verhindern. Der Überlauf hatte sich als zu klein erwiesen, und das Wasser hatte an seinen beiden Seiten einen breiten Durchfluß geschaffen, der den Dammwall gefährdete. Säcke, mit Sand gefüllt, Faschinen wurden in die Lücken gezwängt, und immer wieder brauste das Wasser darüber und riß tiefe zerklüftete Einschnitte in das dahinterliegende Erdreich. Die im Klein-Windhuker Tal liegenden Heimstätten mit ihren Häusern waren stark gefährdet.

Zum Schulanfang im Februar fehlten viele Kinder, weil die Wege noch nicht passierbar waren. Lehrer vieler Schulen, die ihren Urlaub in der Union verbrachten, trafen verspätet, oft per Flugzeug ein; andere hatten viele Tage lang auf der Bahn liegen müssen und waren teilweise mit Autos, Karren und Hilfszügen von Station zu Station befördert worden, denn mittlerweile war die Bahn an über 80 Stellen zerstört worden.

Das Rivier am Fuße unseres Berges lief jeden Morgen. Wenn es sehr hoch ging, mußte mich Bitz hinübertragen; war es flacher, watete ich hindurch, während mir das Wasser bis über die Knie ging. In meiner Mappe trug ich außer den Heften Schuhe, Strümpfe und ein Handtuch. Am jenseitigen Ufer wurde dann Toilette gemacht. Ich mußte aber während all dieser Wochen besonders früh das Haus verlassen, um bei diesem Aufenthalt pünktlich zum Schulbeginn zu erscheinen. Ein nasser Kleidersaum störte mich nicht, oft aber war viel mehr naß. Meiner Gewohnheit gemäß stehe ich immer im Unterricht und gehe durch die Klasse. Eines Tages aber saß ich oben auf einem Kinderpult vor der Klasse und rührte mich nicht. Da fragt mich nach Stundenschluß ein neugieriger Schlauberger: „Frau v. E., weshalb haben Sie heute so still gesessen?" — „Ja, das will ich dir sagen, ich mußte mein Unterzeug erst trocken wohnen, beim Umhergehn war es mir zu kalt." — „Dachte ich es doch." — Am nächsten Morgen fragt er: „Haben Sie heute trockenes Unterzeug?" — Als die Nässe gar nicht aufhören wollte, hielt ich mir trockene Sachen in der Schule und zog mich um. Acht Wochen lang jeden Morgen naß werden, war mir trotz aller Abhärtung doch zu unbehaglich.

Es war am zweiten Ostertag. An eine Fahrt ins Veld war des Regens wegen nicht zu denken. Den Nachmittag über hatte es mäßig geregnet; das Rivier lief, blieb aber in seinem Bett. Gegen 6 Uhr lagen die Auasberge unsichtbar, im bleiernen Dunst. Bitz wurde zu der uns befreundeten Nachbarin gerufen, die unterhalb unseres Hauses in der Nähe des Riviers wohnt. Ihr kostbares Rennpferd hatte sich verletzt, da sollte er helfen. Ich kam mit. Durch den wolkenbedeckten Himmel wurde es sehr schnell dunkel. Wir saßen im Eßzimmer beim Schein der elektrischen Stehlampe. Da kam die Frau eines ebenfalls befreundeten Landmessers, der noch dichter am Rivier wohnt, naß und aufgeregt, mit einem großen Bündel im Arm. Eben sei telephonische Meldung durchgekommen, das Rivier käme sehr stark ab. Sie war besorgt, ihr Grundstück könnte überschwemmt werden und hatte einige Habseligkeiten zusammengerafft, um sie bei Frau St. unterzubringen. Da läutete das Telephon, und es wurde vom Schwiegersohn von Frau St., der in Windhuk wohnte, angefragt, ob denn noch alles in Ordnung sei, in der Stadt hieße es, das Rivier käme stärker denn sonst. Bitz beruhigte ihn, alles ginge gut, — da sah er einer glitzernden Schlange gleich eine kleine Wasserrinne unter der geschlossenen Tür durchkommen, und konnte noch in den Apparat rufen: „Das Wasser kommt!" — Da versagte das Telephon

Zu gleicher Zeit erlosch das Licht, und wir saßen im Dunkeln. Um uns rauschte und brauste es, und als ich die Eßzimmertür öffnete, quoll mir das Wasser entgegen. In einem Hause, wo alles elektrisch eingerichtet ist, gibt es weder Kerzen noch Petroleumlampen. Bitz riß ein Streichholz an, — so weit sein Schein ging, Wasser — Wasser — Wasser. Das plätscherte und rieselte und rauschte, es floß über jede Schwelle, in jedes Zimmer. Es blieb keine Zeit, die Teppiche hochzunehmen. Nur Fenster, Türen aufreißen, daß es Durchfluß hatte. Wir rafften wichtige Papiere, Schmuck, Silber, Waffen und Decken in höchster Eile zusammen und patschten uns durch das Wasser auf die halbe Anhöhe. Der Landmesser Dr. kam gelaufen und bat Bitz, seine drei Autos in Sicherheit zu bringen. Das Wasser aber stand so hoch, daß sie nicht mehr ansprangen. Also stehen lassen. Die Stalltür von seinem Vollblüter wurde aufgerissen, der Draht des Zaunes durchgekniffen, und er suchte das Weite. Das bildschöne Rennpferd von Frau St. stand bis zum Bauch im Wasser, war aber nicht zum Verlassen des Stalles zu bewegen, weil es nicht auftreten konnte und zu starke Schmerzen hatte. Munter paddelten und schwammen unsere Hunde durch die Flut. Wir versuchten, einen dritten Nachbarn, einen Südafrikaner, zu erreichen, zu warnen und zu helfen. Sein Haus lag im Dunkeln, es stand offen, aber niemand war darin.

Da leuchtete von meinem Berge das helle Scheinwerferlicht eines Autos. Das konnte nur er sein. Ich besaß eine Petroleumstallaterne, die mußte uns leuchten, denn die Batterien unserer Taschenlampen waren bald aufgebraucht. Durchnäßt und erschüttert suchten alle Nachbarn mit ihren feuchten Bündeln Zuflucht bei mir. Da war kein Zimmer, in dem nicht ein Häufchen nasses Zeug lag.

Stumm standen wir alle an den Fenstern und der Tür und horchten in das Brausen des Sturmes und in das Rauschen der Flut. Die Häuser mußten ihrem Schicksale überlassen bleiben. Durch die Nacht gellten Hilfeschreie vom anderen Ufer. Wir konnten nichts tun, denn wir konnten nicht hinüber. Aber wir sahen von oben, wie Autos über den Paß kamen; eine Kette von Lichtern erschien, tröstlich schallten die Hupen bis zu uns. Die da jenseits am Rivier wohnten, bekamen Hilfe. Die Lichter und Scheinwerfer zuckten auf und ab am Rivier. Plötzlich ein dumpfer, langanhaltender Ton; „was war das?" Da sagte Dr.:

„Da stürzt ein Haus ein." Sehen konnten wir nichts. Wessen Haus mochte es sein?

Ich sorgte schnell für heißen Tee mit Kognak, der sehr gute Dienste tat. Als der Regen etwas nachgelassen hatte, gingen wir mit unseren Laternen hinunter, um zu sehen, was noch von den Häusern stand. Frau St.s Haus stand. 65 cm hoch, am anderen Tage gemessen, war das Wasser durch alle Zimmer geflossen. Die Teppiche waren hochgehoben und die darauf stehenden Möbel umgeworfen. Das Wasser reichte bis auf wenige Zentimeter an die Tasten des kostbaren Flügels. Die Verwüstung war unbeschreiblich.

Als wir zu Dr.s kamen, fehlte die Hälfte des Hauses. Sie war einfach mit den in diesen Zimmern befindlichen Möbeln in den Fluten versunken. Die Möbeltrümmer mußten irgendwo in der Gegend schwimmen.

Ich bereitete allen meinen lieben Gästen recht und schlecht ein Nachtlager. Jetzt war nichts zu tun. Der Morgen mußte abgewartet werden.

Als es hell wurde, sahen wir die Zerstörung. Am jenseitigen Ufer war ein Haus bis auf ein kleines Stückchen Mauer mitsamt seinen Nebengebäuden gänzlich verschwunden. Ein anderes Haus, das ziemlich weitab vom Wasser lag, war jetzt noch bis unter die Fenster umspült, das Erdreich mit Bäumen, Brunnen, Windmotor war weg. Das Rivier hatte sich seinen Weg durch ein Wäldchen von Eukalyptusbäumen gesucht und etwa 400 starke Bäume abgebrochen und weggerissen. Das am Rande des Wäldchens liegende Haus war eingestürzt. Zerstörung, wohin man blickte. Gegen 8 Uhr kam die Freiwillige Feuerwehr zur Hilfeleistung. Die Leute mußten sich aber noch anseilen, um nicht vom Wasser weggerissen zu werden. Eine Kette von Autos hielt am anderen Ufer. Es fehlte nicht an Neugierigen und solchen, die „schürfen" wollten.

Aus dem Sande sah ein Stückchen Verdeck eines Lastwagens hervor. Ein Kinderbett saß festgeklemmt zwischen angeschwemmtem Gestrüpp. Ein eigentümliches Ding erkannten wir schließlich als Windmotor. Der zusammengedrückte Klumpen Blech war ehemals ein Bassin. Rivierabwärts suchten Dr.s Überbleibsel ihrer Habe zusammen. Sie fanden richtig die Schreibtischplatte, das Gestell und dann den Oberteil der Nähmaschine, Stücke der Betten. Ein schönes, braunseidenes Gesellschaftskleid war schon trocken geworden und flatterte an einem losgerissenen Busch. Dort hing eine Schranktür, da die andere Hälfte. Und so ging es weiter.

Menschenleben waren nicht zu Schaden gekommen. Im letzten Augenblick, auf den Rücken von Pferden festgebunden, hatten beherzte Männer aus einem einstürzenden Hause neun Kinder retten können.

Als sich das Wasser verlaufen hatte, machten wir uns daran, beim Trocknen der Sachen in Frau St.s Hause mitzuhelfen. Bei Dr.s sah es nicht anders aus. Ein jeder mußte für seinen eigenen Schaden aufkommen. Wer sollte denn Ersatz leisten? Ich finde, die Steuerbehörde hätte sich wenigstens so mitfühlend zeigen und für das halbe Jahr die Steuern streichen sollen. — — — „Warum baut ihr so nahe am Rivier", hieß es. Solange die Häuser in Klein-Windhuk stehen, hatte es noch niemals eine solche Flut gegeben, d. h. also nicht seit 50 Jahren. Die Ursache dieser Wasserflut wurde auch später mit ziemlicher Wahrscheinlichkeit festgestellt. Der Damm hatte gehalten. Weiter oben bei der Gobabisbahn ist aber ein Durchlaß. Der hatte sich verstopft. Das Wasser hatte sich dort gewaltig gestaut, und mit einem Male brach es sich Bahn. Diese ganze Flutwelle, so teilt ein Beobachter mit, hatte etwas über eine Viertelstunde gedauert.

Das Rivier kam weiter bis Ende des Monats April ab, aber niemals mehr mit dieser Gewalt.

Die Klein-Windhuker Bürger hielten Versammlungen ab, um bei der Regierung vorstellig zu werden, daß sie helfen möchte, derartige Vorkommnisse zu verhindern. Doch herrscht bis auf den heutigen Tag Unklarheit, wem eigentlich das Rivier gehört, der Regierung oder der Stadt. Einer weist diesen zweifelhaften Besitz dem anderen zu, und das Resultat ist, daß niemand etwas dabei tut. Aber Steuern ziehen Stadt und Land ein.

Nach dieser Regenzeit war die Natur herrlich. Überall grünte und blühte es. Die gelben Morgensterne kletterten bis auf die Gipfel der Berge. Blumen blühten, die wir nie zuvor gesehen. Viele Büsche waren übersponnen von rotblühendem Rankenwerk. Feldkost gab es in solchen Mengen, daß viel Kaffern, Kinder des Augenblicks, ihre Arbeitsstellen verließen. Sie hatten ja Kost, was brauchten sie zu arbeiten? Pflanzen und Tiere atmeten auf. Auf den Pads krochen unzählige Schildkröten aller Größen. In den Vleys, an den Pfützen, wo immer nur etwas

Wasser stand, da quakten die Frösche, große, mittelgroße, kleine. Auf dem Springbrunnen schwamm ihr Laich; Hunderte und Aberhunderte kleiner Kaulquappen quirlten im Wasser und hüpften später durch die Beete; auf allen Wegen saßen sie, sie kamen in den Hof, in die Regentonnen, bis in die Küche.

Die dicken, plumpen Maikäfer, Gelbrandkäfer, Stinkkäfer, Essigkäfer freuten sich mit einem Male zu Millionen ihres Daseins. Die Maikäfer fingen wir bei Laternenlicht zum Spaß für die Hühner und hatten an einem Abend mit Leichtigkeit einen großen Waschkrug voll.

Das Geschmeiß der Fliegen, vom ekligen, dicken, grünschillernden Brummer an bis zur Stubenfliege und Gnitze surrte zu Milliarden. Sobald eine Tür aufging, schwärmten sie herein. Um den Kühler summten sie zu Haufen, weil sie Fleisch darin witterten. Nichts ließ sich aufheben. Das Brot schimmelte, der Reis wurde muffig von einem Tag zum anderen, das Obst faulte, die Butter wurde fleckig, die Milch sauer, und trotz aller Vorsicht kribbelte das Fleisch am nächsten Tag von weißen Maden. Wanzen und Flöhe fanden sich ein; in der Küche feierten die Schwaben ihre Orgien, im Kleiderschrank nagten Motten und Silberfischchen, und draußen geigten und schrillten die Zikaden. Die glotzäugigen Wasserjungfern surrten, die Mückenmännchen tanzten in dicken Schwärmen im Abendglanz.

Die Moskitoplage setzte ein. Mit ihr kam die Malaria. Besonders heftig trat die Malaria tropica auf in einer Form, die bisher hier noch nicht bekannt war, und forderte viele Opfer. Die Ärzte wurden auf die entferntesten Farmen gerufen. Die Autos versagten. Flugzeuge wurden eingesetzt. Da kam der Arzt im Flugzeug und landete irgendwo und irgendwie in der Nähe der Farm. Mehr als einmal hatte er Bruch, und mußte außerdem oft manche Stunde zu Fuß gehen, um die Farm und den Patienten zu erreichen. Dann kam er doch noch zu spät. Viele Kranke wurden im Flugzeug nach hier gebracht. Die Krankenhäuser waren überfüllt. Mancher Hilferuf mußte ungehört verhallen, trotz aller Bemühungen, gerade diese Farm zu erreichen. Da lagen ganze Familien krank, und keiner wußte es, und niemand kam des Weges, weil die Wege unergründlich waren.

Typhus brach aus mit großer Heftigkeit; Scharlach, Masern, Diphtherie, Keuchhusten hatte dies große Regenjahr im Gefolge.

Die Ratten- und Mäuseplage war entsetzlich. Jeden Abend stellten wir 27 Fallen um das Haus auf, zweimal waren sie fast immer voll im Laufe eines Abends, und am frühen Morgen hatten sich fast wieder in jeder Mäuse gefangen. Der Terrier tobte, die Katzen waren kugelrund und verweigerten die ihnen gereichte Kost. Sechserlei Mäusearten habe ich bei uns auf dem Berge festgestellt. Wir haben sie nach dem Brehm verglichen. Über eine Art bin ich mir nicht im klaren. Sie ist grauweiß gefleckt, hat einen Eichhörnchenschwanz, große Ohren. Fast glaube ich, sie gehören zu den Mangusten. Sie springen und klettern hervorragend und zwängen sich durch die schmalsten Spalten. Trotz geschlossener Fliegengazetür kamen sie nachts zu mehreren in mein Schlafzimmer, sprangen mir aufs Gesicht und stießen einen eigentümlichen Trompetenton aus, wenn ich nach ihnen griff. Ich stellte vier Fallen im Zimmer auf. Geriet eins von diesen Tieren hinein, so war es sehr zählebig und furchtbar böse. Es biß scharf um sich. Es hat viele Mühe gekostet, bis ich meine „grauen, nächtlichen Freunde" los wurde. Jetzt endlich sind sie seltener geworden.

Die großen grauen Klippratten richteten unter den Pflanzen vielen Schaden an, namentlich hatten die wertvollen Kakteen und Sukkulenten unter ihnen zu leiden. Ratten und Mäuse erkletterten auch die Feigenbäume und fraßen die Früchte, daß es keine Ernte gab.

Die Heuschrecken kamen, die größte Pest. Fern am Horizont bewegt sich eine dunkle Wolke. Sie kommt mit dem Wind näher. Plötzlich fliegen vereinzelte Heuschrecken in der Luft. Es werden ihrer mehr und mehr, und schließlich fliegen sie so dicht wie Schneeflocken und verdunkeln die Luft. Sie machen mich schwindlig, wenn sie mich so dicht umschwirren.

Das üppige Klein-Windhuker Tal mit seinen vielen Gärten und Anlagen lockt sie ganz besonders. Selten, daß diese Pest es, ohne zu schaden, überfliegt. Im Gegenteil, oft bleiben sie tagelang und werden vom wechselnden Wind zwischen den Bergen hin und her gequirlt und finden nicht mehr hinaus. Beim Näherkommen des Schwarmes erhebt sich talab, talauf ein großes Geschrei und ein ohrenbetäubender Lärm. Ein jeder hat das Bestreben, seinen Garten vor ihrer alles vernichtenden Gefräßigkeit zu schützen. Da johlt und kreischt und quiekt es bis zur Heiserkeit, Säcke und Laken werden geschwenkt, Topfdeckel werden aneinandergeschlagen, in alte Kuhhörner wird geblasen, es wird getrommelt, auf Trillerpfeifen gepfiffen, große Benzintins werden mit Steinen gefüllt, und damit wird geklappert. Andere wieder schlagen mit Stöcken an leere Tins, rasseln mit alten Konservendosen, und über den Häuptern aller ist der Schein der Sonne verdunkelt von dem Schwarm.

Fliegen sie niedriger, dann führen Erwachsene und Kinder groteske Sprünge aus und hauen und schlagen, wie und wo sie können.

In Eile rupfen wir Gras und Büsche und feuchten sie an, um schwelenden Rauch zu erzeugen. In all dem wahnsinnigen Krach wälzt sich ein bleierner Rauchschwaden durch das Tal, aber unbeirrt saust es um uns, hüpft und springt auf dem Boden, hängt am Gezweig und klebt an den Blumen. Meist haben wir kein Glück trotz aller Anstrengung, und ergeben und müde hören wir endlich auf mit unserem Bemühen, sie zu verjagen. Da sind die Bäume nicht mehr grün, sondern rostbraun, rostbraun sind Busch und Blumen und Halme und neigen sich schwer vom Gewicht der Heuschrecken, die sie beschweren; braun ist der Erdboden, und immer noch umwirbeln sie uns. Bei jedem Schritt tritt man auf sie, daß es knackt, sie kommen ins Gesicht, ins Haar, hängen am Kleid, und die, die über die Köpfe hinwegfliegen, lassen ihre grüne Besuchskarte fallen. Ich kann gar nicht beschreiben, wie widerlich diese Pest ist.

Haben sie sich einmal niedergelassen, dann hilft nichts. Am nächsten Morgen wird sie der Wind wegtreiben. Ich mochte nach einem solchen Heuschreckenbesuch nicht in den Garten gehen. Meine geliebte große Kasuarine stand kahl wie ein Reisigbesen. Die Palmen waren Gerippe. Sie haben sich nicht mehr erholen können; ich habe sie herausnehmen müssen. Der Garten war leer. Hier und dort stand noch ein Strunk, wo ehemals blühender Blumenflor gewesen war. Immer noch hüpfte und sprang es in all der Verwüstung. Man denke nicht, daß die Heuschrecken alle gleich aussehen; manche hatten direkt menschliche Gesichter, wir fanden Ähnlichkeiten und gaben ihnen Namen.

Unterwegs auf Pad sind wir auch öfters in Heuschreckenschwärme gekommen. Wir mußten anhalten, weil wir nicht mehr sehen konnten. Da haben wir auch ihre erste Entwicklungsstufe, die Fußgänger, erlebt. Zentimeterhoch quatschten die Reifen unseres Wagens durch sie hindurch, bis sie zuletzt ganz grün und schleimig waren und sich nicht mehr drehten.

Eisenbahnzüge kamen mit stundenlanger Verspätung, weil die Lokomotiven vor Heuschrecken nicht mehr weiterfahren konnten. Die Geleise mußten erst mühsam freigemacht werden.

Die Regierung hat sich viele Mühe gegeben, die Heuschrecken bereits als Brut zu vernichten. Jeder Farmer, der beobachtet, daß sie auf seiner Farm ihre Eier ablegen, muß es melden. Die Brut wird von besonders zu diesem Zwecke angestellten Beamten mit Gift bespritzt. Auch die Fußgänger wurden mit Gift bespritzt, und Flieger versuchten, aus der Luft die Schwärme durch Gift zu zerstören. Viele wurden wohl auf diese Art vernichtet, aber das Gift lag dann auf Bäumen und Büschen und im Grase. Das Vieh fraß daran und ging ein. Sogar Eingeborene, die Feldkost suchten, wurden davon krank.

Ein kleines, wirksames Mittel ist, bei Annäherung der Fußgänger Gräben auszuwerfen. Sie wandern hinein und können dort vergiftet oder durch Feuer vernichtet werden. Aber was hilft das gegen die Massen?

Die Natur versucht auszugleichen. Es gibt eine Fliegenart, diese begleitet die Schwärme, und die Fliege legt ihre Eier in den Körper der Heuschrecke. Die sich entwickelnde Made verursacht das Eingehen der Heuschrecke. An bestimmten Stellen wurden massenhaft tote Heuschrecken gefunden, mit diesen Maden im Körper.

Heuschrecken werden von den Eingeborenen gern gegessen. Hat sich ein Schwarm in der Nähe einer Werft niedergelassen, dann ziehen vor Tagesanbruch Weiber und Kinder mit Säcken bepackt los und streifen die von der Nachtkühle steifen Heuschrecken von den Büschen und Halmen. Ohne großes Geschrei und Geschnatter geht dies natürlich nicht ab. Sack über Sack wird gefüllt. Dabei wird aber auch ein Feuer gemacht, und an Ort und Stelle werden sie haufenweise vertilgt. Ich habe sie öfters beim Einsammeln beobachtet. In diesen sich fast wellenförmig bewegenden Säcken schnarrt und raschelt es, denn die Heuschrecken werden doch lebend eingesammelt. Die gerösteten Heuschrecken werden einfach gegessen, oder sie werden zu Mehl zermahlen und zu Brei und einer Art Brot verarbeitet. Sie sollen süßlich schmecken und sehr satt machen.

„Als Insekten sind wir da,
Mit kleinen, scharfen Scheren;
Satan, unsern Herrn Papa,
Nach Würden zu verehren." Goethe.

Das tun sie wirklich.

In diesem Jahre der großen Regen fanden die Eingeborenen mehr Feldkost als in den letzten Jahren der Dürre zusammen. Wilde Beeren und Früchte sind karg in diesem harten Lande, die Not hat die Eingeborenen gelehrt, sie geschickt zu finden. Sie graben nach Unkies, einer mehligen Zwiebelart, die auch Lieblingsspeise der Paviane ist. Die Unkies werden geröstet, es wird auch Brei aus ihnen gemacht. Wilde Trüffeln legen die Kaffern auf die heiße Asche; sie bieten sie den Weißen auch zum Kauf an. Wir bereiten sie zu wie die französischen Trüffeln, ich kann aber nicht finden, daß sie ein besonderer Leckerbissen sind. Gut schmecken die Ozonbanies, eine Nußart, die an langen Ranken wächst. Sie ersetzen in manchem Farmhaushalt die Stelle von Mandeln. Auch in Öl gesotten und mit Salz bestreut sind sie recht schmackhaft. Wilde Gurken gibt es zu finden, man muß aber aufpassen, viele sind bitter. Wilde Korintjies, kleine rote Beeren von einem Strauch, sind sehr beliebt. Wenn sie noch grün sind, werden sie mit zur Herstellung von Zuckerbier verwendet.

Die Tsamas sind eine wilde Kürbisart, die schon manchen vor dem Verdursten gerettet haben. An vielen Stellen liegen sie zu Hunderten wie grüne Kegelkugeln auf den Erdboden hingestreut. Wenn sie nicht bitter sind, schmecken sie eigentlich nach gar nichts. Sie sind fleischig, saftig, durststillend. Menschen, Pferde, Vieh und Wild schätzen sie. Die gerösteten Kerne werden auch gegessen. Sparsame südafrikanische Hausfrauen mischen Tsamas unter ihr Fruchtmus; diese Tsamas nehmen den Geschmack des Obstes an und helfen den Vorrat vergrößern.

Besonders beliebt ist eine Tsamasart, die Nara, die am Saume der Namib wächst. Sie bildet die Hauptnahrung der Topnaer-Hottentotten und wird roh und getrocknet genossen. In getrocknetem Zustande hat sie äußerlich große Ähnlichkeit mit einem Kuhfladen, soll aber ein Leckerbissen sein.

Die Eingeborenen erzählen von einem geheimnisvollen Strauch am Rande der Namib. Nach dem Genuß seiner Beeren ist man entweder stark berauscht oder „läuft, — läuft, um ein Weib zu finden". — Seltsame Geschichten gehen um von Weißen, die zufällig diese Beeren kosteten. Ich habe nicht ergründen können, inwieweit diese Erzählungen auf Wahrheit beruhen.

Die Windhuker Eingeborenen sind Stadtfräcke. Ihre Werft, die Wellblechstadt, hat eigene „Kultur" entwickelt, wenn man es so nennen will. Alle ihre Häuser haben gleiche Ausmaße, sind alle aus altem Blech aufgeführt. Die Straßen laufen schnurgerade. Sie besitzen auf der Werft ein Eingeborenenhotel, eine Teestube und eine Tanzhalle. Sie haben auch ihre eigenen Kapellen, die ihnen aufspielen. Dort ist auch eine Bar, in der unter Aufsicht der Regierung besonderes Bier ausgeschenkt wird. Männliche und weibliche Eingeborene treiben Kleiderpracht, einige haben auch eigene Autos. Die Alten unter ihnen sprechen alle noch immer mit Vorliebe deutsch. Ich hatte einst Gelegenheit, das gute Deutsch der Frau eines hohen südafrikanischen Beamten zu hören. Auf meine diesbezügliche Bemerkung sagte sie mir, das hätte sie von ihrem Bambusen gelernt, der sich strickt weigerte, englisch zu sprechen und nur unter der Bedingung bei ihr blieb, wenn sie deutsch spräche. So hatte sie es ausgezeichnet gelernt. Die Windhuker Eingeborenen scheinen ihre alten Sitten und Bräuche vergessen zu haben. Man muß weit draußen in der Steppe einmal mit einem unkultivierten Eingeborenen am Feuer sitzen, den man vielleicht als Führer in der Wildnis mitnehmen konnte. Diese Leute sind aber sehr scheu und verschlossen, erst langsam müssen sie Vertrauen gewinnen, ehe sie sich zum Reden entschließen.

Von Diamanten, Gold und anderen Schätzen.

Am Golde hängt, zum Golde drängt sich alles. — In ein Neuland, ganz gleich, ob es unter starrer Eiskruste oder unter sengender Tropensonne liegt, wagt sich zu allererst ein ganz besonderer Typ von Menschen, das sind die Prospektoren. Sie gehören nicht einem bestimmten Volke, nicht einer bestimmten Kaste an, — sie kommen aus allen Teilen der Welt, aus allen Gesellschaftsklassen und sprechen vielerlei Sprachen. Ein Streben aber beherrscht den größten Teil aller: Sie wollen Gold, Edelsteine finden, sie träumen davon, einmal, ach einmal reich zu sein. Längst, ehe Lüderitz die deutsche Flagge hißte, waren sie hier und suchten und schürften. Die Steppe ist ihnen nicht zu grenzenlos, der Berg nicht zu steil, die Schlucht nicht zu zerklüftet. Hunger und Durst leiden sie bis zum Wahnsinn. Mag die Sonne ihren Körper ausdörren, mag die Kälte der Nacht ihre Glieder erstarren lassen; in die grausige Einsamkeit der Wildnis, ins Meer der endlosen Sanddünen dringen sie, beseelt von dem einen Wunsche: Gold, Edelsteine.

Da sind andere, die nie davon sprechen, weshalb sie hinauszogen. Die Sucht nach Reichtum ist es gewiß nicht. Längst haben sie alles hinter sich gelassen, was anderen das Leben wert macht; sie haben keine Heimat, keine Verwandtschaft, sie schreiben und bekommen keine Briefe. Wann waren sie jung? Sind sie jetzt alt? Ihr Gesicht ist lederfarben, zerfurcht, der Bart stoppelig, das Haar farblos wie das Khakigewand, das sie tragen.

Zur dritten Kategorie gehören die Abenteurer, die Spione, die Lumpen, die Schwindler, die auf „Bauernfang" ausgehen und die Felder „salzen", welche die Dummen ihnen abkaufen sollen.

Allen ist aber eins gemeinsam: Busch und Steppe sind ihnen lieb und vertraut, die Enge einer Ortschaft, ein Zimmer, läßt sie ersticken. Immer wieder treibt sie die Sehnsucht. Wie viele von ihnen sind verschwunden — irgendwo an einsamer Pad liegt ein stilles, namenloses Grab — irgendwo im Dünensand dörren ihre Gebeine. —

Die wenigsten erfreuen sich ihrer Funde. Wie gewonnen, so zerronnen. Wohl hat sich das Schürfen nach Diamanten gelohnt, aber nicht diese Leute sind es, die den Lohn ihrer Arbeit genießen dürfen. Das sind die, die nach ihnen kamen.

Welchen Aufschwung nahm Südwest, als die Diamanten entdeckt wurden! Woher sie eigentlich kommen, weiß man immer noch nicht. Lose im Wüstensand finden sie sich. Die deutschen Diamanten-Gesellschaften haben nach der Mandatsübernahme durch die Union ihre Rechte an einen großen südafrikanischen Konzern, die C. D. M. (Consolidated Diamond Mining Cie.) verkauft. Die C. D. M. hat den Diamantenabbau und -handel zugunsten Südafrikas so stark eingeschränkt, daß dadurch die Arbeitslosigkeit einen erschreckenden Umfang angenommen und viel zur Depression beigetragen hat. Dadurch hat auch das ehemals so wichtige Lüderitzbucht viel an Bedeutung verloren.

Die Mandatsregierung hat auch bestimmte Fundstellen für Diamanten als erweiterte Sperrgebiete erklären lassen. Immer wieder wagen sich Tollkühne oder Verzweifelte in diese trostlosen Sanddünen. Da findet sich dann mal eine kurze Notiz in der Zeitung: Dort und dort hat eine Kamelreiterpatrouille Weiße, Eingeborene, verdurstet aufgefunden. Neben den Leichen lagen Siebe. —

Es gibt Karten und Zeichnungen heimlich zu kaufen, angefertigt von denen, die angeblich einmal dort waren.

Die Polizei paßt scharf auf, sie hat eigene Spitzel angestellt, weiße und farbige, die schnüffeln müssen. Im Gefängnis haben auch verschiedene Zeit, über derartige Verachtung gerade dieses Gesetzes nachzudenken. Trotzdem besteht eine geheime „Diamantenbörse", wo ungeschliffene Steine gehandelt werden. Auch gewisse Leute deutscher und südafrikanischer Nationalität stehen unter dem Verdacht, Diamantenhandel zu treiben.

Wehe, wenn eine Patrouille ein Auto an der Grenze (die übrigens gar nicht direkt festgelegt ist) oder gar im Sperrgebiet antrifft. Da werden erbarmungslos Sitzkissen, Mäntel und Schläuche aufgeschlitzt, Kühler und Benzintank müssen daran glauben. Zu Schießereien soll es auch schon gekommen sein. Die tollsten Geschichten spuken, von einigen weiß ich aber genau, daß sie auf Wahrheit beruhen.

Einer hat ein großes Lichtbild von sich schön einrahmen lassen, um es per Flugpost seiner Braut zu schicken. Zwischen Bild und Rückseite, fein säuberlich in Schlitzen festgeklebt, steckten die Diamanten. Ein anderer warf sie auf den Boden seiner Feldflasche und gipste sie ein. Noch einer ließ sie von einer Frau in einen Laib Brot backen. Sie bekam ihrer Meinung nach nicht genug Schmiergeld ab und ging zur Polizei. Das Holz eines Deckstuhls wurde angebohrt, und in die Höhlung versenkte jemand Steine. Sein überaus vorsichtiger eigenhändiger Transport des Stuhles erregte irgendwie die Aufmerksamkeit eines Zollbeamten; Lebewohl, Deutschlandreise! — Eine ganz unverdächtige Frau hatte welche bei sich. Davon hatte ihr Ehemann guten Freunden gegenüber erzählt. Es ward beschlossen, sie zu berauben. Zwei begaben sich an Bord, um Bekannten „gute Reise" zu wünschen. Sie hatten vor, der Frau aufzulauern, und, wenn sie in ihre Kabine ging, sie dort zu überfallen. Die Frau tat ihnen aber nicht den Gefallen, sondern blieb an Deck an der Reling bis zur Abfahrt des Dampfers stehen. So mißglückte der Anschlag. Die Steine waren in Sicherheit. — Jemand begab sich oft gerade zur Abfahrt eines bestimmten Dampfers jedesmal nach Swakopmund und ging ein bißchen an Bord. Das, so sagt der Eingeweihte, war auch nicht nur Sehnsucht nach der Heimat. — Im Frachtgut, in den äußersten Spitzen der Wildgehörne verborgen, kamen sie zum Versand. — Am Bindfaden befestigt, hängen sie im kleinen Beutelchen im Hosenbein. Bei Gefahr kann der Bindfaden leicht gelöst werden, und unauffällig rutschen sie dann hinaus. Körperliche Durchleuchtung nutzt nichts, Diamanten lassen die X-Strahlen durch. — Eine recht wenig appetitliche Stelle ist von einem jungen Menschen erfolgreich als Aufbewahrungsort während des An-Bord-Gehens benutzt worden. Dies war schon auf den Feldern ein bekannter Schmuggeltrick, deshalb mußten die Eingeborenen, welche für kurze Zeit ihre Arbeitsstelle auf den Feldern verließen, Kniebeuge machen. In hartnäckigen Fällen gab man Rizinusöl ein.

Es ist begreiflich, daß bei diesem Handel sehr viele Betrügereien vorkommen. Bergkristalle, Turmaline, Aquamarine werden dem Nichtkenner für Diamanten verkauft. Die Versuchung, sich gegenseitig über das Ohr zu hauen, ist groß, der Geprellte kann ja nicht klagen, weil er sich selber strafbar gemacht hat.

An den Hotelbars, zu vorgerückter Stunde, werden auch hin und wieder Steine angeboten. Meist sind es aber Polizeispitzel, die zu „trappen" (trap = die Falle) versuchen. Auch farbige Spitzel sind dazu angelernt, auf der Straße eventuelle günstig erscheinende Opfer, die ihnen meist vorher bezeichnet wurden, anzuhalten und ihnen Steine anzubieten. Diese Steine sind Eigentum der Geheimpolizei und sind gezeichnet.

Dies „Trappsystem" wird auch bei anderen Gelegenheiten angewandt. Es ist genau so widerlich wie das Kronzeugensystem. Es muß Beschämung auslösen bei dem, der „trappt", und Bitterkeit und Gehässigkeit bei dem, der sich „trappen" ließ.

Das Schürfen von „edlen" und „nichtedlen Metallen" unterliegt gewissen Vorschriften. Wer schürfen will, muß einen Schürfschein kaufen. Ein Permit zum Schürfen von Edelmetallen oder nichtedlen Metallen kostet 10 £; dazu kommt eine monatliche Abgabe von 2/6 Shilling für den Distrikt, von 5 Shilling für ganz Südwest. Die Schürffelder dürfen nur ganz bestimmte Ausmaße haben. Die für Gold und Edelsteine sind 100 × 200 m groß, die anderen 300 × 600 m groß. An allen vier Ecken und in der Mitte muß ein Schürfpfahl errichtet werden

Ein jeder Pfahl muß eine Tafel tragen, auf der in leserlichen Buchstaben Vor- und Zuname des Schürfers, die Nummer seines Schürfscheines, das genaue Datum und die Stunde, zu welcher er diesen Pfahl errichtet hat, vermerkt sind. Pfähle dürfen nur in der Zeit zwischen Sonnenaufgang und Sonnenuntergang aufgebaut werden. Die Steuer für ein Schürffeld muß für 6 Monate im voraus mit 1,10 £ bezahlt werden für Edelmetalle, für andere Metalle 15 Shilling. Von da ab sind monatlich 5 Shilling für ein Goldfeld, 2/6 Shilling für ein anderes Schürffeld zu entrichten. Meist sind es arme Schlucker, welche versuchen, zu schürfen. Bleibt man mit dem Bezahlen im Rückstande, verfällt der Anspruch, ganz gleich, wie lange man schon Besitzer des Feldes war. Am Verfalltage hat dann ein anderer das Recht, sofort seinen Pfahl neben dem des Zahlungsunfähigen aufzurichten. Das heißt in der Prospektorsprache „jumpen" (to jump = springen). Bei aussichtsvollen Feldern wird genau aufgepaßt, da „jumpt" manchmal der beste Freund.

Alle diese Dinge sind dazu angetan, den Charakter zu verderben und Mißtrauen zu säen. —

Die Goldfelder bei Rehoboth werden zur Zeit immer noch in kleinen Einzelbetrieben bearbeitet. Es wird aber von einem südafrikanischen Großkonzern gemunkelt, der die Felder aufkaufen will. Die Aufschließungsarbeiten sind von den einzelnen unter größten Mühen und Entbehrungen geleistet worden, dann erst kommt das Großkapital, und die Sache bringt Gewinn; die Aktionäre können lachen, und die anderen ziehen ab und suchen, suchen weiter, irgendwo.

Bei Omaruru wird auch Gold gewonnen, ebenfalls im Kleinbetrieb, es ist aber nicht bedeutend.

Unser Land birgt außerdem noch andere Bodenschätze: Kupfer, Zinn, Vanadium, Eisen, Zink, Flußspat, Lithium und Marmor, neben allerlei Edel- und Halbedelsteinen. Es ist aber wenig getan, um zu erforschen, inwieweit Abbaumöglichkeiten bestehen. Kupfer wird im Bergwerk in Tsumeb gewonnen, die Zinnminen haben Übertagebau.

Das Schürfen auf Metalle, das Auffinden von Edelsteinen ist oft Glückssache. Viele suchen jahrelang ohne Erfolg, andere fallen darüber.

Wertvoller und berechenbarer ist, was der Farmer schafft im treuen Fleiß und in Gewissenhaftigkeit tagaus, tagein, jahraus, jahrein. Unsere „schwarzen" Diamanten, die Karakuls, sind ohne Zweifel der größte Faktor. Die Fellchen sowohl als auch die Wolle erzielen gute Preise. An diesem Ausblick auf die Zukunft hat sich nicht nur der deutsche Farmer, sondern auch der hier im Lande lebende andersvölkische Siedler aufgerichtet in seinem harten Kampf ums Dasein. Dieser Erfolg ist nicht der Mandatsregierung, wohl aber mutigen deutschen Einzelfarmern zu danken, die keine Depression, kein Mißerfolg abschrecken konnte im zähen Aushalten und Weiterarbeiten zum endlichen Gelingen.

Mit dem Erfolg in der Karakulzucht kam Mut und anderweitige Unternehmungslust in unser Land. Als Beweis des Aufwärtsgehens und neuen Aufblühens gebe ich einen kleinen Ausschnitt aus unserer „Allgemeinen Zeitung" vom 13. Mai dieses Jahres, in dem es heißt: „Am 30. April dieses Jahres (1936) hatte der Dampfer ‚Ibena', von Walfischbucht aus, eine große Ladung an Bord genommen. Die hauptsächlichsten Waren waren 16 500 Kisten Butter für London, 500 Tonnen Vanadiumerz für Hamburg, 1000 Ballen Wolle, zumeist Karakulwolle, deren größter Teil für Deutschland bestimmt ist.

Es war dies die größte Ladung Wolle, die von Walfischbucht jemals verschifft wurde. Da für Karakulwolle jetzt gute Preise bezahlt werden, hofft man, daß der Handel eine große Ausdehnung annehmen werde.

Die Ausfuhr von Erz bedeutet auch eine erfreuliche Wiederbelebung des Bergbaus in Südwest. Monatlich gehen zwar kleine, aber regelmäßige Lieferungen von Zinn, Tantal und Wolfram nach England. Der italienische Dampfer ‚Duchessa' lud vor einigen Tagen 235 Tonnen Lithiumerz für Marseille. Man erwartet, daß dieses Erz von jetzt an regelmäßig verschifft werde.

Die Snoekfangzeit (ein sehr wohlschmeckender, eßbarer Fisch) ist jetzt endgültig vorüber. Acht Snoekfängerschiffe sind nach Kapstadt abgefahren, um dort überholt zu werden. Die nächste Fangzeit beginnt im Dezember.

Insgesamt wurden von Walfischbucht 621 000 Stück Snoek im Gewicht von 1500 Tonnen nach Kapstadt gesandt, überdies nahmen auch die nach Kapstadt fahrenden Snoekfänger noch rund 150 000 Fische mit. Den besten Fang machte der Snoekfänger ‚Snoeker' mit 113 000 Fischen. An Hafenabgaben und Lagergeldern gingen durch den Snoekfang an die Hafenbehörden ungefähr 4000 £."

Und ein Wort zum Schluß.

Und jetzt lege ich, ein wenig müde und zaghaft, die Feder aus der Hand. Vieles wäre noch zu sagen, manches bleibt besser ungesagt. Es liegt mir fern, auch nur die geringste Kritik an der Mandatsregierung üben zu wollen. Ich habe mir große Mühe gegeben zu objektiver Darstellung der Verhältnisse, so, wie ich sie in meinem kleinen Kreise erlebt und verstanden habe. Gegen sein Blut und gegen sein Volk kann niemand an. Ich habe es nie versucht und will es nicht. Zu meinem Deutschtum habe ich mich stets freudig und selbstverständlich bekannt; ich habe auch in den andersvölkischen Kreisen volles Verständnis dafür gefunden, soweit ich mit ihnen in Berührung kam. Ich will niemand verletzen. Daß uns Deutschen gewisse Dinge in anderem Lichte erscheinen als den Südafrikanern, ist klar. Wohl dürfen wir als Geduldete unsere Farben hissen in dem Lande, das wir erobert mit Blut und Kraft, — in uns allen aber lebt der größte aller Wünsche: Vaterland, liebes, großes, nimm auch unser hartes, ach so teures Land in deiner Stärke auf! —

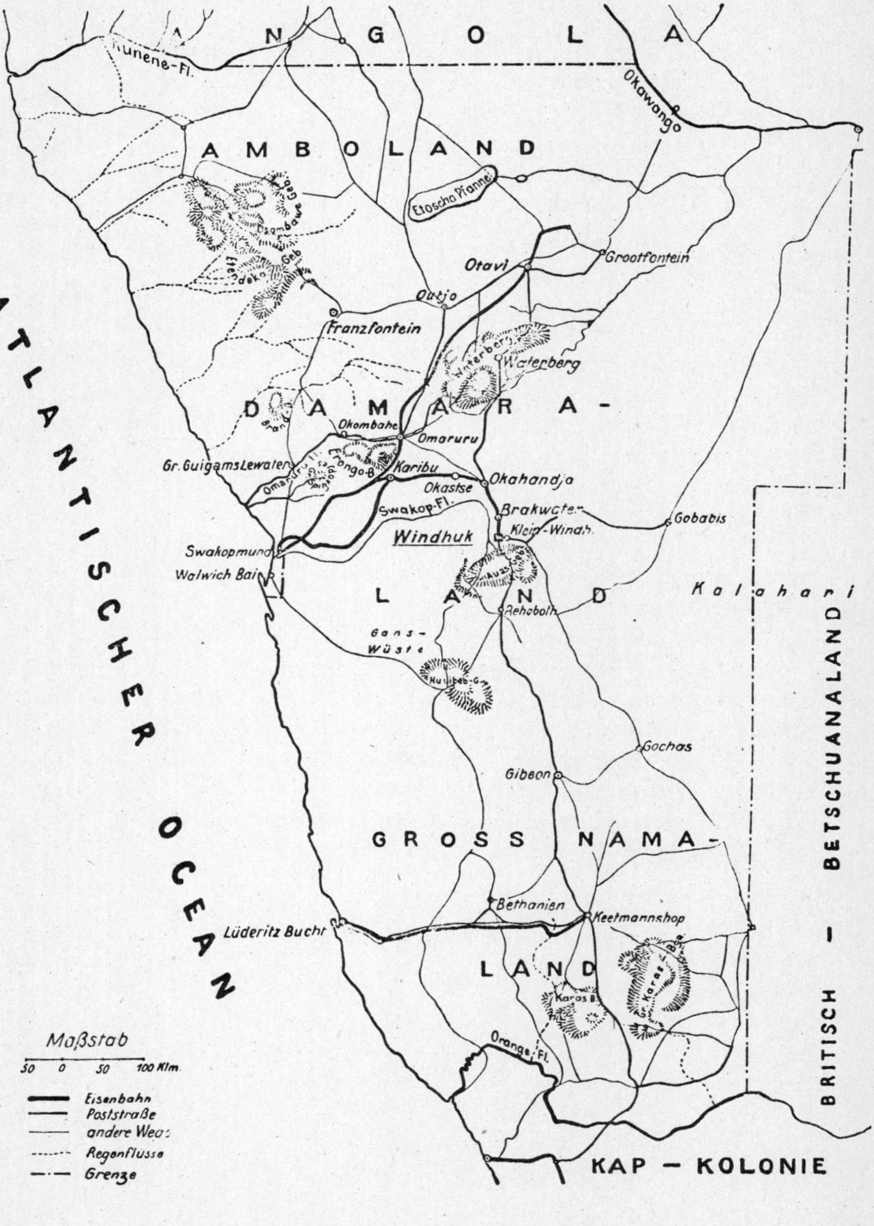
ANGOLA
Kunene-Fl.
Okawango
AMBOLAND
Etoscha Pfanne
Osombahe Geb.
Etendeka Geb.
Otavi
Grootfontein
Outjo
Franzfontein
Waterberg
ATLANTISCHER OCEAN
DAMARA-
Brand B.
Okombahe
Omaruru
Gr. Guigams Lewater
Omaruru Fl.
Erongo-B.
Karibu
Okahandja
Okastse
Swakop-Fl.
Brakwater
Windhuk
Klein-Windh.
Gobabis
Swakopmund
Walwich Bai
Auas Geb.
LAND
Kalahari
Rehoboth
Gans-Wüste
Gochas
Gibeon
GROSS NAMA-
Bethanien
Keetmannshop
Lüderitz Bucht
LAND
Karas B.
Gr. Karas Bg.
Orange-Fl.
BRITISCH - BETSCHUANALAND
KAP - KOLONIE
Maßstab
50 0 50 100 Klm.
Eisenbahn
Poststraße
andere Wege
Regenflüsse
Grenze